Jan Werner

TÖRNFÜHRER
Dänemark

Fünen · Seeland · Lolland
Falster · Møn · Bornholm

Delius Klasing Verlag

Alle in diesem Buch enthaltenen Angaben und Daten wurden von dem Autor nach bestem Wissen erstellt und von ihm sowie vom Verlag mit größtmöglicher Sorgfalt überprüft. Gleichwohl können wir keinerlei Gewähr oder Haftung für die Richtigkeit, Vollständigkeit und Aktualität der bereitgestellten Informationen übernehmen. Die hier zur Verfügung gestellten Pläne dienen lediglich zur Orientierung und nicht zur Navigation; sie ersetzen also keine See- bzw. Sportbootkarten oder andere offizielle nautische Unterlagen, deren Mitführung in aktueller Fassung wir dringend empfehlen.

Wir hoffen, dass Ihnen dieses Buch viel Freude bereitet.
Falls Sie Anregungen haben sollten, was wir in Zukunft noch besser machen können, schreiben Sie uns bitte an *reiselektorat@delius-klasing.de*.
Korrekturen veröffentlichen wir im Interesse aller Leser unter *www.delius-klasing.de* auf der jeweiligen Produktseite.

Bibliografische Information der Deutschen Nationalbibliothek
Die Deutsche Nationalbibliothek verzeichnet diese Publikation in
der Deutschen Nationalbibliografie; detaillierte bibliografische
Daten sind im Internet über http://dnb.dnb.de abrufbar.

11., aktualisierte Auflage
ISBN 978-3-667-10956-9
© Delius Klasing & Co. KG, Bielefeld

Fotos: Jan Werner, mit Ausnahme von
Michael Amme: S. 102, 160
Johannes Erdmann/YACHT: Cover oben
Maciek Lulko: S. 174
mauritius images/United Archives: Cover unten
Übersichtskarten und Hafenpläne: Christine Jacob mit Ausnahme von
Inch 3, Bielefeld: Karte Umschlaginnenseite
Lektorat: Christine Siedle
Umschlaggestaltung: Buchholz.Graphiker, Hamburg
Satz: Mohn Media, Gütersloh
Druck und Bucheinband: Himmer GmbH, Augsburg
Printed in Germany 2017

Das Titelmotiv zeigt oben Ærøskøbing in der Dänischen Südsee und unten die Festung Christiansø auf der gleichnamigen Schäreninsel bei Bornholm. Auf der Buchrückseite sind links Jungshoved und rechts Christianshavn in Kopenhagen zu sehen.

Alle Rechte vorbehalten! Ohne ausdrückliche Erlaubnis des Verlages darf das Werk weder komplett noch teilweise reproduziert, übertragen oder kopiert werden, wie z. B. manuell oder mithilfe elektronischer und mechanischer Systeme inklusive Fotokopieren, Bandaufzeichnung und Datenspeicherung.

Delius Klasing Verlag, Siekerwall 21, D - 33602 Bielefeld
Tel.: 0521/559-0, Fax: 0521/559-115
E-Mail: info@delius-klasing.de
www.delius-klasing.de

Inhalt

Vorbereitung 6

Im dänischen Inselmeer 14
Törnvorschlag 1:
Von der Helnæs Bugt nach Rudkøbing

Auf Kreuzkurs durch den Großen Belt 57
Törnvorschlag 2:
Vom Svendborg Sund nach Kalundborg

Zum Smålandsfahrwasser 85
Törnvorschlag 3:
Von Bagenkop nach Bisserup

In den Gewässern von Falster und Møn 114
Törnvorschlag 4:
Von Guldborg nach Præstø

Zum Sund und nach Kopenhagen 147
Törnvorschlag 5:
Von Rødvig nach Helsingør

Nördlich von Fünen und Seeland 178
Törnvorschlag 6:
Von Bogense nach Helsingør

Im Isefjord und Roskilde Fjord 197
Törnvorschlag 7:
Von Hundested nach Hundested

Nach Bornholm 224
Törnvorschlag 8:
Nach Rønne und Bornholm Rund

Register 260

Vorbereitung

Der Törnführer »Dänemark« erscheint in zwei Bänden. Band 1 enthält neun Törnvorschläge: entlang den Küsten Jütlands, von Fünen und von Als, durch den Limfjord, nach Samsø, Anholt und Læsø. In Band 1 ist neben den nautischen Informationen eine ausführliche Landeskunde enthalten.

Um Wiederholungen zu vermeiden, wird im vorliegenden Band 2 auf eine so umfangreiche Einführung verzichtet, nicht aber auf die nautischen und für die Törnvorbereitung wichtigen Informationen.

Boot

Vereinfachter Grenzverkehr für Sportboote. Seit einigen Jahren sind die Vorschriften für Personen, die mit dem Sportboot die Grenzen überschreiten, deutlich vereinfacht. Die Verpflichtung, einen Hafen anzulaufen, der als Grenzübergangsstelle zugelassen ist, entfällt für Reisen zwischen den »Schengenstaaten«. Das bedeutet: Dieser Reiseverkehr ist grundsätzlich von der Ein- und Ausreisekontrolle befreit. Dänemark ist ebenso *Schengenstaat* wie die Bundesrepublik Deutschland. Kontrollen sind nur noch erforderlich, wenn man eine Schengen-Außengrenze überschreitet. Das wäre der Fall, wenn man etwa nach Russland segeln würde. Alle anderern Ostsee-Anrainerstaaten sind Schengenstaaten, also auch Dänemark. Zur Erklärung: Am 25. März 2001 haben verschiedene EU-Staaten, die sogenannten Schengenstaaten, ein Abkommen (Schengener Abkommen) über einen vereinfachten Grenzverkehr abgeschlossen. Daher der Name.

Wetterberichte. Wer heute alles Wetterberichte anbietet und über welches Medium, das ist fast eine Wissenschaft für sich. Was man davon nutzen kann, hängt auch von der eigenen Ausrüstung ab. Das reicht vom einfachen Handy bis Navtex. Der *Funkdienst für die Klein- und Sportschifffahrt,* ehemals *Jachtfunkdienst* (s. S. 8), bringt dies in kaum zu überbietender Genauigkeit.

Das Einfachste aber ist immer noch der Gang zur Hafenmeisterei: Dort hängt im Allgemeinen der neueste Wetterbericht mit den Windvorhersagen aus.

Wasserstände. In Dänemark, mit seinen relativ engen Gewässern, hat der Wind einen starken Einfluss auf den Wasserstand. Die Gezeiten weniger, mit Ausnahme an der dänischen Nordseeküste. Die durch den Wind verursachten Wasserstandsveränderungen sind bei den Hafenbeschreibungen angegeben – als Durchschnittswerte. Wer es aktueller (und ganz genau) haben will, der kann die Internetseite von »Danmarks Meteorologiske Institut« anklicken: www.dmi.dk. Dort werden nicht nur die aktuellen Wasserstandskarten (Vandstand) gezeigt, sondern auch der Wetterbericht veröffentlicht.

Notfälle. *Auf See:* Die dänischen Gewässer werden ohne Unterbrechung von **Lyngby Radio** und seinen abgesetzten Stationen (s. Plan Seite 10) überwacht; man kann also über UKW-Funk Hilfe herbeirufen: über den Notruf- und Anrufkanal 16 und über DSC auf Kanal 70 (MMSI 002191000).
SAR-Einsätze in den dänischen Gewässern werden durch die Seenotkoordinierungsstelle **JRCC Århus** (Joint Rescue Co-ordination Centre) koordiniert (Tel. 89 43 30 99).

Notraketen und andere Notsignale bewirken den sofortigen Einsatz des Seenotrettungsdienstes. *Signalpistolen* dürfen mit nach Dänemark genommen werden; es ist allerdings verboten, sie von Bord zu bringen. Die *Waffenbesitzkarte* muss griffbereit sein.

An Land: Über den Notruf 112 kann man von jeder Telefonzelle aus die Alarmzentrale erreichen, die dann rasche Hilfe organisiert. Dieser Anruf funktioniert ohne Münzeinwurf. Solange man sich in deutschen Hoheitsgewässern aufhält: **Bremen Rescue** Telefon 0421 – 5 36 87–0.

SAR-Alarmruf für Mobilfunknutzer: 124 124 (in allen deutschen Mobilfunknetzen und bei eingebuchtem Gerät). Wichtig: Das Mobilfunktelefon kann auf See nicht gepeilt und somit auch nicht geortet werden. Außerdem ist die Reichweite auf See eingeschränkt.
UKW(DSC)-Kanal 70 oder UKW-Kanal 16, Ruf »Bremen Rescue«.

Rettungswesten müssen in passender Größe für jedes Besatzungsmitglied an Bord sein. Tragepflicht besteht nicht. Man sieht aber, dass dänische Segler grundsätzlich die Rettungsweste tragen.

Küstenwache. Die Boote der deutschen Küstenwache führen die Bundesfarben sowie an der Bordwand groß die Aufschrift »Küstenwache«. Die Küstenwache ist zuständig für die Überwachung der deutschen Küstengewässer. Die Fahrzeuge sind ständig auf UKW-Kanal 16 empfangsbereit.
Das Küstenwachtzentrum Ostsee in Neustadt/Holstein wurde aufgelöst. Die Aufgaben hat das neu geschaffene *Maritime Sicherheitszentrum Cuxhaven* übernommen. Hier sind zusammengefasst der Zoll, die Wasserschutzpolizei, die Bundespolizei, die Marine und andere Behörden. Das Lagezentrum hat die Telefonnummer 04721–567 333.

Flaggengebräuche sind so wie bei uns auch: Nationale und Gastlandflagge (Danebrog) führt man tagsüber und holt sie abends ein; den Danebrog fährt man unter der Steuerbordsaling.

Bootspapiere
Man benötigt lediglich ein Dokument, mit dem nachgewiesen werden kann, dass man rechtmäßig im Besitz des Bootes ist. Das kann der Kaufvertrag sein oder das Schiffszertifikat oder der Chartervertrag oder, wenn man das Boot ausgeliehen hat, das schriftliche Einverständnis des Eigners. Bewährt hat sich der *Internationale Bootsschein für Wassersportfahrzeuge* (IBS). Den gleichen Zweck erfüllt das *Flaggenzertifikat* des BSH. Es wird für Boote bis 15 m Länge ausgestellt. Näheres über Internet: www.bsh.de – Schifffahrt – Sportschifffahrt.

Bootsführerscheine werden in Dänemark nicht verlangt.

Bootsversicherung. Es besteht keine Verpflichtung, für das Befahren der dänischen Gewässer eine Haftpflichtversicherung abzuschließen. Wer jedoch eine hat, sollte für den Fall der Fälle die Police bzw. eine Kopie davon mitführen.

Seekarten und andere nautische Unterlagen
Je nach Törnziel sucht man sich aus den Delius Klasing-Sportbootkarten den richtigen Kartensatz aus:
• Dänemark 1: »Kieler Bucht und Rund Fünen«
• Dänemark 4: »Großer Belt bis Bornholm«
• Dänemark 5: »Kattegat«
Die Karten gibt es als Papierkarten im Format DIN A2 und auch digital als Download in der *Yacht Navigator* App für mobile Geräte und PC. Die Papierkarten sind in einer Klarsichthülle verpackt. Jeder Kartensatz enthält ein **Begleitheft** mit Hafenplänen, Wegpunkten und anderen nautischen Informationen. Über *www.dk-sportbootkarten.de* können die Karten berichtigt werden. Hinweis: **Der Schiffsführer ist verpflichtet, seine Seekarten immer auf dem neuesten Stand zu halten.** Aus Gründen der Sicherheit muss man neben der elektronischen Seekarte immer auch eine Papierkarte mitführen. Bord-PCs und Notebook können ausfallen, Papierkarten schlimmstenfalls nass werden.

Das **Ostsee-Handbuch** des BSH ist entbehrlich. Es ist zwar ungemein informativ, ein Bootsfahrer muss das Meiste aber nicht wissen. Was er in der Praxis braucht, steht ausführlich genug in diesem Buch. Das gilt genau besehen auch für das **Leuchtfeuerverzeichnis**, denn die Seekarten geben über die Kennung der Leuchtfeuer hinreichend Auskunft. Allerdings: Das Leuchtfeuerverzeichnis enthält zusätzlich Angaben, die man aus der Seekarte nicht entnehmen kann, etwa die Höhe, Form und Farbe der Feuerträger. Ich persönlich möchte das Leuchtfeuerverzeichnis an Bord nicht missen. Wer es genauso halten will, kauft es sich:
Leuchtfeuerverzeichnis Teil 1, Band 1: Mittlere und östliche Ostsee;
Teil 2: Westliche Ostsee und Ostseezufahrten.
Beide vom BSH.

Worauf man nicht verzichten sollte, ist der **Funkdienst für die Klein- und Sportschifffahrt** (ehemals *Jachtfunkdienst*), jährlich neu herausgegeben vom BSH. Wer mit UKW ausgerüstet ist, braucht ihn sowieso; außerdem enthält der Funkdienst alle Wetter- und Warndienste.

Schifffahrtsvorschriften. Wichtigste Vorschriften sind mit den **Kollisionsverhütungsregeln** (KVR) vorgegeben. Darüber hinaus gibt es noch spezielle Vorschriften für die dänischen Hoheitsgewässer.

• Ankern in engen Fahrwassern, besonders in den Linien der Richtfeuer und Leitsektoren, ist verboten. Man muss als Ankerlieger tagsüber den Ankerball setzen und nachts ein weißes Rundumlicht zeigen. In der unmittelbaren Nähe von Kabeln darf man unter keinen Umständen ankern. Unterwasserkabel gibt es natürlich sehr viele in Dänemark. Richtbaken an den Ufern zeigen an, wo ein Kabel ins Wasser führt. Den Verlauf der Kabel erkennt man in der Seekarte an magentafarbenen Schlangenlinien. An den Ufern stehen Baken, an jedem Ufer immer zwei. Sie tragen als Toppzeichen eine weiße runde Scheibe mit rotem Punkt, die hintere zusätzlich noch ein auf der Spitze stehendes weißes Viereck mit rotem Rand. Man muss beim Ankern von einer Kabelführung einen Abstand von mindestens 200 m einhalten.
• Passieren zwei Fahrzeuge in engen Fahrwassern, muss das in die Engstelle einlaufende warten. Als einlaufendes Fahrzeug gilt dasjenige, das die grünen Tonnen an seiner Steuerbordseite hat.
• Bei Hafeneinfahrten ist das auslaufende Fahrzeug wartepflichtig.

Die Grenzen der **Sperr- und Übungsgebiete** sind aus den Seekarten ersichtlich. Sie sind bezeichnet mit **EK** plus Buchstabe plus Nummer. Schießübungen in diesen Gebieten werden in der dänischen Presse, im dänischen Seewarndienst und über Rundfunk (Danmarks Radio einen Tag vorher um 1800 GZ) bekannt gegeben. Da man als Fahrtensegler sich wohl kaum regelmäßig aus diesen Quellen in-

formiert, sollte man auf die entsprechenden **Signale** achten:
- an Land 1 roter Ball an einem Mast
- an Wachfahrzeugen bei Tag 3 Bälle, bei Nacht 3 Lichter senkrecht übereinander

Sperrzeiten werden auch in den *Nachrichten für Seefahrer* (NfS) im Teil »Bekanntmachungen« veröffentlicht, doch auch die wird kaum ein Segler abonniert haben (im Internet: *www.bsh.de*). Das Einfachste ist es wohl, sich vor dem Auslaufen beim Hafenmeister oder einheimischen Seglern zu erkundigen, denn die wissen sicher Bescheid.
Boote, die ein gesperrtes Gebiet trotz Fahrverbots befahren, können aufgebracht und empfindlich bestraft werden.

Dänische Kriegsschiffe. In den dänischen Hoheitsgewässern ist man verpflichtet, den Aufforderungen dänischer Kriegsschiffe unverzüglich Folge zu leisten. Das gilt besonders bei Minenräumarbeiten, bei Tauch- und Schießübungen sowie Sperrungen. Formationen von Kriegsschiffen dürfen nicht durchfahren werden.
Minenräumer führen am Tag drei schwarze Bälle und bei Nacht drei grüne Rundumlichter im Dreieck.
Wachfahrzeuge vor Schießgebieten führen am Tag drei rote Bälle, nachts drei rote Rundumlichter senkrecht untereinander.

Fischerei

Obwohl die Fischerei in Dänemark auch etwas nachlässt, begegnet man immer wieder mehr oder minder großen Fischkuttern. Viele Segler sind verunsichert, wenn sie in ihrer Nähe einen Fischkutter ausmachen. Zu Unrecht, wenn man nur den alten Grundsatz beherzigt: Fischern geht man weiträumig aus dem Weg! Denn während wir zum Vergnügen auf dem Wasser sind, verdienen sie damit ihr Geld, und das bei härtester Arbeit. Sie geben uns Signale, die so aussehen:
• Ein fischender Trawler (Kutter, der ein Netz oder ein anderes Fanggerät durchs Wasser schleppt) zeigt in Fahrt seine Tätigkeit so an:
- am Tage ein Stundenglas
- bei Nacht zwei Rundumlichter senkrecht übereinander, oben grün, unten weiß
- ein Topplicht, achterlicher und höher als das grüne Rundumlicht (Pflicht für Schiffe ab 50 m Länge)
- bei Fahrt durchs Wasser zusätzlich Seitenlichter und Hecklicht
• Ein fischendes Fahrzeug, das nicht trawlt (mit Treibnetzen oder Ringwaden fischt), führt in Fahrt:
- am Tage ein Stundenglas
- einen Kegel (Spitze oben) an der Seite, wo ein Fanggerät ausgebracht ist (nur wenn dieses mehr als 150 m weit waagerecht ins Wasser reicht)
- nachts zwei Rundumlichter senkrecht übereinander, das obere rot, das untere weiß
- bei ausgebrachtem Fanggerät, das mehr als 150 m weit ins Wasser reicht, ein weißes Rundumlicht an der Seite, wo das Fanggerät ausgebracht ist
- bei Fahrt durchs Wasser zusätzlich Seitenlichter und Hecklicht
So weit die Theorie. Einfacher ist es, man hält sich an die klare und einfache Regel 18 der KVR: Fischenden Fahrzeugen geht man aus dem Weg!

Treibnetze (dän. Schwimmgarn). Die dicht unterhalb der Wasseroberfläche treibenden Netze sind bei Tage mit Bojen und Fähnchen, nachts mit einem weißen Licht markiert. Sie treiben immer in Luv des Kutters, sind bis zu 6 m hoch und werden unten durch eine Kette senkrecht im Wasser gehalten. Bei Strömung können sie auch an die Wasseroberfläche kommen. Über solche Netze sollte man unter keinen Umständen hinwegfahren!

Reusen und Grundstellnetze. In der *Køge Bugt* (s. S. 151 ff.) und vor *Rødvig* (s. S. 148) gibt es sie nicht nur in Massen, sie sind für den Unkundigen auch eine echte Plage (und unter Umständen sogar gefährlich). Das Hauptgarn bildet den äußeren Teil des Netzes; es kann auch aus einem Kreis, sichtbar durch Kugeln, bestehen. Sein äußerster Pfahl ist markiert mit einem Kegel oder einer Kugel, und zwar 2 m über dem Wasser. Nachts zeigt dieser äußerste Pfahl ein weißes Blinklicht.
Das Reihgarn hängt ebenfalls an Pfählen und bildet eine feste Verbindung zum Ufer; es ist markiert mit Kugeln. Vorsicht: Bei Strom kön-

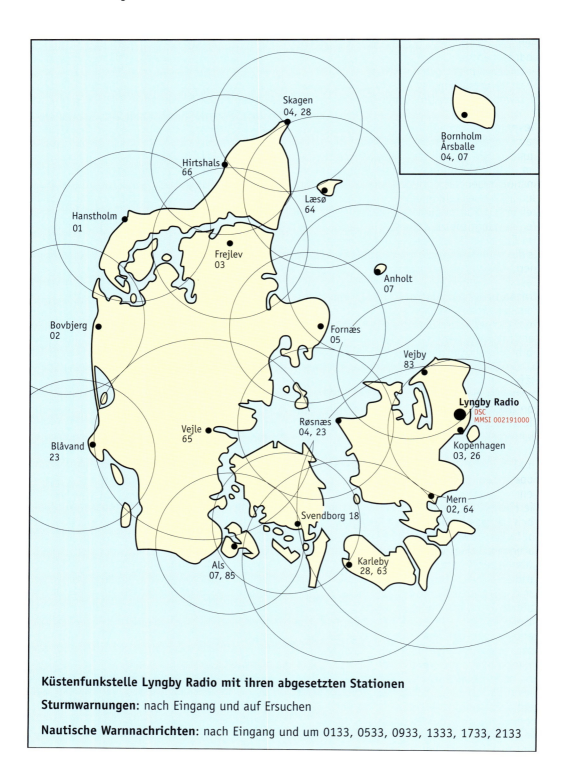

Küstenfunkstelle Lyngby Radio mit ihren abgesetzten Stationen

Sturmwarnungen: nach Eingang und auf Ersuchen

Nautische Warnnachrichten: nach Eingang und um 0133, 0533, 0933, 1333, 1733, 2133

nen die Kugeln unter Wasser gezogen werden, sodass man sie nicht mehr sieht! Das Netz ist natürlich immer noch da.
Niemals versuchen, zwischen einem solchen Netzwerk und dem Ufer hindurchzufahren!

Gespannfischerei. Dies ist eine echt skandinavische Spezialität, die sich bei Unkenntnis zum Horror auswächst. Es handelt sich dabei um zwei Kutter, die zwischen sich ein Netz gespannt haben, das sie bei langsamster Fahrt durchs Wasser schleppen. Die Kutter sind dabei bis zu 200 m auseinander, das Netz wiederum hängt bis zu 400 m nach achtern aus. Am Ende, wo es in einer Spitze ausläuft, wird es durch eine winzige orangefarbene Boje markiert. Der Horror besteht darin, dass das Gespann wegen seiner langsamen Fahrt stark driften und somit unversehens auf einen zukommen kann. Nachts übrigens führen die beiden Kutter nur das jeweilige äußere Seitenlicht. Also, wenn so ein Gespann auftaucht, ob bei Tage oder bei Nacht: nichts wie weg!

Häfen und Liegeplätze
Innerhalb der einzelnen Törnvorschläge sind von allen wichtigen Häfen Pläne abgedruckt. Die **Wassertiefen** sind nur dann angegeben, wenn sie *weniger* als 3 m betragen.

In allen dänischen Häfen wird **Liegegeld** erhoben, dessen Höhe sehr unterschiedlich ist. Generell aber kann man davon ausgehen, dass die Hafengebühr – wie bei uns auch – relativ hoch ist, was im Übrigen ein Grund mehr sein sollte, so oft wie möglich zur Nacht vor Anker zu liegen. Leider wird auch in den dänischen Häfen – aus Kostengründen – der Mensch wegrationalisiert. Immer mehr werden Hafenmeister durch **»Bezahlautomaten«** (Kort-/Billetautomat) ersetzt. Das sind Kästen mit einem Display in Dänisch, Englisch und Deutsch, an denen man sein Hafengeld, »Havnepenge«, bezahlt und auch die Marken für Duschen etc. ziehen kann. Mittlerweile dreht sich das um und mehr und mehr kommt der gute alte Hafenmeister wieder zur Geltung, der das Liegegeld am Steg kassiert.
Ist ein Liegeplatz für längere Zeit frei, so hängt am Steg in der Regel ein **grünes Schild**, auf dem zumeist noch vermerkt ist, bis wann der Eigner die Box nicht braucht (»Fri til...«). Ist das Schild rot, so bedeutet dies, dass der Eigner die Box nur kurzfristig verlassen hat; hier darf man also nicht festmachen (»Optaget«). Es gibt Häfen, die für Gäste feste Plätze freihalten. Solche **Gästeplätze, auch ganze Stege, sind in den Hafenplänen grün markiert.** Aufforderungen des Hafenmeisters, an einem bestimmten Platz festzumachen, ist Folge zu leisten.
Das Liegegeld berechtigt zum Benutzen der sanitären und sonstigen Einrichtungen des Hafens. In vielen Yachthäfen gibt es auch Waschmaschinen und Küchen. Die dänischen Yachthäfen sind inzwischen fast durchweg hervorragend ausgestattet. *Ausnahme: Fäkalien-Entsorgung*. Solche Stationen gibt es noch nicht überall, aber wenn, dann sind sie in den Hafenplänen vermerkt: Symbol wie Dieselzapfsäule, aber nicht schwarz, sondern *grün*. Drahtlosen Internetzugang (WLAN) haben inzwischen – fast – alle Häfen. In den Hafenbeschreibungen wird deshalb nicht extra darauf hingewiesen. Die Dänen haben viel Geld in die Hand genommen, um ihre Häfen in den nächsten Jahren weiter zu modernisieren. Einerseits, andererseits: Manchen wird´s freuen, ein anderer wird sich mit Wehmut an die alten, urigen Häfen erinnern.

Ist ein *Hafen gesperrt*, so wird dies tagsüber mit einem schwarzen Ball, nachts mit drei roten Lichtern übereinander angezeigt. Ankern ist in den Häfen verboten, ebenfalls Baden.

Ankerbojen. An ausgesuchten Stellen hat der Dänische Seglerverband (Dansk Sejlunion) Anlegebojen ausgebracht. Die Bojen sind gelb, mit der schwarzen Aufschrift »DS«. An diesen Tonnen darf man als Ausländer nicht festmachen, es sei denn, man wäre Mitglied in einem dänischen Segelclub (was man werden kann).

Chartern. In und für Dänemark besteht ein sehr großes Angebot an allen nur denkbaren Bootstypen und praktisch für alle Reviere. Die Zeitschrift YACHT bringt im Anzeigenteil immer ein großes Angebot von Charterfirmen.
Die *Sicherheitsvorschriften für Charterboote* sind in Dänemark verschärft worden. Für Sport-

boote, die kommerziell verchartert werden, ist eine Genehmigung der Staatlichen Schiffskontrolle erforderlich. Bevor man also einen Chartervertrag unterschreibt, sollte man sich vergewissern, ob für das betreffende Boot diese Genehmigung vorliegt.

Crew

Personalpapiere. Für einen Aufenthalt von bis zu 90 Tagen in Dänemark genügt der Personalausweis (natürlich auch der Reisepass), für Kinder bis zu 12 Jahren ein Kinderausweis. Kinder ab 13 müssen einen eigenen Reisepass oder Personalausweis haben. Seit Mitte 2012 ist die Eintragung eines Kindes in den Reisepässen der Eltern nicht mehr ausreichend. Die Papiere müssen bei der Einreise noch mindestens drei Monate gültig sein.
Es hat sich bewährt, von den Ausweispapieren Fotokopien anzufertigen und sie an sicherer Stelle an Bord zu verwahren; im Falle eines Verlustes der Originalpapiere ist es dann leichter, Ersatz zu bekommen.

Konsularischer Beistand. Unsere Auslandsvertretungen gewähren deutschen Staatsbürgern im Ausland Rat und Beistand. Etwa wenn der Pass weg ist oder Geld verloren ging oder geklaut wurde. Dann kann man sich an die Botschaft oder an das nächstgelegene Konsulat wenden.

Botschaft der Bundesrepublik Deutschland
Tysklands Ambassade
Stockholmsgade 57
DK-2100 Kopenhagen Ø
Tel. 0045–35 45 99 00
Fax 0045–35 26 71 05
E-Mail: info@kopenhagen.diplo.de

Honorarkonsulate:
Ålborg 96 32 82 12
Århus 86 18 25 88
Haderslev 73 22 29 00
Middelfart 64 41 54 01

Ärztliche Versorgung. Grundsätzlich hat man in Dänemark den gleichen Versicherungsschutz wie zu Hause. Man muss nur im Besitz der *Europäischen Versicherungskarte* sein: Erhält man von seiner Versicherung. Wenn man eine ärztliche Behandlung benötigt, geht man zunächst zu einem Allgemeinmediziner, der als Vertragsarzt arbeitet. *Wendet man sich an einen anderen Arzt, so werden die Kosten nicht erstattet.* Die Namen der Vertragsärzte erfährt man bei der jeweiligen Kommune (Gemeindeverwaltung). Sprechzeiten sind im Allgemeinen von 0800 bis 1600. Außerhalb dieser Sprechzeiten kontaktiert man den örtlichen **Notfalldienst** (Lægevagt). Dieser ist unter der Notrufnummer 112 zu erreichen (aus einer Telefonzelle kostenlos).

Legt man dem behandelnden Vertragsarzt vor Behandlungsbeginn die Europäische Versicherungskarte vor, so ist die Behandlung kostenlos. Zahnärztliche Behandlungen muss man in der Regel selbst bezahlen.
Medikamente, auch solche, die bei uns frei verkäuflich sind, erhält man nur in den Apotheken und auf Rezept. Eine Zuzahlung ist üblich.

Öffnungszeiten der Apotheken: Montag bis Freitag 0930–1730, Freitag eventuell länger, Samstag 1000–1300.

Für die *Erstattung* der verauslagten Kosten kann man sich an die jeweilige Kommune wenden oder, einfacher, an seine Krankenkasse. Wichtig, dass man die – quittierten! – Rechnungen vorlegen kann.
Zuständig für die Abwicklung ist in Deutschland die »Deutsche Verbindungsstelle Krankenversicherung–Ausland«. Diese Stelle gibt auch das Merkblatt »Urlaub in Dänemark« heraus, das man sich aus dem Internet herunterladen kann: *www.dvka.de*

Geld. Dänemark hat den Euro nicht eingeführt. Man findet jedoch in vielen Geschäften die Preise sowohl in dänischen Kronen als auch in Euro ausgezeichnet. Münzeinheit ist die Dänische Krone (DKK). Mit EC- und anderen Karten kann man an den Geldautomaten rund um die Uhr Geld abheben.

Telefon. In den Telefonzellen können 1-, 2-, 5-, 10- und 20-Kronen-Stücke beziehungswei-

se 10-, 20- und 50-Cent-Stücke sowie 1- und 2-Euro-Münzen verwendet werden. Minimum für ein Auslandsgespräch: 5 DKK beziehungsweise 90 Cent. *Achtung:* Die meisten Telefonzellen geben kein Geld zurück!
Es können auch Telefonkarten und deutsche Chipkarten verwendet werden. Telefonkarten sind an Kiosken und in Postämtern für 30, 50 und 100 DKK erhältlich.
Viele Telefonzellen haben eine eigene Rufnummer, die auch aus dem Ausland angewählt werden kann. »Empfänger zahlt« ist von allen Telefonzellen aus möglich.
Die Vorwahl für Deutschland ist 0049, für Österreich 0043, für die Schweiz 0041; danach wählt man die Ortskennzahl, lässt aber die Null davor weg, und anschließend die gewünschte Nummer. **Mobiltelefone** können ohne Formalitäten eingeführt und benutzt werden.

Öffnungszeiten. Prinzipiell gilt, dass die Öffnungszeiten den Inhabern der Geschäfte überlassen bleiben und von Ort zu Ort sehr verschieden sind. Im Allgemeinen gilt (auch für Postämter): Montag bis Freitag von 0900/1000 bis 1730/1800, freitags auch bis 1900/2000. Samstag bis 1200/1400/1700. Bäcker und Smørrebrød-Läden sowie Kioske haben oft auch am Sonntag geöffnet.

Zoll. *Nach Dänemark.* Vorab das Wichtigste: Es bedarf keiner Formalitäten für das Boot, wenn es nicht länger als zwölf Monate in dänischen Gewässern bleibt. Erst danach benötigt man eine *Zollgenehmigung*, und die würde dann auch längstens für zwei Jahre ausgestellt. Aber das ist abwegig für einen normalen Urlaubstörn von ein paar Wochen, und es wird nur der Vollständigkeithalber erwähnt.
Anmelden beim Zoll ist nur erforderlich, wenn man etwas zu verzollen hat. Man muss dann von sich aus Kontakt zum nächstgelegenen Zollamt aufnehmen; man kann nicht darauf warten, dass sich irgendwann ein Zollbeamter um einen kümmert.

Seit 1. Januar 2004 können alle Waren, auch Alkohol und Tabak, für den *persönlichen Gebrauch* während des Urlaubs aus einem EU-Land, also auch aus Deutschland, zollfrei eingeführt werden. Es gelten aber bis auf Weiteres Richtmengen.

Jede Person darf zoll- und abgabenfrei einführen:

- 10 l (= 14 Flaschen zu 0,7 l) *Spirituosen* (Alkoholgehalt über 22 Vol.-%)
- 20 l (= 28 Flaschen zu 0,7 l) *Südwein* (Alkoholgehalt über 15, jedoch unter 22 Vol.-%)
- 90 l *Wein* (davon höchstens 60 l Schaumwein)
- 110 l *Bier*
- 800 *Zigaretten* oder 400 *Zigarillos* oder 200 *Zigarren* oder 1000 g *Tabak*
- *Treibstoff*: In festen Behältern (Rumpftanks) eingeführter Treibstoff bleibt zollfrei, in tragbaren Behältern (Kanister) nur bis 10 l.

Zollfahrzeuge können kontrollieren. Sie führen die dänische Nationale mit der schwarzen Inschrift »Kongeligt Toldflag« im weißen Streifen. Wenn man stoppen muss, wird das am Tage mit der Buchstabenflagge »L« (gelbschwarz geviertelt) und nachts mit dem Licht- und Schallsignal »L« (•–••) des Morsealphabetes signalisiert.

Zurück nach Deutschland. In der Praxis gibt es keine Probleme; denn man wird ja Waren, die in Dänemark meist deutlich teurer sind als bei uns, nicht in großen Mengen, sprich: über den persönlichen Bedarf hinaus mitbringen.

Haustiere. Innerhalb der EU gelten einheitliche Regelungen für Haustiere, die auf Reisen mitgenommen werden. Hunde und Katzen müssen demnach durch einen Mikrochip gekennzeichnet sein.
Es muss der neue einheitliche *Heimtierausweis* mitgeführt werden, in dem die Tollwutimpfung eingetragen sein muss. Neue Impfungen müssen mindestens 3 Wochen vor der Reise erfolgt sein. Für bis zu drei Monate alte Tiere muss ein Gesundheitsattest des Tierarztes vorliegen, das bei der Einreise nicht älter als zehn Tage sein darf.

Hunde gefährlicher Rassen, wie Pitbull-Terrier oder Tosa, dürfen nicht nach Dänemark mitgenommen werden; dies gilt auch für Kreuzungen aus diesen Rassen.

Im dänischen Inselmeer

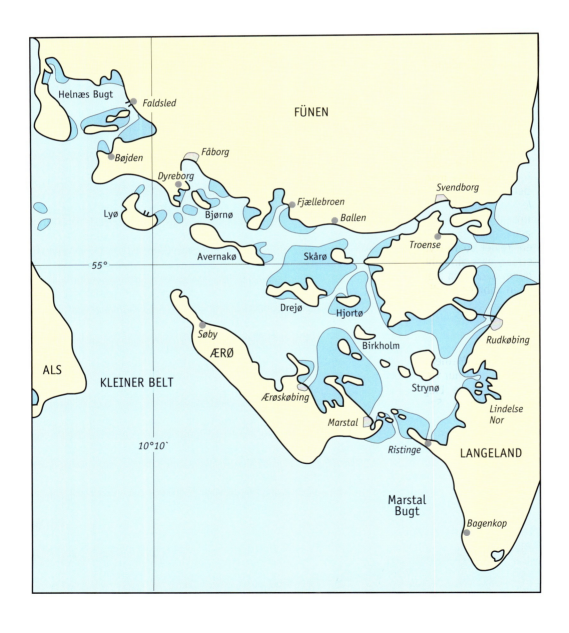

Törnvorschlag 1:

Von der Helnæs Bugt nach Rudkøbing

Die Gewässer südlich von Fünen mit ihren zahlreichen Inseln und Inselchen, von deutschen Seglern als *dänische Südsee* gepriesen, von den Dänen treffender als **Inselmeer** bezeichnet, sind gerade für den, der sein Boot und sich erproben will – um das Wort Anfänger zu vermeiden –, ein schlechthin ideales Revier. Einerseits so geschützt, dass auch kleinere Boote es gut befahren können, andererseits aber wegen der vielen Flachs auch nicht ganz einfach, sodass man sich gut in Navigation üben kann.

Wer sich schon etwas sicherer fühlt, kann durchaus einmal versuchen, einen Hafen nachts anzusteuern, etwa *Søby* auf Ærø, dessen Revier so frei von Schifffahrtshindernissen ist, dass ein Fehler nicht gleich schlimme Folgen nach sich zieht.

Häfen gibt es in diesem Revier massenhaft: einige richtige Stadthäfen mit gut geschützten Becken, aber noch mehr Inselhäfen. Trotzdem wird man während der Hochsaison zusehen müssen, dass man abends in einem Hafen unterkommt. Meiner Erfahrung nach gibt es in diesem Revier nur vier Häfen, wo man – in der Saison – keine Liegeplatzsorgen zu haben braucht: Fåborg, Svendborg, Rudkøbing und Søby.

Man befreit sich von dem Zeitdruck, rechtzeitig in einem Hafen zu sein, wenn das Boot mit einem guten Ankergeschirr ausgerüstet ist. Denn es gibt in diesen Gewässern zahlreiche gute Ankerplätze, auf die im Einzelnen noch hingewiesen wird. Führt man außerdem ein Dingi mit, so kann man sowieso alle Liegeplatzprobleme vergessen.

Weil dieses Revier so nahe und günstig liegt, ist es im Sommer proppenvoll. Die große Stille und Einsamkeit sucht man hier dann vergebens.

Wer seinen Urlaub unabhängig von den Ferienterminen planen kann, der sollte im Spätsommer hierher kommen – dann hat das dänische Inselmeer seine schönste Zeit.

Distanzen: Bøjden – Faldsled (Route Sønder Fjord 3,5 sm, Route Nørre Fjord 6 sm) – **Lyø** (11 sm) – **Dyreborg** (3,5 sm) – **Fåborg** (2 sm) – **Bjørnø** (1,5 sm) – **Avernakø** (3,5 sm) – **Revkrog** (4,5 sm) – **Fjællebroen** (3,5 sm) – **Drejø** (6 sm) – **Søby** (von Revkrog 5 sm) – **Ærøskøbing** (7,5 sm) – **Birkholm** (5 sm) – **Marstal** (6 sm) – **Ristinge** (6 sm) – **Lindelse Nor** (4,5 sm) – **Strynø** (2 sm) – **Hjortø** (13 sm) – **Skårø** (4,5 sm) – **Ballen** (1,5 sm) – **Svendborg** (6 sm) – **Troense** (2,5 sm) – **Rudkøbing** (7 sm).

Erstaunlicherweise wird die malerische

Helnæs Bugt recht wenig von Yachten angesteuert, und wenn schon, dann läuft man zu der bekannten *Bøjden Bro*, obwohl sich gerade das am wenigsten lohnt. Die Helnæs Bugt liegt nun mal ein bisschen abseits, und das mag der Grund sein, weshalb sie inmitten der vielbefahrenen Reviere um Als, des Kleinen Belts und vor allem des dänischen Inselmeeres eine Oase der Ruhe geblieben ist.

Dabei findet man ganz leicht zu ihr:
Kommt man von Süden aus dem *Kleinen Belt*, so braucht man – etwa von *Mommark* aus – immer nur Kurs Nord zu laufen. Während die Ufer von Als mehr und mehr zurückweichen, wird man bald der lehmbraunen Steilufer von *Hornenæs* ansichtig werden, hinter denen sich die schwarzblauen Berge der Fünschen Alpen in den Himmel erheben. Wahrscheinlich wird auch die schwarz-weiße Fähre auf dem Weg

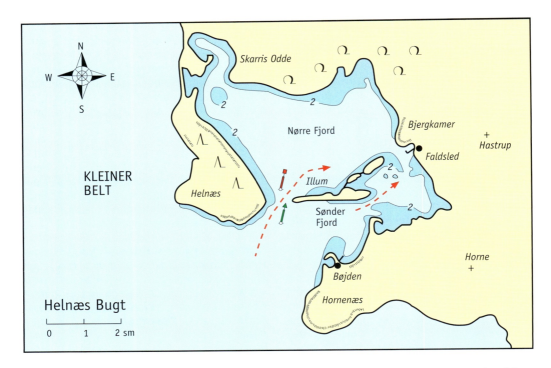

dorthin mehrfach unseren Kurs kreuzen, die ständig zwischen *Fynshav* und *Bøjden* hin und her pendelt. Ansonsten wird man selten einem größeren Schiff begegnen, denn dieser Teil des Kleinen Belts ist doch recht wenig befahren. Genauso wenig wie der Schiffsverkehr verlangt einem der **Strom** an Aufmerksamkeit ab: Er läuft hier, anders als im nördlichen Kleinen Belt, ziemlich schwach, sodass man ihn vernachlässigen kann. Lediglich in der Ansteuerung der Helnæs Bugt selbst muss man bei Windstärken ab Bft 6 mit einem Strom zwischen 3 und 4 kn rechnen, und zwar bewirken dann starke Winde aus WSW einen aus der Bucht heraussetzenden Strom, und solche aus ENE lassen ihn in die Bucht hineinlaufen. Doch kann man wohl in den Sommermonaten davon ausgehen, dass diese Verhältnisse eher selten auftreten.

Aus dem *Als Fjord* kommend, ist die Ansteuerung der Helnæs Bugt genauso einfach: Man rundet die Nordspitze von Als, läuft am Leuchtturm von *Nordborg* vorbei und weiter bis zur schwarz-gelben Tonne *Tranesand*

Helnæs Bugt.

(WP 1011: 55°05,66'N 009°45,32'E) und geht hier auf Kurs E, der einen 10 sm lang quer über den Kleinen Belt auf die Ansteuerung der Bucht zuführt. Sollte man gezwungen sein zu kreuzen, so achte man auf die südlich von diesem Kurs gelegenen Untiefen *Hesteskoen* (WP 1013: 55°05,16'N 009°54,44'E) und *Søndre Stenrøn* (WP 1301: 55°04,04'N 009°56,52'E). Die beiden Flachs am Ausgang der Helnæs Bugt, *Helnæshoved Flak* und *Middelgrund*, haben Wassertiefen um 4 m; man kann sie also vernachlässigen – außer bei stärkerem Seegang, da sich dann hässliche Grundseen darauf bilden können.

Zu achten hat man allerdings auf die **Stellnetze**, die sich vom *Hornenæs-Ufer* weit in die Bucht hinein erstrecken; zum Teil verdecken sie sogar die Tonnen.

Genau besehen besteht die Helnæs Bugt aus zwei Gewässern, die noch dazu sehr verschieden sind: Das südliche und kleinere ist zum Kleinen Belt hin ziemlich offen und deshalb wenig geschützt und auch ohne sonderliche Reize – der *Sønder Fjord*.

Vor dem nördlichen, dem inneren Revier, das *Nørre Fjord* heißt, schiebt sich quer über die Bucht ein schützender Riegel aus drei Inselchen, die teilweise von weit ausgreifenden Flachs umgeben sind. Da hindurch führen zwei Passagen in den Nørre Fjord: die eine zwischen *Illum* und *Helnæs* und die andere im Osten des Sønder Fjords, die einen direkt zum Hafen von *Faldsled* bringt (s. Plan und Beschreibung auf Seite 19). Beide sind problemlos zu befahren. Wenn Segler lange Zeit überhaupt die Helnæs Bugt ansteuerten, dann zumeist nur, um vor der

Bøjden Bro zu liegen. Dagegen lässt sich auch wenig sagen, nur, dass eben der stille, einsame Nørre Fjord sehr viel schöner ist. Um zur Bøjden Bro zu kommen, hält man sich schon am Eingang der Bucht mehr an die hohen Ufer von Hornenæs – so wie die Fähren auch. Der Fährhafen von Bøjden darf von Yachten unter keinen Umständen angelaufen werden, er wird also passiert.

Danach kommt es darauf an, sauber und mit nicht zu knappem Abstand das große, teilweise trockenfallende *Kalvøre Rev* zu runden, denn dahinter erst liegt die Bøjden Bro. Die beiden

grünen Spieren, die die Kante des Flachs markieren, sind, weil so klein, nicht gut auszumachen. Hat man die zweite grüne Spiere erreicht, so sieht man auch die »Hafenanlagen« von Bøjden liegen. Man läuft mit Kurs SSW darauf zu, wobei es jedoch ratsam ist, einen kleinen Bogen nach Osten zu fahren, weil das Flach doch etwas mehr nach Osten ausgreift, als es auf der Karte den Anschein hat. Obwohl ein Platz nicht ohne Charakter, lohnt sich meiner Meinung nach das Anlaufen – wenn überhaupt – nur für kurze Zeit. Am Ufer ein paar Häuser, dicht dabei ein großer Campingplatz, der nahe Fährhafen, ein mäßiger Sandstrand – das wär's denn auch schon.

Liegeplatz und Versorgung: *Wenig Platz, das vorab. Man kann praktisch nur an den Kopf der Brücke gehen. Das geschütztere »Becken« westlich davon ist voll von kleinen Fischerbooten. An dem Holzsteg im Osten haben einheimische Segler auf einer Wassertiefe von 1,2 m ihren festen Platz. Hafengeld (auch wenn man nur für eine Teepause festmacht). Wasser, Toiletten (in einem braunen Holzcontainer). Treibstoff*

bei einer Straßentankstelle in Bøjden By, ein paar hundert Meter weiter vom Hafen. Im Ort auch Lebensmittel, genauso wie auf dem Campingplatz. Wer an der Brücke keinen Platz findet, kann in der Bucht davor auf 7 m Wassertiefe gut ankern, aber hier wie auch an der Brücke ist kein ruhiges Liegen bei stärkeren Winden aus NW über N bis E.

Die Wassertiefe vor der Brücke unterliegt Veränderungen; man steuere den Hafen deshalb mit der gebotenen Vorsicht an.

Wasserstand
Tidenhub 0,2 m. Wind aus ENE hebt den Wasserstand um 1 m, Wind aus WSW kann ihn um ebenfalls 1 m senken.

Wegen des Hafens lohnt der Abstecher nach Bøjden nicht, ein kleiner Ausflug von Bøjden aus zu der **Kirche von Horne** allerdings schon, zu der ein schöner Spazierweg von einer Stunde Dauer führt:

Das Dorf Horne, von dem die große Halbinsel Horneland ihren Namen hat, liegt ziemlich zentral und hoch auf diesem Land. Hier steht die einzige Rundkirche Fünens, von denen es in ganz Dänemark sowieso nur noch sieben gibt. Auf Bornholm sind sie ein vertrautes Bild, anderswo aber eine Seltenheit. Die Rundkirche von Horne ist als solche auf den ersten Blick gar nicht zu erkennen, denn im Laufe der Jahrhunderte wurde so viel angebaut, dass ein ganz sonderbares architektonisches Gebilde entstanden ist.

Die Rundkirche, als ältester Teil der Anlage, steht jetzt inmitten des Langschiffs; sie wurde im 12. Jahrhundert errichtet und diente ursprünglich den in der damaligen Zeit typischen Zwecken: Unten wurde die Messe gefeiert, im Stockwerk darüber wurde verteidigt. Zumeist hatte man sich der Wenden zu erwehren, die immer wieder über die südlichen Gestade Dänemarks herfielen. Die Mauern der Rundkirche sind massive zwei Meter dick und aus Findlingen gebaut. Der Turm mit seinen schönen Ziergiebeln, das Schiff, der Chor und die Rotunde wurden nach und nach an die Rundkirche angebaut. Im Innern ist diese größte Dorfkirche Fünens ziemlich einheitlich klassizistisch geprägt; der große dänische Bildhauer Bertel Thorvaldsen hat eigens dafür einen Taufstein geschaffen.

Wie schon gesagt: Der **Nørre Fjord** ist der sehr viel bessere Teil der Helnæs Bugt, und zudem hat er mit *Faldsled* einen guten Hafen. Aber wie kommt man dorthin? Von Bøjden aus führt der logische Weg durch den **Sønder Fjord** (s. Plan Seite 16): Wem eine Wassertiefe von 2,8 m reicht, der kann querab vor dem *Kalvøre Rev* (WP 1316: 55°06,93'N 010°05,37'E), mit Kurs NE direkt auf das erste Spierenpaar (grüne Spire, WP 1317: 55°07,73'N 010°06,93'E) zuhalten. Entfernung etwa 1,3 sm. Danach immer im Tonnenstrich weiter nach *Faldsled*. Die schwarz-gelb-schwarze Tonne, östlich von *Vigø*, lässt man an Bb und hält gleich auf die gelb-schwarze zu, die südlich von *Bjergkamer* ausliegt. Hier wird es nun ziemlich flach: Also nicht zu nahe an diese Tonne heran, sondern, sobald man die Einfahrt von Faldsled querab hat, darauf zu und hinein in den Hafen!

Will man durch den **Nørre Fjord** nach Faldsled segeln, so läuft man zunächst auf die Westhuk von Illum zu, die in einem markanten Sandkliff endet.

Vorsicht ist wegen der vielen Fischstöcke geboten. Zwischen Illum und Helnæs führt eine nur 2,3 m tiefe Rinne in den Nørre Fjord. Die grüne Spire (WP 1321: 55°07,84'N 010°03,28'E) ist ziemlich mickrig und vor den Fischstöcken schwer auszumachen. Während sie die südliche Einfahrt in die Rinne markiert, bezeichnet die rote Spiere deren nördliches Ende.

Von da aus segelt man mit Kurs ENE und so in sicherem Abstand parallel zu den Inseln *Illum*, *Horsehoved* und *Vigø* auf *Faldsled* zu. Nicht lange, und man wird der weißen Häuser von Faldsled ansichtig. Sobald man die schwarz-gelbe Tonne querab hat, kann man auf die gut sichtbare, hellbraune Mole des Hafens zulaufen. Im Zweifel hält man etwas mehr nach Osten, auf den grünen Hügel *Bjergkamer* zu, denn davor fällt der Landgrund steil ab, während das Flach vor *Vigø* doch sehr weit nach Osten ausgreift. Man hat also die Schwarz-Gelbe an Stb und steuert auf die Gelb-Schwarze zu: ihr nicht zu nahe kommen und hinein in den Hafen!

Die schwarz-gelb-schwarze Tonne und die vielen grünen und roten Spieren, die man im Süden vor sich sieht, sind auf diesem Kurs ohne Belang; sie markieren die Passage durch den *Sønder Fjord* (s. o.).

Ob man durch den Sønder oder den Nørre Fjord nach Faldsled segelt: Es empfiehlt sich, das Echolot eingeschaltet zu haben.

Faldsled präsentiert sich als eine gute, fast komfortable Anlage. So hübsch Dorf und Umgebung auch sind: Die eigentliche Attraktion ist der »Faldsled Kro«, dem der Ruf vorausgeht, eines der besten, wenn nicht überhaupt das beste Restaurant in Dänemark zu sein. Essen wird hier zelebriert. Der Küchenchef berät den Gast am flackernden Kaminfeuer, und später wird man feierlich zu Tisch gebeten, wo man sich an mehreren Gängen bester französi

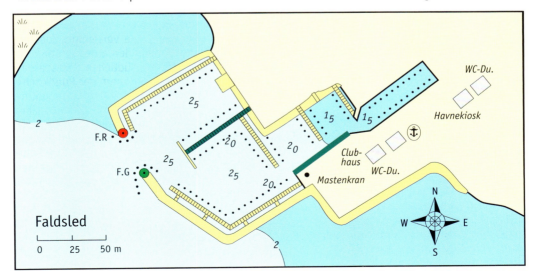

sischer Küche delektieren kann. Ursprünglich war es ein Kaufmannshof, dann wurde daraus eine »Königlich-privilegierte Gastgeberei«. Im französischen Landhausstil eingerichtet, ist im »Faldsled Kro« alles sehr exquisit, einschließlich der Preise. Man sollte sich dem Stil des Hauses anpassen und nicht gerade in Seestiefeln und Seglerkluft aufkreuzen.

Man würde dem Dörfchen aber Unrecht tun, hielte man den Kro für das einzig Besuchenswerte: Es hat sehr schöne Badestrände. Man kann auf die *Fünschen Alpen* wandern, und zur *Kirche von Horne* ist es von hier nicht viel weiter als von Bøjden aus. Dann kann man zum schönen Schlösschen *Løgismose* spazieren, dessen Zwiebeldach man ansonsten vom Wasser her nur aus den Bäumen lugen sieht.

Faldsled hatte früher eine nicht geringe Bedeutung als Getreideumschlagplatz; dafür wurde der Hafen auch gebaut. Aber die Packhäuser und Lagerschuppen, die noch zu Beginn des vorigen Jahrhunderts rings um den Hafen standen, sind längst abgerissen. Das nahe Fåborg hatte den Kornhandel ganz an sich gezogen, und Faldsled mit seinem schwer anzusteuernden Hafen konnte auf die Dauer nicht dagegen ankommen. Erstaunlicherweise hatte der Ort in seiner Blütezeit eine Flotte von 30 Schiffen, zwar nur kleine Schoner und Galeassen, aber immerhin.

Nautischer Hinweis: Faldsled kann bei Nacht nicht angelaufen werden. Die Einfahrt ist zwar befeuert (F.G, F.R), aber dennoch geht hier gar nichts, weil man ja mangels Befeuerung überhaupt nicht bis zum Hafen gelangt.

Wasserstand
Sturm aus SW kann den Wasserstand um 1 m senken!

Liegeplatz und Versorgung: Auf den Stegen Wasser- und Stromanschlüsse. Am besten liegt man in dem 2,5 m tiefen nördlichen Becken. Ordentliche Duschen und Toiletten, wenn auch alles sehr klein. Treibstoff von einer Straßentankstelle. 2,5-t-Kran, Mastenkran, kleinere Reparaturen. Lebensmittel, Bäckerei usw. im Dorf. Wer im Hafen keinen Platz mehr findet, der kann *etwa 120 m S- bis SE-lich davon auf gut 4 m Wassertiefe ankern (Grund Sand, Schlamm, auch Steine). Die weite Bucht nördlich vom Hafen, auf Bjergkamer zu, ist absolut untief, fällt auch bei entsprechenden Winden bis auf die Anfahrt zum Hafen trocken!*

Faldsled ist ganz sicher (schon wegen seines Kros) kein übler Hafen; das Beste aber sind weder Faldsled noch die Bøjden Bro, sondern die unendlich vielen und guten **Ankerplätze in der Helnæs Bugt**. Einige seien hier genannt:

- Die Bucht südlich von Faldsled wurde schon erwähnt, ebenfalls die nördlich von Bøjden Bro.
- Bei Winden aus nördlichen Richtungen findet man viele gute Plätze vor der **Südküste von Illum**. Die 2-m-Linie verläuft dicht am Ufer (Grund Sand).
- Bei Südwind sollte man sich an die **Nordküste von Illum** legen. Dabei nimmt man die schon beschriebene Passage vor der Westspitze der Insel. Der beste Platz ist der vor dem Pfahlwerk, an dem das Postboot aus Faldsled anlegt (Grund Sand). Hier hat man auch eine gute Ausgangsposition, um die Insel zu erkunden: Das flache, schmale und kaum von hoch wachsenden Bäumen bestandene Illum wird von zwei Bauernfamilien bewohnt, die auch den größten Teil der Insel unter Pflug genommen haben. Der Rest ist bedeckt von Mooren, Heideflächen und windzerzaustem Buschwerk. Obwohl die Ufer nirgendwo besonders hoch sind, wirken sie mit ihren gelben Klippen doch ziemlich steil und beeindruckend. Die Passage zwischen Illum und Helnæs war früher gesperrt. Das weiß man, seitdem eine aus der Wikingerzeit stammende Schiffssperre gefunden wurde. Wahrscheinlich war der Nørre Fjord um diese Zeit, um 1000 n. Chr. also, eine geschützte und schwer zugängliche Flottenbasis der Wikinger. An die Zeit der Wikinger erinnert auch ein Hügelgrab an der schmalsten Stelle von Illum. Man kann zu der Insel rudern, darf sie auch betreten.
- Landschaftlich vielleicht noch schöner als Illum sind ihre beiden östlichen Schwestern, **Horshoved** und **Vigø**; auch hier kann

man gut ankern. Beide Inseln sind unbewohnt. Brutplätze von Schwimm- und Stelzvögeln.
- Bei Westwinden liegt man ruhig vor dem Steilufer von **Helnæs**, und zwar unterhalb des Helnæs Skov (Wald). Die 2-m-Linie verläuft hier ca. 200 m vor dem Ufer (Grund Sand und Kies). Helnæs – das ist eine weltabgeschiedene Gegend mit windzerzausten Hecken und sattgelben Feldern im Sommer. Helnæs By besteht aus ein paar Häusern und der alten Windmühle. Etwas nördlich von diesem Ankerplatz fallen die Klippen von Hvidklint schroff zum Wasser ab. Fährt man daran vorbei, so findet man an diesem Ufer einen zweiten guten Ankerplatz, der sich zudem gut zum Baden eignet, weil das klare Wasser bis 100 m vom Ufer weg nur knietief ist.
- Auf der Karte wirkt die kleine Bucht nördlich von **Agernæs** als am besten zum Ankern geeignet. Ich rate ab. Denn der Weg dorthin, vorbei an vielen Flachs, wenn auch immer auf mindestens 5 m Wasser, ist beschwerlich und nervenaufreibend. Und hat man dann endlich *Skarris Odde* gerundet, so sieht man, dass man in einer wenig attraktiven Bucht angekommen ist, die nicht nur geringen Schutz bietet, sondern zudem dicht mit Sommerhäusern bebaut ist. Ich bin das einmal mit viel Zittern gefahren, um schließlich enttäuscht feststellen zu müssen, dass es sich nicht gelohnt hat.

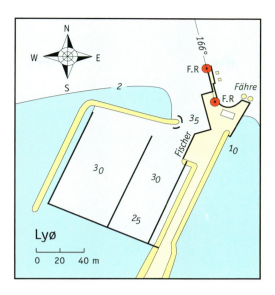

Rundet man die Kliffküste von *Hornenæs*, so gelangt man in den **Lyø Krog**, der sich zwischen *Horne Land* und *Lyø* dahinzieht. Hier fängt die »dänische Südsee« erst richtig an. Der Sund ist sehr tief und hat eine Breite von etwa 1,5 sm.
Voraus liegt wie ein großer, flacher Schild die Insel

Lyø mit der flügellosen Windmühle obendrauf – heute eine Bauerninsel. Sie war früher dicht mit Wald bewachsen, Krongut und Jagdrevier der dänischen Könige.
Die Insel ist umgeben von einem ziemlich gleichmäßigen Landgrund; lediglich an ihrer Ostseite liegt ein größeres Flach: der *Lyø Sand*. Das ganze Land der Insel, die im Norden eher flach ist und nur nach Süden zu etwas ansteigt, ist kultiviert. Lediglich schnurgerade Schutzhecken ziehen sich zwischen den Feldern dahin, mit Gruppen mächtiger Silberpappeln darüber. Zwischen den zwei Hügeln der Insel, die beide 24 m hoch sind, liegt *Lyø By*, der einzige Ort der Insel, ein Dorf mit um die 130 Einwohnern, idyllisch mit seinen strohgedeckten Fachwerkhöfen rund um den Ententeich und den vielen Stockrosen vor den Häusern. Einige der Fachwerkhäuser sind über 300 Jahre alt. Noch an die 24 Bauernfamilien auf Lyø haben Vorfahren, die um die Mitte des 16. Jahrhunderts auf die Insel verbannt worden waren, nachdem sie sich gegen ihre Gutsherren aufgelehnt hatte.
Die wohl schönste der kleinen Inseln in dieser Ecke hat einen feinen, inzwischen ausgebauten Hafen. Er liegt an der Nordseite, in der weit geschwungenen Bucht *Lyø Havn*, die schon immer ein gesuchter und guter Ankerplatz war. Hier lagen auch die Schiffe des Königs, wenn er mit seinem Gefolge zur Jagd auf der Insel weilte.
Aus dem Lyø Krog kommend, rundet man die schmale Nordspitze der Insel, die sich kaum über das Wasser erhebt; am auffälligsten sind noch die Baken, die die Stromleitung markieren.
Nach Osten zu erstreckt sich von hier das Flach *Lyø Trille*, bezeichnet mit einer grünen Spitz-

tonne. Hat man die passiert, so kann man auf den Hafen zusteuern, der am Scheitel der Bucht vor dem *Badsted Huse* liegt. Mit Kursen zwischen 160° und 267° lässt sich Lyø Havn immer und mit einem Tiefgang bis zu 2 m auch ohne Probleme anlaufen.

Strom kann vorkommen, der dann entweder nach N oder S setzt. Der Nordstrom ist der härtere und tritt auf bei Winden aus NE bis SE, Südstrom bei Winden aus SW bis W.

Liegeplatz und Versorgung: Nur der Brückenkopf ist wenig geschützt, wo auch sehr große Boote an der Ostseite festmachen können. Im Becken liegt man ruhig und sicher; es ist der beste Platz. Nicht anlegen darf man an der Fischerkaje. WCs und Duschen am Ende des Dammes, Lebensmittel (auch Bäcker) im Dorf am Ententeich.
Ankerplätze findet man überall in der Bucht. Bevorzugt wird die Bucht Lyø Havn, so nahe an Land, wie es der Tiefgang des Bootes zulässt. Hier auch gelbe »DS«-Ankerbojen (s. S. 11).

Wasserstand
Tidenhub 0,5 m. Winde aus E oder N können den Wasserstand um bis zu 1 m erhöhen, Winde aus W und SW ihn um 0,75 m senken.

Zu den Zeiten, als die Insel noch Krongut war und die dänischen Könige zur Jagd nach Lyø kamen, stand hier kein Haus. Lyø war von dichten Wäldern bedeckt, in denen Jagd auf den Damhirsch gemacht wurde. Diese Wildnis, die sich im Laufe der Jahrhunderte zur heutigen Inselidylle gewandelt hat, war vor knapp 800 Jahren Schauplatz einer Untat, die Dänemark an den Rand des Ruins bringen sollte.
König Valdemar II. (1202–1241), der den Beinamen »der Sieger« trug und wegen seiner glücklichen Hand in Kriegs- und Regierungsgeschäften allseits verehrt wurde, kam im Mai des Jahres 1223 mit seinem vierzehnjährigen Sohn und einem Jagdgefolge nach Lyø. Die Jagdgesellschaft war von Fåborg aus herübergerudert. In Lyø Havn lagen die Boote und Schiffe vor Anker. In der Nacht vom 6. auf den 7. Mai stieg im Zelt des Königs ein Gelage – die Jagd war gut gewesen, die Herren mächtig durstig. Unter den Gästen befand sich auch Heinrich, der Graf von Schwerin, zu der Zeit ein Lehensmann des dänischen Königs. In seiner Trunkenheit machte der König anzügliche Bemerkungen über die Frau des Grafen. Der glaubte herauszuhören, dass Valdemar mit der Gräfin beim Reichstag in Nyborg ein Verhältnis angefangen hatte. Der Graf geriet über diese Spötteleien so in Wut, dass er vorzeitig das Fest verließ und sich mit seinem Gefolge auf sein Schiff begab.
Als es im Lager des Königs ruhig geworden war, schlich der Graf sich mit seinen Männern zurück, drang in das Zelt des Königs ein, überwältigte ihn und schleppte ihn zusammen mit dessen Sohn auf sein Schiff. Dann setzte er die Segel und fuhr durch den Kleinen Belt heimwärts nach Mecklenburg. Im Lager, wo das Gefolge des Königs trunken unter den Tischen lag, hatte niemand etwas gemerkt – man hätte auch nur wenig helfen können, denn bevor der Graf ablegte, ließ er noch schnell alle dänischen Boote und Schiffe leckschlagen.
Valdemars Gefangennahme traf das Land wie ein Schock. Aber mehr als empören konnte man sich nicht, denn da der König gefangen war, fehlte ein Anführer, und außerdem war es nicht einfach, den starken Grafen von Schwerin anzugreifen. So tat man etwas typisch Dänisches: Statt sich zu schlagen, verhandelte man. Das zog sich hin. Drei Jahre lang saß Valdemar gefangen im Schloss Dannberg im Mecklenburgischen. Dann endlich hatte man sich auf ein Lösegeld geeinigt. Es war von solch immenser Höhe, dass der dänische Staat darüber bankrott ging. Aber Valdemar und der Prinz waren nun wenigstens frei. Hier in der stillen Bucht Lyø Havn fand die große Valdemar-Zeit ihr Ende (s. auch Vordingborg, S. 134).

Ob es sich lohnt, wegen der 3 sm bis Dyreborg, unserem nächsten Hafen, die Segel zu setzen, mag jeder für sich entscheiden.
Verlässt man Lyø mit Kurs E, so hat man einigen Grund, sich bei dem **Flach Lyø Sand** vorzusehen – die grüne Tonne (WP 1314: 55°03,07'N 010°11,94'E), die dieses Flach markiert, steht ziemlich unglücklich, nämlich an der Ostkante: Das Flach selbst ragt in Wirklichkeit und anders als es auf der Karte scheint noch ein deutliches Stück nach Norden. Man

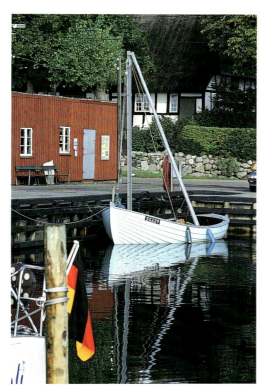

Dyreborg.
Am Hafen.

darf also die Tonne nicht direkt anliegen, sondern muss sich etwas nördlich davon halten.

Man schippert nun beschaulich am hohen, gelbbraunen Steilufer der **Halbinsel Knolden** entlang, hinter der unser Ziel Dyreborg liegt, das aber von hier noch nicht zu sehen ist. Zwischen *Knolden* und der Insel *Bjørnø* liegen die *Flachs Knaste-Grund, Lille-Grund und der Knoldsand*. Alle drei haben Wassertiefen unter 1 m, sind aber gut betonnt, sodass es egal ist, wie man an ihnen vorbeisegelt, wenn man sie nur sorgfältig im Auge behält und dann den einmal gewählten Kurs beibehält, ohne sich von nicht dazugehörigen Tonnen irritieren zu lassen.

Der kürzeste Weg wäre der zwischen Knolden und dem Knaste-Grund; den Lille-Grund ließe man so ebenfalls im Osten und würde entlang den roten Tonnen am Knoldsand vorbei auf Dyreborg zu segeln.

Bei allen diesen Untiefen stehen die Schifffahrtszeichen ganz dicht vor den Flachs. Schnippeln und Ähnliches funktioniert hier also nicht. Über dem Knoldsand stehen zumeist nicht mehr als 30 cm Wasser, und das will beachtet sein, wenn man beispielsweise in der *Dyreborg Vig* ankern möchte – zieht sich der Knoldsand doch bis an die Südmole des Hafens hin (man beachte die 2-m-Linie im Hafenplan unten).

Dyreborg wird gern als »Hafen im Wald« bezeichnet, jedenfalls sieht das bei der Ansteuerung so aus, wenn man ihn vor sich unter dem hohen Buchenwald von *Sisserodde* liegen sieht. Das Hafenbecken ist winzig, der Hafen wegen seines Milieus trotzdem – oder gerade deshalb – bei Seglern sehr beliebt. Und deshalb muss man ihn schon früh am Nachmittag ansteuern, wenn man noch ein Plätzchen finden will. Ansonsten ankert man in der *Dyreborg Vig* vor dem Hafen. Idyllisch bei wenig Wind, bei Gewitter aber fegen Böen aus dem Wald. Besonders gut liegt man unterhalb des bewaldeten *Alsgårdshoved* (auf 3 m Wassertiefe, Grund Sand und Tang), nahe der gelben DS-Ankerboje. Wahrschau: 0,6-m-Untiefe davor!

Die beiden Stege südlich vom Hafen kann man nicht anlaufen, weil sie schon auf dem flachen Knoldsand liegen. Der Hafen selbst müsste im Sommer mit einem Tiefgang bis zu 2 m immer anzusteuern sein. Das Beste an Dyreborg sind sein Hafen und seine Lage. Am Hafen findet man noch ein paar besonders hübsche Fach-

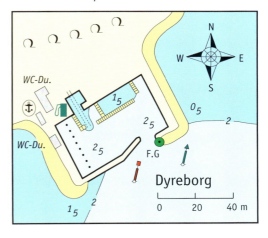

werkhöfe, dahinter den mächtigen *Dyreborg Skov*, einen eingezäunten Tierpark.

Liegeplatz und Versorgung: *Der nordöstliche Teil des kleinen Beckens ist den Fischern vorbehalten. Yachten sollen nach Möglichkeit an die Südwestmole gehen, mit dem Bug zum Kai und vor Heckanker, sonst längsseits an der Ostmole. Beim Ankerwerfen muss man einige Vorsicht walten lassen, weil die Schienen der Helling weit in das Hafenbecken hineinführen. Am Hafen Wasser, 25-t-Helling und 1,5-t-Kran. Toiletten und Duschen (auch Waschmaschine und Trockner) siehe Plan vorige Seite.*
Ein wirklich schöner Hafen und auch ruhig, bis auf Starkwind aus SE, der das Liegen etwas unruhig werden lässt.

> **Wasserstand**
>
> Tidenhub 0,9 m! Winde aus NE können den Wasserstand um 1,5 m erhöhen, Winde aus NW ihn um 1 m senken, starker Westwind sogar um bis zu 1,5 m.

Der

Fåborg Fjord wirkt weniger wie ein schmaler Fjord, sondern eher wie ein breites und in sich geschlossenes Gewässer: Im Süden liegt wie ein Wellenbrecher die Insel Bjørnø davor, und im Osten schiebt sich von eben dieser Insel ein beträchtliches Flach hinüber zum Ufer nach Fünen.

Die Küstenlinie ist eher niedrig; erst hinter Fåborg steigt das Land zu den Hügeln der *Fünschen Alpen* an.

Der Fjord hat zwei Zugänge: Im Osten führt über das schon erwähnte Flach eine schmale, nur 3,4 m tiefe Fahrrinne, das *Grydeløb*. Von Süden zwängt sich die Hauptpassage zwischen der Insel Bjørnø und Horne Land in den Fjord hinein – etwas kritisch, wenn einem hier ein größeres Schiff begegnen sollte.

Das schöne

Fåborg, das sich am ganzen Nordufer des Fjords hinzieht, steht etwas im Schatten von Ærøskøbing, Marstal und Svendborg, aber ganz zu Unrecht. Es gibt hier zwei Häfen: einmal den alten Handelshafen, wo man fast mitten in der Stadt liegt, und etwa 500 m weiter nordwestlich den Yachthafen von Lillestrand, der vor einiger Zeit ausgebaut wurde, eine Menge Platz bietet, auch ein schönes Clubhaus hat, dennoch mit dem Stadthafen nicht mithalten kann. Unseren Liegeplatz suchen wir uns im großen **Handelshafen**, der unendlich viel Platz hat und vor allem Atmosphäre – ein echter Hafen. Der Handelshafen wurde umgebaut. Jetzt

Fåborg.

Im Innenhafen. Der beste Liegeplatz in Fåborg.

ist alles etwas schicker. Die alten braunen Lagerhäuser sind verschwunden, dafür gibt es jetzt Ferienhäuser. Ein Kanal wurde angelegt, aber im Prinzip blieb doch alles so, wie man es von früher her kennt und wie es der Hafenplan auf der nächsten Seite zeigt.

Das **alte Handelsstädtchen** – es ist das kleinste auf Fünen – liegt auf ziemlich flachem Land. Mehr noch: Es ist eigentlich in den Fjord hineingebaut, der das – flach, wie er ist – ja geradezu begünstigt hat. Fåborg wurde erstmals 1229 urkundlich erwähnt, aber da muss die Stadt schon länger bestanden haben, denn in dieser Urkunde wurden ihr vom König ihre Handelsprivilegien nur noch bestätigt; sie wird sie also schon früher erhalten haben. Fåborg war eine dieser typischen kleinen dänischen Hafenstädte mit der dafür typischen Entwicklung: Die Stadt hatte ein großes Agrargebiet im Rücken, dessen Überschüsse exportiert wurden, nach England, nach Deutschland und auch nach Norwegen, das ja bis 1814 zum dänischen Königreich gehörte. So entstanden also zwangsläufig ein Hafen, eine eigene Flotte und endlich auch Werften, auf denen man die Schiffe der Stadt baute, vor allem Barken und Galeassen, später auch Rahsegler, die im 19. Jahrhundert zu allen Häfen der Welt segelten, sogar nach China und Australien.

Die Stadt wurde schon um 1400 stark befestigt. Feste Wälle mit Mauern und Palisaden umgaben sie, wuchtige Tore öffneten sich nach außen, von denen das eindrucksvolle **Vesterport** als einziges noch steht. In der unseligen Grafenfehde (1534–1535) wurde die Stadt gestürmt und geplündert. Ähnlich litt Fåborg dann in den Schwedenkriegen; und im Nordischen Krieg (1709–1720), wieder gegen den schwedischen Erbfeind, wurde die Schifffahrt schwer behindert. Dazwischen brannte die Stadt auch mehrmals ab. Dass sie sich trotzdem – wenigstens teilweise – noch ein so schönes mittelalterliches Milieu bewahren konnte, grenzt an ein kleines Wunder, denn die Gegend um Vesterport oder den **Klokketårn**, den Glockenturm der im 16. Jahrhundert abgebrannten Nicolaj-Kirche, ist doch noch recht stimmungsvoll.

Das Handelsstädtchen an der Südküste von Fünen war schon von seiner geografischen Lage her nach Süden orientiert. Mit Mommark auf Als bestand bereits von 1400 an eine feste Fährverbindung, die erst 450 Jahre später, nachdem 1864 Als zusammen mit Ærø und Nordschleswig deutsch geworden war, eingestellt wurde. Fåborg war durch den Verlust dieser Gebiete, die bis 1920, bis zur Volksabstimmung, deutsch blieben, von seinen natürlichen Handelswegen abgeschnitten. Als dann die verlorenen Gebiete wieder an Dänemark kamen, wurde als Erstes die Fährverbindung zwischen Mommark und Fåborg wieder eingerichtet.

Fåborg, obwohl weniger märchenhaft und weltentrückt als Ærøskøbing, hat eine ganz besondere Atmosphäre, auch oder gerade weil es kein bewohntes Museum, sondern eine lebendige, funktionierende Stadt ist.

Am Ende der Fußgängerzone, der Østergade, stößt man auf ein zwischen andere Häuser eingezwängtes merkwürdiges Gebäude: das **Fåborg-Museum,** das mit seinem säulengeschmückten Eingang im wahrsten Sinne des

Wortes ein Musentempel ist. Das Museum, das als wichtiges Werk der dänischen Neoklassik gilt, wurde der Stadt von dem Etatrat und Fabrikherrn Mads Rasmussen 1910 geschenkt. In der Vorhalle, unter einer düsteren blauen Kuppel, steht sein Denkmal: ein königlicher Kaufmann, ein Mann, der wusste, dass Geld und Reichtum Macht geben. In dem schmalen, schlauchförmigen Museumsbau findet man Maler der sogenannten Fünschen Schule, von denen einige wohl noch zu entdecken wären, und dazu viele Werke des bedeutenden dänischen Bildhauers und Malers Kai Nielsen.

Der in Dänemark sehr populäre Schriftsteller Poul Ørum lässt eines seiner Bücher hier in Fåborg spielen – eine spannende, krimiähnliche Geschichte (»Was ist Wahrheit?«). Selten wohl sind Leben und Atmosphäre in einem dänischen Provinzstädtchen besser beschrieben worden als hier. Mit dem Buch in der Hand kann man all die Gassen und Plätze abgehen, wo Ørum die Geschichte spielen lässt.

Liegeplatz und Versorgung: *Die riesige Marina lasse ich jetzt einmal weg, weil man im alten Handelshafen immer einen schönen Platz finden wird, zumal neue Plätze für Yachten geschaffen wurden. Der eigentliche Gästehafen ist der Innenhafen (**1**). Boote über 12 m Länge sollten im Außenhafen (**2**) längsseits gehen. Im »Havnehuset« Duschen und WC; neue sanitäre Anlagen beim Liegeplatz 1 (mit Münzwaschmaschine, auch Küche). Treibstoff (Diesel, Benzin) siehe Plan. Auf dem Weg zur Marina*

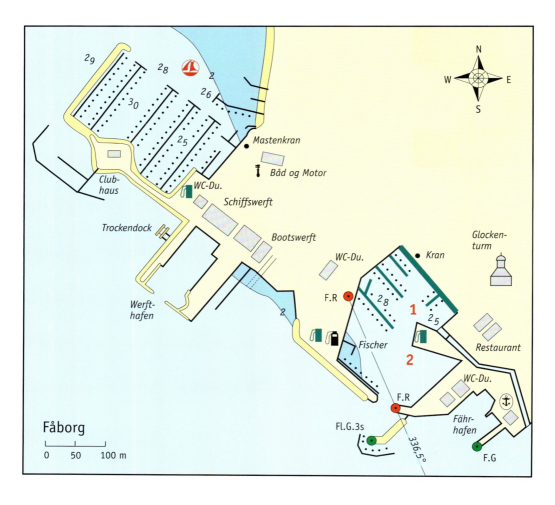

Fåborger Idylle.

eine Bootswerft mit 40-t-Slip, mit Zubehör. Die Schiffswerft hat ein Trockendock und repariert und baut immer noch große Schiffe. Beim Yachthafen das Zubehörgeschäft »Båd og Motor«, das beste in diesem Revier, mit Motorenwerkstatt; Reparaturwagen kann bestellt werden (Tel. 62 61 08 20). Am Fischerhafen ein kleines Fischrestaurant. Am Kanal ein etwas vornehmeres Restaurant. Im Städtchen Läden aller Art und auch viele gemütliche Kros und noch mehr urige, echt dänische Kneipen.

Wasserstand

Tidenhub nicht spürbar. Winde aus N können den Wasserstand um 1 m erhöhen, Winde aus SW ihn um 1 m senken (alles nur relevant für den Yachthafen).

Die Insel

Bjørnø ragt wie ein flacher Buckel aus dem Wasser – alles Bauernland –, nur nahe beim Dorf steht ein kleiner, dunkler Wald. Bjørnø gibt sich bescheiden, und das wohl auch zu Recht, obwohl es so übel gar nicht ist, wenn man es sich näher besieht. An Land kommt man nur über die Brücke, die sich ziemlich in der Mitte des Nordufers befindet: Man kann sie mit einem Tiefgang bis zu 2 m ansteuern, jedenfalls ihren Kopf; dahinter nimmt die Wassertiefe rasch ab. Wenn man also schon von fern sieht, dass Yachten am Kopf der Brücke oder an ihrer Ostseite liegen, hat es wenig Sinn, auch noch dorthin zu laufen. Außen legt das Postboot aus Fåborg an; da kann man für kurze Zeit festmachen, muss aber rasch wieder weg, wenn es naht. Ungestört liegt man an der Ostseite der Brücke; hier beträgt die

Wassertiefe 3 m, nimmt aber rasch ab. Man geht mit dem Bug an die Brücke und bringt den Heckanker aus (Grund Sand, Steine).

Versorgung: *Wasser könnte man sich im Kanister von einem Haus in der Nähe holen. Lebensmittel bekommt man beim Kaufmann im Dorf. Man tut gut daran, sich alles Notwendige schon vorher in Fåborg zu beschaffen.*

Wandert man über die Insel, so findet man die interessantesten Punkte nahe der Südhuk: einmal die gelbe Kliffküste, wo auch das weiße Leuchthaus *Bjørnø* steht (mit rotem Band), und noch etwas weiter östlich das Flach *Bjørnøholmene*, das mit der Insel durch ein schmales Steinriff verbunden ist. Weil nur ganz selten jemand hierher kommt, können dort Unmengen von Vögeln ungestört brüten.

Wir verlassen den Fåborg Fjord mit Kurs Ost durch das schmale, gut 3 m tiefe **Grydeløb** – die einzige Möglichkeit, gut über das große Flach zwischen Bjørnø und dem Ufer von Fünen zu kommen. Das Grydeløb ist gut betonnt mit zwei grünen Spieren an der Nordseite des Fahrwassers und zwei roten an seiner südlichen Begrenzung. Vor uns liegt die

Hansebugt, ein weder problematisches noch aufregendes Gewässer. Man wird hier wohl ohne Aufenthalt seinen Weg fortsetzen wollen, es sei denn, es zieht einen zu einem Ankerplatz, und da gibt es einen recht guten in der lagunenartigen Bucht nördlich der Insel **Store Svelmø** (Grund: Sand und Mudd, Wassertiefe 2,6 m). Außer bei Westwind liegt man hier geschützt. Bei West kann man auch auf der anderen Seite gut ankern, muss aber beim Anfahren wegen der Flachs eifrig loten. Store Svelmø ist über einen Ebbweg mit dem Festland verbunden.

Im Süden liegt wie ein schützender Wall vor der Hansebugt die 8 km lange, schmale Insel

Avernakø, die vieles mit Bjørnø gemeinsam hat, jedoch eigentlich aus zwei Inseln besteht: Im Westen liegt die größere Hauptinsel, die mit ihrer Nachbarinsel im Osten durch eine schmale Landbrücke verbunden ist. Eine Insel nicht ohne Reiz, zumeist Bauernland, mit nur ganz wenig Wald, dafür aber überall mit den typischen Schutzhecken zwischen den Feldern. Die Insel hat drei Orte: im Westen *Avernakø By* und *Munke*, zwei beschauliche Dörfer, und im Osten *Korshavn*, von dem man das nicht so ohne weiteres sagen kann, weil es etwas öde wirkt.

An dieser entlegenen Insel mit ihrer Handvoll Bewohnern sind die großen Ereignisse der Geschichte vorbeigegangen. Kein einziges Mal wurde sie in kriegerische Auseinandersetzungen verwickelt, obwohl sie schon seit der Vorzeit besiedelt ist. Im Jahre 1658 fand man in der Nähe von Munke sechs aus Gold getriebene Schalen aus der Bronzezeit. Der merkwürdige Name der Insel kommt von dem alten Wort »Arre« , was nichts anderes als Hafer bedeutet und einen Hinweis darauf gibt, dass auf der Insel schon in früher Zeit Landwirtschaft

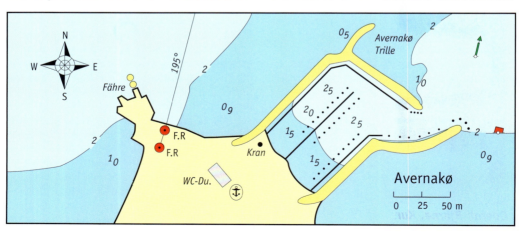

betrieben wurde. An der Nordwesthuk liegt sehr exponiert auf einer flachen Landzunge der Hafen von

Avernakø Bro, der seinen 90 Liegeplätzen sehr guten Schutz bietet. Kommt man von Osten, so muss man auf den Stein *Avernakø Trille* achten (0,2 m), der dicht neben dem tiefen Wasser liegt. Die s.g. Tonne (WP 1312: 55°02,54'N 010°15,43'E) davor passiert man, in welche Richtung man auch fährt, immer im Norden. Wichtig: Erst *nach* der grünen Spiere zum Hafen eindrehen!

Versorgung: Wasser- und Stromanschlüsse, WCs und Duschen. Lebensmitttel im Dorf, 1,5 km entfernt.

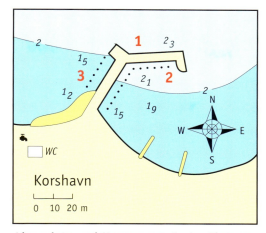

Korshavn

Wasserstand

Tidenhub 0,2 m. Wind zwischen N und E kann den Wasserstand um bis zu 1,3 m erhöhen, Wind zwischen SW und W kann ihn um 1 m senken.

Sehr viel einfacher ist das ebenfalls an der Nordseite der Insel, schon nahe ihrer Ostspitze gelegene

Korshavn. Von Deutschen noch kaum entdeckt, wird Korshavn viel von dänischen Seglern besucht, vor allem von Fåborgern, die am Wochenende mal schnell hierher segeln.

Liegeplatz und Versorgung: Bester Platz, soweit die Wassertiefe ausreicht, innen an der Mole (**2**), zwischen Brücke und Pfahl. Sonst außen an der Mole (**1**); die hohe Bretterwand hier ist nicht weiter hinderlich, da die Erbauer sinnvollerweise Öffnungen eingelassen haben. Schließlich außen an der Westmole (**3**). Versorgung schlecht. Wasser und WC siehe Plan. Lebensmittel können am Hafen bei einem fahrenden Købmand bestellt werden.

Wasserstand

Tidenhub 0,3 m. Wind aus NE kann den Wasserstand um 1,2 m erhöhen, Wind aus SW kann ihn um 1 m senken.

Querab Bjørnø. Kurs auf Fåborg.

Das Beste von Avernakø, trotz Korshavn, sind seine Ankerplätze im Osten der Insel, südöstlich von Nakkeodde. Besonders der **Revkrog** gilt von alters her als ganz vorzüglicher Naturhafen: eine von einer flachen, kieseligen Landzunge sichelförmig umschlossene Bucht (gelbe »DS«-Ankerbojen). Trotzdem: Mir gefällt die namenlose Bucht nördlich davon, die sich bis **Nakkeodde** hinzieht, noch besser. Sie bietet mit ihrem fast senkrecht abfallenden Steilufer, über dem sich ein verwilderter, undurchdringlicher Wald erhebt, auch beträchtlich mehr Schutz.

Zwischen dem Revkrog und dieser namenlosen Bucht liegt

Mærsk Møllers Havn, bei dem es sich angeblich um Dänemarks kleinsten Hafen handelt. Mærsk Møller, der große Reeder und Schiffbauer aus Svendborg, hat sich hier ein Landhaus gebaut und einen kleinen Hafen gleich dazu. Der Hafen ist mehr oder minder versandet; schon deswegen und nicht nur weil er in Privatbesitz ist, darf man ihn nicht anlaufen. Das graue Haus darüber wird immer noch bewohnt.

Meine schon erwähnte Lieblingsbucht liegt nördlich davon. Sie ist eine spröde Schöne, und man tut gut daran, sich ihr mit Respekt zu nähern. Kommt man von Norden, so hat man auf das teilweise überspülte Steinriff zu achten, das sich von *Nakkeodde* aus ziemlich weit nach Osten erstreckt, mehr, als es auf der Seekarte den Anschein hat. Und in der schönen Bucht selbst liegen ebenfalls große Findlinge, was jedoch kein Grund zur Besorgnis zu sein braucht, stellt man nur einen Mann als Ausguck in den Bugkorb; denn in dem klaren Wasser sind alle Hindernisse gut zu sehen.

Ebenfalls mit überraschenden Untiefen muss man zwischen dieser Bucht und dem *Revkrog* rechnen, etwa auf der Höhe von *Mærsk Møllers Havn*. Vorsicht also, wechselt man von der einen zur anderen.

Wen ein Unwetter von hier vertreibt oder wer einfach wieder einmal in einem richtigen Yachthafen liegen will, der braucht nur gut 3 sm nordwärts zu fahren, wo er am Ostufer des *Nakkebølle Fjords* den gemütlichen, wenn auch bescheidenen Hafen von

Fjellebroen findet. Der Fjord ist zum großen Teil untief. Um nach Fjællebroen zu gelangen, muss man sauber in der etwa 3 m tiefen Rinne fahren, am besten unter Motor, denn für Segelmanöver ist nirgendwo Platz, schon gar nicht im Hafen. Noch vor wenigen Jahren bot der kleine Fischerhafen ein trauriges Bild, als er einem unaufhaltsamen Verfall entgegenzugehen schien. Vor einiger Zeit aber ist er wieder in Schuss gebracht und zu einem kleinen ländlichen Bootshafen mit Platz für 200 Boote ausgebaut worden. Mit einem Tiefgang bis zu 2 m müsste man ihn immer anlaufen können, nicht jedoch bei Nacht. Die Anfahrt ist wegen der gegeneinander versetzten Tonnen schon bei Tag verzwickt. Bei schlechter Sicht sollte man es ganz lassen.

Gute Landmarken geben die weißen Werkstatthallen in Verbindung mit dem großen Windmotor ab. Die unmittelbare Umgebung des Hafens mit der kleinen Fabrik ist nicht sonderlich bemerkenswert, sein Hinterland mit der Obstplantage und dem Nakkebølle Fjord dagegen schon mehr. Wer nicht viel Zeit hat, kann sich den Hafen schenken.

Liegeplatz und Versorgung: *Liegeplätze für Gäste siehe grüne Markierung. 10-t-Slip, Mastenkran, Toiletten und Duschen siehe Plan. Le-*

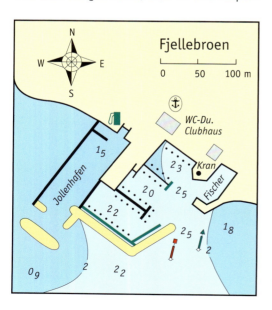

Törnvorschlag 1: Von der Helnæs Bugt nach Rudkøbing 31

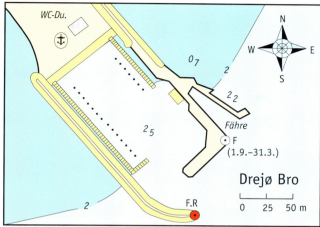

bensmittel beim Kaufmann, etwa 100 m vom Hafen.

Wasserstand
Tidenhub 0,3 m. Winde aus E können den Wasserstand um 1,2 m erhöhen, westliche Winde können ihn um 1,2 m senken.

Der

Nakkebølle Fjord hat seinen Namen von dem etwa 2 km landeinwärts gelegenen Ort gleichen Namens. Früher reichte der Fjord bis dorthin; jetzt aber erinnern daran nur noch das sumpfige Gelände und ein kleiner See bei Nakkebølle, wo auf einer kleinen Insel ein Schlösschen aus dem 16. Jahrhundert steht. Ein lohnenswerter Spaziergang, genauso wie der zu dem 3 km entfernten *Rittergut Rødkilde*, das an der in den Fjord mündenden Hundstrup Å liegt, einem der ältesten Güter Fünens, das bis auf das 14. Jahrhundert zurückgeht. Als der Wasserstand im Nakkebølle Fjord noch höher war, war die Bucht vor dem großen Enemærket Skov ein gesuchter Winterliegeplatz für kleinere Segler.

Auf dem Weg nach Süden mit Kurs auf Ærø zu muss man über das große Flach zwischen den Inseln Avernakø und Drejø, über das dicht an der Ostspitze von Avernakø, nahe der Ankerbucht Revkrog, eine betonnte Passage mit einer Wassertiefe von gut 3 m führt. Die rote Tonne steht mehr im Norden, weiter im Süden, schon am Ende des Flachs, die grüne (WP 1338: 54°59,95'N 010°21,03'E). Voraus hat man nun tiefes Wasser bis hin nach Ærø. Wer aber ein Boot mit einem Tiefgang von nicht viel mehr als 1 m hat, der kann den idyllischen, allerdings auch winzigen Hafen von

Drejø anlaufen. Er liegt am Nordufer der flachen Insel, und deshalb muss man ihn, vom Nakkebølle Fjord kommend, sehr viel früher ansteuern. Am besten liegt man zuerst die grüne Tonne (WP 1339: 55°01,28'N 010°22,35'E) an der Nordwestkante des *Flæskholm Flaks* an. Von da sollte man etwa 1 sm exakt Kurs E laufen; danach kann man auf Kurs SSE gehen und auf die Kirche von Drejø zuhalten. Man kommt damit an den Anfang der »Pappelallee«, die einen auf wenig Wasser, aber dank der vielen grünen Spieren an Steuerbord sicher in den Hafen führt – immer vorausgesetzt, der Tiefgang des Bootes beträgt nicht mehr als 1 m, bestenfalls. Die Rinne ist um die 600 m lang und nur 6 m breit. Man hält sich besser an die Westseite, denn die Ostseite neigt zur Versandung; hier wird auch immer wieder Baggergut abgeladen.

Die *Insel Drejø* liegt ziemlich zentral auf dem großen Flach zwischen Avernakø im Westen, Tåsinge im Osten und dem östlichen Ærø im Süden. Sie hat zwei Anlegemöglichkeiten: den Winzling am Nordufer (Drejø Gamle Havn) und einen richtigen Yachthafen an ihrer Südostseite (Drejø Bro), den man auch mit einem größeren Tiefgang ansteuern kann (vgl. S. 31).

Liegeplatz und Versorgung im Drejø Gamle Havn: *Im Hafen wird man maximal 1,2 m Wassertiefe vorfinden. In einem Haus in der Nähe Wasser, Duschen und WC. Platz für 15 Boote. Lebensmittel in sehr beschränkter Auswahl in Drejø By.*

> **Wasserstand**
> Tidenhub 0,3 m. Winde aus E können den Wasserstand um 1,5 m erhöhen, Winde aus SW können ihn um ebenfalls 1,5 m senken, was bedeutet, dass der Hafen dann trockenfällt und damit auch die Rinne, die zu ihm hinführt.

Die Hauptinsel Drejø ist mit der Nachbarinsel *Skoven* im Westen durch die schmale Landbrücke *Drejet* verbunden. Die ganze Insel ist sehr flach, Deiche müssen das fruchtbare Land gegen die See schützen. Nur an der Westseite von Skoven steigt das Land etwas an, um steil zum Wasser hin abzubrechen. Der größere Teil der Insel ist kultiviert. Daneben gibt es Moore, Schilffelder und nur ganz wenige Bäume, Silberpappeln zumeist. Man kann sich schwer vorstellen, dass in dem kleinen Hafen früher einmal seegehende Schiffe lagen, die die Landprodukte bis hinauf zum norwegischen Sørland brachten. Heute lebt auf der Insel nur noch eine Handvoll Menschen, und wie man so hört, soll die Zahl der Bewohner immer weiter zurückgehen. Wahrscheinlich ist es den meisten hier zu einsam. Wer etwas erleben will, der muss mit dem Fährboot hinüber nach Svendborg fahren.

Yachten, die wegen ihres großen Tiefgangs den Hafen am Nordufer nicht aufsuchen können, ist es möglich, die Insel trotzdem anzulaufen, und zwar, indem sie den an ihrer Südosthuk gelegenen Yachthafen

Drejø Bro ansteuern. Plan siehe vorige Seite. Das geht mit einem Tiefgang bis zu 2 m sehr gut. Der Bootshafen ist an der alten Fährbrücke einfach angebaut worden. Im gut geschützten Becken finden 40 Boote Platz. Am Ende des Hafendamms hat der Hafenmeister sein Kontor. Dort auch WCs und Duschen. Im Dorf Lebensmittel und Fahrräder.

> **Wasserstand**
> Tidenhub 0,6 m (!). Winde aus N erhöhen den Wasserstand um bis zu 1,5 m, Winde aus S senken ihn um bis zu 1,5 m.

Die große Insel

Ærø liegt wie ein schützender Wall vor der »dänischen Südsee« und hält das raue Wasser der Ostsee und des Kleinen Belts von ihr fern. Sie zieht sich von NW nach SE auf einer Länge von

Avernakø.
Im Norden flach, steigt die Insel im Süden etwas an, um dann abzubrechen.

25 km hin. 7000 Menschen leben hier, trotz des Tourismus immer noch zu einem großen Teil von der Landwirtschaft, die jedes Fleckchen der Insel ausnutzt. Wälder gibt es kaum mehr, nur noch die typischen Schutzhecken zwischen den Feldern. Ursprünglich waren es – wie so oft hier im Archipel – zwei Inseln: Das flache Skovland im Osten, dort, wo auch die Stadt Marstal liegt, war einst von der Hauptinsel durch einen Sund getrennt. Als sich in der Steinzeit das Land hob, wurde aus dem Sund ein Sumpf, das *Gråsten Nor*, das später von den Bauern trockengelegt und kultiviert wurde. Im Süden der Insel gibt es – bis auf die niedrige Küste von Skovland – fast durchgängig steil abfallende gelbe Kliffe, die Ærø sein unverwechselbares Aussehen geben.

Nirgendwo an dieser Südküste findet man eine Bucht oder wenigstens einen geschützten Ankerplatz. Die befinden sich alle an der Nordseite der Insel, wo auch die drei Hafenstädte von Ærø liegen: das geschäftige *Søby* im Westen, der märchenhafte Hauptort *Ærøskøbing* in der Mitte und *Marstal*, die alte Seglerstadt, im Osten.

Das Erste, was man von

Søby ausmachen kann, ist neben der hoch oben stehenden Windmühle das grauweiße Kornsilo im Osten des Hafens; später erkennt man dann etwas westlich davon eine merkwürdige, halbrunde, gelbliche Halle: die Werft von Søby. Mit einem Kurs zwischen 155° und 225° kann man ohne Probleme auf Søby zulaufen. Keine Untiefen, nur muss man zu beiden Seiten des Hafens mit Grundstellnetzen und anderen Fischereigeräten rechnen. Der 4 m hohe, weiße Leuchtturm (Iso.WR.2s) steht auf dem Kopf der Ostmole. Bevor man einläuft, sollte man Ausschau nach den Fähren halten. Sie legen rückwärts an und kommen, um manövrierfähig zu bleiben, mit ziemlichem Speed durch die schmale Einfahrt gedampft. Bei Starkwind setzt **Strom** von spürbarer Stärke quer zur Einfahrt: bei Winden aus NE bis SE südwärts, bei Winden aus SW bis W nordwärts. Dennoch ist Søby – auch nachts – ein leicht anzulaufender Hafen, wo es für ein Boot mit einem Tiefgang bis zu 2 m keinerlei Probleme gibt. Der Hafen ist so groß, dass es kei-

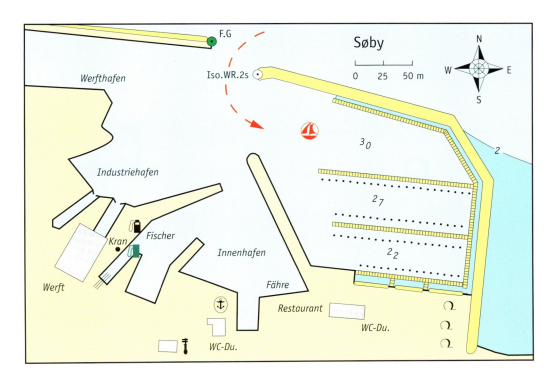

ne Liegeplatzsorgen gibt. Er liegt in Lee für Winde aus S, W und E. Nordwind, aber erst ab Bft 6, bringt einige Unruhe.

Søby, die »Seestadt«, ist der jüngste Hafenplatz nach Ærøskøbing und Marstal. Als diese schon eine sehr lange Seefahrttradition hatten, war Søby nicht mehr als ein Dorf. Seinen Hafen bekam es gar erst 1897. Das Städtchen mit den 1000 Einwohnern liegt recht hübsch und vor allem geschützt hinter den Hügeln am Nordufer. Ansonsten lässt es sich mit Marstal oder Ærøskøbing nicht vergleichen. Sehenswürdigkeiten, die damit wetteifern könnten, hat es keine. Søby lebt von seiner Werft – und nicht nur Søby: die Werft ist der größte Arbeitgeber auf der Insel –, seiner Kutterflotte und dem Fährbetrieb und notabene auch ein wenig von uns Bootsleuten.

Wenn man Lust hat, kann man zu der ein Stündchen entfernt gelegenen *Søby-Mühle* wandern, die südöstlich von hier auf einem 50 m hohen Hügel steht: Von dort oben hat man einen weiten Blick auf Ostsee und Kleinen Belt und nach Norden auf den Archipel der »dänischen Südsee«.

Etwas südlich der Mühle macht man einen merkwürdig geformten Hügel aus, der sich bei näherer Betrachtung als Rest einer mittelalterlichen Festung erweist; unterhalb dieses Hügels zieht sich zum Westufer von Ærø ein flaches sumpfiges Land hin: **Vitsø**. Es war einst eine mit Wasser gefüllte Bucht und so tief, dass Schiffe bis zur Burg laufen konnten. Am Fuß des Hügels steht in einem Wald mächtiger Bäume ein Schloss: der **Søbygård**, einst Sitz der Herzöge von Schleswig. Um 1550 erbaut. Die Wallanlagen, die es umgeben, sind sogar noch viel älter, sie stammen aus dem 12. Jahrhundert. Im August werden im Schloss Konzerte mit klassischer Musik gegeben.

Interessant auch der **Leuchtturm Skjoldnæs**, an der Westspitze der Insel. Der aus grauem Granit errichtete, wuchtige Turm stammt aus dem Jahr 1881. Man kann ihn besteigen und oben, von der Galerie aus, bei gutem Wetter Kiel in der Ferne sehen.

Søby.
Ein nüchterner Hafen. Wenn eine Fähre ankommt, nicht in den Hafen einlaufen! Sie drehen vor der Einfahrt und steuern rückwärts mit Speed hinein.

Ærøskøbing.
Kurz vor dem Hafen.

Liegeplatz und Versorgung: Man sollte gleich in den Yachthafen fahren, der Platz für gut 200 Boote hat. An den Stegen Strom und Wasser. Am Fischerhafen Treibstoff. Schiffszubehör, 150-t-Helling und 34-t-Kran. Reparaturen von der Werft, dazu noch am Fischerhafen eine Motorenwerkstatt. Lebensmittel in einem Supermarkt, ebenfalls am Hafen. Duschen und WC, siehe Plan Seite 33.

Ankerplätze: Man kann nordwestlich oder nordöstlich vom Hafen ankern. Der Landgrund ist jedoch ziemlich schmal, zudem muss man auf Netze achten. Lee bei Winden aus W und S, aber bei West wird eine unangenehme Welle aus dem Kleinen Belt bis hierher laufen – also nur bedingt zu empfehlen.
Einen guten, wenn nicht sogar hervorragenden Ankerplatz findet man in der 5 sm weiter südöstlich gelegenen Bucht Revkrog (nicht zu verwechseln mit dem gleichnamigen, doch unvergleichlichen Revkrog von Avernakø). Hier liegt man – bis auf Winde aus W und vor allem N – gut geschützt. Bei West rollen die Wellen aus dem Kleinen Belt bis hierher. Grund in der Bucht Sand, zum Teil Lehm und, dichter am Ufer, auch Steine.

Wasserstand

Tidenhub nicht spürbar. Wind aus E und NE kann den Wasserstand um 1,6 m erhöhen (selten), Wind aus SW und S kann ihn um 1,2 m senken.

Nach **Ærøskøbing**, dem Hauptort der Insel, ist es von der Bucht *Revkrog* aus nur noch ein Katzensprung. Man segelt um die bizarre Halbinsel *Urehoved* herum und sieht dann schon voraus im Süden zwischen dem Grün der Bäume und Hügel die roten Dächer hervorlugen. Die Ansteuerung verläuft von Nord nach Süd

Ærøskøbing.
Die Märchenstadt.

Ærøskøbing.
So leer ist der Handelshafen nur außerhalb der Saison.

durch eine betonnte, 3,8 m tiefe natürliche Rinne, das *Møllegab*. Von der Mitte-Schifffahrtsweg-Tonne, einer r.w. Spiere, (WP 1344: 54°54,39'N 010°25,32'E) aus ist es nicht mehr als 1 sm bis zur Hafeneinfahrt. Man hat theoretisch die Wahl zwischen dem Handelshafen und dem neuen Yachthafen, praktisch aber wird man in den Urlaubswochen froh sein, wenn man in dem hoffnungslos überfüllten Ærøskøbing überhaupt einen Platz findet.

Der Bezeichnungen für dieses kleine Juwel gibt es viele: Märchenstadt, Rosenstadt, Spielzeugstadt und was sich die Fremdenverkehrsexperten sonst noch so ausgedacht haben mögen – und alles stimmt. Man kann sich in das Jahrhundert Hans-Christian Andersens zurückversetzt fühlen, wenn man durch die Gassen mit dem Kopfsteinpflaster und den kleinen bunt angemalten Fachwerkhäusern schlendert, die zumeist so geduckt sind, dass man mit der Hand die Dachrinne greifen kann. Ærøskøbing ist schon ein kleines Wunder.

Liegeplatz und Versorgung: Liegeplatz entweder im Handelshafen oder im Yachthafen: Gemütlicher ist ohne Frage der Handelshafen. Sowohl hier wie dort gute Versorgung. Tankstelle (Diesel und Benzin) am Servicekai.

Ankerplätze: Wer nicht in einem der Häfen unterkommt, braucht auf einen Besuch des Städtchens keineswegs zu verzichten, sofern er ein Dingi mitführt. Es gibt dicht vor dem Hafen viele Ankerplätze, wo man zuzeiten auch sehr viel angenehmer liegt als in den überfüllten Häfen selbst. Zunächst aber gilt es, ein Ankerverbotsgebiet zu beachten: Es wird begrenzt von der Linie Kopf der Ostmole Handelshafen zur Insel Drejø, nach Westen zu auf Bjærgene auf der Halbinsel Urehoved, von dort zurück zum Fähranleger (s. rot gestrichelte Linie im Plan).

Ansonsten kann man sich einen Platz zwischen Urehoved und dem Ostufer des Klov Fjords suchen (Wassertiefen s. Seekarte), wobei man im Klov Fjord noch auf ein Kabel zu achten hat, das hinüber nach Birkholm führt. Grund Schlamm und Lehm, auch Tang kommt vor. Bei aufbrisendem Wind allerdings unruhig. Wer einen optimal geschützten Platz sucht, der sollte in die **Bucht Kløven** fahren, allerdings nur,

Wasserstand

Tidenhub unerheblich. Sturm aus N bis SE kann den Wasserstand um 2 m (!) erhöhen, Sturm aus W bis SW kann ihn um 1,5 m senken.

Törnvorschlag 1: Von der Helnæs Bugt nach Rudkøbing

wenn der Tiefgang nicht mehr als 1,6 m beträgt. Man bleibt in der schmalen Bucht frei von allen Untiefen, wenn man die Ommel Kirke in Peilung hat mit der Mühle von Marstal. Am Ostufer der Bucht gibt es einen winzigen Bootshafen mit Wassertiefen von maximal 1 m.

Einheimische Segler steuern das

Mørkedyb quer über das *Egholm Flak* an, aber das sollte man als Revierfremder nicht tun. Von Ærøskøbing aus geht es zunächst auf die schwarz-gelbe Tonne *n. Egholm Flak* (WP 1336: 54°56,64'N 010°27,83'E) und von da

Strom im Mørkedyb: Er setzt ziemlich beständig, mit nicht mehr als 1 kn. Bei Starkwind erreicht er jedoch bis zu 4 kn. Er folgt dann überwiegend dem Wind, läuft jedoch immer in der Richtung der Rinne.

mit Kurs SE auf die erste grüne Spiere zu. Das Mørkedyb ist eine 4 sm lange, gut befahrbare, natürliche Rinne. Die Wassertiefe nimmt von N nach SE beständig ab, beträgt am südöstlichen Ausgang jedoch immer noch gut 2 m. Die Rinne ist betonnt, aber auch sehr

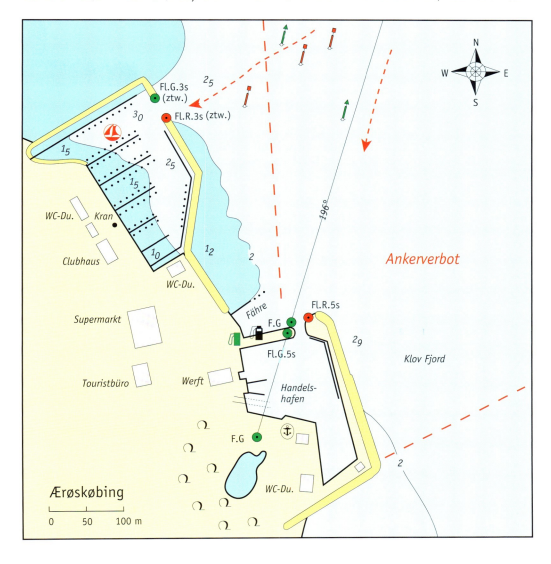

schmal, mit einem steil ansteigenden Landgrund – zum Kreuzen ganz sicher zu eng, sodass man zuzeiten nicht umhin kann, unter Motor zu laufen. Die Tonnen stehen stellenweise weit auseinander, sind auch zum Teil etwas mickrig, sodass man aufmerksam steuern muss, um nicht unversehens auf den steinigen Grund zu laufen. Wer Lust hat, mag das Mørkedyb zwischendurch verlassen und den Hafen der flachen Insel

Birkholm ansteuern. Obwohl ausgebaut, ist er immer noch recht klein, und obwohl es so gut wie keine Versorgungsmöglichkeiten gibt, wird er im Sommer von Yachten gern besucht – eine Einöde nahe am Fahrwasser. Mit einem Tiefgang von nicht mehr als 1,6 m ist der Hafen ohne Schwierigkeiten anzulaufen. Vom Mørkedyb aus führt eine auf 2 m (Solltiefe) ausgebaggerte, etwa 10 m breite Rinne dorthin. Am Hafen stehen zwei Lichtmasten. Wenn man die in Peilung 029° hat, kommt man sicher vor die Einfahrt und auch in den Hafen. Sie ermöglichen – theoretisch – auch ein Anlaufen bei Nacht, obwohl der Hafen selbst nicht befeuert ist. Nach einer längeren Starkwindperiode kann die Rinne versandet sein; erfahrungsgemäß sollte man sie nur unter Motor befahren und dabei eifrig das Lot benutzen.

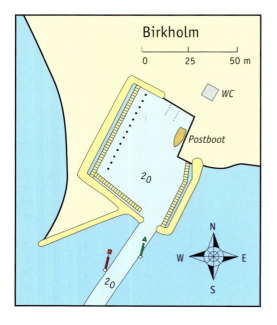

Wasserstand
Tidenhub 0,3 m. Wind aus NNE kann den Wasserstand um 1 m erhöhen, Wind aus WSW kann ihn um ebenfalls 1 m senken.

Liegeplatz und Versorgung: Man macht an der Westseite des Hafens zwischen Pfahl und Steg fest. Der Hafen liegt in Lee für Winde aus N bis E, aber selbst bei Winden aus SW bis W wird man in dem kleinen Becken noch ruhig liegen. Wasser kann man sich von einem Haus im Dorf holen, und beim Postboot, das im Sommer von Marstal herübergetuckert kommt, lassen sich Lebensmittel bestellen. Zwei Holzhütten dienen als Toiletten (der einfachsten Art). Fisch kann man vom Kutter kaufen, dessen Kapitän gleichzeitig als »Hafenmeister« amtiert.

Die flache, waldlose Insel ist an mehreren Stellen mit Deichen gegen die See geschützt. Nur noch ganz wenige Menschen leben dauerhaft hier, angeblich sind es nur zehn. Früher waren es mehr, aber viele verlassen diese einsame Bauerninsel, um anderswo ein leichteres Leben zu haben. Die meisten Häuser sind nur noch zur Ferienzeit bewohnt. Sie drängen sich in der Mitte der Insel zusammen, eingefriedet von Büschen. Der höchste Punkt der Insel, *Hyldsbakke*, liegt nicht mehr als 2,5 m über dem Meeresspiegel.

Wir fahren weiter mit Kurs SE durch das *Mørkedyb*, das auf der Höhe der gelb-schwarzen Spiere *Grenshage* endet. Knapp 1 sm voraus sieht man die rot-weiße Spiere *östliche Ansteuerung Marstal* (WP 1342: 54°52,54'N 010°34,06'E), die ums Eck herum den Weg nach

Marstal weist, dessen hohe, filigrane Werftkräne man schon lange vorher über das flache Land emporragen sieht. Die Rinne zum Hafen hat 3,6 m Wassertiefe, ist gut betonnt und auch befeuert. Kein Segler, der seinen Kurs nach Dänemark absetzt, sollte die Schifferstadt Marstal auslassen. Zwar ist die Zeit der berühmten Marstalschoner längst vorbei, aber immer noch strahlt der Ort die Atmosphäre jener Tage aus, als »Männer aus Stahl auf Schif-

Marstal.
Segler müssen sich manchmal mit den großen Schiffen arrangieren. Im Hintergrund die aus massigen Findlingen erbaute Hafenmauer, die diesen merkwürdigen Hafen schützt.

fen aus Holz« die Weltmeere befuhren. Den Hafen von Marstal wird man als etwas merkwürdig empfinden: ein langer Schlauch, der gegen Osten mit einer schier endlosen Steinmauer geschützt ist. Vielleicht ist der Hafen nur deshalb in dieser Form entstanden, weil ihn die Bürger von Marstal ganz allein bauen mussten: Nachdem sie 40 Jahre lang in Kopenhagen vergeblich vorstellig geworden waren, griffen sie zur Selbsthilfe und bauten sich ihren Hafen im Jahre 1825 allein. Nun ist er allerdings etwas unglücklich geraten, denn zur Hälfte, und zwar in seiner ganzen Länge, ist er untief, sodass man sich schwer vorstellen kann, wie früher die Segler, die manchmal zu Hunderten hier lagen, überhaupt manövrieren konnten.

So merkwürdig wie der Hafen ist auch die Entstehungsgeschichte der Stadt, die an einer für eine Hafenstadt doch wenig günstigen Stelle liegt. Als 1625 eine verheerende Sturmflut, ähnlich der von 1872, über die dänischen Inseln hinwegrollte, wurde ein Ort auf Møn namens Bronnehoge, den es heute nicht mehr gibt, besonders betroffen. Die meisten Häuser wurden weggeschwemmt, der Hafen zugespült. Bronnehoge, das etwa dort lag, wo sich heute südlich von Møns Klint das Bjelkes Flak erstreckt, hatte keine Zukunft, nachdem sein Hafen nicht mehr angelaufen werden konnte. Die Überlebenden zerstreuten sich in alle Winde; einen Teil von ihnen verschlug es hierher an die Ostspitze von Ærø, wo sie das fortsetzten, womit sie in Bronnehoge aufgehört hatten: Schiffe zu bauen und mit ihnen zur See zu fahren. Marstal hatte seine größte Zeit vor gut hundert Jahren. Von den 5000 Menschen fuhr ein Drittel zur See. 414 Segler, zumeist Dreimastschoner und Barkentinen, hatten hier ihren Heimathafen. Ihre Gesamttonnage betrug wie auch heute noch 80 000 t, aber jetzt bringen dies nurmehr noch 50 Schiffe.

Als der Erste Weltkrieg ausbrach, war das der Anfang vom Ende der Seglerherrlichkeit. An die 130 Schiffe aus Marstal gingen verloren, und dies, obwohl Dänemark neutral geblieben war – sie waren das Opfer von Minen und Torpedos, die auch Schiffe unter neutraler Flagge trafen, nachdem die Kaiserliche Marine den uneingeschränkten U-Boot-Krieg erklärt hatte. Trotz der schweren Verluste lag der Hafen von Marstal bei Kriegsende voller prächtiger

Im dänischen Inselmeer

Segelschiffe, die aber nun zumeist vergebens auf Beschäftigung warteten: Die Zeit der Segler näherte sich ihrem Ende, obwohl noch in den 1930er-Jahren Marstalschoner von Neufundland aus Fische ins Mittelmeer fuhren, und zwar allein unter Segel. Sie hatten deshalb keine Maschine, damit der Fang keinen Ölgeruch annehmen konnte.

Das **Seefahrtsmuseum** von Marstal bewahrt die Zeugnisse jener Vergangenheit in einer verschwenderischen Fülle auf, ob es nun alte Logbücher sind oder Seekarten, ob nautische Instrumente, Schiffbauzeichnungen oder Kapitänsbilder, dazu 200 Schiffsmodelle – alles sehr beeindruckend. Man kann leicht einen ganzen Tag in dem auch architektonisch gut gelungenen Museum verbringen.

Anders als Ærøskøbing ist Marstal eine nüchterne Stadt, nicht schön, aber interessant; hier hatten die Leute keine Zeit für Schnörkel und Ornamente. Wie sollten sie auch? Sie hatten alle Hände voll zu tun, um ihre Schiffe für die nächste Fahrt klarzumachen. Auch heute noch prägt die Seefahrt die Stadt. Man sieht es an den Werften, an der Motorenfabrik, die unverwüstliche Motoren baut, und auch am Hafen, der keine Idylle ist, sondern ein Ding, das funktionieren muss.

Bemerkenswert die **Kirche** der Stadt, eine Seefahrerkirche. Die Schiffer brachten Steine und Holz und bauten selbst den 35 m hohen Turm, der mit seiner nachts beleuchteten Uhr als Schifffahrtszeichen diente. Im Inneren gibt es viele genaue Kopien von Marstal-Schiffen. Für die Figuren der Apostel am Altar saßen Marstaler Schiffer Modell.

Wer Sinn dafür hat, der wird auch auf dem Friedhof manch Interessantes finden, etwa den Grabstein eines alten Kapitäns aus Marstal, auf dem zu lesen steht:
»Hier ruht Christian Hansen vor Anker bei seiner Frau.
Er lichtet ihn nicht, ehe er vor Gottes Thron kommt.« (frei übersetzt)

Liegeplatz und Versorgung: *Gastyachten können überall an den für sie reservierten Plätzen festmachen, siehe grüne Markierung im Hafenplan. Wer nur zwischen 1000 und 1600 bleibt,*

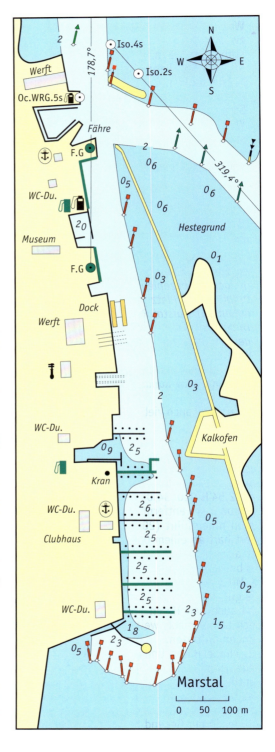

Wasserstand: Tidenhub 0,5 m. Sturm zwischen NE und E kann den Wasserstand um 1,2 m erhöhen, Sturm aus SE bis SW kann ihn um ebenfalls 1,2 m senken.

Strom: In der Einfahrt kann bei viel Wind ein starker Strom stehen. Im Marstal Søndre Løb können sogar Stromgeschwindigkeiten von 3 bis 4 kn auftreten. Bei südlichen bis westlichen Winden setzt der Strom südwärts, bei östlichen nordwärts.

Wahrschau! Im Gebiet westlich der Fahrrinne zum Hafen Pfähle.

etwa zum Verproviantieren, der braucht kein Hafengeld zu bezahlen. Wer wider Erwarten in Marstal keinen Platz finden sollte, kann sich draußen auf Marstal Red einen Platz zum Ankern suchen (Grund Sand). Versorgung hervorragend. Besonders bei Ebbes Bådebyggeri (Werft), direkt an der Hafeneinfahrt (32-t-Kran). Im Hafen jeder nur denkbarer Service.
Hafenamt: UKW-Kanal 71.

Marstal.
Der Kalkofen, Wahrzeichen der Stadt.

Wer Lust und auch viel Zeit hat, kann dem winzigen Hafen

Ristinge, der auf Langeland liegt, einen Besuch abstatten. Man läuft von der rot-weißen Spiere *östliche Ansteuerung Marstal* (WP 1342: 54°52,54'N 010°34,06'E) aus mit Kurs SE auf die gut 3 sm entfernte Rinne zu, die in den Hafen hineinführt (200°). Problem: Der Kurs führt hart an einem 0,6-m-Flach vorbei; besser also etwas nordwärts halten. Am Beginn der betonnten Rinne steht eine rot-weiße Spiere. Mit einem Tiefgang bis zu 1,8 m kann man die gut markierte Rinne ohne Risiko befahren und auch den Hafen anlaufen; mit mehr jedoch besser nicht, weil immer wieder Versandungen auftreten.
Der kleine Hafen und das gleichnamige Dorf liegen inmitten einer eigenartigen Natur, eigentlich auf einer Insel, denn das Ristinge Nor war ursprünglich ein Sund, der Ristinge von Langeland trennte, bis das Land sich wie überall hier in der Gegend hob und aus dem Sund ein Moor wurde. Im Westen steigt das Land sogar bis auf eine Höhe von 30 m an, um nach Südwesten zur Marstal Bugt steil abzufallen. Die Hügel sind mit Büschen und Heidekraut bewachsen. Schmale Pfade führen zum *Ristinge Klint*, von dem aus man einen weiten Blick über die Ostsee hat. Ein eigenartiger, verwunschener Platz. Vom Hügel aus sieht man, wie sich das *Ristinge Løb* zwischen *Ristinge Hale*

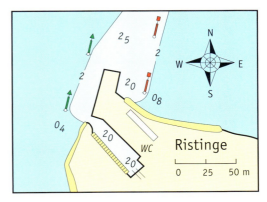

Im dänischen Inselmeer

> **Wasserstand**
> Tidenhub 0,25 m. Winde aus NE bis N können den Wasserstand um 1,5 m erhöhen, Winde aus SW können ihn um ebenfalls 1,5 m senken (sehr selten im Sommer).

und dem Inselchen *Storeholm* hindurchzwängt. Es hat bis zu 5 m Wassertiefe, aber an den Barren stehen nur noch 0,5 m, und deshalb ist es auch nicht zu befahren.

Liegeplatz und Versorgung: Im Hafenbecken ist es zu eng, es ist auch meist von kleinen Fischerbooten belegt. Am besten liegt man außen, an der Ostseite der Brücke. Das tiefe Wasser ist mit zwei roten Spieren markiert. An der Brücke Wasser und Strom. Auf einem Campingplatz (1,5 km entfernt) WC und Duschen. Lebensmittel im Ort, 500 m weit weg. An der Ostseeküste hinter Ristinge ein guter Badestrand, ca. 15 Minuten zu gehen.

Läuft man von Ristinge – das man nicht unbedingt besuchen muss – am Ufer von Langeland nordwärts, so stößt man bald auf das

Lindelse Nor, eine fast 2 sm weit ins Land einschneidende Bucht mit mehreren kleinen Inseln. Weil nicht betonnt, ist sie unter Seglern eher berüchtigt, und zumeist wird sie nur von Einheimischen angesteuert, die sich dort einen Ankerplatz suchen. Die Bucht weist viele Untiefen und Steine auf, das ist schon richtig, hat aber doch auch zahlreiche Ankerplätze in einer eigenartigen, herben Landschaft. Gäbe es das gewaltige Betonsilo nicht, wäre es eines der schönsten Fleckchen in diesem Revier, das übrigens unter Naturschutz steht. Duckdalben und Pfähle erinnern an die Zeit, als dies noch der Winterliegeplatz für die Schiffe aus Rudkøbing war.

Sofern der Tiefgang des Bootes nicht größer als 1,5 m ist, kommt man ziemlich gefahrlos weit in die Bucht hinein, wenn man sich an den folgenden Peilungen orientiert: Die gestrichelte Linie **1** auf dem Plan führt einen an allen Untiefen vorbei bis nahe zum Ostufer; man findet sie, wenn man die Kirche von *Fuglsbølle* in 078° peilt. Man läuft auf diesem Kurs bis kurz vor das Steilufer von *Højklint*, und zwar bis man die Westkante des Inselchens *Eskildsø* genau in Süd peilt. Dann geht es mit Kurs S (Linie **2**) weiter, etwa 0,3 sm. Danach vor *Eskildsø* auf die Linie **3** = Peilung *Store Vejlebjerg*, frei von *Kullebanke* (etwa 220°). Kurs gut 0,5 sm beibehalten. Östlich der bewohnten Insel *Langø* kann man auf gut 2 m Wassertiefe ankern. Man liegt hier absolut ruhig

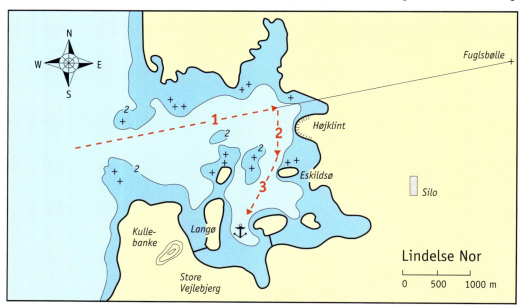

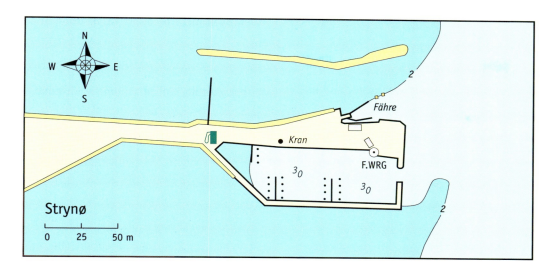

in einer verzauberten einsamen Landschaft unter den typischen grünen Hügeln Langelands. Ein verzwickter Kurs, der zu fahren ist, aber hohe Konzentration verlangt!
Bei Starkwind aus SW bis NW wird man freilich Schwierigkeiten haben, gegen Wind und Strom aus der Bucht wieder herauszukommen, auch mit einer starken Maschine. Man verlässt das Lindelse Nor auf der Linie 1, also aussteuernd etwa 260°, und lotet fleißig, bis man wieder 3 m Wasser unter dem Kiel hat. Dann kann man die gegenüberliegende Insel

Strynø ansteuern, eine der fruchtbarsten des Landes. Ihre Anlegebrücke, die *Grevenbro*, liegt gut sichtbar an der Ostküste. Strynø lässt sich mit einem Tiefgang bis zu 2 m ziemlich problemlos anlaufen. Lediglich auf die Fähren sollte man Acht geben, auch auf Fischernetze, die beiderseits der Brücke ausliegen, und unter Umständen noch auf den **Strom**, der immer quer zur Einfahrt setzt: Winde aus NW bewirken südlaufenden Strom, Winde aus NE nordlaufenden. Ein großer Vorzug des Hafens: Man kann ihn dank des Sektorenfeuers (F.WRG) auch nachts bequem anlaufen, wenn man denn überhaupt so weit kommt. Andererseits: Bei Wind aus E wird es sehr unruhig im Hafen.
Strynø ähnelt in vielem Birkholm. Es ist ebenfalls ziemlich flach, ein Bauernland, wenn auch beträchtlich größer. Nur noch wenige Menschen leben hier in verstreut liegenden Höfen.

Kein Wald, nur Pappelalleen, die sich entlang den schnurgeraden Wegen hinziehen. Außer der Ruhe der Landschaft und einer Inselkirche keine besondere Attraktion. Einfach eine stille Insel.
Liegeplatz und Versorgung: In dem umgebauten Hafen können an die 60 Boote unterkommen. Versorgungsmöglichkeiten nicht sonderlich gut, nur jenseits der Brücke im kleinen Dorf: Kro, WC und Duschen. Lebensmittel im Kro. Fahrräder. An der Brücke Strom und Wasser.

Wasserstand

Sturm aus NE kann den Wasserstand um 1,2 m erhöhen, Sturm aus SW kann ihn um 0,9 m senken.

Es wäre naheliegend, jetzt gleich *Rudkøbing* anzusteuern, dessen gewaltige Silos, ebenso wie die *Langelandsbrücke*, zum Greifen nahe scheinen.

Wir machen es anders: Es geht wieder durch das *Mørkedyb* und von da weiter in das *Højestene Løb* und später in den *Svendborg Sund*. Der Weg nach Marstal durch das Mørkedyb wurde schon beschrieben (s. S. 37). Würde man von der s.g. Tonne *n. Egholm Flak* (WP 1336: 54°56,64'N 010°27,83'E) seinen NW-Kurs fortsetzen, so liefe man damit genau auf die Brü-

Hjortø.
Die Westhuk mit ihren lagunenartigen Buchten, leider alles viel zu flach zum Ankern.

cke von *Drejø* zu (s. S. 31). Biegt man aber nach 1,5 sm nach NE ab, so kommt man exakt zum

Højestene Løb, einer 2,5 sm langen, 30 m breiten und 3,5 m tiefen Rinne, die über das große Flach führt, das sich zwischen den Inseln *Drejø*, *Skarø* und *Hjortø* ausbreitet. Die Rinne ist befeuert, lässt sich also auch nachts befahren. Der **Strom**, der fast immer quer zur Fahrtrichtung setzt, kann bei Starkwind beträchtliche Geschwindigkeiten erreichen. Richtung und Stärke lassen sich am besten daran erkennen, wie die Tonnen durchs Wasser »fahren«; da es sonst keine Angaben und offensichtlich auch keine Regelmäßigkeit gibt, ist man auf die eigene Beobachtung angewiesen. Die **Fähren** zwischen Svendborg und Ærøskøbing benutzen das Højestene Løb und müssen sich wegen ihres Tiefgangs in der Mitte des Fahrwassers halten.

Ziemlich nahe der südlichen Einfahrt in das Højestene Løb befindet sich im Osten das stille, abseits gelegene Inselchen

Hjortø. Um zu seinem Hafen zu gelangen, sollte man von dem grünen Leuchtpfahl *Højestene SW* (Fl(3)G.10s) aus knapp 1 sm weit in das Højestene Løb hineinfahren und dann mit Kurs SSE auf die 1,9 m tiefe und mit grünen und roten Spieren bezeichnete Baggerrinne zuhalten. Hafen und Rinne sollen auf diesen 1,9 m gehalten werden, doch darauf sollte man sich nicht verlassen. Mit einem Tiefgang des Bootes bis zu 1,5 m müsste man hinkommen; es kann aber auch – nach längeren Starkwindperioden – Versandung auftreten. Neben der Rinne sind die Wassertiefen gering, und sie ist auch nicht so breit, dass man einem größeren Boot ausweichen könnte. Man sollte deshalb darauf achten, ob nicht das Postboot entgegenkommt. Der Hafen ist zwar nicht

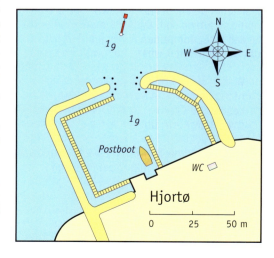

Wasserstand

Tidenhub 0,6 m. Winde aus NE bis E können den Wasserstand um 1,1 m erhöhen, Winde aus W können ihn um ebenfalls 1,1 m senken.

befeuert, ließe sich bei guter Sicht aber auch nachts ansteuern. Am Hafen stehen zwei Lichtmasten.

Liegeplatz und Versorgung: In diesem von dänischen Yachten gern angelaufenen Hafen liegt man ruhig und sicher. Er ist in einem guten Zustand und einer der eigenartigsten aller Inselhäfen in diesem Revier. Nur Wind aus NW bringt etwas Unruhe in das kleine Becken. Der Mittelsteg ist dem Postboot vorbehalten; Yachten legen sich in dem westlichen Teil des Beckens an den Steg. Vor dem östlichen Steg ist mit geringeren Wassertiefen zu rechnen. Das Hafengeld wirft man in einen Kasten. Wasser kann man sich von einem Bauern holen.

Das flache Inselchen Hjortø (Hirschinsel) ist in vielem seinen Nachbarn Drejø und Skarø ähnlich: ebenso flach, ebenso ein Bauernland und ebenso wenig besiedelt. Die Nebeninsel Hjælmshoved ist durch ganz flaches Wasser von Hjortø getrennt; dort lebten bis vor einigen Jahren noch drei Menschen, jetzt ist sie unbewohnt. Bei Niedrigwasser könnte man hinüberwaten, darf es aber nicht mehr, weil sie Naturschutzgebiet ist. Um Hjortø zieht sich ein 2 m hoher Deich, der das Land vor Überschwemmung schützen soll. Das kleine Dorf in der Mitte der Insel mit seinen Fachwerkhäusern rings um den Dorfteich wirkt sehr weltentlegen.

> **Wahrschau!** Beim Verlassen des Hafens nicht direkt den mittleren grünen Leuchtpfahl anliegen (Fl.G.3s): Davor erstreckt sich ein übles Flach.

Bevor man seine Fahrt zum Svendborg Sund hin fortsetzt, kann man noch einen kleinen Abstecher zu der Insel

Skarø machen, die an ihrer Nordseite einen kleinen Yachthafen hat. Von SE her macht das Anlaufen keine Schwierigkeiten (bei einem

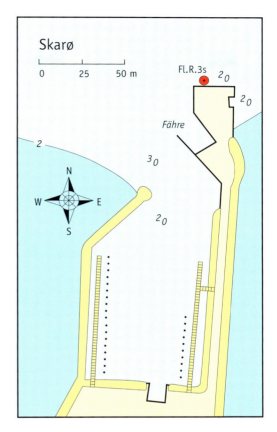

Tiefgang bis 2 m). Man kommt auf diesem Kurs dem großen, teilweise nur 0,5 m tiefen Flach *Skarø Rev* nicht nahe; es sei denn, eine durch einen harten NW verursachte Strömung würde einen dorthin versetzen. Man läuft zunächst auf die rot-weiße Mitte-Schifffahrtsweg-Tonne und von da mit Kurs SW auf den gut sichtbaren Hafen zu.

Liegeplatz und Versorgung: Der kleine Hafen ist gut geschützt. Es gibt ein Toilettengebäude mit Duschen. Wasser, Strom an den Stegen.

Skarø ist genauso flach und waldlos wie Hjortø und Drejø. Das meiste Land wird bewirtschaftet. Eine Handvoll Menschen lebt hier.

Wasserstand

Tidenhub 0,5 m. Winde aus N erhöhen den Wasserstand um 1,4 m, südliche Winde senken ihn um ebenfalls 1,4 m.

Der nördlich von Skarø am Ufer von Fünen gegene Yachthafen

Ballen ist eine kleine, ordentliche, eher ländliche, aus privater Initiative geschaffene Anlage. Der halbkreisförmige Hafen (Wassertiefen zwischen 2 und 2,5 m) hat Platz für etwa 70 Boote, davon zehn Gastplätze. Guter Service. Ruhiges Liegen bis auf Wind aus SE.
Vom Kopf der Südmole aus erstrecken sich Fischernetze ziemlich weit nach Süden; dort stehen auch Pfähle im Wasser. Die Hafeneinfahrt öffnet sich nach E!

> **Wasserstand**
> Tidenhub 0,4 m. Dreht der Wind von W auf E und nimmt er zu auf Starkwind, dann kann der Wasserstand um 1 m steigen. Starker Westwind kann ihn um 1 m senken.

Bei gutem Wind und günstigem Strom, der mitschiebt, könnte man den nur 6 sm langen

Svendborg Sund leicht in einer Stunde durchsegeln. Aber das wäre zu schade. Der Sund, eines der am meisten befahrenen dänischen Segelreviere, windet sich wie ein Fluss zwischen Fünen sowie den *Inseln Tåsinge* und *Thurø* – eine Park- und Ferienlandschaft von großer Schönheit.
Das an sich schon nicht breite Gewässer hat vor beiden Ufern einen breiten Landgrund, sodass das gut betonnte und befeuerte Fahrwasser an manchen Stellen nicht mehr als 50 m breit ist. Die Tonnen stehen zuweilen hart neben den Untiefen. An vielen Stellen fällt der Landgrund bei bestimmten Windverhältnissen trocken. Man muss sich also exakt in der Fahrrinne halten.

> **Wahrschau!** Vor Svendborg wechselt die Fahrwasserbetonnung: Von Westen kommend hat man bis Svendborg die roten Tonnen an Bb, danach an Stb.

Ankerplätze im Svendborg Sund. Von den unendlich vielen – Ankergrund zumeist Sand – seien nur einige erwähnt, und zwar von West nach Ost:
- Westlich der Untiefe **Iholm Vesterrøn** findet man einen Platz vor dem Ort Bækkehave. Man verlässt vor der grünen Tonne die Fahrrinne und läuft mit Kurs S auf das Ufer von Tåsinge zu. Etwa 300 m davor kann man auf 3 m Wassertiefe ankern. Windgeschützt bei S und E, aber nur bedingt ruhig wegen des nahe vorbeiführenden Schiffsverkehrs.
- Etwas weiter östlich und noch näher an der Fahrrinne ankert man vor dem Inselchen **Iholm** hinter dem Flach *Iholm Tunge*, südöstlich der grünen Fahrwassertonne. Wassertiefe jedoch nur gut 3 m (Grund Sand und Lehm, stellenweise auch Tang). Wildreservat beachten (gestrichelte Linie)!
- Die wirklich guten Ankerbuchten findet man erst im östlichen Teil des Sundes. Da wäre zuerst die geschützte Bucht **Pilekrog** (s. Foto S. 53) nördlich des kleinen Hafens von Troense – immer auch eine Ausweichmöglichkeit, wenn man in Troense keinen Platz mehr gefunden hat. Man beachte die unterschiedlichen Wassertiefen in der Bucht! Yachten mit geringem Tiefgang können sich dicht unter den hohen Buchenwald am Nordwestufer legen – ein einmaliger Platz.
- Der **Thurø Bund**, der in der Steinzeit nach Osten hin noch offen war, bietet unendlich

> **Stromverhältnisse im Svendborg Sund**
> Ziemlich kompliziert, obwohl die Richtung des Stroms stets dem Fahrwasser folgt: Sturm aus NW bewirkt westlaufenden Strom, der 6 kn (!) Geschwindigkeit erreichen *kann*; gleichzeitig sinkt der Wasserstand um 1,25 m. Sturm aus E verursacht ostlaufenden Strom von der gleichen Stärke und der Wasserstand erhöht sich um ebenfalls 1,25 m. Doch diese Verhältnisse dürften in den Sommerwochen kaum vorkommen.
>
> Normalerweise setzt im Sund ein Strom von 2 bis 3 kn. Er wechselt alle sechs Stunden seine Richtung, und der Unterschied zwischen Hoch- und Niedrigwasser beträgt 0,3 bis 0,5 m. Dieser Strom ist also eine kleine, angenehme Hilfe, wenn man in der richtigen Richtung segelt.

viele Ankermöglichkeiten. Man hat bei seiner Ansteuerung lediglich auf die gelb-schwarz-gelbe Tonne zu achten, die an der Westkante des *Kidholm Flaks* steht: Man muss sie also einlaufend an Steuerbord haben.
* Weniger geschützt und auch weniger empfehlenswert ist der Ankerplatz südlich des Flachs **Troense Hage**. Man ankert vor Eghavn auf gut 2,5 m Wassertiefe (Grund Sand). Die 2-m-Linie verläuft etwa 200 m vor dem Ufer. Hier macht sich allerdings bereits die rauere Welle aus dem Lundeborg Belt bemerkbar, ganz abgesehen von den ziemlich nahe vorbeilaufenden Schiffen. Die kleinen Brücken am Ufer stehen schon im seichten Wasser.

Am westlichen Eingang des Svendborg Sunds befindet sich am Nordufer hinter einer mächtigen Steinmole der kleine Yachthafen

Rantzausminde, wo man bis auf Winde aus SE immer ruhig liegt. Eigentlich sind es zwei Häfen: Der neue hat seine Einfahrt im Westen, der alte im Osten. Der neue Hafen hat durchweg 2,5 m Wassertiefe, der alte nur im östlichen Becken, sonst 1,5 m. Wenig Platz für Gäste. Lohnt so nahe Svendborg nicht mehr.

Voraus sieht man schon die hohe, elegante **Autobrücke** über den Svendborg Sund. Sie hat eine 80 m breite Durchfahrt und eine Durchfahrtshöhe von 33 m.

Am Nordufer des Sunds gibt es bis hin zum Yachthafen von Svendborg eine Menge kleiner und größerer Anlegebrücken. Unruhig läge man an allen, zumal sie alle in Privatbesitz sind. Meist hätte man davor auch nur geringe Wassertiefen. Am besten: Man läuft einfach daran vorbei.
Dieses möchte ich – ohne den Segelkameraden von Svendborg nahetreten zu wollen – auch bei dem

Svendborg Yachthafen empfehlen: zwei Becken, kreisrund das eine, viereckig das andere. Der Hafen, der auf einer Halbinsel liegt, schiebt sich weit in den Sund hinein. Erstes Problem: Boxen nicht breiter als 2,5 m. Zwei-

Svendborgsund.
Der Motorsegler läuft von Svendborg kommend auf die große Brücke zu.

tes Problem: zumeist ziemlich unruhig. Dafür guter Service. Vor allem eine leicht anzufahrende Tankstelle, außen am Osthafen. Zur Stadt Svendborg etwa zehn Minuten zu gehen.

Dicht östlich der Brücke, am Südufer des Sunds, liegt der kleine ehemalige Fährhafen

Vindeby, den ein schöner Blick auf das gegenüber liegende Svendborg auszeichnet, sonst aber wenig. Ein einfacher Hafen.

Wahrschau: Die gelb-schwarz-gelbe Tonne vor *Skansebakke* nicht zu hart anliegen, sondern mehr zur Fahrwassermitte hin halten! Hier, auf dem Flach, kommen immer wieder Boote fest (s. Hafenplan S. 49).

Svendborg.
Der Südhafen (Søndre Havn).

Schon am *Svendborg Yachthafen* beginnt mit einer zusammenhängenden Bebauung

Svendborg, obwohl man zunächst nicht viel mehr sehen wird als die Werften und Fabrikhallen auf der Insel *Frederiksø*. Diese Insel gibt dem Handelshafen, in den wir wollen, perfekten Schutz. Svendborg, eine Stadt von 27 000 Einwohnern, wirkt vom Wasser her geradezu mediterran: Vielleicht liegt es an dem Gewimmel um den Hafen, vielleicht auch an seiner Lage – oder an beidem.
Man läuft aber zunächst (s. Plan nächste Seite) – von Westen kommend – an Svendborg vorbei, passiert den *Søndre Havn* (Südhafen), läuft an *Frederiksø* mit der großen Werft entlang und dreht danach in den *Østre Havn* ein, der in das geschlossene Becken des *Nordre Havn* führt. Ein wirklich schöner, lebendiger Hafen. Man liegt absolut ruhig, was Wind und Welle angeht, aber nicht so sehr im Hinblick auf das etwas turbulente Treiben rund um den Hafen. Trotzdem: der beste Platz in Svendborg. Svendborg, von dem seine Bewohner meinen, es sei die schönste Stadt des Landes, ist ein Muss für jeden, der nach Dänemark segelt – eine Stadt mit einer langen und berühmten Seefahrtstradition.
Ursprünglich lag an der kleinen Bucht hinter der (ehemals) sumpfigen Grasinsel Frederiksø nur ein Fischerdorf. Als aber die räuberischen Wenden, die am anderen Ufer der Ostsee, an der Küste von Pommern, saßen, die Gestade des friedlichen Dänemark immer wieder unsicher machten, entwickelte sich der Sund zu einem wichtigen, weil etwas entlegenen Schifffahrtsweg. Der musste nun natürlich auch noch verteidigt werden, und so legte man hier um das Jahr 1100 eine Burg an, die **Swineburgh**, um die dann im Laufe der Jahrhunderte das Handels- und Hafenstädtchen Svendborg wuchs.
Das »Svend« hat also gar nichts mit dem skandinavischen Vornamen zu tun, sondern ist eine

Törnvorschlag 1: Von der Helnæs Bugt nach Rudkøbing 49

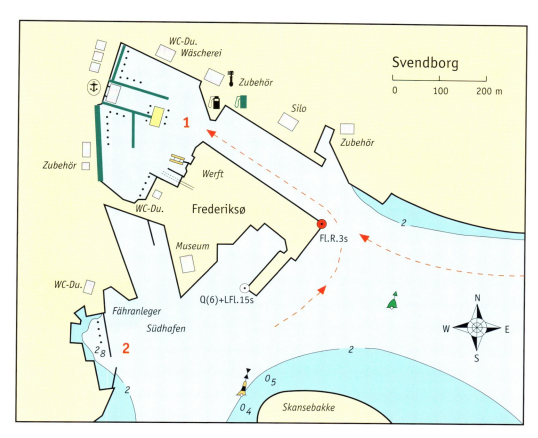

Verballhornung des Wortes »Swine«. Die Burg hatte ihren Namen von den vielen Wildschweinen, die es in dieser Gegend im frühen Mittelalter gegeben haben soll.
Durch den Schiffsverkehr erhielt die Stadt die wichtigsten Impulse. Ihre größte Zeit aber hatte sie erst im 19. und zu Beginn des 20. Jahrhunderts, als ihre Werften einen sehr guten Ruf genossen. Der berühmte dänische **Reeder A. P. Møller** gründete hier nicht nur seine »Dampskibsselskap af 1912«, er baute vier Jahre später auf Frederiksø auch die »Svendborg Skibsværft og Maskinbyggeri«, direkt neben der berühmten *Holzschiffswerft* von Ring Andersen. Dieser hat sich inzwischen voll auf die Instandsetzung und auch auf den Neubau von Holzschiffen spezialisiert. Ring Andersen betreibt dieses selten gewordene Handwerk mittlerweile schon in der vierten Generation. Es soll die älteste Schiffswerft Dänemarks sein, die immer noch in Betrieb ist. Im Nordhafen, gegenüber unseren Liegeplätzen, kann man zuschauen, wie die alten Segler wieder in Schuss gebracht werden, und an der Seglerbrücke im Südhafen kann man sie in voller Pracht liegen sehen.
Wenn das 900 Jahre alte Svendborg so wenig alte Gebäude hat, so deshalb, weil es in seiner langen Geschichte trotz seiner Wälle und Gräben und auch der *Swineburgh* eigentlich in jedem Krieg, in den Dänemark verwickelt war, erobert und geplündert wurde. Sei es – mehrfach – durch den schwedischen Erbfeind, sei es durch die Hanse oder auch durch den Königsmörder Marsk Stig, der 1290 von seiner Räuberburg auf der Insel Hjelm im Kattegat hierher gesegelt kam, um das wohlhabende Handelsstädtchen niederzubrennen.

Liegeplatz und Versorgung: *Man wird in diesem großen Hafen immer einen Platz finden, zumal die Hafenverwaltung in den Urlaubs-*

wochen im Nordhafen (1) zusätzlich Pontonbrücken auslegt. Im Südhafen wird man hinter der Brücke, in dem allerdings gut geschützten Becken (2), selten einen Platz finden. Ebenso nicht an der Brücke davor (2, s. a. Fotos S. 48 und unten). Also am besten gleich in den Nordhafen, der inzwischen ganz auf Segler eingestellt ist. In dem schwimmenden Hafenkontor oben der Hafenmeister, unten alle sanitären Einrichtungen, auch eine Wäscherei. Außerdem gibt es hier einen Info-Raum mit Fernseher, PC mit Internetzugang und alle möglichen nautischen Informationen. An den Liegeplätzen Strom und Wasser. Hinter der Hafenmeisterei ein hervorragendes Fischgeschäft (mit Imbiss). Treibstoff siehe Plan. Bei der Tankstelle ein gut sortierter Zubehörhandel. Jede Art von Reparatur möglich: Hafenmeister fragen!

Nur der Vollständigkeit halber sei darauf hingewiesen: Etwa 1 sm ESE-lich der Stadt liegt am Eingang zum Skårupøre Sund die **Svendborg Marina** mit ihren Terrassenhäusern, eine fraglos gute Anlage, ehemals das Gelände der Sagitta-Bianca-Werft.

Im Nordhafen. Hinten das schwimmende Hafenkontor.

Wasserstand
Tidenhub 0,3 m. Wind aus N kann den Wasserstand um 1,5 m erhöhen, Wind aus S kann ihn um 1,5 m senken.

In den **Skårupøre Sund**, eine natürliche Verbindung nach Osten zum Großen Belt, kann man nicht hineinfahren; ein Damm mit einer Brücke versperrt ihn schon nach 0,5 sm. Die Brücke hat eine Durchfahrtshöhe von nur 2,9 m.

Besser ist es, ohne Verzug weiterzulaufen in den jetzt sehr schmalen Sund zwischen *Tåsinge* und *Thurø* auf die – abgesehen von Svendborg selbst – beiden schönsten Plätze des Svendborg Sunds zu. Voraus liegt am Südufer einer sanft in die Insel Tåsinge hineinschwingenden Bucht der alte Seglerhafen

Troense. Der *Middelgrund*, der sich davor ausbreitet, hat Wassertiefen von mindestens 2 m, und so kann man schon querab von *Mårodde* und nach der roten Tonne das Fahrwasser verlassen und mit Kurs S auf Troense zulaufen. Troense hat eine »Dampskibsbro«, an der man

Svendborg.
An der Seglerbrücke im Südhafen.

im Sommer wegen des alten Sundbootes HELGE nur nachts festmachen darf, und einen kleinen »Lystbådehavn«, in dem man bis auf Winde aus N und E ruhig liegt, sofern man an diesen offenen Stegen einen freien Platz findet. Ansonsten ankert man direkt davor. Ein sehr schöner Platz unter dem Steilufer mit den mächtigen Eichen.

Der Ort Troense mit seinen 1100 Einwohnern ist eine idyllische Mischung aus Alt und Neu: Das Alt überwiegt. Überall stößt man noch auf die rot oder gelb angemalten Fachwerkhäuser, die einstmals den Segelschiffskapitänen gehörten. Von ihren Fenstern oben in der Grønnegade aus konnten sie immer einen Blick auf ihre Schiffe werfen, die entweder im Pilekrog oder im Thurø Bund vor Anker lagen.

Neben dem kgl. privilegierten Kro von 1678 sollte man sich die alte **Reitschule** von 1790 ansehen mit ihrem kupfergedeckten Dach, denn hier hat der bekannte dänische Schiffshistoriker Holm Pedersen eine der größten maritimen Privatsammlungen Skandinaviens zusammengetragen.

Etwas südlich von Troense, an der Südostspitze von Tåsinge, steht das **Valdemar-Schloss.** Man wandert dorthin durch eine Allee prächtiger Silberpappeln. Ursprünglich hat es der große Baumeisterkönig Christian IV. für seinen Sohn gebaut. Aber dieses Lustschlösschen, das auf der Ruine der Burg Kærholm entstand, wurde schon kurz nach seiner Erbauung von schwedischen Truppen unter Karl X. Gustav zerstört, von den gleichen, die die ganze Insel Tåsinge in den Jahren 1658–1660 auf das Schlimmste verwüsteten. In seiner jetzigen Form wurde das Valdemar-Schlösschen von dem berühmten dänischen Admiral Niels Juel im Jahre 1678 errichtet, in einem schönen, ausgewogenen Renaissancestil. Niels Juel konnte sich das dank der Prisengelder, die er im Krieg mit den Schweden verdient hatte, ohne weiteres leisten. Später kamen zu dem alten Bau noch Nebengebäude im Rokokostil: Die ganze Anlage mit ihrem Schwanenteich atmet Harmonie und Ruhe.

Abgesehen von der Schönheit der Bauten und der Beschaulichkeit des Parks lohnt ein Besuch des Schlösschens auch wegen des »Orlogs Museet« (Kriegsmuseum), das jetzt darin untergebracht ist. Man sieht da Seeschlachtenbilder, besonders aus der Schlacht in der Køge Bugt (s. S. 153), durch die Niels Juel berühmt wurde, Modelle von Orlogschiffen und Geschütze von früher. In einem Nebengebäude kann man sich königliche Schaluppen, Admiralitätsgigs usw. ansehen.

Das »Segelsportmuseum« wurde aus Platzmangel nach Svendborg verlegt, wo man es auf Frederiksø besuchen kann. Immerhin begann der Segelsport in Dänemark schon in der Mitte des 19. Jahrhunderts, als 1855 hier eine erste Regatta veranstaltet wurde.

Nicht wegen seines Seefahrtsmuseums – obwohl auch das sehenswert ist –, sondern wegen des fantastischen Blicks, den man von dort hat, sollte man von Troense aus noch einen Spaziergang (von vielleicht einer Stunde) zu

Troense.
Immer einen Landgang wert: das Valdemar-Schlösschen mit seinem Schifffahrtsmuseum.

Troense.
Unterhalb eines Steilufers gelegener, gut geschützter Hafen.

dem Ort *Bregninge Kirke* machen: Er liegt auf dem mit 74 m höchsten Punkt der **Insel Tåsinge.** Man blickt weit über das dänische Inselmeer und hinüber zum Großen Belt.

Liegeplatz und Versorgung: Man kann keine Empfehlung geben; wo ein Platz frei ist, macht man fest, am besten außen am Steg. Will man an die Landseite des südlichen Stegs, dann halte man sich beim Anfahren an die Steckpfähle; zum Land hin wird es arg flach. Größere Boote dürfen zur Nacht auch am HELGE-Steg bleiben. Das alte Schiff kommt allerdings schon morgens um 1030 (und abends zuletzt um 1830). Wasser auf den Stegen. Das alte weiße Haus wurde zu einem geschmackvollen Clubhaus umgebaut, mit tadellosen Toiletten und Duschen. Kaltwasserduschen auch auf den Stegen. Portalkran von 3 t. Treibstoff muss man mit dem Kanister holen (2,5 km). Lebensmittel im Ort.

> **Wasserstand**
> Tidenhub 0,3 m. Winde zwischen S und W heben den Wasserstand um 1 m, Winde zwischen N und E senken ihn um 1,2 m.

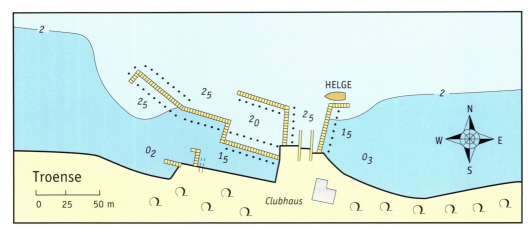

Pilekrog.
Hervorragender Ankerplatz eben nördlich von Troense.

Der gegenüber von Troense zwischen Thurø und der waldbestandenen Halbinsel Gråsten gelegene

Thurø Bund diente genauso wie der kleinere Pilekrog als Winterlagerplatz für die Schiffe aus dem Svendborg Sund. Der eher flache nördliche Teil der Insel Thurø hat im Gegensatz zu Gråsten, das das Südufer der Bucht bildet, kaum mehr Wälder. Die schwammen einst als schöne Segler auf allen Meeren der Welt. Denn die großen Wälder der Insel wurden im Laufe der Jahrhunderte abgeholzt und in den Werften von Thurø zu Planken verarbeitet.
Die Inselbewohner waren ein Volk von Schiffbauern und Seefahrern; die »Turineren«, wie man sie nannte, waren in allen Häfen der Welt zu Hause und überall ging ihnen der Ruf voraus, ganz ausgezeichnete Seeleute zu sein. Um die Wende zum vorigen Jahrhundert lebten auf der Insel 1500 Menschen, heute sind es mit 2000 nicht viel mehr. In den Jahrzehnten zwischen 1850 und dem Ende des Ersten Weltkriegs wurde auf den Werften, die sich alle entlang des Nordufers des Thurø Bunds befanden, die unglaubliche Zahl von 200 Schiffen gebaut. Obwohl Dänemark im Ersten Weltkrieg neutral war, gingen viele Schiffe aus dem Thurø Bund verloren, nachdem die Kaiserliche Marine zum unbegrenzten U-Boot-Krieg übergegangen war. Als der große Krieg endlich vorbei war, lagen im Thurø Bund an die 100 Segelschiffe vor Anker, bereit, wieder auf große Fahrt zu gehen. Aber nicht mehr lange, denn die »Turineren« mussten einsehen, dass die Zeit der Segelschiffe unaufhaltsam ihrem Ende entgegenging. Damit endete auch die Blütezeit der Werften am Thurø Bund. Heute gibt es hier keine mehr, die große Schiffe baut, nur noch zwei Yachtwerften. Thurø selbst ist zu einer Ferieninsel geworden.
Thurø und Gråsten waren vor langer Zeit selbstständige Inseln; erst als sich in der Steinzeit das Land langsam hob, tauchte aus dem Wasser die Landbrücke auf, die Gråsten und Thurø heute verbindet; so entstand dann dieser

idyllische Naturhafen. Wer in den Thurø Bund einläuft, sollte es so machen wie die Seglerkapitäne von früher auch: sich einen Ankerplatz abseits vom Getriebe der Welt suchen. Wer hingegen mal wieder Land unter den Füßen haben will, der kann auch die Stege der am Nordufer des Thurø Bunds gelegenen Yachthäfen

Thurø und Gambøt ansteuern, beides schöne Anlagen, wo man fast immer ruhig und geschützt liegt, falls man einen Platz finden sollte. Vorne befindet sich die Bootswerft *Walsted* und weiter östlich sieht man die hellblauen Hallen der *Thurø Bund Yacht- und Kutterwerft*; ganz zum Schluss kommt dann der *Gambøt-Yachthafen*. Diesel gibt es bei Walsted, auch einen Mastenkran. Gute Versorgung (neben Liegeplätzen) bei der Yacht- und Kutterwerft Thurø Bund (Slip 40 t, Mastenkran, Portalkran für Boote bis 40 Fuß Länge, Motorreparatur und Tankstelle). Der Thurø Sejlklub hat ein Haus mit Duschen und WC. Gästeplätze am letzten Steg, Ostseite, mit Heckbojen, Wassertiefe 2,8 m. Ein schönes Fleckchen Erde mit den reetgedeckten Hütten zwischen Steilufer und Wasser.

> **Wasserstand**
> Tidenhub 0,3 m. Winde aus N verursachen ein Steigen des Wassers, Winde aus S ein Fallen.

In der

Lunkebugt am östlichen Ausgang des Svendborg Sunds findet man viele gute Ankerplätze (Grund Sand, aber auch Steine und Tang).

> **Wahrschau:** Die Stromverhältnisse in dem Gewässer zwischen Thurø, Tåsinge und Langeland sind ziemlich kompliziert und zuweilen auch ausgesprochen unangenehm. Aus dem Svendborg Sund läuft ein ostsetzender Strom, der sich mischt mit einem nordsetzenden, der aus dem Rudkøbing Løb kommt. Die Folge: eine kurze, steile, kreuz und quer laufende Welle.

Rudkøbing Løb – das ist eine teils natürliche, teils gegrabene Rinne, die zu der Stadt Rudkøbing und weiter nach Süden zwischen Strynø und Langeland hindurchführt. Sie ist gut betonnt und befeuert, die Tonnen liegen allerdings nicht selten dicht neben den vielen flachen Gründen. Im nördlichen Teil, bis hin nach Rudkøbing, misst die Wassertiefe 5 m, südlich davon aber nur noch 3,2 m. Von Norden kommend, sollte man ruhig die rot-weiße Mitte-Schifffahrtsweg-Tonne *n. Ansteuerung Rudkøbing Løb* (WP 1330: 54°59,12'N 010°43,20'E) anliegen. Die Rinne ist streckenweise sehr schmal; begegnet man einem Frachtschiff, ist größte Vorsicht angebracht. Das Fahrwasser wird knapp nördlich von Rudkøbing von der weithin sichtbaren *Langelandsbrücke* überspannt, die auf schlanken, hohen Pfeilern ruht. Sie hat in der 80 m breiten Passage eine Durchfahrtshöhe von stolzen 26 m.

> **Strom im Rudkøbing Løb:** Er wechselt bei ruhigem Wetter alle sechs Stunden seine Richtung, wobei er unter diesen Umständen nicht schneller als 2 kn wird. Bei Sturm und auch noch längere Zeit danach kann er eine Geschwindigkeit von 4 bis 5 kn erreichen.
> Winde aus NW verursachen eine südliche, Winde aus NE eine nördliche Strömung.

Rudkøbing ist für Segler ein vorzüglicher Ausgangspunkt für eine Fahrt nach Norden mit Kurs auf den Großen Belt (s. Törnvorschlag 2, S. 57) oder auch nach Süden zur »dänischen Südsee«. Zudem hat die 4000 Bewohner zählende Stadt ausgedehnte Hafenanlagen, deren größter Vorzug darin besteht, dass man immer einen guten Liegeplatz finden wird. Es soll insgesamt derer 285 geben. Ebenso gut sind die Versorgungsmöglichkeiten, besonders am Yachthafen.
Rudkøbing, Hauptort der Insel Langeland, liegt auf eher flachem Gelände. Die Stadt ist dank der Langelandsbrücke und der Svendborg-Sund-Brücke zu einem wichtigen Verkehrspunkt geworden. Ursprünglich war sie ein Fährort. Im Mittelalter verdiente sie gutes Geld mit

Törnvorschlag 1: Von der Helnæs Bugt nach Rudkøbing **55**

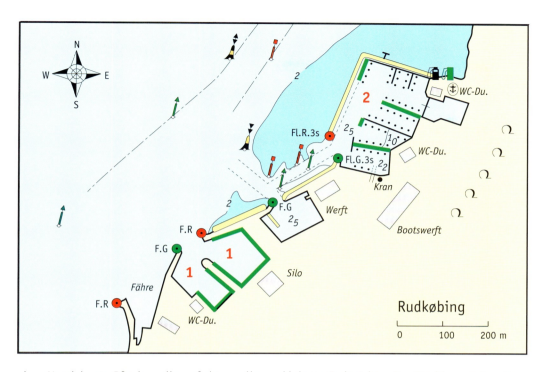

dem Handel von Pferden, die auf den umliegenden Inseln gezüchtet wurden; Abnehmer war vor allem Deutschland. 1590 erhielt Rudkøbing vom König das Privileg, Ochsen zu exportieren. Das war ein einträgliches Geschäft, denn in ganz Dänemark hatte die Krone dies außer Rudkøbing nur den Städten Ribe, Assens und Kolding gestattet. Christian IV. (1588–1648), der Baumeisterkönig, ließ die Stadt 1644, also mitten im Dreißigjährigen Krieg, mit Mauern und Wällen befestigen – ein weitsichtiges und dennoch nutzloses Unterfangen, denn im kurz darauf folgenden Schwedenkrieg (1658–1660) wurde die Stadt trotz der Wälle und Mauern von den Schweden erstürmt und bis zum Ende des Krieges besetzt. Als die Schweden abzogen, war Rudkøbing genauso wie die ganze Insel Langeland völlig verwüstet.

Ein Hafen wurde erst 1821–1826 angelegt, das heutige Südwestbecken im Handelshafen; vorher konnten die Schiffe nur an einer Brücke festmachen. Mitte desselben Jahrhunderts wurden die Wälle geschleift, damit die Stadt Platz bekam, um sich auszudehnen. So entstanden um ihren alten Kern herum auch bald kleinere Industrien. Der Stadtkern mit seinen alten gelben, roten und weißen Fachwerkhöfen ist auf das Beste restauriert. Rudkøbing steht Ærøskøbing kaum mehr nach. Etwas Besonderes: »Dansk Emailje Design«, eine Werkstatt, die nicht nur jede Art von Emaille anfertigt, sondern auch ein gewaltiges Antiquitätenangebot hat – in der Østergade, links vom Rathaus die Straße hinunter. Interessant auch **Langelands Museum**, ebenfalls in der Østergade: Seefahrt und Sonstiges, dazu das Museumsschiff Mjolnar, ein Frachtschiff aus dem Jahre 1922, das jetzt im Handelshafen liegt.

Liegeplatz und Versorgung: *Man kann hier noch festmachen, wo es einem gefällt, also entweder im Handelshafen (**1**), wohin es die meisten Segler zieht, oder im Yachthafen (**2**). Wer irgendeinen Service braucht: am besten in den Yachthafen, eine architektonisch gelungene Anlage mit allem Komfort. Die gelben und roten Holzhäuser sind von weit her zu sehen. Man liegt überall ruhig, nur Winde aus NW bringen im Handelshafen viel Unruhe. Beim Einsteuern in den Handelshafen darf man den Molenköp-*

Rudkøbing.
Massenhaft Platz, nicht nur hier im hervorragenden Yachthafen. Im Hintergrund die Langelandsbrücke, die hinüber nach Troense führt.

fen nicht zu nahe kommen, da man hier mit starkem Neerstrom zu rechnen hat. Wasser, Werft, Helling, Mastenkran, Mobilkran und Tankstelle am Yachthafen, dort auch Duschen und Toiletten.
Hafenkontor: UKW-Kanal 16, 12.

> **Wasserstand**
> Tidenhub nicht spürbar. Winde zwischen NW und NE können den Wasserstand um 1,2 m erhöhen, Winde zwischen S und W können ihn um 0,6 m senken.

Landgang: Ein lohnenswerter Ausflug mit dem Fahrrad führt zum *Schloss Fåreveile*, 3 km südlich von Rudkøbing, und noch ein Stückchen weiter zu der schönen Bucht *Lindelse Nor* – wenn man es nicht vorzieht, sie mit dem Boot aufzusuchen, so wie auf S. 42 beschrieben.

Auf Kreuzkurs durch den Großen Belt

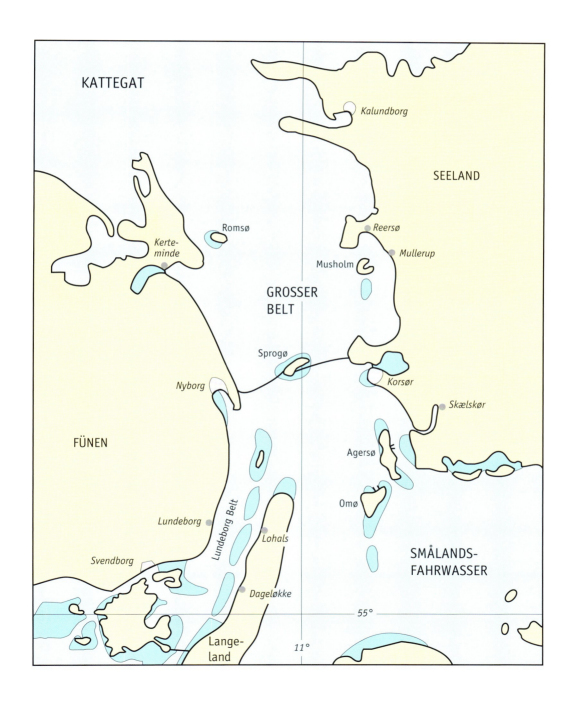

Törnvorschlag 2:

Vom Svendborg Sund nach Kalundborg

Zum Großen Belt sollten nur Boote fahren, die seetüchtig sind. Dies gilt nicht für seinen friedlichen Teil, den Lundeborg Belt, der dem dänischen Inselmeer in vielem ähnlich und genauso geschützt ist. Schwächere Boote sollten also bis Nyborg segeln und dann umkehren.
Für größere Yachten ist der Große Belt die klassische, weil schnellste und direkte Passage nach Norden: Ob man nach Samsø will oder ins Kattegat oder auch entlang Seelands Nordküste ostwärts – man wird den kurzen Weg durch den Großen Belt wählen.
Mit diesem Törnvorschlag soll gezeigt werden, dass dieses – zugegeben nicht einfache und manchmal raue – Gewässer mehr sein kann. Denn es gibt hier durchaus kleine, ruhige Häfen neben denen, die man üblicherweise anläuft, wie Nyborg, Kerteminde, Korsør oder Spodsbjerg. Die anderen, Musholm, Mullerup, Reersø, Agersø und Omø, lohnen sehr wohl einen längeren Aufenthalt als nur für eine Nacht.

Der südliche Teil des Großen Belt, der Langelands Belt, wird nicht hier, sondern im Törnvorschlag 3 beschrieben.

Distanzen: Dageløkke – Lundeborg (5,5 sm) – **Lohals** (4 sm) – **Omø** (12 sm) – **Agersø** (7,5 sm) – **Skælskør** (6,5 sm) – **Korsør** (10 sm) – **Nyborg** (13 sm) – **Kerteminde** (17 sm) – **Romsø** (6 sm) – **Musholm** (13 sm) – **Mullerup** (3,5 sm) – **Reersø** (2,5 sm) – **Kalundborg** (22 sm).

Einen treffenderen Namen hätte man für diese handtuchschmale, langgestreckte Insel kaum finden können:

Langeland. Von Norden nach Süden misst sie gut 50 km, in ihrer Breite schwankt sie zwischen 11 und nur 3 km. Das Land ist flacher, als es von See her wirkt, aber da sich immer wieder die typischen vulkankegelförmigen Langelandhügel erheben, hat man doch den Eindruck, die Insel sei ziemlich bergig. Der höchste dieser Hügel misst 37 m, der Fakkebjerg, an der Südspitze der Insel. Er trug das erste Leuchtfeuer von Langeland, einen Kohlehaufen zwar nur, der 1805 das erste Mal angezündet wurde, aber doch ein halbes Jahrhundert lang den Seefahrern die Einsteuerung in den Großen Belt wies. Erst 1855 wurde ein Leuchtturm gebaut, der das Kohlefeuer vom Fakkebjerg überflüssig machte und noch heute seinen Dienst tut: der Leuchtturm von *Keldsnor*.
Die Felder werden immer wieder von Hecken und Gehölzen und auch zusammenhängenden Waldgebieten unterbrochen, sodass die Insel von See her wie eine Waldinsel wirkt, was sie aber gar nicht ist.
Langeland teilt den südlichen Teil des Großen Belts in zwei Fahrwasser: Östlich der Insel verläuft der nach ihr benannte *Langelands Belt*, das Hauptfahrwasser und benutzt von den großen Schiffen; westlich erstreckt sich, begrenzt von Fünen, der

Lundeborg Belt, ein eher seenartiges Gewässer, das fast ganz den Yachten gehört, denn Frachtschiffen, größeren gar, wird man nur ganz selten begegnen. Von Rudkøbing aus oder auch vom Svendborg Sund her ist dieses Gewässer die natürliche Passage für eine Fahrt nach Norden, zum »eigentlichen« Großen Belt, oder noch weiter zum Kattegat.

Ein angenehmes Segelrevier, ziemlich geschützt und auch ohne nennenswerte Untiefen, sieht man einmal von dem langen **Riff** vor dem Ufer von Langeland ab, das auf der Höhe von *Dageløkke* beginnt und sich 6 sm

Lundeborg.
Das alte Packhaus mit seinem roten Fachwerk, eine unverwechselbare Landmarke. Ein gemütlicher Fischerhafen, an den ein kleiner Yachthafen angebaut ist.

Strom: Die Stromverhältnisse im Lundeborg Belt sind ungemein kompliziert; teils werden sie wie üblich vom Wind beeinflusst, teils aber unterliegen sie auch jenen im Svendborg Sund, im Rudkøbing Løb und in den anderen Teilen des Großen Belts. Man müsste schon die Erfahrung eines Einheimischen haben, um diese Ströme ausrechnen und für sich nutzen zu können. Als revierfremder Fahrtensegler nimmt man die Strömung so, wie sie kommt; gefährlich ist sie in den Sommermonaten aller Erfahrung nach ohnehin nicht.

nordwärts über die Nordspitze von Langeland hinauszieht. Über dieses Riff führen drei Passagen, die alle gut betonnt sind: eine vor Dageløkke, eine zweite vor Lohals und eine dritte nördlich davon, das *Kobberdyb*. Obwohl es zwischen den vielen, sehr flachen Stellen von 0,6 m und weniger der Karte zufolge solche mit scheinbar ausreichender Wassertiefe gibt, sollte man nur in diesen drei Passagen über das Riff fahren.
Segelt man nordwärts, an der schönen Westküste von Langeland entlang, deren grünes Waldufer immer wieder von gelben Kliffküsten unterbrochen wird, so läuft man fast automatisch auf den kleinen Hafen von

Dageløkke zu, der mit seinen vielen Ferienhäusern dahinter auffallend und unverwechselbar daliegt. Hier nun führt die erste Passage über das Riff, das *Egeløkke Rev* – ein Tor, gebildet aus einer schwarz-gelben Tonne im Süden, *Egeløkke Rev* (WP 1359: 55°03,83'N 010°50,93'E), und einer gelb-schwarzen Tonne an der Nordkante des Fahrwassers. Kommt man sehr früh im Jahr nach Dageløkke, dann kann es sein, dass diese Tonnen noch nicht ausliegen; in diesem Falle würde ich aber auch nicht über das Rev fahren wollen. Hinderlich sind die vielen Fischernetze auf dem Riff. Die Wassertiefe in der Passage beträgt 3 m. Direkt voraus, schon nahe am Hafen, macht man eine grüne Spitztonne und eine rote Stumpftonne aus: Durch dieses »Tonnentor« hindurch läuft man auf die Hafeneinfahrt zu. Bei der grünen muss man mit Versandungen rechnen, sodass man hart die rote Tonne anfährt. Theoretisch lässt sich der Hafen auch nachts ansteuern; denn ein Richtfeuer (O.-F. u. U.-F.: F.G in Linie 122°) geleitet einen über das Riff. Die Richtfeuerlinie führt allerdings hart an den

Auf Kreuzkurs durch den Großen Belt

Wahrschau: Der Strom vor Dageløkke läuft entweder nord- oder südwärts, also immer quer zur Riffpassage und zur Hafeneinfahrt. Winde aus NE bewirken zumeist eine nördliche, Winde aus NW eine südliche Strömung. Bei auflandigem Starkwind wird es sehr schwer, den Hafen über das Riff hinweg wieder zu verlassen; unter solchen Umständen kann man in dem geschützten Lundeborg Belt regelrecht einwehen.

weit ausgreifenden Wellenbrecher heran. Also: Vorsicht!
Dageløkke war ursprünglich ein Fischerdorf und diente dann als Ladeplatz für das nahe gelegene Schloss Tranekær. Seitdem die Güter über die Straße transportiert werden, laufen den Hafen nur noch ein paar Fischerboote und im Sommer massenhaft Sportboote an. Der Ort wird geprägt von der Feriensiedlung samt den dazugehörigen Einrichtungen, wie Hallenbad, Sporthalle, Tennis und Badminton sowie Sauna. Noch was Besonderes: ein »Medicinhaverne«, ein Garten mit den veschiedensten Heilpflanzen. Ein kleiner, frischer Hafen, den man gerne besucht.

Liegeplatz und Versorgung: Der 1898 erbaute kleine Fischerhafen war lange arg vernachlässigt. Dank des »Dageløkke feriecenter« wurde er dann auf das Beste renoviert, auch tiefer gemacht. Größer freilich ist er dadurch nicht geworden. Die Gästeplatze sind auf dem Plan grün markiert. Die Versorgung ist recht gut: Wasser und Strom auf den Stegen; 40-t-Helling. Großzügige Waschräume. Am Hafen auch Proviant, Fischräucherei, Münzwaschmaschine und dazu noch das Restaurant »Lanternen«.

Wasserstand
Tidenhub 0,2 m. Winde aus N können den Wasserstand von 0,8 m bis zu 1,2 m erhöhen, Winde aus S und SE können ihn um 0,8 m bis 0,9 m senken.

Der Ort Dageløkke ist, sieht man einmal von dem Feriencenter mit seinem Freizeitangebot ab, nicht sonderlich attraktiv. Wer etwas von der Insel sehen will, der sollte sich am Hafen ein Fahrrad leihen und – als Vorschlag – etwa 10 km nach Süden fahren, wo auf einem gewaltigen Hügel das *größte und älteste Schloss von Langeland* steht: das rote **Tranekær**. Man nimmt an, dass sich schon zu Zeiten der Wikinger hier eine befestigte Anlage befand. Von 1672 an saßen hier die Lehnsgrafen von Ahlefelt, die Langeland autonom regierten, ohne dass sie sich vom König in Kopenhagen hätten viel sagen lassen. Die Insel wurde deshalb zu dieser Zeit auch »Königreich Langeland« genannt, eine Periode, die erst nach dem Ersten Weltkrieg mit einer Bodenreform zu Ende ging.

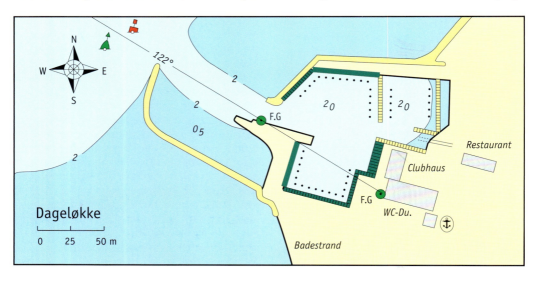

Nordwestlich von Dageløkke, jedoch gegenüber, am Ufer von Fünen, liegt der idyllische Hafen von

Lundeborg, dessen stattliches weißes Packhaus mit dem roten Balkenwerk den Blick auf sich zieht (s. Foto S. 59). Es steht am alten Fischerhafen, der lange Zeit im Sommer hoffnungslos überfüllt war. Inzwischen gibt es, anschließend an den Fischerhafen, einen Yachthafen, der Platz für 85 Boote bietet. Dazu kommen dann noch an die 30 Gastplätze im Fischerhafen. Also Platz genug. Ein sehr guter Hafen, in einer schönen Lage mit Sandstrand und Waldufer.

Immer noch ein Fischerhafen, aber bedeutend, wie früher einmal, ist die Fischerei nicht mehr. Das sieht man schon daran, dass auch für Yachten viel Platz im alten Fischerhafen ist. Im Sommer, besonders in den Urlaubswochen, herrscht ein ziemlicher Rummel, weil dann viele Touristen mit dem Auto hierher fahren, um sich an der stimmungsvollen Atmosphäre des Hafens zu erfreuen.

Die Ansteuerung ist nicht schwer: Das wuchtige Fachwerkhaus ist die beste Landmarke und der Landgrund durchweg rein, bis auf einen Stein (1,8 m) etwa 90 m südlich der Hafeneinfahrt.

> **Wahrschau:** Vor dem Kopf der Südmole Steine im Wasser. Die rote Spiere liegt nicht immer aus, ersatzweise manchmal ein roter Ball. Auf alle Fälle sich mehr zur Nordmole hin halten.

Liegeplatz und Versorgung: Am besten fährt man gleich in den Yachthafen. Im Fischerhafen findet man aber auch meistens noch einen Platz (siehe grüne Markierungen im Plan). Wasser und Strom überall am Kai; Treibstoff, WC, Duschen s. Plan. 36-t-Slip und 1,5-t-Kran, Werft.

Ankerplatz: Wer im Hafen nicht unterkommt, der findet knapp 1 sm nördlich davon, unterhalb des schönen Purreskov (Wald), einen recht ordentlichen Liegeplatz, der jedoch nur bei West wirklich Schutz gibt. Die 2-m-Linie verläuft etwa 200 m vor dem Ufer (Grund Sand).

> **Wasserstand:** Tidenhub 0,3 m. Winde aus N und NW können den Wasserstand um 1,2 m erhöhen, Winde aus S können ihn um 0,7 m senken.

> **Strom:** Er läuft hier genauso wie vor Dageløkke, maximal erreicht er eine Geschwindigkeit von 1,5 kn.

Wer Lust auf einen Landausflug verspürt, sollte zu dem nahen **Hesselager Gård** wandern; schon der Weg dorthin durch den Wald ist eine Erholung. Das Schlösschen selbst mit seiner märchenhaften Architektur steht in einem See, umgeben von einem verwilderten, verwunschenen Park. Wer gut zu Fuß ist, kann noch ein Stückchen weiter nordwärts wandern: Bei dem Ort *Stokkebæk* stößt man auf Dänemarks größten **Findling**, einen 1000 Tonnen schweren, 12 m hohen Stein, der vor Urzeiten mit dem Eis aus dem norwegischen Urgebirge hierher gewandert ist.

Ziemlich genau gegenüber von Lundeborg liegt am Westufer von Langeland der nördlichste Hafen dieser Insel,

Lohals, dessen großes, weißes Hotel von Weitem deutlich auszumachen ist. Man steuert mit Kurs E über den Lundeborg Belt, bis man nach 2,5 sm auf die erste rote Tonne (WP 1384: 55°08,23' N 010°51,62' E) des *Smørstakke Løbs* trifft, das über den ziemlich breiten und teilweise auch trockenfallenden *Rødgrund* führt. Das Fahrwasser hat an seiner Südseite nochmals eine rote und an der Nordseite eine grüne Tonne; beide sind weit gegeneinander versetzt. Die grüne, eine Leuchttonne (Fl. G. 5s, WP 1385: 55°08,28' N 010°53,22' E), heißt, nach der flachen Sandinsel nördlich davon, *Smørstakken*, und wenn man sie erreicht hat, ist man auch schon jenseits des Riffs. Achtung: Läuft man von Westen durch das Smørstakke Løb, so hat man die roten Tonnen an der Steuerbordseite!

> **Strom:** Er läuft hier wie zumeist im Lundeborg Belt entweder nord- oder südwärts und erreicht eine Geschwindigkeit von maximal 2 kn, dies aber sehr selten. Auch im Smørstakke Løb setzt er quer zur Passage, und da die Tonnen hart an den Untiefen ausliegen, empfiehlt es sich, dies beim Steuern zu berücksichtigen.

Es ist wirklich Geschmacksache, wo man sein Boot festmachen will, im Yachthafen oder im Fischerhafen. Zusammen bieten sie 100 Booten Platz. Der alte Fischerhafen hat mehr Atmosphäre; dafür ist es da etwas unruhiger. Beide Häfen wurden modernisiert. Alles ist voll auf Tourismus eingestellt. Das neue Clubhaus, das sich mit seiner dunklen Farbe auch von Weitem gut gegen das weiße Hotel abhebt, ist gigantisch. Lohals ist ein winziger, gemütlicher Ort, ohne besondere Sehenswürdigkeiten, lässt man die schöne Umgebung einmal außer Acht. Es lohnt sich ein (langer) Spaziergang zur Nordspitze von Langeland, von deren Steilufer aus man einen weiten Blick über den Großen Belt und gleichzeitig die Möglichkeit hat, sich schon einmal das Gewässer anzusehen, zu dem der nächste Törn führen wird.

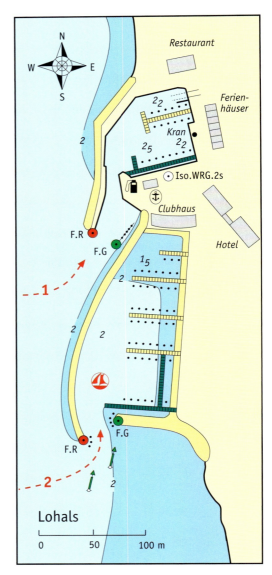

Liegeplatz und Versorgung: *Im Fischerhafen (1) legt man sich an den Gästesteg (Wasser und Strom) oder längsseits an die Außenmole. Man liegt hier ruhig, außer bei Starkwind aus SW, der einige Unruhe selbst im Hafenbecken schafft. Im Yachthafen (2) macht man am ersten Steg fest: Er bietet 60 Booten Platz. Eine Brücke ist für Jollen da. Sanitäre Anlagen. Fahrradverleih. 20-t-Slip, 8-t-Kran, Werkstatt, Diesel. Auch im Yachthafen Wasser und Strom an den Stegen. Im Ort mehrere Restaurants.*

Wasserstand
Tidenhub 0,3 m. Winde aus SW können den Wasserstand um 1,2 m erhöhen, Winde aus NE ihn um 1,5 m senken.

Obwohl der Lundeborg Belt als Teil des Großen Belts gilt, passt er als kleines und geschütztes Gewässer seinem Charakter nach nicht recht dazu.

Der »richtige«

Große Belt ist nicht allein ein raues Gewässer, das man tunlichst nur mit einem seetüchtigen Boot befahren sollte, sondern auch eine Großschifffahrtsstraße – die einzige zwischen der Ostsee und dem Kattegat.
Geht man von der Nord-Süd-Richtung des Fahrwassers aus, dann beginnt der Große Belt auf der Linie Fyns Hoved – Røsnæs und führt bis zum südlichen Ende von Langeland und Lolland.
Durch den Großen Belt verläuft der **Tiefwasserweg »Route T«**; er ist mit rot-weißen Mitte-Schifffahrtsweg-Tonnen bezeichnet. Südlich der Großer-Belt-Brücke spaltet sich die Route T auf, und zwar etwa auf der Höhe *Agersø Flak*. Die Route T führt weiter und nahe an Langelands Ostküste vorbei, aber jetzt mit der Bezeichnung »DW 19m«. Die Tonnen (grün, rot) tragen die Bezeichnung »DW«. Es ist der Weg der Schiffe mit sehr großem Tiefgang. Die andere, östlichere Route hat die Bezeichnung »Route H«; sie wird von Schiffen geringeren Tiefgangs genommen. Für Schiffe unter 10 m Tiefgang besteht Benutzungspflicht. Die Tonnen sind nummeriert. Dies alles nur zur Verklarung. Sportboote nehmen keine dieser Routen, sondern fahren sicherheitshalber außerhalb, was unproblematisch ist, denn das Wasser im Großen Belt ist auch da noch ausreichend tief.
In der Ostpassage (Østerrenden) der Großer-Belt-Brücke gibt es ein **Verkehrstrennungsgebiet**. Dazu später mehr. Man wird also die großen Wege nur queren und da gilt dann die KVR-Regel 9 (Enge Fahrwasser). Für das Verkehrstrennungsgebiet an der Brücke gilt die KVR-Regel 10.

Man studiere sorgfältig die Seekarte und vergegenwärtige sich vor dem Auslaufen, mit welchen Einschränkungen und Vorschriften man zu rechnen hat.
Die Küsten des Großen Belts bieten im Allgemeinen wenig Schutz, und es gibt deshalb – den Lundeborg Belt ausgenommen – nur ganz wenige brauchbare **Ankerplätze**. Bei Starkwind sollte man sie verlassen, erst recht solche vor einer Leeküste, und einen Hafen aufsuchen. Auf der anderen Seite gibt es am Großen Belt einige Häfen, und zwar recht gute, sodass man immer rasch unterkommen dürfte.

Hinweis: Im Großen Belt gibt es das Schiffsmeldesystem BELTREP. Es ist in zwei Sektoren eingeteilt. Auf diesem Törn ist nur der *Sektor 2* relevant. Er reicht im Süden von 55°5′ N (querab Langeland) bis 55°35′ N (querab Asnæs). Boote mit einer Masthöhe (vom Wasserspiegel aus) über 15 m müssen sich bei BELTREP auf UKW-Kanal 11 melden (Ruf »Beltrep VTS«), kleineren wird es empfohlen.
Für alle, die UKW haben: Die Verkehrs- und Sicherheitsinformationen des Schiffsverkehrsdienstes »Great Belt VTS« müssen auf Kanal 16 mitgehört werden (Great Belt Traffic). Die Verkehrszentrale bringt nach Ankündigung auf Kanal 16 auf Kanal 11 Verkehrsinformationen.

Das Fahrwasser des Großen Belts ist seinem Charakter als Großschifffahrtsweg entsprechend perfekt befeuert. Es würde zu weit führen, die zu seiner Durchsteuerung notwendigen **Leuchtfeuer** aufzuführen. Man entnehme das der Seekarte. Wer nachts durch den Großen Belt fährt, sollte sich zwar am Tonnenstrich, aber doch außerhalb des Fahrwassers halten. Wenn es, aus Zeitgründen etwa, sein muss, dann kann man eine Nachtfahrt machen; wegen des starken Schiffsverkehrs aber ist sie nicht ohne Risiko.

Fahrtenstrategie. Wer nordwärts durch den Großen Belt und sich dabei den Strom zunutze machen will, der sollte bei Nordstrom durch *Østerrenden* laufen; diesen Kurs sollte er auch bei einem an sich ungünstigen Südstrom wählen, denn der setzt in der *Østerrenden* immer noch schwächer als in der *Vesterrenden*. Wer nach Süden will, halte sich am Ufer von Fünen; dann hat er mitschiebenden Strom und nutzt ihn hier am besten. Läuft ihm aber ein Nordstrom entgegen, so geht er ihm mit diesem Kurs nicht nur aus dem Wege, sondern kann sich sogar noch den Neerstrom zunutze machen.

Die Grenze zwischen Hauptstrom und Neerstrom lässt sich an Stromkabbelungen, aber auch an treibendem Tang und anderem schwimmenden Zeug erkennen, wodurch eine ziemlich scharfe Linie gezeichnet wird.

In den Großen Belt. Ob man von *Lohals* zuerst nach *Nyborg* (S. 73) segelt oder einen Schlag quer über den Großen Belt macht, wird wohl vom Wind abhängen. Ich gehe jetzt einmal davon aus, dass er günstig für eine Überquerung des Großen Belts steht: Von Langelands Nordspitze aus, am Sektorenfeuer *Frankeklint* (Oc.RG.5s) vorbei, einer weißen Hütte am Steilufer, sollte man ruhig bis zu der schwarz-gelben Tonne *Hov Sand* (WP 1387: 55°11,11'N 010°56,05'E, Q) laufen, obwohl der *Hov Sand* für Yachten ausreichende Wassertiefen hat. Man bleibt so frei von den Stellnetzen, die es auf Hov Sand massenhaft gibt, vor allem aber: Man kommt von dieser Tonne aus mit Kurs E ziemlich exakt zur Ansteuerung des Hafens von *Omø*, einer kleinen Insel an der gegenüber liegenden Seite des Großen Belts.

Sobald man sich nach gut 3 sm – von der Tonne Hov Sand aus gerechnet – der grünen Leuchttonne *DW 37* (WP 1381: 55°11,32'N 011°01,96'E, Fl(3)G.10s) nähert, ist größte Aufmerksamkeit geboten, denn nun gelangt man ins Gebiet der großen Schifffahrtswege, die hier von Süden kommend aufeinander zulaufen, um sich 2 sm weiter zur Route T zu vereinen. Erst nach 2 sm ist man darüber hinweg und aus dem Bereich der Großschifffahrt heraus.

Die beiden Inseln *Omø* und *Agersø* wirken von Westen her so, als wären sie eine: Den *Omø*

Strom. Die Stromverhältnisse sind eine Wissenschaft für sich, und was im Folgenden gesagt wird, ist sehr grob gezeichnet: Bei ruhigem Wetter wird ein schwacher Strom nordwärts setzen – eine Oberflächenströmung aus dem weniger salzhaltigen Wasser der Ostsee. Bei Wind werden die Stromverhältnisse im Großen Belt deshalb so kompliziert, weil sie auch von jenen der umgebenden Gewässer beeinflusst werden. Allgemein kann man sagen:
- **Nordwärts** setzt der Strom bei Winden aus NNE über E und S bis WSW.
- **Südwärts** setzt der Strom bei Winden aus Richtungen zwischen W und NNE.

Erfahrungsgemäß tritt der Nordstrom in zwei Dritteln des Jahres auf oder anders: Man kann damit rechnen, dass ein nordwärts setzender Strom doppelt so häufig vorkommt wie der nach Süd setzende. Dafür ist der Südstrom der stärkere: Er erreicht im Jahresmittel eine Geschwindigkeit von 1,2 kn – im Vergleich zu 1 kn des Nordstroms – und eine maximale Geschwindigkeit von 3,5 kn gegenüber 3,3 kn des Nordstroms.

Der Nordstrom läuft stärker in der Østerrenden, dem Fahrwasser östlich von Sprogø, und der Südstrom vice versa stärker in der Vesterrenden, zwischen Nyborg und Sprogø.

Neerstrom tritt bei Nordstrom entlang der Kerteminde Bugt auf, und zwar bis hinauf nach Knudshoved, und dann wieder entlang der Ostküste von Langeland, etwa ab Tranekær bis zur Südspitze der Insel.

Sund, der sie trennt, kann man von hier nicht klar erkennen; dafür ragen hinter den Inseln die mächtigen Raffinerieanlagen von *Stigsnæs* in den Himmel – die steuert man zunächst einfach an.

Eine ebenfalls sehr auffallende Landmarke stellt der 22 m hohe grellgelbe Leuchtturm (Oc(2)WRG.12s) auf der äußersten Westspitze von Omø dar. Mit unserem Kurs E passiert man, schon im Weichbild von Omø, ein Fischzuchtgebiet (gelbe Spieren). Wir passieren es im

Törnvorschlag 2: Vom Svendborg Sund nach Kalundborg

Omø.
Der Hafen und dann der Große Belt, auf dem große Schiffe ihre Bahn ziehen.

Norden. Kurz danach kann man mit Kurs 146° bis 180° auf den kleinen Hafen von

Omø zulaufen, der allerdings von hier nur schwer oder gar nicht auszumachen ist. Er liegt eben westlich des auffallenden Hügels *Skovbanke*. Bei der Ansteuerung des Hafens muss man auf Stellnetze achten, die sich von seiner Schutzmole aus weit nach NW erstrecken. Außerdem sollte man den Kopf der Mole mit einigem Abstand runden, denn davor treten immer wieder Versandungen auf. Der Ort um den Hafen heißt *Kirkehavn* und ist ziemlich öde, im Gegensatz zum Hauptort der Insel, *Omø By*, der recht zentral auf ihrem mehr flachen Teil liegt. Omø hat eine merkwürdige und deshalb auffallende Form: Im Süden ist die Insel sehr flach, da muss die Westküste sogar mit Deichen gegen das raue Wasser des Großen Belts geschützt werden. Nach Norden zu steigt sie beträchtlich an, bis sie mit dem waldlosen, grasgrünen Hügel *Skovbanke* mit 24 m ihre größe Höhe erreicht.

Die landschaftlich durchaus reizvolle Insel ist von einem gewaltigen Flach umgeben, das sich einmal nach NE, zum *Omø Sund* hin, erstreckt und dann besonders weit nach Süden, wo es gewissermaßen eine Art Barriere zwischen Großem Belt und dem Smålandsfahrwasser bildet. Zum größten Teil ist dieses Flach von einer Yacht zu befahren, es gibt aber dazwischen Stellen mit nur 0,6 m Wassertiefe.

Liegeplatz und Versorgung: Der schon etwas angejahrte, doch gemütliche Yachthafen bietet 100 Gästeplätze; dennoch wird man manchmal Mühe haben, einen Platz zu finden, so beliebt ist diese Bauerninsel (im Verlauf einer Saison

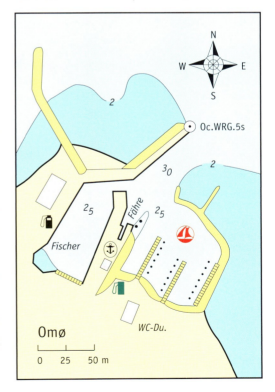

kommen bis zu 4500 Segler hierher). An der Außenmole (unruhig) sollte man tunlichst nicht längsseits gehen, denn der Platz ist für große Schiffe reserviert; außerdem dreht davor die Fähre. Notfalls muss man sich im alten Fischerhafen einen Platz suchen. Wenn's denn gar nicht anders geht, lässt es sich auch östlich vom Hafen auf Sandgrund ankern, was bei einer stabilen Wetterlage und wenig Wind gar keine so schlechte Sache ist. Treibstoff, WC und Duschen (hier auch Münzwaschmaschine) s. Plan. Kran (1 t). Fischgeschäft am Hafen, Lebensmittelladen der einfachsten Art im 1,5 km entfernten Omø By. Nahe am Hafen, dicht am Nordufer, ein schön gelegenes, aber etwas zu aufgetakeltes Restaurant.

Ankerplatz: *Nicht nur als Notlösung bei Liegeplatzmangel im Hafen bietet sich ein schöner Ankerplatz unter der Kliffküste des Skovbanke im Osten der Insel an. Er gewährt Schutz bei Winden aus SW bis N (Grund Sand); die 2-m-Linie verläuft etwa 100 m vor dem Ufer. Bei der Ansteuerung halte man die Kirche von Omø By frei von der südlichen Abbruchkante des Kliffs. Südlich davor ein schöner Badestrand.*

> **Wasserstand**
> Tidenhub 0,2 m. Winde aus NE können den Wasserstand um 1,2 m erhöhen, Winde aus SW können ihn um ebenso viel senken. Der Strom folgt im Allgemeinen der Windrichtung.

Der

Omø Sund, der die Inseln Omø und Agersø trennt, ist ein nicht sonderlich breites Gewässer, das gefahrlos befahren werden kann, wenn man sich gut in der tiefen Rinne hält. Das Fahrwasser ist jedoch so sparsam betonnt, dass man sehr darauf achten muss, nicht aus dieser Rinne zu geraten, denn der Grund steigt extrem steil an: Dicht neben der 25 m tiefen Fahrrinne gibt es 1,5-m-Stellen.

Beim Ablegen in Omø sollte man nicht die grüne Tonne, die genau auf 11°10' E liegt, ansteuern, denn man könnte durch den Strom sehr leicht auf ein 1,5-m-Flach versetzt wer-

Omø Kliff.
An der Ostseite der Insel.

den. Besser man läuft mit Kurs NW auf die rote Tonne zu und dreht erst dann auf die grüne Tonne ein, wenn man diese in E peilt. Ob man später beim Verlassen des Omø Sunds bis zur rot-weißen Mitte-Schifffahrtsweg-Tonne segelt, um dann erst zum Agersø Sund überzuwechseln, oder ob man schon vorher über das große *Helleholm Flak* fährt, wie es die Omø-Fähre macht, hängt einmal vom Tiefgang des Bootes, dann aber auch von den Seeverhältnissen ab. Bei ruhigem Wasser kann man die Südspitze von Agersø, die *Halbinsel Helleholm*, in einer Distanz von etwa 0,5 sm passieren. Auf dieser Landspitze steht der gleichnamige 12 m hohe, weiße Leuchtturm (Oc(3)WRG.15s), an dem man sich gut orientieren kann.

Voraus hat man, jenseits des *Agersø Sunds*, schon am Ufer von Seeland, den gewaltigen Kraftwerks- und Raffinerie-Komplex von **Stigsnæs**, der mit seinen Fabrikanlagen und den hellgrauen Öltanks alles ringsum zu erdrücken scheint.

In vielem ähnelt der

Agersø Sund dem Omø Sund. Auch er ist sehr tief, hat einen breiten, zumeist abrupt ansteigenden Landgrund und ist ähnlich sparsam betonnt, sodass es wegen der Richtfeuer fast leichter ist, ihn nachts zu befahren als tagsüber bei schlechter Sicht. Vorsicht ist geboten, wenn ein Tanker angerauscht kommt, der die Ölpiers von Stigsnæs ansteuern will.

Die Insel

Agersø und ihr kleiner nördlicher Trabant Egholm liegen sehr flach am Rande des Großen Belts. Eine grüne Insel, deren Bewohner vom Ackerbau und Fischfang und zunehmend vom Tourismus leben; viele Männer fahren auch hinüber nach Stigsnæs zur Arbeit. Der Hafen befindet sich an der Ostseite, am Ufer des Sunds, unverwechselbar mit der Holländermühle und der Ulmenallee, die zum Dorf hochführt.
Mit einem Tiefgang bis zu 2 m bereitet das Anlaufen keine Schwierigkeiten. Man sollte so lange im tiefen Wasser des Agersø Sunds bleiben, bis man den Hafen in W peilt; dann einfach darauf zu! Die rot-weiße Mitte-Schifffahrtsweg-Spiere liegt (nur von 1.4. bis 15.11.) auf Position 55°12,7'N 011°12,3'E. Von ihr aus läuft man mit Kurs 265° auf die 0,2 sm entfernte Hafeneinfahrt zu. Viele Fischstöcke, Boote an Moorings. Alles etwas verwirrend.

Wasserstand und Strom

Tidenhub 0,2 m. Wind aus NE kann den Wasserstand um 1,2 m erhöhen, Wind aus SW kann ihn um ebenfalls 1,2 m senken.

Der Strom folgt der Richtung des Agersø Sunds, setzt also immer quer zur Hafenansteuerung. Wind aus NE über S bis WSW verursacht einen nord-, Wind aus W und SW einen südsetzenden Strom.

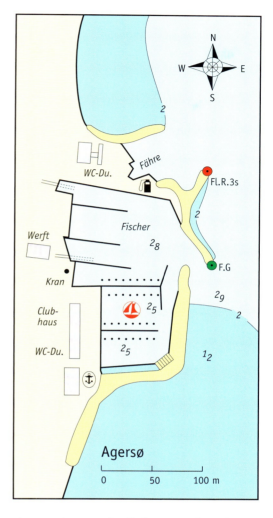

Liegeplatz und Versorgung: *Ein rundum guter, wenn auch sehr kleiner Hafen; hätte man nicht immer Stigsnæs vor Augen, könnte man ihn auch als idyllisch bezeichnen. Seit er nach Süden erweitert wurde, findet man schon eher einen Platz, dennoch ist der Hafen häufig schon am Nachmittag überfüllt. Treibstoff s. Plan. Wasser und Strom an den Stegen. Gute sanitäre Einrichtungen (auch Waschmaschine) beim Yachthafen. 40-t-Helling, Werft, 6-t-Kran. Zum Bäcker nur ein paar Schritte. Lebensmittel, Bank usw. im nahen Dorf.*

Die Insel Agersø kann einem recht gut gefallen, wenn man wohl auch nicht allzu lange bleiben wird, schon um einem anderen nicht den Platz im Hafen wegzunehmen. Im Westen, am schnurgerade von Norden nach Süden verlaufenden Ufer, wo die Natur geprägt ist von dem rauen Wasser des Großen Belts, findet man einen guten Badeplatz. Eine schöne Wanderung kann man zu der bewaldeten, menschenleeren *Insel Egholm* machen, die mittels eines Damms mit Agersø verbunden ist. Lohnend auch ein Spaziergang zu der einsamen, ganz flachen Halbinsel *Helleholm* im Süden, wo als Zeugnis der Vergangenheit ein Bautastein steht: einer jener schlanken, hohen Steine, die die Wikinger an auffallenden Stellen zu errichten pflegten. Man weiß nicht, zu welchem Zweck, nimmt aber an, dass es sich um Landmarken gehandelt hat. Der Bautastein von Helleholm soll von norwegischen oder schwedischen Wikingern stammen.

Ankerplätze im Agersø Sund

- *SE-lich vom Hafen*. Die 2-m-Linie verläuft etwa 200 m vor dem Ufer, jenseits davon viele Steine! (Grund Sand, auch Tang und Steine.) Doch Vorsicht: Fischstöcke!
- Bei Wind aus E, aber nur E, liegt man recht ordentlich auf *Skælskør Red*, zwischen dem *Lindeskov Flak* und *Tudsehage* (Grund Sand, teilweise auch Schlamm).
- Bei Wind aus E, N und SE ankert man außen vor *Espe*, zwischen dem Lindeskov Flak und dem Landgrund nördlich davon (Grund Sand, Lehm). Die 2-m-Linie verläuft etwa 100 m vor dem Ufer.
- Bei Wind aus W, N und S empfiehlt sich die *Bøgevig*, und zwar näher auf die waldige Insel *Egholm* zu (Grund Schlamm, Sand). Bei der Ansteuerung achte man auf flache Stellen, deren Lage aus der Seekarte ersichtlich ist.

Die Einfahrt in den nur 2,5 sm langen

Skælskør Fjord ist nicht ganz leicht zu finden. Man sollte nach Möglichkeit nach Norden fahren, bis man die rot-weiße Mitte-Schifffahrtsweg-Tonne *Anst. Skælskør* (WP 4540: 55°15,40'N 011°13,92'E), die nicht sehr groß ist, genau in E peilt, weil man auf diese Weise dem *Flach Tudsehage* fernbleibt. Über die Barre, die im Westen durch einen niedrigen, schnurgeraden Steindamm geschützt ist, führt die Rinne in den Fjord. Versandungen treten so häufig auf, dass man sich nicht auf die von

> **Strom** läuft im Fjord im Sechs-Stunden-Rhythmus und erreicht selten eine höhere Geschwindigkeit als 3 kn; hat man den Strom gegenan, wird man wohl unter Motor laufen müssen. Bei längeren Starkwindperioden wurden bis zu 5 kn gemessen; da möchte ich nicht mehr durch den Fjord fahren, auch nicht mit Maschinenkraft.

den zwei Baken (Dreiecke, rot-weiß, waagerecht gestreift) markierte 156°-Linie verlassen sollte. Besser ist es, sich nur an den Tonnen zu orientieren und natürlich an der Wassertiefe; man sieht an der hellen Färbung sehr gut, wo es – rasch! – untief wird.

Was für den Tag gilt, gilt noch mehr für eine nächtliche Ansteuerung des Fjords. Die Baken tragen das Richtfeuer (156°) *Gedehave 0* (beide: F.R), das einen freilich auch nicht vor einer Grundberührung bewahrt, ganz abgesehen davon, dass damit die Befeuerung des Fjords bereits aufhört: Man kann ihn also nachts nicht befahren.

Hinweis 1: Etwas südlich vom Richtfeuer *Gedehave* ein grünes Richtfeuer (U-F.: Iso.G.2s, O-F.: Iso.G.4s) in Linie 139,5°. Dieses Feuer hat mit dem Skælskør Fjord nichts zu tun: Es dient zur Ansteuerung des Agersø Sunds von Nord her.
Hinweis 2: Im Fjord nicht schneller als 3 kn fahren!
Hinweis 3: Boote über 12 m Länge vorher beim Hafenmeister von Skælskør melden: Telefon 58 19 42 04.

Der äußere Teil des Fjords ist von einer eigenartigen Landschaft geprägt: Die erstaunliche 3,5 m tiefe Rinne windet sich zwischen Sandbänken dahin, die zum Teil trockenfallen und auf denen Unmengen von Steinen liegen. Sie ist mit dicht an dicht stehenden Stangen markiert, die als Toppzeichen rote Eimer bzw. grüne Kegel tragen. Man kann sich schwer vorstellen, dass hier größere Schiffe durchkommen, was aber der Fall sein muss, denn wozu sonst hätte Skælskør einen so großen Hafen? Die nahe der Fjordmündung am Nordufer gelegene

Vasebro mit ihren 50 m Länge wird fast nur von Fischern benutzt – für eine Yacht eine etwas kitzlige Sache schon beim Anlegen, wegen des Stroms. Vor dem 14 m breiten Kopf der Brücke findet man noch gut 2 m Wassertiefe vor. Hier macht man fest, nicht im Becken links und auch nicht an dem Steg rechts. Ein rauer, unter der Woche einsamer Platz. Keinerlei Versorgungsmöglichkeiten. Kaum Schutz vor Winden.

Sobald man die Huk *Slagternæse* gerundet hat, sieht man voraus

Skælskør liegen, das mit seiner roten Backsteinkirche über den Hausgiebeln aus dieser Entfernung keinen schlechten Eindruck macht, bei näherer Betrachtung sich aber doch als etwas langweilig erweist. 6500 Menschen leben hier zwischen Fjord und dem *Noret*, einem flachen Moorsee jenseits der Straßenbrücke. In Skælskør steht die größte Brauerei Dänemarks, die »Harboes Bryggeri«. Der westliche Teil der Stadt ist der ältere. Hier auch die Kirche *St. Nikolaj* aus dem Jahre 1300. Skælskør hatte früher einmal eine gewisse Bedeutung als Fährplatz, konnte sich aber gegen das sehr viel günstiger gelegene Korsør nicht behaupten.

Dass Skælskør so umständlich anzusteuern ist, hat sein Gutes, denn so findet man in dem großen, leer wirkenden Hafen immer einen Platz.

Schön ist das nahebei gelegene **Renaissanceschloss Borreby**, auf das man einen Blick erhascht, wenn man um die Huk *Slagternæse* fährt: eine wuchtige Anlage, umgeben von Wassergräben und Mauern. H. C. Andersen hat eine Geschichte geschrieben, die hier spielt.

> **Wasserstand**
> Tidenhub 0,5 m. Winde aus Richtungen zwischen NW und NE können den Wasserstand um 1 m erhöhen, Winde zwischen SE und SW können ihn um 0,6 m senken.

Liegeplatz und Versorgung: Am Fischerhafen vorbei fährt man in das große Becken des Yderhavn, wo die Nordkaje für Gastyachten reserviert ist. Boote mit einem Tiefgang bis zu 2 m können auch in den Yachthafen. Der Hafenmeister weist einen Platz zu, zumeist am west-

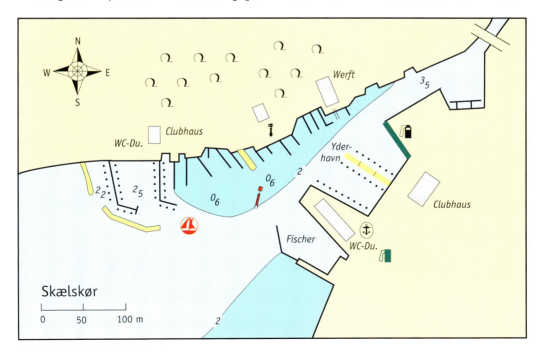

Skælskør.
Lange im Abseits, hat sich das Hafenstädtchen inzwischen fein herausgemacht. Gute Liegeplätze, aber eine etwas lange und umständliche Anfahrt.

Wahrschau! Nahe der Brücke setzt ein spürbarer Strom, der eine Geschwindigkeit bis zu 5 kn erreichen kann. Hängt mit dem Wasserstand im Noor zusammen.

lichen Steg. Treibstoff s. Plan. Läden aller Art rechter Hand von der Brücke.

Beherrschend liegt

Korsør, die bis zum Bau der großen Brücke bedeutendste Fährstadt Dänemarks, auf einer weit nach Westen ragenden Halbinsel am Ostufer des Großen Belts – eine so hervorragende Lage, dass an dieser Stelle zwangsläufig ein Hafen entstehen musste. Für Yachten ist Korsør deshalb ein wichtiger Platz, weil die Stadt den besten Hafen am Ostufer des Großen Belts hat, der zudem ziemlich auf der Mitte dieses wichtigen Seewegs liegt und der sich auch dadurch auszeichnet, dass er ohne viele Umstände oder gar Umwege angefahren werden kann.

Man wird nur wenige Städte in Dänemark finden, die derart auf ihren Hafen hin orientiert waren wie Korsør: Auf Anhieb fiele mir da nur Esbjerg ein. Aber das ist nun alles Vergangenheit. Der Verkehr, ob Auto oder per Schiene: alles rollt nun über die große Brücke. Stattdessen entstehen nun um die alten Fährhäfen hochmoderne Wohnblocks. Gar nicht so schlecht. Angesichts der Silos, Schornsteine und der Öltanks rings um den Hafen sollte man gar nicht glauben, dass das nüchterne Korsør noch schöne, stille Eckchen hat, aber dafür müsste man sich dann schon etwas Zeit nehmen. Malerisch ist das putzige *Kastell* mit der Seebatterie und dem wuchtigen Turm aus der Valdemar-Zeit, umgeben vom Wassergraben und den baumbestandenen Wällen.

Korsørs Ursprung reicht in das 13. Jahrhundert zurück. Da gab es hier eine kleine Burg, die, wie so viele im südlichen Dänemark, Schutz gegen die räuberischen Wenden geben sollte. Seine so günstige Lage ließ den Ort rasch zu einer wohlhabenden Hafen- und Handelsstadt werden. Skælskør, der ältere Konkurrent im Süden, war schnell ausmanövriert, und bald besaß Korsør zusammen mit Nyborg das Monopol der Überfahrt zwischen Fünen und Seeland.

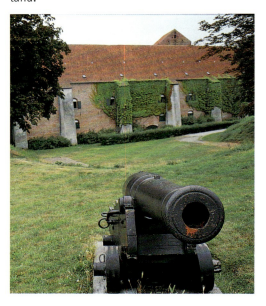

Korsør.
Auf der alten Festung.

Törnvorschlag 2: Vom Svendborg Sund nach Kalundborg

Als Erik von Pommern (1412–1430) abdankte, weil er keine Lust hatte, dem Adel zu viele Zugeständnisse zu machen, da wählten hier in Korsør die Großen des Reiches seinen Neffen, Christoph von Bayern (ausgerechnet ein Bayer!), zum König von Dänemark. Dies freilich blieb eine Episode. Ansonsten hielten sich die Könige nur dann in Korsør auf, wenn sie es bei schlechtem Wetter nicht wagten, über den Belt zu setzen. Dann wohnten sie zumeist im »Kongegård«, einem prächtigen, schlossähnlichen Kaufmannshof in der Algade, der dort bis auf den heutigen Tag steht.

Ansteuerung: *Von den großen Schiffen abgesehen, die durch die Østerrenden ziehen, nicht schwer, wenn auch etwas verwirrend. Man sollte einfach auf die beherrschend daliegende Stadt zufahren. Von Süden kommend, liegt man am besten die gelb-schwarz-gelbe Spiere w. Korsør an (WP 1378: 55°19,19'N 011°06,71'E);*

Wasserstand: Tidenhub 0,3m. Sturm zwischen NW und NE kann den Wasserstand um 1,3 m erhöhen, Sturm aus S kann ihn um 0,9 m senken.
Strom: Er spielt vor dem Yachthafen keine Rolle, obwohl man die verwinkelte Einfahrt zügig passieren sollte. Anders im Gamle Havn: Hier setzt immer Strom, verursacht durch die Wasserstandsveränderungen im Korsør Nor. Dieser Strom bewegt sich im Rhythmus der Gezeiten und erreicht bei ruhigem Wetter eine Geschwindigkeit von etwa 2 kn. Bei länger anhaltenden Starkwindperioden können es auch 4 kn werden.

denn hier steht man noch weit vor dem Hafen und kann sich in aller Ruhe orientieren. Mit Kurs NE läuft man dann einfach auf den Tonnenstrich zu, der zum Yachthafen führt. Wichtig,

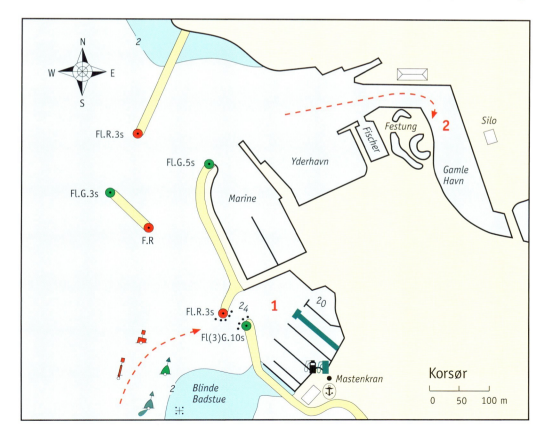

dass man dem Flach **Blinde Badstue** fernbleibt, das sich südwestlich vom Yachthafen erstreckt und teilweise trockenfällt. Hält man sich westlich der beiden grünen Spitztonnen, die die Riffkante markieren, dann kann gar nichts passieren. Auch wenn man in den Alten Hafen (Gamle Havn) will, nimmt man diesen Weg.

Liegeplatz und Versorgung (Plan vorige Seite): Obwohl die unmittelbare Umgebung des Yachthafens (*1*) etwas kahl wirkt, sollten Yachten ihn und nicht den Gamle Havn (Alten Hafen) ansteuern. Große Boote, vor allem mit einem größeren Tiefgang als 2 m, fahren besser gleich in den Gamle Havn, der Atmosphäre hat, und machen unterhalb der Festung, an der Søbatteriet (*2*), fest. Dort liegt man sehr gut. Den Fischerhafen muss man meiden, da die Fischer jedes Plätzchen brauchen. Am Yachthafen Duschen und WC (beim Hafenkontor). Cafeteria. Wasser und Strom an den Stegen. Dieseltankstelle, daneben Mastenkran. 3-t-Kran. Großer Autokran kann bestellt werden. Zubehör. Reparaturen aller Art; der Hafenmeister hilft mit Rat und Tat. Lebensmittel usw. in der nahen Algade.

Korsør.
An der Søbatteriet, unterhalb der Festung. Gegenüber der alte Seebahnhof.

Unser 10 sm langer Weg westwärts hinüber nach Nyborg verläuft quasi immer parallel zur großen

Belt-Brücke. Das gigantische Bauwerk hat eine Länge von insgesamt 18 km. In der Mitte stützt die Brücke sich auf das Inselchen **Sprogø.** Die Westbrücke überquert die *Vesterrenden*. Sie ist fest, ruht auf 63 Pfeilern und hat eine Länge von 6,6 km; es ist eine kombinierte Auto- und Eisenbahnbrücke. Die Ostbrücke überquert die *Østerrenden*; sie ist 6,8 km lang und nur noch für den Autoverkehr da. Die Eisenbahn verschwindet auf Sprogø in einem Tunnel und taucht erst nach 8 km bei Halskov wieder auf.

Die Arbeiten an diesem beeindruckenden Bauwerk begannen am 23. Juni 1988 und wurden – fast auf den Tag genau zehn Jahre danach – am 14.6.1998 fertig. Gekostet hat das damals rund 22 Milliarden dänische Kronen. Nachdem auch die Brücke über den Öresund fertig ist – zwischen Malmö und Kopenhagen –, kann man »trockenen Fußes« über Dänemark bis nach Schweden gelangen.

Am beeindruckendsten ist die Ostbrücke. Sie hat 22 Pfeiler. An den beiden 254 m hohen Pylonen ist eine Hängebrücke befestigt, die eine 1624 m freie Breite überbrückt und eine Durchfahrtshöhe von 65 m hat. Darunter verläuft der *Weg T*, den die großen Schiffe nehmen.

Passage Vesterrenden. Die nordwärts führende Passage verläuft zwischen den Pfeilern 34 und 35 und weist eine Durchfahrtshöhe von 18 m auf. Die gleiche Höhe hat die südwärts führende Passage, die zwischen den Pfeilern 37 und 38 verläuft. Man sollte immer die richtige Passage nehmen; die Durchfahrtsbreite beträgt jeweils 70 m. Die **nach Norden** beginnt bei der rot-weißen Mitte-Schifffahrtsweg-Tonne *Vesterrenden S* (WP 1373: 55°17,30'N 010°54,95'E, Iso.4s), die *nach Süden* verlaufende bei der ebenfalls rot-weißen Tonne *Vesterrenden Nord* (WP 1372: 55°19,79'N 010°52,58'E, Iso.4s).

Passage Østerrenden. Es ist der Hauptschifffahrtsweg T, er wird unter der Brücke durch das Verkehrstrennungsgebiet »Between Spro-

*Belt-Brücke.
Durchfahrt Østerrenden.*

gø and Korsør« geleitet. Die Trennzone ist 0,1 sm breit; sie wird in der Mitte von rot-weißen Tonnen markiert. **Der Weg T darf von Yachten nicht befahren werden.** Es ist ja auch genug Platz zwischen den anderen Pfeilern. Man kann entweder westlich oder östlich vom Hauptschifffahrtsweg durch die Brücke fahren. Dabei muss zu den größten Brückenpfeilern ein ordentlicher Abstand gehalten werden, denn einige ruhen auf großen Steinbetten, auf denen unter Umständen weniger als 2 m Wasser stehen. Bei Starkwind und entsprechendem Strom bildet sich eine steile, unangenehme Welle, auch Grundseen können entstehen.

Am kritischsten sind die Durchfahrten zwischen den Pfeilern 10 und 14 sowie 19 und 22. **Wer östlich des Hauptfahrwassers die Brücke passiert**, kann es gut zwischen den Pfeilern 8 und 9 auf einer Wassertiefe von 6 m machen. **Wer westlich des Hauptfahrwassers fährt**: am besten zwischen den Pfeilern 22 und 23 auf 8 m Wassertiefe. Bei wenig Verkehr ist es am einfachsten, jeweils zwischen den Pylonen und den (dreieckigen) Ankerblöcken zu fahren.

Wahrschau: KVR-Regel 10 beachten!

Verkehrs- und Sicherheitsinformationen siehe Seite 63!

Kommt man von Korsør her, so ist die auffallendste Landmarke am Ufer von **Fünen** das gelbe Steilufer *Knudshoved* mit dem gleichnamigen, 12 m hohen, weißen Leuchtturm darauf.
Auf den hält man zu, um danach die flache, stellenweise mit Wald bewachsene Halbinsel *Østerø* zu runden, womit man dann auch schon an der Mündung des

Nyborg Fjords angelangt wäre, einem trichterförmigen, sich 2 sm nach NW erstreckenden Gewässer, das eher die Bezeichnung Bucht verdiente, mit einem zumeist sehr breiten und unregelmäßigen Landgrund.

Nyborg genießt einen großen Ruf als alte und geschichtsträchtige Stadt; im Hafen aber merkt man davon so gut wie nichts. Seit die Fähren stillgelegt sind, hat sich der ehemals ebenso gewaltige wie lebendige Hafen völlig gewandelt: Die Eisenbahnzüge, die hier auf die großen schwarz-weißen Fähren fuhren, sind alle weg. Das Hafengelände wurde regelrecht plattgemacht. Darauf entstanden durchaus attraktive Wohnquartiere. Auch ein Kanal wurde angelegt. Die Zeiten ändern sich eben.

Diese sehr günstig gelegene Stadt, ein bisschen versteckt im Fjord, der mit seinen Untiefen von einem Ortsfremden nicht leicht zu befahren und doch von See her schnell zu erreichen war, wenn man sich auskannte – diese Stadt war im frühen Mittelalter praktisch die Hauptstadt des Reiches, sicher aber sein politisches Zentrum, jedenfalls für die Zeit, da auf *Schloss Nyborg* der *Danehof* tagte. Hier hatte der König mit dem Adel und der Geistlichkeit einmal im Jahr zusammenzutreffen, um die Reichsangelegenheiten zu beraten. Der Danehof, wir würden sagen: *Reichstag*, trat in Nyborg erstmals 1282 zusammen, nachdem der Adel dem schwachen König Erik Klipping weitgehende Rechte abgetrotzt hatte, und von da an regelmäßig jedes Jahr, bis 1413. Die »handfæste«, die Handfeste, die diese Beratungen genau regelte, bezeichnet man als die dänische Magna Charta oder das Grundgesetz des Reiches. Es war ja nicht so, dass die Könige unumschränkte Herrscher gewesen wären. Vielmehr standen sie in ständigen Kraftproben mit dem Adel und der Geistlichkeit: Einer, Erik von Pommern (1397–1438), warf den Bettel hin und dankte ab, der ewigen Auseinandersetzungen müde; ein anderer, Christian II. (1513–1523), der auf Schloss Nyborg zur Welt kam, wurde abgesetzt und bis an sein Lebensende eingesperrt. Erst Frederik III. (1648–1670) gelang es, die Macht des Adels zu brechen und mit der Lex Regia 1660 in Dänemark die absolute Monarchie einzuführen.

Die im Westen der Stadt gelegene, von einem Wassergraben umgebene Burg wurde um 1170 gegründet, wie Korsør gegen die Wenden. Daraus entstand Anfang des 13. Jahrhunderts ein wehrhaftes Schloss mit einem Palast des Königs und eben dem großen Ratssaal, in dem der Danehof tagte. Burg und Stadt wurden im Schwedenkrieg (1658–1660) erobert und schwer verwüstet. Die Burg wurde Anfang des 20. Jahrhunderts behutsam restauriert, sodass man heute noch einen guten Eindruck von diesem geschichtsträchtigen Ort bekommt.

Nyborg war bis zu jenem für Dänemark so unglücklichen Schwedenkrieg die reichste Stadt des Landes: Bis zu 80 Prozent der dänischen Kornausfuhr liefen über sie, denn mit dem Fjord hatte sie einen guten Naturhafen. Die Schiffe lagen dort auf Reede und kamen nur zum Beladen an eine Brücke gesegelt, die sich dort befand, wo heute der Østerhavn ist. Einen richtigen Hafen bekam die Stadt erst um die Mitte des 19. Jahrhunderts.

Der **Hafen** hat sich total verändert. Den Fährbetrieb, der früher das Leben der Stadt bestimmte, gibt es nicht mehr. Auch die Handelsschifffahrt spielt kaum mehr eine Rolle. Was also tun mit dem riesigen Hafen? Wer länger nicht hier gewesen ist, wird seinen Augen nicht trauen. Da, wo früher alte Lagerschuppen standen, erhebt sich jetzt eine hochmoderne Bebauung: elegante Wohnblocks mit viel Glas, die einen phantastischen Blick auf den Großen Belt bieten. Verglichen damit ist der alte Teil der Stadt regelrecht verbaut. Man muss sich fast schon detektivisch auf die Suche nach ihren Sehenswürdigkeiten begeben. Neben dem **Schloss** sollte man sich die **Vor Frue Kirke** (Frauenkirche) ansehen, zu der die große

Nyborg.
Im Osthafen. Rechts und links die neuen Wohnblocks. Ganz im Hintergrund die Raffinerien auf Avernakke.

Törnvorschlag 2: Vom Svendborg Sund nach Kalundborg

Nyborg.
Im Mittelalter Zentrum des Landes. Im Schloss Nyborg tagte regelmäßig der »Danehof«, um mit dem König die Reichsangelegenheiten zu beraten.

Margarete 1388 den Grundstein legte, daneben den **Korsbrødregård** von 1396, wo Karl Gustav von Schweden logierte und den Übergang über den Belt plante. Wenn man schon am Schloss ist, kann man auch die paar Schritte zum **Landporten** mit seinen Wällen und Wassergräben machen, Dänemarks längstem Festungstor. Im schönsten Bürgerhof, **Mads Lerckes Gård**, das Stadtmuseum.

Von Nyborg aus lassen sich Touren ins Innere von Fünen unternehmen, dieser Insel, die wie ein einziger Garten wirkt: etwa nach **Egeskov** (28 km), dem schönsten Wasserschloss Fünens, vielleicht sogar ganz Dänemarks, oder zum verwunschenen **Hesselagergård** bei Lundeborg (17 km) oder auch mit der Bahn nach **Odense** (20 km), der Hauptstadt von Fünen. Hat man wenig Zeit, so sollte man sich wenigstens

76 *Auf Kreuzkurs durch den Großen Belt*

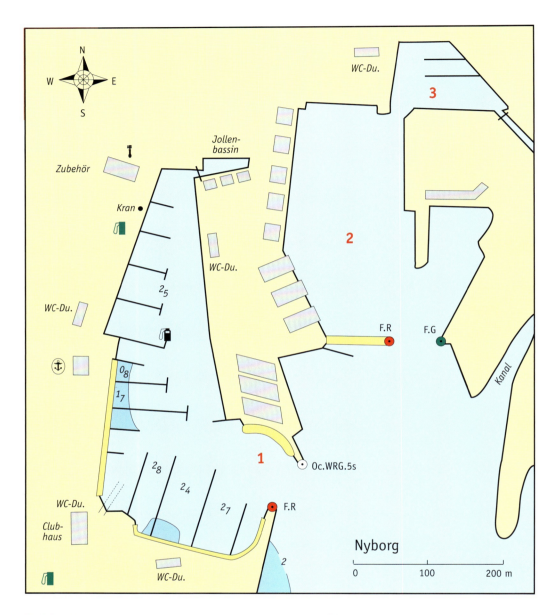

Holckenhavn ansehen, einen großen Herrensitz, der gar nicht weit vom Hafen entfernt liegt.

Liegeplatz und Versorgung: *Das Beste vorab: Es gibt mehr als genug Liegeplätze, angeblich sollen es 600 sein. Wohin also? Wohin man will! Platz ist überall. Man kann in die* **Marina** *(1) oder in den kleinen, sehr geschützten* **Øster-**

havn (3) oder auch in den **Vesterhavn** *(2). Der vordere Teil der Marina liegt im Schatten der Öltanks von Avernakke. Bei der Einfahrt mehr nach Stb halten, vor der Mole mit dem F.R treten manchmal Versandungen auf. Mein Favorit ist der Østerhavn: Er ist als Gästehafen hergerichtet und bietet etwa 60 Booten Platz, zum Teil an einer Schwimmbrücke, sonst längsseits an den Kajen. Im Østerhavn Wasser und Strom*

Nyborg.
Am Østerhavn (Osthafen). Der andere Blick auf Nyborg. Hier und anderswo findet man jede Menge Platz.

an den Stegen. WCs und Duschen. Ein sehr guter Platz. Für sehr große Boote bietet sich der Vesterhavn (*2*) an, der allerdings nicht ganz so geschützt ist.
Die Versorgung an der Marina ist perfekt: Diesel (und Benzin). 17-t-Travellift. 8-t-Mobilkran. Werft mit großem Slip (17 t). Zubehör. Von den Waschräumen etc. gar nicht zu reden: alles bestens.

Tipp: Halbstündlich fährt ein Zug nach Kopenhagen!

Wasserstand und Strom: Tidenhub 0,3 m. Sturm zwischen WNW und NE kann den Wasserstand um 1 m erhöhen, Sturm zwischen SSW und SE kann ihn um 0,7 m senken. Der Strom hat keine große Bedeutung – er läuft im Allgemeinen in der Windrichtung.

Nach Passieren der **Belt-Brücke** (s. S. 72) stellt einen der 10 sm weite Weg nordwärts nach Kerteminde nicht vor besondere Probleme. Der Große Belt wird nun immer breiter, das rauere Kattegat wird zunehmend spürbar. Die Westküste, die wir hochschippern, hat einen gleichmäßigen, schmalen Landgrund. Auf eines aber sollte man noch achten – den Strom: Setzt er südwärts, dann muss man sich damit abfinden. Setzt er aber nordwärts, dann sollte man ein bisschen aufpassen, damit man ihn auch richtig nutzt; denn nahe unter Land läuft uns ein Neerstrom in südlicher Richtung entgegen.

Am Scheitel der *Kerteminde Bugt*, einem tiefen, reinen Gewässer, liegt der Fischerort

Kerteminde, den man schon weit draußen im Großen Belt, vor allem und wieder einmal, an einem hohen, hellen Silo erkennen kann. Sonderlich attraktiv wird man Kerteminde auf den ersten Blick nicht finden. Das dürfte sich aber bald ändern, wenn man das kleine Städtchen, vor allem aber seine Häfen etwas besser kennt. Kerteminde war einst der Hafen von *Odense*, der Hauptstadt von Fünen, bis

diese 1804 nach dem Bau des Kanals selbst zur Hafenstadt wurde (s. S. 184).
Der Ort liegt bretteben auf dem Land zwischen dem **Kertinge Nor** und der **Kerteminde Bugt**. Auf dem mit gerade 2,9 m höchsten Punkt steht die *Skt. Laurentius Kirke*, die um 1400 gebaut wurde. Im Bannkreis der Kirche findet man noch einige sehr schöne Fachwerkhäuser, beim Hafen allerdings nur weite, asphaltierte Parkflächen mit dem alles überragenden Silo. Eine große Attraktion das **Fjord&Bælt-Center** (Meerwasseraquarium mit Delfinen und Seehunden, Walskelett, Forschungsstelle). Das Städtchen hat einen riesigen Yachthafen, der 754 Booten Platz bieten soll. Kerteminde ist unter deutschen Seglern sehr beliebt. Auf den ersten Blick nicht recht verständlich, wer aber einmal da war, der wird schon wissen, warum.

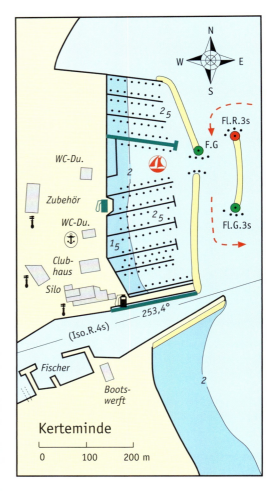

Wasserstand und Strom: Tidenhub 0,5 m. Winde von NW über N bis E können den Wasserstand um 1 m erhöhen, südliche Winde können ihn um 0,8 m senken. Problematisch kann der Strom sein, jedenfalls im Handelshafen: Das Kertinge Nor füllt und leert sich im Rhythmus der Gezeiten. Entsprechend läuft der Strom in den Hafen hinein bzw. wieder hinaus und erreicht dabei eine Geschwindigkeit von 3 kn, was beim Anlegen schon bedacht sein will.
Schlimm kann es bei Starkwind werden, dann rauscht ein ganz gewaltiger Strom durch den Hafen.

Merke: Starkwind aus NW und N verursacht einen einlaufenden Strom, Starkwind aus S bis SW einen auslaufenden Strom von jeweils 5 kn!

Liegeplatz und Versorgung: Die große, von Wellenbrechern gut geschützte Marina können Boote bis zu 15 m Länge anlaufen: rein von Norden, raus nach Süden, wie der Plan es zeigt. Für sehr gut und praktisch halte ich den langen Holzsteg vor den Silos, dort, wo auch die Tankstelle ist (allerdings extrem unruhig bei östlichen Winden); man hat auch hier alle Annehmlichkeiten des Yachthafens. Vorsicht beim Anlegen wegen des Stroms! Gute sanitäre Ein-richtungen findet man im Yachthafen. Wasser und Strom an den Stegen. Diesel, Slip, Mastenkran. Beim Yachthafenmeister kann ein Autokran bestellt werden. Nahe ein Zubehörgeschäft. Motorwerkstätten auch am Handelshafen (westlich Fischerhafen); auf der anderen Seite eine Bootswerft. Im Hafenbereich auch ein Supermarkt. Mehrere gute Fischrestaurants, eines neben dem Fischereihafen.

Noch eine Sehenswürdigkeit: 4 km südwestlich von Kerteminde wurden 1935 die Reste eines **Wikingerschiffes** (Ladbyskibet) gefunden, das jetzt in dem beleuchteten Grabhügel ausgestellt ist. Wahrscheinlich handelte es sich bei diesem Schiff, das 21,6 m lang und nur 2,85 m breit war, um ein Kultschiff; we-

Kerteminde.
Die gewaltigen Silos sind von weit her zu sehen. Sie dominieren den Hafen, der viele gute Liegeplätze bietet, entweder am langen Steg vor dem Silo oder im großen Yachthafen.

gen seines niedrigen Freibords dürfte es keinesfalls für die Hochseefahrt gebaut worden sein.

Die meisten Segler steuern von Kerteminde aus nordwärts in den Samsø Belt oder auch zu der eigenartigen Lagunenlandschaft von *Fyns Hoved* (s. S. 182).

Mit diesem Törn soll der Große Belt jedoch einmal nicht nur als Passage benutzt, sondern voll ausgesegelt werden; deshalb geht es jetzt wieder hinüber zum Ostufer, und zwar zur *Musholm Bugt*.
Vorher aber noch ein kleiner Abstecher zu der idyllischen Insel

Romsø, die im Gegensatz zu den zumeist kahlen, nur mit Gras und Busch bewachsenen anderen Belt-Inseln mit einem dichten, hohen, dunklen Wald bestanden ist. Die Insel gehörte einst dem Herrenhof Hverringe, inzwischen der Kommune Kerteminde. Bis in die Neunzigerjahre des vorigen Jahrhunderts war sie noch bewohnt. Leider kommt man nur schlecht an diese Insel heran. Die Anlegestelle befindet sich an der Südwestseite: eine ziemlich wackelige Brücke. Eben dahinter ein Vogelschutzgebiet. Von Kerteminde aus werden Führungen organisiert. Es kommt auch regelmäßig ein kleines Boot mit Besuchern hierher. Die größte Attraktion sind die Damhirsche, von denen es noch 180 auf der Insel geben soll. Eine ungemein schöne, stille, unberührte Insel, eine Wildnis, mit mehreren kleinen Seen zwischen den mächtigen Bäumen.
Man kann rings um Romsø ankern, aber nirgendwo liegt man sicher und bequem – am besten noch nördlich und südlich von *Romsø W Rev*. Die schmale Landzunge erstreckt sich ziemlich weit nach West.

Wer nordwärts will und durch den **Romsø Sund** fährt, sollte sich peinlich genau westlich von der s.g.s. Tonne halten, die vor dem von Steinen übersäten *Romsø Rev* ausliegt (WP 1404: 55°30,48´ N 010°45,16´ E).

Wer von Kerteminde aus auf geradem Kurs ostwärts segelt, der hat bis hin zur *Musholm Bugt* rund 15 sm vor sich: Nirgendwo ist der Große Belt breiter als hier. Man quert dabei – wieder einmal – den Weg T, ohne dass man dies erkennen könnte, denn die Tonnen, die ihn markieren, sind alle viel zu weit weg. Die **Musholm Bugt** anzusteuern, würde nicht sonderlich lohnen, gäbe es hier nicht die *Insel Musholm* mit ihrer Ankerbucht, den rauen Fischerhafen von *Reersø* und die kleine, aber feine Marina von *Mullerup*.
Die Ufer der Bucht sind leicht hügelig und steigen nach Osten zu immer mehr an; sie sind geprägt von Grün in allen Schattierungen. Nur im Südosten, vor dem Ort *Kongsmark*, setzt eine gelbe Kliffküste einen deutlichen Akzent. Südlich davon mündet der Tude Å, jener Fluss, auf dem die Wikinger zur Trelleborg ruderten. Das eigenartige Inselchen

Musholm ist an seiner senkrecht abfallenden, wenn auch nicht sehr hohen, gelben Kliffküs-

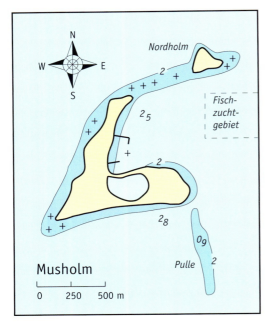

te vom Großen Belt her leicht zu erkennen, seine sich nach Osten öffnende Bucht aber nicht ganz so leicht anzusteuern. Die Insel liegt auf dem großen Landgrund, der sich von Reersø aus südwärts erstreckt und weit über die Insel hinausgreift. Im Grunde bleibt es sich gleich, ob man nord- oder südwärts an der Insel vorbeiläuft. Obwohl im Süden das berüchtigte **Sandriff Pulle** liegt, das schon unzähligen Yachten zum Verhängnis wurde, würde ich nicht zögern, die Ankerbucht von Süden her anzusteuern, weil es hier eine gute Peilmarke gibt, die einen sicher um Pulle herum und auch einwandfrei in die Bucht hineinbringt. Man sollte das Südufer der Insel in einem Abstand von mindestens 0,5 sm, besser aber 1 sm mit Kurs E passieren und diesen Kurs so lange beibehalten, bis man die Ostspitze von *Nordholm* in Deckung mit der Südwesthuk von *Reersø* hat. Auf diesen NNW-Kurs kann man nun eindrehen, bleibt frei von Pulle und kommt sicher zu der Bucht.

Die sich nach Osten öffnende Bucht der L-förmigen Insel kann man mit einem Tiefgang bis zu 2 m gut anlaufen. In der Bucht gibt es zwei kleine Brücken, die allerdings am Kopf nur etwa 2 m Wasser haben. Sie gehören dem Segelclub Mullerup. Besser aber als sich an die Brücke zu legen, ist Ankern, davor, auf gut 2 m Wassertiefe.

Man wird Segler beobachten können, die zwischen Pulle und dem Südufer von Musholm hindurch fahren. Dies kann ein Boot mit einem Tiefgang bis zu 1,8 m durchaus, wenn es sich mit dem Lot an der 2-m-Linie entlangtastet. Ich möchte aber dringend davon abraten: Es sind schon zu viele Schiffe auf Pulle festgekommen!

Die Insel ist menschenleer, öde und, da sie so sehr exponiert liegt, auch wenig bewachsen. Im Sommer kommen die Segler aus der Umgebung hierher und werfen in der Bucht den Anker. Die Insel steht unter Naturschutz, darf aber bis auf ihren südöstlichen Teil (Brutplätze) betreten werden; sie befindet sich im Besitz des Gutes Mullerup Gård.

So einsam und schön Musholm sein kann, so rundum geschützt die Bucht auf der Karte auch aussieht: Eine wirklich gute Ankermöglichkeit bietet sie nicht. Die Insel ist zu niedrig, als dass sie einem bei jedem Wetter Schutz geben könnte; und wer hier zur Nacht liegen will, der sollte es nur tun, wenn er ein starkes Ankergeschirr zur Hand hat. Der weiche Grund besteht aus Schlick und Sand.

Keine Versorgungsmöglichkeiten.

Wahrschau: Eben westlich von Musholm zwei große Fischzuchtgebiete. Sie sind mit gelben Tonnen markiert. Für Nachtfahrer: Das nördliche wird nach Westen zu begrenzt durch zwei Leuchttonnen (Fl(4)Y.15s). Das südliche hat an allen vier Ecken Leuchttonnen (Fl.Y.3s). Ein drittes liegt östlich der Insel, ziemlich nahe vor der Ankerbucht. Es ist ebenfalls mit gelben Tonnen markiert (Fl.Y.3s).

Mullerup ist ein kleiner, doch recht guter Yachthafen, allerdings fernab jeder menschlichen Behausung. Die Werft ist stillgelegt. Der graue Koloss der Halle steht noch da und ist von weit her gut zu sehen. Eine schöne Anlage mit den in sattem Ockergelb gestrichenen Häusern. Der *Skipperkroen*, einst ein Lagerhaus, ist geöffnet. Die Versorgung ist

Törnvorschlag 2: Vom Svendborg Sund nach Kalundborg 81

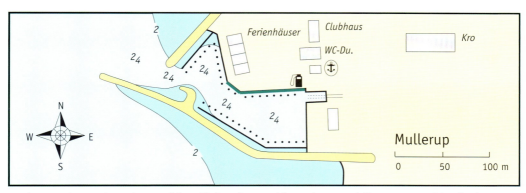

recht gut. Angenehme Atmosphäre. Klein, aber zu empfehlen. Weiter Blick über den Großen Belt.

Wasserstand
Tidenhub 0,4 m. Sturm aus NW und N kann den Wasserstand um 1,3 m erhöhen, Sturm aus S und SE kann ihn um 0,8 m senken.

Wahrschau: Bei Starkwind aus S bis SW setzt vor Mullerup der Nordstrom hart und quer zur Hafeneinfahrt. Bei Starkwind aus NW wird es im Hafen sehr unruhig.
Vor der südlichen Molen treten immer wieder Versandungen auf.

Der Mullerup nahe Fischerhafen

Reersø hat sich inzwischen stark auf Yachten eingestellt. Wenn ihn von Jahr zu Jahr mehr Yachten ansteuern, so deshalb, weil er ein recht gemütliches Milieu hat. Der Hafen liegt in einer weiten, flachen Bucht mit sumpfigen, von Schilf bewachsenen Ufern. Wie überhaupt die ganze Halbinsel sehr flach und moorig wirkt, obwohl sie nach Westen zu etwas ansteigt, um dann steil zum Meer hin abzufallen. Wegen der schönen, stillen Landschaft, aber auch wegen des Dorfes mit seinem idyllischen Kern, vor allem dem 300 Jahre alten Kro (Aalgerichte) kommen viele Touristen hierher.
In Reersø wird der Lachs verarbeitet, der vor Musholm gezüchtet wird. Im Norden der Halbinsel ein feinsandiger Badestrand.

Liegeplatz und Versorgung: Dies ist in erster Linie immer noch ein Fischerhafen, obwohl für Yachten viel getan wurde. Man kann sich entweder an die Stege außen vor dem Hafen oder (ruhiger) in den Hafen selbst legen. Wer im Hafen nicht unterkommt, kann Richtung NE davor ankern (Grund Sand, Tang kommt vor). WC und Duschen s. Plan. Wasser überall am Kai.

Wasserstand
Tidenhub 0,5 m. Wind aus N hebt den Wasserstand um 1 m, Wind aus S senkt ihn um ebenfalls 1 m.

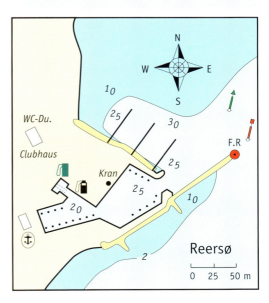

Warum die **Jammerland Bugt** so heißt, bleibt unerfindlich. Zu jammern hat der Seefahrer hier nichts, zum Jubeln aber besteht auch kein Anlass – eine gleichmäßige, eher flache, grüne Küste ohne Höhepunkte, ein Gewässer tief und ziemlich rein, das eine – eventuell – unangenehm werdende Untiefe aufweist: den **Stein Ursten** (2,2 m), gut 3 sm N-lich von Reersø. Zwischen Jammerland Bugt und Kalundborg Fjord erstreckt sich in westlicher Richtung die schmale, bewaldete **Halbinsel Asnæs**, die beherrscht wird von dem gleichnamigen Kraftwerk am Südufer des Hafens von Kalundborg. Bei all seiner Monstrosität stellt es eine hervorragende Landmarke dar, sogar nachts: Sein höchster Schornstein hat nämlich drei weiße Blitzfeuer (senkrecht untereinander, Fl.2s), als Warnfeuer für die Luftfahrt. Dieses ständige Aufblitzen an dem hohen Schornstein ist eine nützliche Navigationshilfe im nördlichen Großen Belt, wobei allerdings das oberste Blitzfeuer sehr viel schwächer scheint und man deshalb von fern nur zwei Blitze erkennen kann.

> **Wahrschau:** Auf die Fähren achten! Der Fjord ist bis hin zum Hafen so breit und so tief, dass man gut außerhalb der Fahrrinne bleiben kann.
> Wer UKW hat, sollte auf Kanal 16 hörbereit sein. Die Verkehrsüberwachung kann auf Kanal 12 angerufen werden.

Trichterförmig und gut 7 sm tief schneidet der

Kalundborg Fjord in die seeländische Küste ein; er ist durchweg rein und leicht zu befahren, indem man einfach auf das **Asnæs-Kraftwerk** zusteuert. Nähert man sich der Stadt, so macht man voraus, auf der flachen Halbinsel *Gisseløre*, die filigranhaften Funkmasten von Kalundborg aus.
Der **Strom** folgt überwiegend dem Wind und spielt keine besondere Rolle. Bei westlichen Winden rollt bald eine beträchtliche Welle in den Fjord hinein und lässt ein Aufkreuzen zu einer ziemlichen Plackerei werden; schon mancher saß dann zähneknirschend in Kalundborg fest.
Große Aufmerksamkeit muss man dem Schiffsverkehr widmen, nicht nur den Fähren, sondern auch den großen Kohleschiffen und Öltankern, die das Asnæs-Werk ansteuern.
Am nördlichen Ufer, auf der Halbinsel Røsnæs, die im Gegensatz zum flachen Asnæs recht steil zum Wasser abfällt, ziehen sich die Vororte von Kalundborg weit nach Nordwesten. Noch ehe man den jenseits von Gisseløre gelegenen Hafen genauer ausmachen kann, lenkt am Nordufer die berühmte Kirche von Kalundborg mit ihren fünf Türmen und den grün schimmernden Kupferdächern den Blick auf sich.
Man läuft in die Hafenbucht, durch die ein Tonnenstrich führt, und macht im Vesthavn fest (s. Plan S. 84).

Kalundborg mit seinen fast 50 000 Einwohnern ist nicht nur wegen des alles beherrschenden Asnæs-Werkes eine bedeutende Industriestadt. Lange wird es einen deshalb hier nicht halten. Lediglich im Bannkreis der eigenartigen Kirche, die so gar nicht nordisch anmutet, kann man noch alte Viertel mit reich verzierten Fachwerkhäusern und kleinen idyllischen Plätzen finden. Das übrige Kalundborg ist eine Industriestadt wie viele andere auch, mit der unvermeidlichen Fußgängerzone.

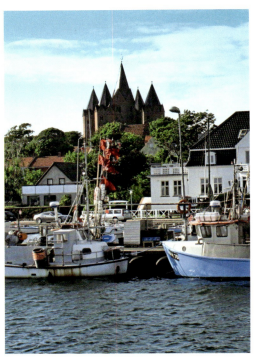

Kalundborg.
Die ganz unnordische Kirche, eher eine Kathedrale, die hoch über der Stadt steht.

Kalundborg.
Der Vesthavn (Westhafen). Hinter der langen Bretterwand liegt man, ebenso wie an den Schwimmstegen, recht gut, nur die gewaltige Industrie am anderen Ufer des Fjords stört doch ein wenig.

Adelgade und Præstogade führen vom Torvet auf die Kirche zu und begrenzen einen leicht ansteigenden Platz, der mit einer labyrinthisch geschnittenen Hecke bepflanzt ist. Die Kirche, die schlank und hoch in den Himmel wächst und sich so mächtig über den kleinen, alten Häusern erhebt, wirkt in ihrem Innern überraschend winzig, eher wie eine Kapelle. Ihr Grundriss in Form eines griechischen Kreuzes weist auf byzantinische Vorbilder hin. Der mittlere und gleichzeitig höchste Turm ruht auf vier Säulen aus Granit – eine ganz eigenartige und kunstvolle Konstruktion. Die Kirche wurde um 1170 gebaut, und zwar, wie die dicken Mauern mit ihren Schießscharten zeigen, nicht nur für den Gottesdienst; sie war Teil einer massiven Stadtbefestigung mit einem wuchtigen und wehrhaften Schloss im Osten: der Kalundborgh, von der die Stadt ihren Namen erhielt. Diese Burg wurde 1659, wie der Ort auch, von den Schweden gestürmt und geschleift, was der Stadt auf lange Sicht gesehen nicht schlecht bekam, denn so konnte sie aus dem Zwangskorsett der Stadtmauer ausbrechen und sich ungehindert nach Osten, dem heutigen Industriegebiet, ausdehnen. Im Stadtmuseum, das im »Lindegården«, einem Kaufmannshof am Kirchplatz, untergebracht ist, sieht man an einem Modell, wie Stadt und Burg im Mittelalter ausgesehen haben. In der Burg, auf der mehrmals auch der Danehof tagte, saß übrigens bis zu seinem Lebensende der unglückliche Christian II. (1513–1523) gefangen. Die später überbaute Burgruine wurde zum Teil wieder freigelegt, sodass man eine kleine Vorstellung davon bekommt, wie monströs diese Festung einst war.
Kalundborg mit seinem exzellenten Naturhafen

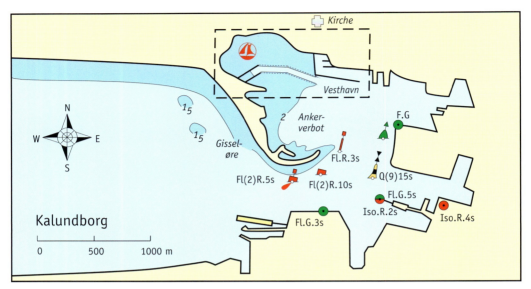

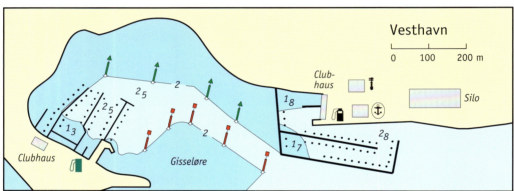

und seiner exponierten Lage an der Nordwestecke von Seeland war über Jahrhunderte ein bedeutender Handelsplatz, bis dann später die Industrie die Oberhand bekam. Doch der große Hafen mit seinen langen Kais wird erkennbar nicht mehr in dem Maße genutzt, wie es seine Kapazität erlauben würde.

Liegeplatz und Versorgung: Beides gut, mit der Einschränkung, dass man nicht »schön« liegt. Man macht am besten zwischen Pfahl und Steg am südlichen Bollwerk des **Vesthavn** fest oder an den Schwimmstegen. Sanitäre Anlagen im hellgrauen Haus des Seglervereins. Wasser und Strom gibt es überall am Steg. In den Yachthafen auf **Gisseløre**, zu dem eine mit roten und grünen Spieren markierte Baggerrinne führt, kann, muss man aber nicht fahren: Zur Stadt wäre es von da doch recht weit.

Wasserstand
Tidenhub 0,4 m. Sturm aus NW kann den Wasserstand um 1,3 m erhöhen, Sturm aus SE kann ihn um 0,9 m senken.

Zum Smålandsfahrwasser

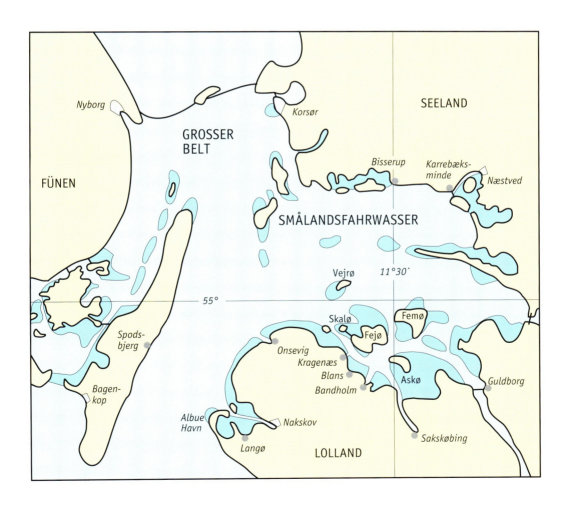

Törnvorschlag 3:

Von Bagenkop nach Bisserup

Das große, buchtförmige westliche Smålandsfahrwasser erweckt leicht den Anschein eines geschützten und leicht zu befahrenden Gewässers, was aber nicht ganz der Wirklichkeit entspricht. Lediglich in dem im Südosten gelegenen Insel-Archipel kann man auch mit einem nicht voll seetüchtigen Boot herumschippern. Aber selbst dieses geschützte Revier hat bei einem plötzlichen Wetterumschwung seine Tücken: Ich segelte einmal friedlich zwischen Vejrø und Femø bei nicht mehr als Bft 3, als der Wind plötzlich auf 6 auffrischte und binnen weniger Minuten sich das vordem so harmlose Gewässer in einen Hexenkessel verwandelte.

Dass man bei der Querung des Großen Belts mit seinem Großschifffahrtsweg ein seetüchtiges Boot braucht, und zwar mit einer kräftigen Maschine, bedarf keiner weiteren Erläuterung.

Häfen gibt es auf diesem Törn massenhaft, wenn sie auch zumeist ziemlich klein und damit in den Sommerwochen überfüllt sind. Man kann sich jedenfalls sehr viel Zeit lassen, wenn man einen nach dem anderen ansteuern will. Wenn man immer wieder hört, dass in dem flachen Revier um Femø und Fejø treibender Seetang Boote in Schwierigkeiten bringt, so vermag ich das aus eigener Erfahrung nicht zu bestätigen. Vor dem Hafen von Kragenæs soll es unter Umständen sogar so schlimm sein, dass diese Seetangfelder die Einfahrt unpassierbar machen. Vielleicht ist es Seemannsgarn, vielleicht aber auch mehr – es soll jedenfalls nicht versäumt werden, darauf hinzuweisen.

Die meisten Segler nehmen das westliche Smålandsfahrwasser nur als Passage, um in das – landschaftlich schönere – östliche Smålandsfahrwasser zu gelangen und von da dann weiter zum Sund und nach Kopenhagen. Wer es so halten will, der sollte, anders als in diesem Törnvorschlag empfohlen, von Femø aus ostwärts auf die Storstrøm-Brücke zusteuern und weiterblättern bis Törnvorschlag 4.

Folgt man dem hier vorgeschlagenen Kurs, so findet dieser Törn seine logische Fortsetzung in einer Fahrt durch den nördlichen Großen Belt (Törnvorschlag 2) oder heimwärts durch den Lundeborg Belt und das dänische Inselmeer (Törnvorschlag 1).

Hinweis: Im südöstlichen Smålandsfahrwasser, besonders um die Inseln Femø und Fejø, ist die Betonnung etwas dünn. Die Wassertiefen sind auch veränderlich. Große Boote mit einem Tiefgang von 2 m und mehr können Probleme bekommen.

Distanzen: Bagenkop – **Albue Havn** (21 sm) – **Langø** (3 sm) – **Nakskov** (5 sm) – **Spodsbjerg** (15 sm) – **Onsevig** (10 sm) – **Skalø** (13 sm) – **Fejø/Vesterby** (1,5 sm) – **Kragenæs** (1,5 sm) – **Bandholm** (8 sm) – **Sakskøbing** (7 sm) – **Askø** (8 sm) – alternativ **Blans** (9 sm) – **Fejø Havn (Dybvig)** (5 sm) – **Femø** (6 sm) – **Vejrø** (6,5 sm) – **Karrebæksminde** (13 sm) – **Næstved** (5 sm) – **Bisserup** (11 sm).

Der Fähr- und Fischerhafen

Bagenkop an der Südwestküste Langelands hat für Yachten in erster Linie eine Bedeutung als Zwischenstopp auf dem Weg in den Großen Belt oder an Lolland vorbei ostwärts oder aber durch das Klørdyb in die »dänische Südsee«. Ansonsten bietet der an sich gute, große Hafen wenig Sehenswertes. In dem Ort leben inzwischen nur noch gut 500 Menschen. Die Fährlinie Kiel–Langeland ist schon vor Jahren eingestellt worden, auch die Butterfahrten. So hat man sich mehr auf den Tourismus verlegt, wie es die umfangreiche Bebauung am Hafen zeigt. Der Fischfang ist aber immer noch eine traditionelle Einnahmequelle: Bagenkop liegt auf Rang fünf aller dänischen Fischerhäfen. Dazu kommt noch etwas Industrie, von der man am Hafen aber kaum etwas merkt.

Die Umgebung von Bagenkop ist nicht ohne Reize – vor allem das *Naturschutzgebiet Ågap* gleich nördlich vom Hafen, wo an Tümpeln und Sümpfen allerlei seltene Pflanzen gedeihen. Auch der feinsandige Badestrand kann sich sehen lassen. Eine besondere Attraktion für den, der sich dafür interessiert: das **Langelandsfort**. Das an der Ostseite Langelands gelegene Fort hatte während des Kalten Krieges, in den Jahren von 1953 bis 1989, die Ostsee, besonders die Ostseezufahrten, also auch den Großen Belt, zu überwachen. In der Kuba-Krise (1962) fielen zwei Männern der Küstenwache sowjetische Frachter auf, die vermutlich Raketen geladen hatten. Die Nachricht erreichte das dänische Verteidigungsministerium, das daraufhin zwei Aufklärungsflugzeuge in die Luft schickte. Diesen gelang es, Aufnahmen von der Decksfracht der russischen Schiffe zu machen, die in der Tat auf Raketen hindeutete. Diese Fotos konnte der amerikanische Präsident Kennedy der Weltöffentlichkeit als Beweis für die Pläne der Sowjets vorlegen, auf Kuba Mittelstreckenraketen installieren zu wollen.

Da es keinen Feind in der Ostsee mehr gibt, wurde das Fort 1993 geschlossen. Inzwischen ist es ein Museum. Es zeigt U-Boote und Minenzerstörer und auch zwei Jagdflugzeuge, eine polnische MIG 23 und einen dänischen »Draken« – die beide gottlob nie gegeneinander kämpfen mussten. Man kann das Fort besichtigen, die Mannschaftsunterkünfte, die Munitionslager und so fort.

Liegeplatz und Versorgung: *Beides recht gut. Yachten sollten immer zuerst in das große, östliche Becken fahren; es ist für Sportboote reserviert. Wer hier keinen Platz findet, kann sich auch in das westliche Becken legen, dann am besten mit dem Bug zur Mole und vor Heckanker. Das mittlere Becken, das für die Fischer*

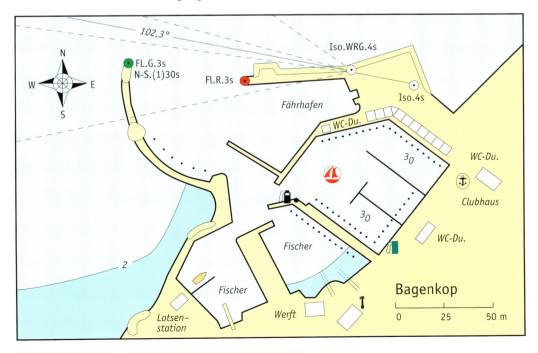

Bagenkop.
Diese roten Holzhäuser mit den weißen Verzierungen sind den berühmten Fischerhäusern von Skagen nachempfunden. Man hat sie nicht nur hier, sondern auch in vielen anderen dänischen Häfen nachgebaut.

reserviert ist, sollte man tunlichst nicht anfahren, es sei denn, man wollte zum Slip oder zur Werft. Der Hafen ist rundum gut geschützt. Starkwind aus N schafft im äußeren Becken etwas unruhiges Wasser und bei stürmischen Winden aus SW wird es im ganzen Hafen ungemütlich. Wer im Hafen selbst nicht unterkommt, kann auch N- und S-lich der Ansteuerung auf Sandgrund ankern, aber einen geschützten Platz findet man hier nur bei Winden aus E und bei NE und SE.
Wasser und Strom an den Stegen. WC und Duschen, Waschmaschinen, Kochgelegenheit, Internet-Café. 80-t-Slip und 8-t-Kran. Mastenkran bei der Werft. Reparaturen, schickt auch Werkstattwagen: »Bagenkop Smede + Maskin-værksted« (Tel. +45 62 56 13 21).

> **Wasserstand**
> Kein messbarer Tidenhub. Sturm aus NE kann den Wasserstand um 1 m erhöhen, Sturm aus SW ihn um ebenfalls 1 m senken.

Ankerplatz: Recht gut kann man vor Bagenkop Pynt ankern, auf etwa 4 m Wasser, Grund Sand. Jedoch ungeschützt bei W bis SW.

Nun kommt ein ziemlich weiter Schlag, denn ob man nach *Nakskov* will oder nach *Spodsbjerg* – es sind doch immer gut 20 sm, und

> **Wahrschau:** Ab September wird um Bagenkop intensiv gefischt. Nördlich von Bagenkop bis hinunter zur Südspitze von Langeland liegen dann Grund- und Stellnetze aus. Man sollte zu der Zeit mindestens 1 sm Abstand zum Land halten.

zwischen diesen beiden Häfen findet man keinen Platz mehr, wo man schnell unterschlüpfen könnte.
Zunächst geht es mit Kurs S an der schönen, hohen gelben Steilküste von *Gulstav Klint* und *Dovns Klint* entlang. Wahrschau beim *Snekke Grund!* Querab des weißen Leuchtturms *Keldsnor* hat man den

Großen Belt erreicht. Von da sind es nach Spodsbjerg 14 sm und zum Nakskov Fjord 11 sm. Navigatorisch macht die Einsteuerung in den Großen Belt keine Schwierigkeiten – man hat gute Landmarken wie den weißen *Leuchtturm Keldsnor* und nicht weit nördlich davon die Kirche von *Magleby*. Die Fahrwasser sind zudem – ihrer Bedeutung als Schifffahrtswege entsprechend – ausgezeichnet betonnt und befeuert. Da es überall ausreichend tief ist, kann (und sollte) man außerhalb der betonnten Fahrwasser »DW« und »Route H« bleiben, die stark befahren sind und wo wir langsamen Segler doch nur stören würden.

Hinweis: Das Wichtigste über den Großen Belt wurde bereits im Törnvorschlag 2 gesagt (s. S. 63 ff.). Man sollte das nochmals genau lesen, besonders was dort über den Tiefwasserweg und die Ströme steht. Und: Regel 9 der KVR beachten!

Merke: Der Große Belt kann ein sehr ruppiges Gewässer sein.

Steuert man den *Nakskov Fjord* an – was ich als Nächstes vorschlagen möchte –, so halte man sich gut frei von den Gründen, die sich weit um die ellenbogenförmige Halbinsel *Albuen* erstrecken, denn die Wassertiefen sind veränderlich. Ich würde raten, zuerst die gelbschwarz-gelbe Tonne w. *Albue Flak* (WP 1363: 54°49,80'N 010°54,75'E) anzuliegen, knapp 1,5 sm westlich von Albuen. Die Halbinsel selbst ist von Weitem nicht mehr als ein dunkler Strich am Horizont. Lediglich um den kleinen weißen, inzwischen stillgelegten *Leuchtturm Albuen* wachsen einige Bäume und Büsche, sonst liegt das Land ganz ohne Erhebungen da. Der

Nakskov Fjord ist ein breites, eher seenartiges Gewässer, in dem sich schlecht segeln lässt, denn der allergrößte Teil des Fjords weist Wassertiefen von nicht mehr als 1 m auf. Die Ufer scheinen sehr fern, so flach sind sie, nur manchmal mit Wäldern bewachsen, aber nirgendwo sehr auffallend – eine undramatische, etwas schwermütige Landschaft mit trockenfallenden Sänden und schilfigen Ufern.
Ohne Risiko ist der Fjord nur in den Rinnen zu befahren, dann aber können dies auch sehr große Schiffe, wie sich im Hafen von Nakskov zeigt.
Im Fjord gibt es mehrere **Inseln**, an die man alle nicht recht herankommt. Die größte von ihnen, das langgestreckte *Enehøje*, unterscheidet sich nicht nur durch ihre Größe, sondern vor allem auch durch ihre ganz untypische Höhe und durch die Tatsache, dass sie ziemlich dicht mit dunklem Wald bewachsen ist.
Zur Industriestadt Nakskov kommt man auch nachts, bei der Einsteuerung in den Nakskov Fjord hat man es freilich mit einem komplizierten System von Richtfeuern zu tun. Bei Tage schimmern die Untiefen dicht neben der Rinne durchs Wasser. Zuweilen – wenn der Wind entsprechend steht – fallen auch weite Teile des Fjords trocken, sodass man in der Fahrrinne bedrohlich nahe an Schlick- und Sandbänken vorbeischippert.
Ziemlich schwierig war die Ansteuerung von

Albue Havn, der Bucht, die hinter der schmalen Landzunge liegt, schon immer. Inzwischen geht es für eine tiefergehende Kielyacht überhaupt nicht mehr. Allenfalls Boote mit einem Tiefgang von 1,3 m, vielleicht auch noch von 1,5 m kommen durch. Das Problem: Von der nach Osten ausgreifenden Halbinsel *Sandodde* hat sich eine Sandbank rund 300 m weit in die Bucht hineingeschoben und damit die Anfahrt, die früher hart entlang der Huk von Sandodde verlief, unpassierbar gemacht. Als Ausgleich wurde etwas südlicher ein Fahrwasser gesteckt: Drei Paare aus grünen und roten Spieren markieren eine Passage, die eine Solltiefe von 1,5 m hat. Das mag sich wieder ändern, obwohl es danach nicht ausssieht, denn Albue Havn ist im Laufe der Zeit, ja, man kann schon sagen: im Laufe der Jahrhunderte flacher und flacher geworden.
Man kann es probieren, am besten unter Motor und bei langsamster Fahrt. Allerdings: Bei entsprechendem Wind senkt sich der Wasserstand erheblich und dann säße man in der Mausefalle. Für den, der noch hindurchkommt: Am Nordufer der Bucht gibt es zwei Holzstege. Der vordere ist für Segler, der hintere für Fischer und Motorboote. Der Seglersteg wurde vom Nakskov Sejlklub gebaut; wenn er von Clubyachten nicht gebraucht wird, darf man hier festmachen. Am Kopf 2 m Wassertiefe, zum Ufer hin rasch abnehmend. Die Segler aus Nakskov haben auch ein kleines »Clubhaus« errichtet, eine Kinderschaukel aufgestellt und in der Heide zwei Klo-Häuschen. Das ist – bestenfalls – die ganze »Versorgung«.
Natürlich kann man auch ankern, muss dann aber den Grund sorgfältig ausloten (Sand, Schlamm, auch Steine und Tang) und auf die Stellnetze achten.
Albuen ist außerhalb der Saison – in der Saison vielleicht auch wochentags – ein ganz

verwunschener Platz. Und wenn auch draußen im Großen Belt die großen Schiffe vorbeiziehen – hier in dieser kargen Heidelandschaft, wo nicht einmal ein Strauch sich behaupten kann, wird man sich ganz weltenfern fühlen. Außer Heidekraut wächst hier wenig, höchstens das nachgiebige Schilf und die Meerbinse. Und die paar Silberpappeln und Kiefern können dem Wind auch nur trotzen, weil sie sich an den Leuchtturm anlehnen.

An der Bucht wohnen nur noch ein paar Fischerfamilien, am Südufer auf der Halbinsel *Hornfiskenakke*. Albuen selbst hat keinen schönen Strand, er ist kieselig und sumpfig. Zum Nakskov Fjord hin und nach Süden zu findet man jedoch weite Sandstrände.

Liegt man in dieser Einsamkeit, dann kann man sich schwer vorstellen, dass sich im Mittelalter hier ein ganz bedeutender Handelsplatz befand: Die Gewässer um Albuen galten nach Skanør als der ertragreichste Heringsfanggrund, und deshalb kamen zur Saison Schiffe aus Norddeutschland, aber auch aus England und Holland und sogar aus Frankreich hierher gesegelt, um den Fisch anzukaufen und ihre eigenen Waren anzubieten. Die Bucht von Albuen war damals um einiges tiefer als heute, aber die größeren Schiffe lagen trotzdem auf Albuen Red vor Anker. Der Ort war so bedeutend, dass die dänischen Könige hier ein festes Haus hatten, und einer von ihnen, Erik von Pommern, hat auf Albuen sogar Reichstage abgehalten (1418 und 1426). 1945 fand man bei Ausgrabungen Reste einer Kapelle und eines Begräbnisplatzes. Wer mit offenen Augen über die Heide wandert, der wird noch vielerorts auf Fundamente von Häusern aus jener Zeit stoßen.

In einem niederdeutschen Dokument von 1416 wird Albuen erwähnt als »Laalands Ellenboghen«, wobei Ellenbogen nichts anderes ist als die Übersetzung des dänischen Wortes Albuen.

Wer nicht mehr mit dem eigenem Boot hinkommt, kann Albue Havn von Langø aus gut mit dem Fahrrad erreichen. Ein Ausflug, der sich immer lohnt.

Zu dem nahen

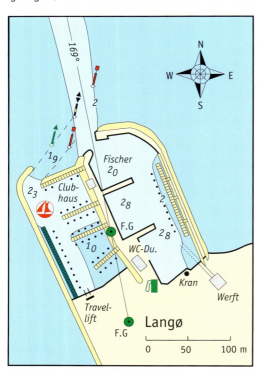

Langø zu segeln, einem Fischerdorf, gibt es eigentlich keinen rechten Anlass; es sei denn, man käme spätabends am Nakskov Fjord an und traute sich wegen des schlechten Lichts die 4 sm bis Nakskov nicht mehr zu. Albue Havn hat sich sowieso erledigt. Der an sich gut geschützte Hafen von Langø lässt sich mit einem Tiefgang bis 2 m ansteuern, auch nachts, denn ein Richtfeuer führt in Linie 169° (U-F. und O-F.: F.G) aus der Fahrrinne des Nakskov Fjords geradewegs zum Hafen.

Allerdings: Die Zufahrt zum Yachthafen ist flacher geworden. Boote mit großem Tiefgang kommen daher nur noch in den Fischerhafen. Langø erlangte als Fischerhafen eine gewisse Bedeutung, weil es relativ nahe am Großen Belt liegt und auch ohne größere Schwierigkeiten von Fischerbooten angelaufen werden kann. Im Fjord macht man Jagd auf Krabben und den Hornhecht; draußen stellt man ganze Systeme von Grundstellnetzen auf, um den Aal zu fangen.

Die Umgebung von Langø ist typisch für Lolland: ein weites, flaches Land mit endlosen Zuckerrübenfeldern, nur ab und zu unterbrochen von Hecken und kleinen Wäldern.

Liegeplatz und Versorgung: Boote bis 10 m Länge am besten im Yachthafen, wo 20 Plätze für Gäste freigehalten werden; größere in den Fischerhafen. Duschen und WC, Waschmaschine. Die Werft kann Holz- und Kunststoffboote reparieren, 3-t-Kran. 6-t-Travellift, Helling für Boote bis 15 m Länge und 60 t. Diesel 200 m vom Hafen. Kaufmann, der auch Sonntagvormittag offen hat.

Wasserstand

Tidenhub 0,3 m. Winde aus N bis NE können den Wasserstand um 1 m erhöhen, Winde aus S bis SW ihn um 1 m senken.

Südlich von *Enehøje* teilt sich das Fahrwasser: Richtung Osten verläuft eine künstliche Rinne geradewegs auf *Nakskov* zu, nach Nordosten windet sich an Enehøje und *Slotø* vorbei die natürliche Fahrrinne. Sie führt auch nach Nakskov, nur dass sie etwas länger ist. Wir nehmen die in den Jahren 1914 bis 1919 gegrabene, schnurgerade Baggerrinne und halten uns wegen der Flachs zu beiden Seiten peinlich genau an die Tonnen (Pfähle), bis zum Einlaufen in den Hafen von

Nakskov. Man steuert durch den Vorhafen, die *Møllebugt*. Am südlichen Ufer befinden sich große, inzwischen stillgelegte Werftanlagen. Die Anlegestege am Nordufer und auch vor den Silos interessieren uns als Liegeplätze nicht – teils sind die Wassertiefen zu gering, teils stehen die Heckpfähle zu eng beieinander. Wir passieren das Zollamtsgebäude und das eindrucksvolle, aus rotbraunem Backstein gebaute alte Hafenamt und laufen in den schmaler werdenden östlichen Teil des Hafens ein: An dessen Nordseite, vor der Havnegade, machen wir da fest, wo wir einen Platz finden, und den finden wir hier immer, denn so viele Yachten kommen nicht hierher.

Jetzt sieht man auch schon mehr von der Stadt: Von der viel befahrenen Havnegade führen an schmalen ehemaligen Kaufmannshöfen vorbei enge Gässchen hinauf zum Marktplatz mit der alten Backsteinkirche *Skt. Nicolaj*, die in ihrem Kern auf das 13. Jahrhundert zurückgeht.

Nakskov hat heute 14000 Einwohner; es ist die wichtigste Stadt Lollands und – trotz allem – auch der wichtigste Hafen. Schiffe von 130 m Länge kommen immer noch hierher. Eine sehr alte Stadt, aber davon findet man nur

Nakskov.
In der Fußgängerzone. So sieht es im Sommer fast überall in den dänischen Landstädten aus: Die Sonne scheint, Kleiderständer werden auf die Straße gestellt, Bummeln durchs Städtchen, bis gegen Abend, dann ist alles plötzlich wie ausgestorben, und die Bürgersteige werden hochgeklappt.

noch wenige Spuren, denn sie wurde von Feinden des Landes mehrmals völlig dem Boden gleichgemacht. Eine unrühmliche Rolle spielten dabei, wie so oft im südlichen Dänemark, die Lübecker. Der dänische König Hans hatte von 1508 bis 1510 draußen auf **Slotø** (daher der Name »Schlossinsel«) eine feste Burg mit einem wuchtigen Kanonenturm, die Engelsborg, anlegen lassen. Jedes Schiff, das nach Nakskov wollte, musste, der natürlichen Rinne folgend, an dieser kleinen Festung vorbei. Die – wie es die Dänen sahen – Seeräuberei der Hansestädte hatte so überhand genommen, dass man sich vor den einst freundlichen Handelspartnern (s. Albuen) schützen musste. An einem kalten Frühlingstag des Jahres 1510 kam mit einem frischen Westwind, der sie ganz unerwartet von Süden her an Slotø heranbrachte, eine lübische Flotte hereingesegelt, und zwar durch eine kleine Rinne, die noch heute **Lübeckerrenden** heißt (sie ist in der Seekarte nicht eingezeichnet). Die Angreifer blieben somit außerhalb des Bereichs der Kanonen der **Engelsborg**, die fest montiert in chtung Norden wiesen, eben auf die natürliche Rinne hin. So konnten die Lübecker die Engelsborg unter Beschuss nehmen und danach unbehelligt nach Nakskov hineinsegeln, das selbst unbefestigt war, weil es sich ganz auf die Engelsborg verlassen hatte. Die reiche Handelsstadt wurde geplündert und niedergebrannt, und kurz darauf brachte eine günstige Winddrehung die Eroberer auch wieder wohlbehalten aus dem Fjord heraus. Dieses Ereignis führte dazu, dass die Stadt endlich befestigt wurde, was ihr aber später in den Schwedenkriegen das Schicksal einer erneuten Eroberung keineswegs ersparte.

Nakskov ist heute eine **Industriestadt** – ihre Zuckerfabriken sind weithin bekannt –, aber auch eine Einkaufsstadt für das weite Umland. Nakskov liegt abseits der üblichen Routen, die Segler nehmen. Eigentlich schade, denn die Stadt hat immer noch ein schönes Milieu, mit den Kaufmannshöfen, den Speichern, den engen Gassen und den alten Häusern, von denen viele noch aus dem 18. Jahrhundert stammen. Der Hafen aber stirbt. Ein Trauerspiel. Die große Werft ist stillgelegt. 1916 gegründet, hat sie in den vielen Jahren seitdem 230 große Schiffe gebaut, mit einer Länge bis zu 200 m. 1919, nach dem verlorenen Krieg, als es vielen Deutschen sehr schlecht ging, bot die Werft Familien aus Kiel und Flensburg Arbeit und Brot, hat sogar für sie eine eigene Siedlung gebaut: draußen auf Trælleholm, das ist eine Halbinsel, südlich von der Hafeneinfahrt. Im wahrlich imposanten, alten Hafengebäude ist neben der Hafenverwaltung ein **Schiff- und Seefahrtsmuseum** eingerichtet (geöffnet: dienstags bis freitags 1300 bis 1600).

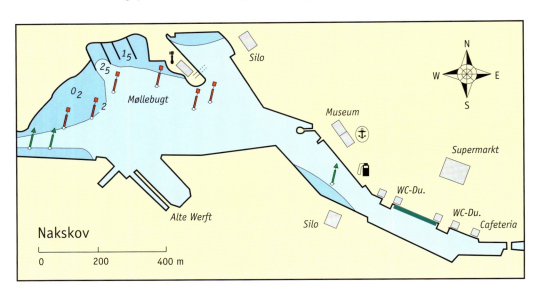

Liegeplatz und Versorgung: Der Stadthafen am Ende des Hafenschlauchs, in dem wir vor der Havnegade liegen, ist – an sich – nicht für Yachten eingerichtet. Der Yachthafen, **Hestehoved**, liegt weiter westlich bei der Insel Barneholm. Auf dem Weg zur Stadt haben wir ihn passiert – eine hübsche, in einem Park gelegene Anlage, aber zu weit vom Zentrum entfernt, auch eher etwas für kleinere Boote. Außer Wasser und Strom auf den Stegen keine Versorgungsmöglichkeiten, jedoch Cafeteria im Park (Toilette und Dusche), Campingplatz.

In **Nakskov** wurde die Kaje an der Nordseite des Hafens (siehe grünen Markierung im Plan) aufwendig hergerichtet, wirkt aber etwas vernachlässigt. Gegenüber – Silos, Ladeplatz, Sand- und Kiesberge. Jedenfalls: Hier kann man längsseits gehen. Wasser und Strom sind vorhanden, ebenfalls WCs und Duschen (in den Pavillons). Schlüssel vom Hafenmeister, wenn man das Hafengeld bezahlt. Nahe der Havnegade ein großer Supermarkt.

Wasserstand
Sturm aus NE bis E hebt den Wasserstand um 1,5 m, Sturm aus SW bis W senkt ihn um 1 m.

Wer Lust hat, kann auf dem Rückweg statt der Baggerrinne die natürliche Rinne nehmen. Der Weg um Slotø herum ist nur unwesentlich weiter, führt uns aber an einem wichtigen Zeugen der dänischen Geschichte vorbei:

Slotø. Die Insel ist sehr klein, ein Bauernhof steht heutzutage darauf. Erst wenn man sie gerundet hat, sieht man die vorher von Bäumen verdeckten Ruinen der *Engelsborg* und der Kriegsschiffswerft. Hier, an der Nordseite, gibt es auch eine kleine Anlegebrücke, die Boote bis zu einem Tiefgang von 3 m anlaufen können. Die Brücke, die über einen Steindamm mit der Insel verbunden ist, wird vom Besitzer der Insel unterhalten, der erfreulicherweise nichts dagegen hat, wenn Yachten sie benutzen, jedenfalls nicht, wenn es für kürzere Dauer ist (nicht über Nacht).

1510 kaufte König Hans die Insel und ließ sie zum Schutz von Nakskov befestigen (wie wir schon hörten, ohne allzu großen Erfolg); gleichzeitig entstand hier auch die *erste Kriegsschiffswerft* des Königreiches. Die Helling, die im spitzen Winkel auf den Turm zuführt, kann man noch deutlich erkennen. Auf dieser Werft wurden Schiffe gebaut, die bis zu 500 Mann Besatzung hatten, also gewaltig groß für damalige Zeiten waren. König Hans, der Gründer der Werft, und nach ihm der unglückselige König Christian II. (1513–1523) wohnten zeitweise auf Slotø, und selbst unter Christian IV. (1588–1648), also zu Zeiten des Dreißigjährigen Krieges, baute man hier noch Kriegsschiffe.

Enehøje. Im Gegensatz zu Slotø können die Brücken von *Vejlø* (weniger als 1 m Wassertiefe) und *Enehøje* (1 m) nur von Booten mit geringem Tiefgang angelaufen werden; es wird aber von den Besitzern der Inseln nicht gern gesehen. Hingegen kann man vor dem Ostufer im Schutze der – gemessen am flachen Lolland – hohen Waldinsel Enehøje sehr gut ankern, und zwar auf *Enehøje Red*, dicht neben dem Fahrwasser auf sandigem Grund (Tang kann vorkommen), eben östlich des Anlegers von Enehøje (Wassertiefe 1,8 m).

Nørredyb. Das Nørredyb, das vom alten Fahrwasser aus zwischen den Inseln Vejlø und Enehøje nordwärts führt, ist zwar betonnt, sollte aber von Ortsfremden gemieden werden, da Versandungsgefahr nicht auszuschließen ist.

Die flachste Stelle befindet sich westlich der Südspitze von Vejlø. Dürftige Betonnung! Will man in den Bootshafen von *Tårs*, so bleibt einem also nichts weiter übrig, als durch den Nakskov Fjord den gleichen Weg zurückzufahren. Sobald man sich westlich von Enehøje befindet und die Ostspitze von Albuen in S peilt, kann man den Tonnenstrich verlassen und Kurs N laufen, vorausgesetzt, dass 2,5 m Wassertiefe ausreichen. Nach etwa 1,5 sm geht man auf Kurs E, wie die Fähre Spodsbjerg–Tårs auch, und läuft im Tonnenstrich auf den Fährhafen zu, in den man natürlich nicht hinein

Zum Smålandsfahrwasser

Tårs. Bei Starkwind aus W sinkt der Wasserstand so sehr, dass man nicht mehr wegkommt.

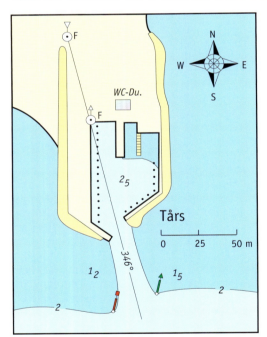

Liegeplatz und Versorgung: Im Innenhafen festmachen. Nur etwas für Boote bis 12 m Länge. Wasser und Strom an den Stegen. WC und Duschen. Fahrräder (und die braucht man in diesem entlegenen Hafen auch, wenn man was sehen will).

> **Wasserstand**
> Tidenhub 0,5 m. Sturm aus N und NE nach Starkwind aus SW hebt den Wasserstand um 1 m, Sturm aus SW senkt ihn um 1 m.

Natürlich wäre der logische Weg zum Smålandsfahrwasser vom Nakskov Fjord aus weiter entlang der Küste von Lolland. Ich möchte aber raten, nochmals quer über den Großen Belt zu laufen, um dem Hafen von

Spodsbjerg – wenigstens zum Kennenlernen – einen Besuch abzustatten, nicht etwa wegen des Ortes, der ist unerheblich, sondern wegen des Hafens: Er ist nämlich der Einzige an der 30 sm langen Ostküste Langelands und viel leichter anzufahren als Onsevig oder gar Nakskov. Kommt man in den rauen Gewässern des Großen Belts einmal in die Situation, rasch einen Hafen anlaufen zu müssen, dann wird Spodsbjerg immer die erste Wahl sein, und un-

darf. Knapp 200 m davor verlässt man die Rinne und hält mit Kurs N auf den Bootshafen

Tårs zu, einen winzigen Hafen, der lange versandet war. Am Hafen wird, in Eigeninitiative, viel gewerkelt. Alles etwas einfach; dennoch kein übler Platz.

Törnvorschlag 3: Von Bagenkop nach Bisserup **95**

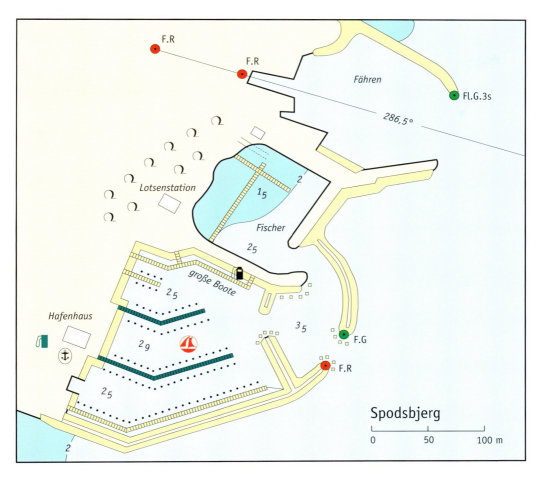

ter solchen Umständen hat man einfach ein besseres Gefühl, wenn man einen Hafen schon kennt. Bei Spodsbjerg handelte es sich ursprünglich um einen reinen Fährhafen, einen sehr wichtigen, denn von hier aus geht der ganze Verkehr zwischen Fünen über Langeland nach Lolland und von dort aus weiter. Für die Fähren ist der nördliche Teil des Hafens reserviert, der von einer Yacht auf gar keinen Fall angelaufen werden darf.

In den südlichen Teil, den Fischerhafen, wo einige größere und viele kleine Fischkutter ihre festen Plätze haben, sollen Yachten nicht, denn es gibt ja – wiederum südlich – den guten Yachthafen (Spodsbjerg Turistbådehavn). Wäre nicht der Hafen, so gäbe es wenig Grund, Spodsbjerg anzulaufen: Das sind nur ein paar Häuser, die längs der zum Hafen führenden Straße stehen. Die Umgebung ist nicht ohne Reiz: die typische Langeland-Landschaft mit den kleinen, vulkanförmigen Wald- und Grasbergen. Ist man hier eingeweht, lässt sich wenig unternehmen. Dann fährt man am besten mit dem Bus nach *Rudkøbing* (unter der Woche kostenlos) oder nach *Svendborg*; auf dem Weg dorthin könnte man auch bei *Troense* aussteigen und sich das schöne *Valdemar-Schloss* mit seinem Marinemuseum ansehen (s. Törnvorschlag 1).

Der Hafen von Spodsbjerg hat eine ausnehmend gute Atmosphäre. Vom Cockpit aus kann man zusehen, wie draußen im Großen Belt die Riesenschiffe ruhig und majestätisch vorbeiziehen. Alle paar Minuten löst sich das rote Lotsenboot und prescht zu einem von ihnen hinaus, um die Lotsen zu wechseln. Die **Lot-**

senstation von Spodsbjerg betreut die großen Schiffe bis hinauf nach Skagen – ihr Turm steht zwischen den Bäumen am Hafen und wirkt eher wie der Tower eines Provinzflughafens.

Wasserstand: Tidenhub 0,3 m. Sturm aus NE kann den Wasserstand um 1 m erhöhen, Sturm aus SW kann ihn um ebenfalls 1 m senken.

Strom: Er setzt die meiste Zeit des Jahres schwach nordwärts. Bei Starkwind aus NNE über E bis S wird er jedoch ziemlich kräftig; dann ist einige Vorsicht geboten, denn zusätzlich zu diesem nordwärts setzenden Hauptstrom tritt längs des Ufers Neerstrom auf. Er ist zwar schwächer, setzt aber nach Süden, sodass man bei der Ansteuerung von Spodsbjerg mit zwei gegensätzlichen und quer zur Hafeneinfahrt laufenden Strömen zu rechnen hat. Südsetzender Strom kommt nur bei Winden aus W bis NNE vor.

Liegeplatz und Versorgung: Fischerhafen und Yachthafen haben zunächst die gleiche Einfahrt. Achtung: Eben südlich der Einfahrt Fischstöcke! Der Yachthafen ist hervorragend. Im »Hafenhaus« WC, Duschen, Küche, Waschmaschine. Fahrräder. Beim Fährterminal eine Cafeteria mit Kiosk. Etwa 500 m südlich vom Hafen findet man rechter Hand auf der Hauptstraße einen recht guten Supermarkt.

Den am anderen Ufer des *Langelands Belts* an der Nordwestecke von Lolland gelegenen Hafen von

Onsevig anzulaufen, lohnt nur, wenn man einen einfachen Seglerhafen mag. Er ist durch einen Tonnenstrich zu erreichen, der über ein hässliches Flach führt. Eben östlich der Ansteuerung eine Unmenge weißer Windenergieanlagen. Der Hafen liegt unscheinbar vor Lollands flacher Waldküste. Im Hafen Fischerboote und Yachten des Onsevig Sejlklubs. Hinter dem Wald versteckt einige Bauern- und viele Ferienhäuser. Alles nicht aufregend, um den Begriff langweilig zu vermeiden. Eben nordöstlich von Onsevig der älteste Windpark Dänemarks im Wasser, mit elf Windmotoren. Am Hafen eine Aussichtsplattform mit einem Computer, der anzeigt, was die Anlage gerade an Strom liefert.

Liegeplatz und Versorgung: Man macht zwischen Pfahl und Steg an der Südmole bzw. am Holzsteg fest. Kiosk, Fischbude. WC und Duschen beim Clubhaus. 6-t-Slip, Mastenkran. Lebensmittel nicht in erreichbarer Nähe.

Wasserstand
Tidenhub 0,4 m. Wind aus N und NE kann den Wasserstand um 1 m heben, Wind aus SW kann ihn um 0,7 m senken.

Smålandsfahrwasser.
Überall die typische, leicht hügelige dänische Landschaft.

Törnvorschlag 3: Von Bagenkop nach Bisserup

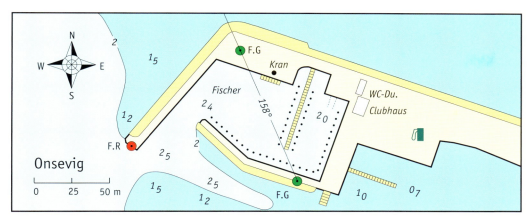

Ansteuerung: Der Hafen ist von Booten bis zu einem Tiefgang von 2 m anzulaufen; man muss aber gerade vor der Außenmole mit Versandungen rechnen. Wichtig: Man halte sich exakt in der betonnten Rinne; dicht daneben liegen Steine im Wasser, von denen manche auch trockenfallen. Einlaufkurs +/– 160°. Wichtig: sich näher zu den grünen Tonnen halten!

Wenig konturiert erscheint einem die Nordwestküste Lollands, der ein breites Flach vorgelagert ist, sieht man einmal von den riesigen Windparks ab, die überall die Gegend verschandeln. Nirgendwo Tonnen, sodass man vor allem bei Niedrigwasser, wenn man überall Steine im Wasser liegen sieht, mit etwas beklommenen Gefühlen hier entlangsegelt.

Der westliche Teil des

Smålandsfahrwassers (dänisch: Smålandsfarvandet) wird im Westen begrenzt durch die Linie Onsevig – Omø – Agersø und im Osten durch den Längengrad 011°05′ E. Charakteristisch für dieses bei Seglern sehr beliebte Revier ist das sich von Lollands und Falsters Ufern weit und breit nach NW erstreckende Flach mit mehreren Inseln und unzähligen Untiefen darauf. Auf der Karte ist das absolut unübersichtlich: eine blaue Fläche mit vielen Tiefenlinien und massenhaft Tiefenangaben. Nördlich von Vejrø und Femø hingegen ist das Gewässer breit, tief und auch rein, mit Ausnahme der *Venø-Gründe* (55°05′ N 011°29′ E). Von Onsevig aus hat man theoretisch zwei Möglichkeiten, in den südöstlichen Inselarchipel des Smålandsfahrwassers einzulaufen: einmal durch das tiefe und betonnte *Ståldyb*, zum anderen durch den landnäheren, flachen, freilich nicht mehr betonnten *Rågø Sund*. Vom Befahren des Rågø Sunds mit einem Tiefgang von mehr als 2 m muss man einem Revierunkundigen abraten, im Übrigen generell dann, wenn raue See oder schlechte Sicht herrscht.

Der logische und sichere Weg führt durch das **Ståldyb**, eine zwar nicht sehr breite, aber tiefe natürliche Rinne zwischen den Inseln *Rågø* und *Skalø/Fejø*, die einigermaßen betonnt, jedoch nicht befeuert und nicht ganz unkritisch bei unvermitteltem Windwechsel ist, weil sich dann eine steile See aufbaut, die das Aufkreuzen zu einer sehr nassen Angelegenheit werden lässt. Außer in einer hellen Nacht soll-

Strom im Smålandsfahrwasser: Kann unter normalen sommerlichen Verhältnissen vernachlässigt werden. Der Ebbstrom setzt nach W, die Flut nach E; beide sind mäßig. Erst der Wind kann das Wasser mehr in Bewegung bringen, er wird sich auch immer gegen den Gezeitenstrom durchsetzen. Generell gilt, dass Winde aus N und W einen nach E laufenden Strom verursachen und Winde aus E bis S einen westwärts setzenden. Im westlichen Teil des Smålandsfahrwassers erreicht er eine Geschwindigkeit von knapp 1 kn, in den engen Gewässern des östlichen Teils aber nicht selten 4 kn.

te man den Inselarchipel im südlichen Smålandsfahrwasser nachts überhaupt nicht befahren. Die meisten Häfen sind zwar befeuert, nicht aber die Wege dorthin; angesichts der vielen Flachs und der Steine wäre eine Nachtfahrt zu riskant.

Abschweifung: Wie ein sommerlicher Törn zum Horror werden kann.

Augustwetter. Sonnig. Kaum Wind. Schöner Sonntagmorgen. Abgelegt in Bandholm. Kurs NW, Richtung Großer Belt/Omø. Querab Askø brist es auf, bald Bft 5 aus NW. An Segeln ist nicht zu denken. Unsere schwere holländische Ketsch geht nicht hoch an den Wind. Also schiebt der starke Perkins das Schiff voran. Querab Femø ist es kaum noch zu ertragen. Das hochseetüchtige Boot, das zweimal über den Atlantik fuhr, stampft schwer in der kurzen steilen Welle. Wir werden im Cockpit hin und her geworfen. Machen im Ståldyp kaum noch Fahrt. Auf der Höhe von Rågø Entschluss: abbrechen! Zurück! Fock und Besan hoch und ab geht die Post. Mit rauschender Fahrt vorbei an Kragenæs. Scheint dicht. Wollen mit unserem 38-Fuß-Boot deshalb wieder in den großen Hafen von Bandholm. Eben westlich von dem Inselchen Lindholm zieht es sich urplötzlich zu. Binnen Minuten Platzregen. Kaum mehr Sicht. Die Tonnen sind nicht mehr auszumachen. Zehn Minuten später reißt es auf. Wieder strahlend blauer Himmel. Hinein in die enge Rende von Bandholm! Plötzlich wieder Platzregen, vermischt mit Hagel. Sicht praktisch null. Voraus schemenhaft das Silo. Die Fähre löst sich und kommt uns entgegen. Alles geht so eben noch gut, mit mehr Glück als Verstand. Aber nicht noch einmal!

Das Ragø gegenüberliegende Inselchen

Skalø hat einen richtigen Hafen, einen überaus idyllischen dazu, der allerdings auch überaus klein ist (Wassertiefe um 1,5 m). Sieht man vom Ståldyb aus, dass schon andere Boote darin liegen, sollte man von vornherein von einer Ansteuerung absehen. Ansonsten ist der Hafen gut auszumachen, vor allem an der hellen Steinmole, auf der auch noch ein kleines weißes Leuchthaus mit einem senkrechten roten Streifen steht. Man läuft zunächst auf diese Mole zu und in die flache Bucht hinein, die im Norden durch den Straßendamm begrenzt wird. Bald wird man eine grüne und rote Stan-

Kragenæs.
Ohne Fähren läuft im Smålandsfahrwasser gar nichts. Diese versorgt die Insel Fejø.

ge ausmachen. Da hindurch und dann mit größter Vorsicht auf die enge Hafeneinfahrt zu. Vor den Untiefen beiderseits der Rinne braucht man dabei keine Angst zu haben.
Die Segel müssen auf alle Fälle schon vor dem Erreichen der beiden Stangen geborgen sein, und das eigentliche Ansteuern des Hafens funktioniert nur mit Motor und bei langsamster Fahrt.
Der Hafen ist in Privatbesitz. Er wurde in jahrelanger Arbeit von dem Fischer Axel Bang Petersen mit eigenen Händen gebaut. Die Fischerfamilie, die nahe beim Hafen wohnt, hat nichts dagegen, wenn Yachten ihren Hafen anlaufen, aber man sollte schon bedenken, dass man sich auf fremder Leute Besitz befindet.

Versorgung: So gut wie null. Fahrradverleih (Skalø ist mit der Insel Fejø durch einen Damm verbunden).

Wasserstand
Tidenhub 0,3 m. Wind aus N kann den Wasserstand um 0,6 m erhöhen, Wind aus S kann ihn um 0,6 m senken.

Auf dem weiteren Weg durchs Ståldyb passiert man den sehr günstig gelegenen Hafen

Vesterby (Fejø), den seine Lage dicht am tiefen Fahrwasser auszeichnet, sonst aber gar nichts. Im Hafenbecken findet eine Yacht nur selten Platz (Fähre, Fischer). Der östliche Teil des Beckens ist weitgehend untief. Bei ruhigem Wasser kann man allerdings recht gut außen an den Molen festmachen, meiner Meinung nach überhaupt der einzige brauchbare Liegeplatz für eine größere Yacht. Im Allgemeinen aber schickt einen das Hafenpersonal nach Dybvig. Versorgungsmöglichkeiten gleich null.
Besser, man segelt weiter zu dem Fähr- und Yachthafen

Kragenæs, der etwas verborgen hinter einem mächtigen Buchenwald liegt. Ein hervorragender Yachthafen – ein kleines Schmuckstück, bis auf den doch etwas störenden Campingplatz. Die auf die Fähren wartenden Autos bringen

Wahrschau!
1. Eben westlich vom Hafen laufen mehrere Stromkabel hinüber nach Femø: Hier muss man mit einer Missweisung von 70° rechnen.
2. Die Fähre verursacht beim An- und Ablegen in der Hafeneinfahrt einen mächtigen Schwell. Besser warten, bis sie ihr Manöver beendet hat.

einige Unruhe. Mit einem Tiefgang bis gut 2 m kann man den Hafen anlaufen, auch nachts, wenn man in der Dunkelheit überhaupt bis hierher gefunden haben sollte.

Liegeplatz und Versorgung: Man sollte es zunächst an der Kaje versuchen, wo weit hinten Plätze für Gäste freigehalten werden. Wenn man hier nicht unterkommt, sucht man sich an den Stegen des Yachthafens eine durch ein grünes Schild ausgewiesene freie Box. Wasser und Strom an den Stegen. Tankstelle s. Plan. In der Nähe ein ländlich-einfacher Kaufmann, der auch

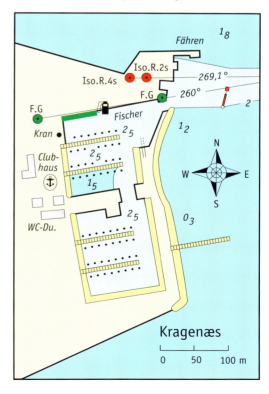

> **Wasserstand**
> Tidenhub 0,5 m. Sturm aus N kann den Wasserstand um 1,2 m erhöhen, Sturm aus S kann ihn um 0,6 m senken.

Zubehör führt. Der Yachthafen zeichnet sich durch hervorragende Einrichtungen aus, auch durch die vorbildliche Architektur seiner Gebäude. Versorgung: WC, Duschen, Waschmaschinen, Küche, TV-Raum, Fahrradverleih.

Weit interessanter als der Ort Kragenæs ist seine weitere Umgebung: Nur eine halbe Wegstunde von hier findet man in südlicher Richtung mit der *Bannehøj* nicht nur die mit 30 m höchste Erhebung Lollands, sondern auch die am besten erhaltenen Ganggräber des Landes und dicht dabei die Ruine der **Ravnsborg**, die um 1330 auf einem Moränenhügel direkt am Wasser von den holsteinischen Grafen als Zwingburg erbaut wurde. Denn Lolland war den Grafen verpfändet, und zur Kontrolle der Insel brauchte man einen sicheren Platz. Das war die Ravnsborg ganz zweifellos, denn da sie vom Wasser her versorgt werden konnte, war sie mit ihren dicken Mauern praktisch uneinnehmbar. Erst 1510 wurde sie geschleift, nachdem sie im Laufe der Zeit aus holsteinischem Besitz in den der dänischen Könige gelangt war und damit auch ihre Funktion als Zwingburg eingebüßt hatte. Immer noch beeindruckend der Burgberg mit seinen Ruinen.

Bei Kragenæs sollte man sich entscheiden, ob man zu einem der kleinen Inselhäfen, also nordwärts, will oder aber zu den beiden einzigen großen Handelshäfen dieser Gegend, nach *Bandholm* oder *Sakskøbing*. Was für diese beiden Städte spricht, sind in erster Linie ihre großen Häfen, und dies kann im Sommer, wenn die meisten der kleinen Häfen überfüllt sind, schon ein wichtiger Gesichtspunkt sein. Wenn man aber einen Nothafen sucht oder zumindest sicher sein will, einen Liegeplatz in der Hochsaison zu finden, dann kommt nur Bandholm in Frage, denn im Gegensatz zu Sakskøbing ist er leicht zu erreichen.

Bandholm, dessen wuchtiges graues Silo man im Inselarchipel von überall her sieht, erreicht man durch eine schmale gebaggerte, mit Spieren gut bezeichnete Rinne. In dieser Rinne wird es eng, wenn einem die Fähre nach Askø begegnet, und noch mehr, wenn ein großer Frachter passiert, denn ganz große Schiffe kommen immer noch nach Bandholm, nämlich um Getreide zu laden. Vorsicht ist geboten, wenn diese Schiffe mit dem Laden fertig sind und im Hafen drehen, dann brauchen sie den größten Teil des nun wirklich großen Hafenbeckens. Vorsicht ist auch in der Hafeneinfahrt geboten, denn die Fähre legt mit Speed ab und kommt regelrecht um die Ecke geschossen.

Der Ort besteht aus ein paar Häusern, die alle zum Hafen hin orientiert sind. Bandholm war und ist der Verschiffungsplatz für die Landprodukte von Lolland und der alten, im Inselinneren gelegenen **Domstadt Maribo**. Wie viele dieser Häfen ist auch dieser bei weitem nicht mehr ausgelastet; er wirkt deshalb etwas verloren und trist. Der Park mit der hohen Mauer ringsum, der dicht am Hafen beginnt, gehört zu dem weithin bekannten **Schloss Knuthenborg** und dient heute als Safaripark

Bandholm.
Am Handelshafen. Mit dem Knuthenborg-Park dahinter.

Törnvorschlag 3: Von Bagenkop nach Bisserup

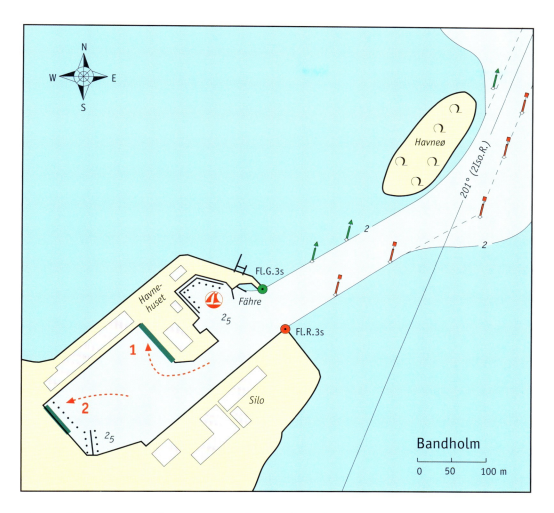

mit 700 Tieren aus allen Erdteilen – eine Touristenattraktion von einigem Rang. Zum **Knuthenborg-Safaripark** vom Hafen nur ein Katzensprung. Man sollte sich Zeit lassen, denn ein Besuch kann mehrere Stunden dauern. Eine weitere Attraktion: Für die Touristen verkehrt samstags und sonntags auch noch die **älteste Privatbahn Dänemarks** aus dem Jahre 1869, die die 7 km zwischen Bandholm und Maribo dahinschnauft.

Bandholm hat eine merkwürdige Atmosphäre: der riesige Hafen, das schier alles erdrückende graue Silo, die Leere in den Straßen, das schöne alte, 1886 gebaute Schlosshotel, das jetzt leer steht. Ein Hauch von Melancholie – aber ein großer und sicherer Hafen.

Liegeplatz und Versorgung: Im vorderen Teil des Hafens macht die Fähre fest, und hier (Yachthafensymbol) haben auch einheimische Yachten zwischen Pfahl und Mole ihre Plätze. Etwas eng. Besser, man fährt weiter in den großen Handelshafen hinein und macht gleich rechter Hand an der Kaje (**1**) oder in der Ecke (**2**) zwischen Kai und Pfahl fest. Die Holzbrücke in der SE-Ecke ist weniger geeignet, weil dort kleinere Boote ihre festen Plätze haben und der

Wasserstand
Veränderungen in Anbetracht der großen Wassertiefen im Handelshafen ohne Belang.

Steg zum Land hin zeitweise abgeschlossen ist. Ansonsten wenig Service für Yachten. Strom und Wasser an allen Liegeplätzen. Gute sanitäre Einrichtungen im »Havnehuset«. Lebensmittel, Bank in der Havnegade. Treibstoff von der Straßentankstelle.

Der Weg nach Sakskøbing führt durch ein wunderschönes, wenn auch sehr enges Fahrwasser, den

Sakskøbing Fjord, der, einem Fluss gleich, gemächlich durch eine Parklandschaft zieht: befahrbar nur in der Rinne (Wassertiefe 3 m), dicht daneben oft trockenfallend. Begegnet man einem Kümo, von denen einige, der Zuckerfabriken wegen, nach Sakskøbing fahren, so muss man wohl in den Schlick hinein, denn außer dem Kümo hat an manchen Stellen der Rinne nicht mal mehr eine Yacht Platz.

> **Wahrschau!**
> • Bei Sturm setzt im Fjord ein Strom von bis zu 4 kn.
> • Höchstgeschwindigkeit 6 kn.

Auf dem Weg nach Sakskøbing, dort, wo der Fjord sich zu seinem flussähnlichen Lauf verengt, liegt am Ostufer das schöne, rote Renaissance-Schloss **Orebygård**, das sogar einen kleinen Anleger hat, den man aber besser nicht anläuft, denn im Becken (Wassertiefe 0,5 m!) findet man absolut keinen Platz, und außen am Bollwerk hat man maximal 1 m, auch wenn in der Seekarte 2 m angegeben sind. Keine 100 m weg der »Oreby Kro«.
Die Ufer des Fjords sind ab Orebygård ohne Unterbrechung versumpft, mit Schilf bewachsen und mit mächtigen Bäumen bestanden. Große Steine liegen überall, auch ganz dicht an der Fahrrinne.
Also: in der Rinne halten! Neben den Spieren stehen – gerade beim Orebygård – immer wieder Balken und verrottete Dalben im Wasser. Wenn sie als Schifffahrtszeichen dienen, tragen sie grüne oder rote Blechschilder als Toppzeichen. Dann muss man sich danach richten; ansonsten halte man sich gut davon frei.
Schon dicht vor der Stadt, am Westufer, der

Sakskøbing Fjord. Im schönen, stillen Fjord muss man sich immer in der Rinne halten.

ruhig gelegene kleine **Seglerhafen Maltrup Vænge** (Wassertiefe nicht mehr als 2 m) mit zwei Stegen, Clubhaus mit Duschen und WC. Ein stiller Hafen im Schilffeld. Zu Fuss zur Stadt nur zehn Minuten. Doch besser, wenn schon, denn schon, in den Stadthafen. Unmittelbar hinter dem Seglerhafen, auf Sakskøbing zu, verengt sich der »Fjord« auf nicht einmal mehr 20 m.

Sakskøbing ist ein Bandholm in vielem ähnlicher Hafen, aber mit einer richtigen kleinen Stadt darum herum – ein dänisches Provinzstädtchen wie so viele andere auch.
Von der bedeutenden Zuckerindustrie sieht man am Hafen und auch in der Stadt selbst recht wenig. Der sehr große Hafen ist hergerichtet worden, wohl für den Tourismus. Als Umschlagplatz hat er keine große Bedeutung mehr. Das riesige, turmartige Gebäude an seiner Westseite, das von Weitem wie ein Silo aus-

Liegeplatz und Versorgung: An der U-förmigen Steganlage, die früher extra für Segler gebaut wurde, hängen jetzt schwimmende Häuser. Man braucht diesen Steg auch nicht, denn der Hafen hat so viel Platz, dass man überall längsseits gehen kann, bevorzugt an der – ruhigen – Ostseite. Wasser und Strom. Beim Hafenkontor WC und Duschen. Motorenwerkstatt.

Zurück zum Smålandsfahrwasser. Die weite Wasserfläche zwischen der bewaldeten Halbinsel *Stensore* und der Insel *Askø* darf einen nicht verlocken, von der betonnten Rinne des Sakskøbing Fjords aus nach Norden abzudrehen und quer über das Wasser zu segeln, wie man es von Einheimischen sieht. Man muss schon in der engen, betonnten Rinne bleiben! Doch wir lassen das und »nehmen noch ein paar Inseln mit«, vielleicht zuerst

Askø, eine flache Insel gegenüber Bandholm. Sie unterscheidet sich nur durch ihre Kleinheit von Femø und Fejø. Man versäumt nicht viel, wenn man daran vorbeisegelt, zumal der Hafen sehr, sehr wenig Platz bietet. Versorgungsmöglichkeiten eher schlecht. Askø wird von einer erstaunlich großen Fähre angelaufen, sodass es sehr eng wird, wenn sie im Hafen liegt. Vorsicht beim An- und und Ablegen der Fähre!

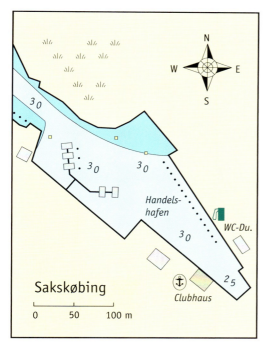

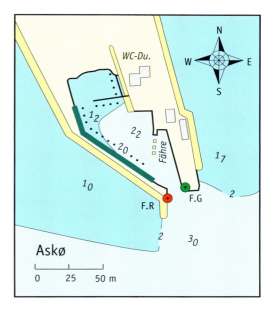

sieht, enthält Wohnungen. Auf dem Marktplatz steht ein Denkmal mit zwei drallen Bauernmädchen, den »Roepigerne«, eine Huldigung der Stadt an die polnischen »Rübenmädchen«, die einst als Gastarbeiterinnen nach Lolland kamen. In Sakskøbing wie auch in Nakskov kann man auf den Namensschildern mancher Häuser polnische Namen lesen: Das sind die Nachfahren jener polnischen Landarbeiter, die vor über hundert Jahren als billige Arbeitskräfte nach Lolland geholt wurden. Im Städtchen gibt es noch ein paar schöne alte Fachwerkhäuser und mehrere recht gute Restaurants. Sein größter Vorzug aber ist der extrem geschützte, ruhige Hafen. Man kann Fahrräder ausleihen und zu dem wunderbaren *Orebygård* fahren.

Wasserstand
Tidenhub 0,2 m. Winde beeinflussen den Wasserstand wenig (allenfalls wichtig für den Seglerhafen Maltrup Vænge): Bei Winden aus N und NE steigt das Wasser um 0,3 m, im Extremfall bei E um 1 m. Bei Winden aus S und SE fällt der Wasserstand um 0,3 m.

Wasserstand und Strom
Tidenhub 0,5 m. Wind aus N bis NE hebt den Wasserstand um bis zu 1,5 m; Winde aus S bis SE senken ihn um 1 m. Bei Wind aus SE starker Strom in der Anfahrt.

Statt nach Askø könnte man auch zu dem etwas versteckt in der *Blans Vig* liegenden, allerdings sehr kleinen und flachen Hafen

Blans fahren. Am besten so: von der roten Tonne *Lindholm Dyb* (WP 4564: 54°52,44'N 011°28,16'E) der *Bandholm-Rinne* mit Kurs 260° auf 2,5 m Wassertiefe auf den Hafen zu. Problem: Diese 2,5 m Wassertiefe hält die Rinne zum Schluss nicht immer, sodass nur Boote bis maximal 1,8 m Tiefgang nach Blans fahren sollten. Kurz vorm Hafen ist die Ansteuerung mit grünen und roten Spieren markiert. Am besten liegt man noch an der Ostmole. In dem kleinen Pavillon WCs und Duschen der einfachen Art. Wasser am Hafen. Mastenkran. Sonst nichts. Ein ganz einsamer Platz, ein schlichter, kleiner Hafen, aber mit Charakter. Eine Idylle – bei schönem Wetter.

Recht gut, vor allem bei westlichen Winden, liegt man östlich der kleinen **Waldinsel Lindholm** vor Anker, dort, wo die 2-m-Linie ziemlich dicht ans steile Ufer heranführt (Grund Sand, Lehm und stellenweise auch Tang).

Wahrschau! Vor der Südspitze von Fejø zieht sich weit nach Süden das *Avernakke Flak*. An seiner Kante liegt die gelb-schwarze Tonne *s. Avernakke Hage* aus (WP 4562: 54°54,43'N 011°23,64'E). Ganz übel! Sie ist leicht zu übersehen, besonders bei schlechter Sicht. Und wenn man im Fahrwasser von einem Tonnenpaar zum nächsten steuert, sitzt man ganz schnell fest. Also: Vorsicht! Die Tonne immer südlich und in gehöriger Distanz passieren.

Hat man die grüne Tonne *Lindholm Dyb* (WP 4563: 54°53,25'N 011°27,27'E) nördlich von Lindholm passiert, so darf man das **Lindholm Dyb** ruhig verlassen, wenn man auf die weiße, wuchtige, unmittelbar am Wasser gelegene Kirche von *Fejø* zuhält: Man bleibt auf diesem Kurs frei von den Untiefen des breiten Landgrundes westlich von *Askø* und *Lilleø*.
Diesen NW-Kurs sollte man so lange beibehalten, bis man die grüne Spiere *Fejø Kirkegrund* querab hat. Von da fährt man dann mit Kurs NNE auf die mit mehreren grünen und roten Spieren markierte Rinne zu, in der man den Hafen von

Dybvig erreicht. Dieser Hafen ist der mit Abstand bessere von den beiden, die es auf dieser Insel gibt. Etwas Vorsicht ist bei der Ansteuerung geboten, denn die Fischer legen ihre Netze dicht an der Fahrrinne aus, sodass man manchmal wie durch einen Laufkäfig fährt. Mit einem Tiefgang bis zu 2 m müsste der Hafen anzusteuern sein. Unmittelbar östlich der Hafeneinfahrt liegt ein Stein!
Der 1882 angelegte kleine Hafen, der ziemlich weit von der nächsten Ortschaft Østerby ent-

Wasserstand
Tidenhub 0,4 m. Sturm aus NW erhöht den Wasserstand um 1,5 m, Sturm aus SW senkt ihn um 1 m.

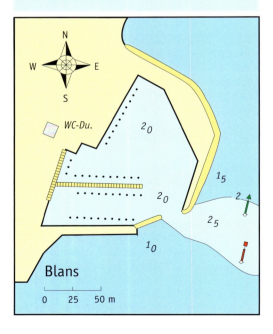

fernt liegt, hatte früher eine erstaunliche Bedeutung, denn das zwischen Kiel und Kopenhagen verkehrende Linienschiff legte hier regelmäßig an.

Die Bucht Dybvig, die gar nicht so tief ist, wie man aus ihrem Namen schließen könnte, war zu der Zeit auch ein geschützter und deshalb gesuchter Winterliegeplatz für kleinere Frachtensegler. Von all dem ist nichts mehr geblieben, und so ist der Hafen zu einem idyllischen Platz geworden, der im Sommer gerne von Yachten angelaufen wird und deshalb häufig überfüllt ist. Nahebei stehen versteckt unter Bäumen ein paar Häuser. Alles macht einen behäbigen, etwas verschlafenen Eindruck, wie über der ganzen Insel ein Hauch von Altersabgeschiedenheit und Resignation liegt. Die Jungen gehen weg, weil anderswo mehr Geld zu verdienen ist. Wer bleibt, der lebt entweder von den Obstplantagen oder – immer mehr – vom Tourismus, oder er ist schon »Rentier«.

Liegeplatz und Versorgung: Das ganze Becken ist für Gäste vorgesehen. Hier liegt man auch am besten und ruhigsten. Die Ostseite wird manchmal von Fischern beansprucht. Einfache Duschen und WC am Hafen. Wasser s. Plan. Eine gut anzufahrende Tankstelle. Reparaturmöglichkeiten in der kleinen Werft (20-t-Slip). In Østerby ein kleiner Supermarkt und nahe beim Hafen ein Kro.

> **Wasserstand**
> Winde aus NE können den Wasserstand um 1,2 m erhöhen, Winde aus E und SE können ihn um bis zu 1 m senken.

Um zum Hafen von

Femø zu gelangen, muss man ein Stückchen in den *Femø Sund* hineinlaufen. Am besten von Dybvig aus durch das Tonnentor Gelb-Schwarz und Schwarz-Gelb. Die Gelb-Schwarze markiert die Südostkante des *Sletterev* (WP 4569: 54°56,41'N 011°28,43'E), die Schwarz-Gelbe warnt vor dem Flach *Middelgrund*. Vorsicht: Das *Sletterev* schiebt sich von der Südosthuk von Fejø sehr weit ins Wasser hinaus. Nach diesem »Tonnentor« fährt man entlang den roten Spieren des Femø Sunds, bis zu der roten Spiere *Femø Sund* (WP 4566: 54°58,48'N 011°28,33'E). Von hier dann mit Kurs 096° (Richtfeuerlinie) zum Hafen. Die Anfahrt ist mit mehreren grünen Tonnen gut markiert.

Nach Fejø die größte Insel des Archipels, wirkt Femø ziemlich hoch, höher jedenfalls als Fejø, auch dunkler, so als sei sie dicht bewaldet, was aber nicht stimmt. Dieser Eindruck entsteht von fern nur durch die vielen Pappelalleen, die die fruchtbaren Felder vor dem Wind schützen sollen. Mitten durch die Insel zieht sich eine merkwürdige Senke, die einst mit Wasser gefüllt war und als kleiner Sund zwei Inseln trennte, bis diese dann in der Steinzeit, als sich hier überall das Land hob, zu einer einzigen verschmolzen. Die Insel verändert immer noch ihre Gestalt und auch etwas ihre Lage. Was sie im Norden an den Kliffküsten durch die Gewalt der See verliert, gewinnt sie im Osten, wo sich sogar eine winzige Insel, Skellerev, aufgebaut hat, wieder hinzu. So wandert das von der See abgetragene Material um die Nordküste herum. Was für Skipper wichtig ist: ein sehr guter Hafen für Yachten,

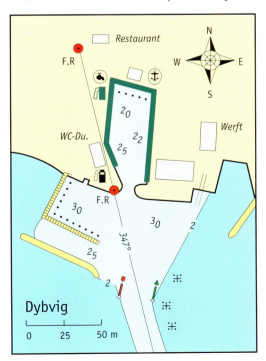

Femø.
Schöner Inselhafen. Es ist Spätsommer, und er ist leer. In der Saison sieht das anders aus.

und das in jeder Beziehung. Man liegt ruhig – außer bei Starkwind aus S – und kann sich gut versorgen.

Liegeplatz und Versorgung: Bis auf den Fähranleger in der Südostecke des Hafens kann man hin, wo man will. Treibstoff s. Plan. Wasseran-

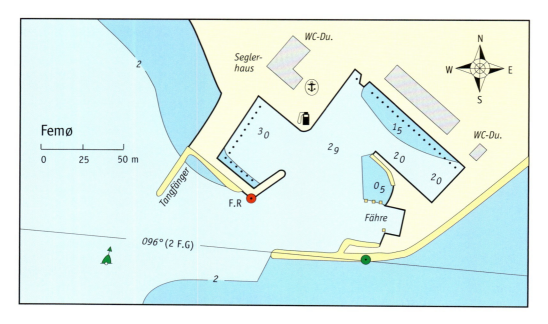

schlüsse an allen Liegeplätzen. Ausreichend Duschen und WCs. Gemeinschaftsküche im Seglerhaus. Antiker 3-t-Kran. Werkstatt. Beliebt unter Seglern der gelbe, unter Bäumen gelegene Femø-Kro. Guter Badestrand. Am ersten Wochenende im August großes Jazzfest.

Ankerplätze: *Bei östlichen Winden auf dem Darrehøj Flak (Grund Sand; Tang und Steine kommen vor), bei westlichen Winden in der schönen, weitgeschwungenen Bucht am Ostufer der Insel zwischen Sletteren und Skellerev. Hier kommt man ziemlich dicht an die Insel heran, weil die 2-m-Linie relativ nahe am Ufer verläuft (Grund Sand; auch hier Tang).*

> **Wasserstand**
> Tidenhub 0,6 m. Nördliche und nordöstliche Winde können den Wasserstand um 1,5 m erhöhen, südliche ihn um ebenfalls 1,5 m senken!

Will man auf dem schnellsten Weg nordwärts ins tiefe Wasser, so führt der logische Kurs durch den **Femø Sund**, der bis zu einem Tiefgang von 3 m immer befahrbar ist, auch nachts – dank der Sektoren des *Vejrø*-Feuers (Oc.WRG.5s) –, sofern man an dem großen Fischzuchtkäfig (gelbe Spieren, liegt im roten Sektor des Sektorenfeuers *Vejrø*) vorbeikommt. Voraus hat man stets die flachbucklige Insel

Vejrø. Sie hat einen Hafen, auf den man vom Femø Sund aus direkt zuhält. Für einen Besuch von Vejrø spricht: Man kann eine – fast – menschenleere Insel für sich entdecken mit einer abwechslungsreichen Natur; vor dem weißen Leuchtturm auf der Nordspitze erstreckt sich bis hin zum Hafen ein feinsandiger, heller Strand, und im Süden breitet sich eine einsame Landschaft aus, mit Mooren und Steinfeldern. Ein gemütlicher Ort zum Faulenzen und Baden.

Liegeplatz: *Man fährt, je nach Tiefgang, in eines der zwei Becken. Gut Abstand zu den Molenköpfen halten! Platz ist für 85 Boote, und die kommen bei schönem Wetter auch hierher. Am Hafen Wasser und Strom. Nahe beim Hafen*

Vejrø.
Natur und sonst (fast) gar nichts. Die Einfahrt in den Hafen.

108 Zum Småландsfahrwasser

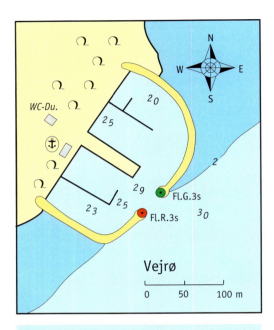

Vejrø

Wasserstand
Tidenhub 0,2 m. Nach Winden aus E oder N bis W kann das Wasser um 0,5 bis 0,6 m steigen. Bei Winden aus S bis W kann es um 0,4 bis 0,5 m sinken.

WCs und Duschen. 150 m vom Hafen gibt es Proviant, im »Hofladen«, und das sehr feine, geschmackvoll eingerichtete Restaurant »Skipperly«. Sommerliche Grillabende am Hafen. Vejrø ist in den letzten Jahren immer beliebter geworden, nicht zuletzt wegen des Engagements der Betreiber. Wenn man sicher sein will, einen Liegeplatz zu bekommen, sollte man vorher anrufen: +45 2027 2360, oder eine Mail schicken: info@vejroe.dk.
Vejrø ist nicht billig, aber alles muss eben selbst, ohne große Fähre herangeschafft werden.

Wer durch den **Storstrøm** (s. S. 132) ins östliche Smålandsfahrwasser will oder zum *Guldborg Sund* (s. S. 115), der wird wohl auf anderem Wege die Insel Femø verlassen, nämlich mit Kurs Nordost.
Diese ganz große Aufmerksamkeit wie der südliche Inselarchipel verlangt der nördliche Teil des Smålandsfahrwassers nicht mehr, mit Ausnahme zweier Untiefen, die nicht ohne Tücke sind, weil sie sich mitten im tiefen Wasser befinden: einmal, näher auf Knudshoved zu, der **Venegrund** (0,6 m) und 4 sm weiter westlich der **Kirkegrund**, der aus welchen Gründen auch immer mehr Wasser hat (2,1 m). Der Venegrund ist der gefährlichere, weil er an seinem östlichen Ausläufer eine unbetonnte 1,6-m-Stelle hat, wo aber nach neueren Vermessungen jetzt 2,5 m Wasser stehen sollen. Zur Vorsicht sollte man doch noch von den 1,6 m ausgehen. Außerdem liegt auf dem Venegrund ein Wrack. An seiner Südkante liegt eine gelb-schwarze Tonne aus: *s. Venegrunde* (WP 4545: 55°04,91'N 011°28,48'E). Will man zwischen Venegrund und **Knudshoved** nordwärts, das heißt auf kürzestem Weg hinein in die **Karrebæksminde Bugt**, so empfiehlt es sich, hart an die gelb-schwarz-gelbe Tonne *w. Knudshoved Rev* (WP 4551: 55°05,38'N 011°33,80'E) heranzugehen, die an der Westkante des Riffs ausliegt, und sie westlich mit Kurs NE zu passieren.
Die Halbinsel

Knudshoved erstreckt sich ganz schmal und 8 lange Seemeilen vom Ostufer in WNW-licher Richtung ins Smålandsfahrwasser hinein. Im westlichen Teil eine urweltliche Landschaft – zwischen Steinen und Kliffküsten trotzt nur der zähe Wacholder dem ewigen Wind –, ist der östliche Teil zumeist bewaldet und mit Wiesen und Äckern kultiviert. Verbunden sind diese beiden so unterschiedlichen Teile durch eine schmale Landzunge, die *Draget* heißt. So werden übrigens in Dänemark alle diese schmalen Verbindungen genannt. Ist sie bei Hochwasser überspült, könnte man meinen, westlich davon läge eine andere Insel. Einen Hafen sucht man hier vergeblich, dafür findet man ein paar recht ordentliche und vor allem landschaftlich besonders reizvolle

Ankerplätze rund Knudshoved:

- Bei nördlichen Winden liegt man gut vor der **Südseite von Knudshoved**, und zwar vor dem westlichen, »wilden« Teil. Die 2-m-Linie führt hier dicht am Ufer entlang, teilweise so nahe, dass man bis auf 10 m herankommt. Grund Sand, auch Steine.
- Theoretisch könnte man auch in den inne-

ren **Avnø Fjord** einlaufen, dort, wo sich, umgeben von schilfigen Ufern, ein breites, 2 m tiefes Becken befindet. Wegen des großen Steinfeldes südlich von Avnø möchte ich jedoch davon abraten. Keine Peilmarke, keine Schifffahrtszeichen, landschaftlich auch eher langweilig.

Nur der Vollständigkeit halber und weil man vielleicht versucht ist, es einem Dänen gleich zu tun, der zielstrebig

Dybsø Havn ansteuert, sei dieser Platz noch erwähnt. Havn, das wissen wir, bedeutet im Dänischen nicht immer nur Hafen in unserem Sinne, sondern damit werden auch besonders geschützte Ankerbuchten bezeichnet. Dybsø Havn ist ein ganz schmaler Sund, der zwischen der Halbinsel *Svinø* und der Insel *Dybsø* in den Dybsø Fjord hineinführt. Erstaunlicherweise hat er eine Wassertiefe von 2 bis 3 m. Das rührt daher, dass sich die große Bucht, die sich bis hinauf nach Karrebæksminde erstreckt im Rhythmus der Gezeiten, also alle sechs Stunden, füllt und leert, wodurch die Rinne tief gehalten wird.

Man muss etwas auf die Steine achtgeben, vor der Einfahrt, besonders vor *Sønderhoved*, der Südspitze von **Dybsø**. Hier erstreckt sich ein Steinfeld 60 m weit südwärts. Der Sund selbst ist um die 50 m breit. Hält man sich gut mittig, kann eigentlich nichts passieren. Unmittelbar nach der Mündung des Sundes in den Fjord weitet sich das Fahrwasser zu einem kleinen Becken, wo man sehr gut liegen kann.

Der Sund ist nicht ganz leicht zu finden; man kann sich aber gut an einen Komplex von Ferienhäusern orientieren, die südlich seines Eingangs stehen. Wer sich die Anfahrt zutraut, der hat einen idyllischen, geschützten Ankerplatz gefunden. Man muss allerdings bedenken, dass der Strom gewaltig an der Kette zerren kann.

An die Stege am Südufer des Sunds darf man nicht; die sind in Privatbesitz.

Im nördlichen Bereich des Fjords ist ein Wildschutzgebiet eingerichtet.

Karrebæksminde.
Am Kanal, östlich der Brücke.

Karrebæksminde.
Die eiserne Brücke ist ein wahres Museumsstück, versieht aber unverdrossen ihren Dienst.

Der in der Nordostecke der gleichnamigen Bucht gelegene Hafen von

Karrebæksminde ist schon von weit her gut auszumachen: Die langgestreckten gelben Ferienhäuser mit den roten Ziegeldächern sind auffallende und unverwechselbare Landmarken. Wer diesen ehemaligen Ladeplatz und Fischerhafen anläuft, sollte sich rechtzeitig mit seinen Macken vertraut machen. Am problematischsten wird der Strom sein.
Der Strom aber ist nicht das einzige Problem. Das andere sind die Häfen – entweder sind sie klein oder verwinkelt oder beides. Und nun kommt noch das dritte Problem: die **Brücke von Karrebæksminde**. Sie ist ein echtes, wirklich schönes Museumsstück. Es wäre ein unglaublicher Zufall, wenn sie sofort hochginge; erfahrungsgemäß muss man warten und das heißt: Man muss wohl oder übel festmachen. Und das geht ausschließlich linker Hand an der Steinpier, und an der kann eine Yacht nur sehr schwer vertäuen, weil die Festmacher weit auseinander liegen. Dazu der Strom!
Wer nicht durch die Brücke will, der kann auch in den schmalen, langen Schlauch des alten Yachthafens (**1** im Hafenplan) an Stb eindre-

Strom: Normalerweise läuft er im Rhythmus der Gezeiten sechs Stunden in den Fjord hinein und sechs wieder heraus, wobei er immerhin schon 2 bis 3 kn erreicht. Ganz schlimm aber wird es, wenn längere Zeit Starkwind geweht hat: Dann rauscht der Strom mit unglaublichen 4 kn durch den schmalen Hafen. Wer keine kräftige Maschine hat, sollte unter diesen Umständen Karrebæksminde nicht ansteuern; aber selbst mit vielen PS muss man dann schon auf einiges gefasst sein. Wenden kurz vor der Brücke ist unmöglich.

Merke: Wer gegen den Strom läuft, muss dem Entgegenkommer die Vorfahrt lassen.

hen, der aber kaum Platz für Manöver hat. Der Næstved Sejlklub hält an dem langen Steg immer ein paar Plätze für Gäste frei. Seit einigen Jahren kann man auch in den Hafen von Søfronten (**4**) fahren und dort gleich bleiben. Karrebæksminde wird einem nicht schlecht gefallen – ein Ort mit einem guten Milieu. Einstmals ein Fischerdorf, war es später der

Brücke

Die Durchfahrt ist 22 m breit, in geschlossenem Zustand beträgt die freie Durchfahrtshöhe 2,5 m. Vom 1.5. bis 30.9. wird die Brücke in der Zeit von einer halben Stunde vor Sonnenaufgang (frühestens 0500) bis eine halbe Stunde nach Sonnenuntergang (spätestens 2100) bedient, und zwar für Sportboote *nur* zu jeder vollen Stunde.

Man muss sich eine Stunde, bevor man durch die Brücke will, beim Wärter auf UKW-Kanal 16 oder per Telefon (55 44 20 45) melden.

Der Brückenwärter gibt folgende Signale:

1 F.R:	Brücke geschlossen. Durchfahrt verboten.
2 F.R:	W gehender Verkehr darf passieren.
3 F.R:	E gehender Verkehr darf passieren.
Fl.Y:	Sportboote weg von der Brücke! Es kommt ein großes Schiff.

Verladeplatz für die reiche Handelsstadt Næstved. Doch seitdem Næstved selbst einen Hafen besitzt, hat Karrebæksminde seine einstige Bedeutung eingebüßt. Dafür ist es jetzt eine große Freizeitattraktion. Fischer gibt es nur noch ein paar hier, dafür eben Unmengen von Touristen, die wegen des schönen Badestrands und der lieblichen Landschaft hierherkommen und die sich – wie es die Dänen mögen – zu Tausenden in Sommerhäusern oder auch in kompletten Ferienzentren hier angesiedelt haben. In den letzten Jahren hat sich der Hafen immer mehr zu einem echten Touristenzentrum entwickelt, mit Imbissbuden am Strand, guten Fisch- und anderen Restaurants – ein ziemlicher Rummel, aber nicht übel.

Liegeplatz und Versorgung: *Die äußere Steganlage (1) des Næstved Sejlklubs wurde schon erwähnt; wer das Glück hat, hier unterzukommen, liegt gut; der Hafen ist allerdings sehr, sehr eng und verwinkelt. Der Club hat jenseits der Brücke eine zweite Steganlage (2), den Innenhafen des Næstved Sejlklubs, der etwas versteckt hinter einer Sumpfinsel liegt. Die Anfahrt dorthin ist ziemlich verzwickt, die Anlage zudem so eng, dass man kaum manövrieren kann. Aber ein sehr guter Hafen, mit guter Versorgung und einem wunderbaren Blick über den Fjord. Die dritte Möglichkeit bietet das Becken der Feriensiedlung Søfronten (4). Man kann aber auch östlich der Brücke, gleich dahinter, am Südufer des Kanals (3) festmachen, um alsdann die Lage an den Stegen von Liegeplatz 2 zu Fuß zu erkunden. Wenn nichts frei ist, darf man hier vorne bleiben, was größeren Schiffen sowieso empfohlen sei. Beim Anlegen muss man wegen des Stroms fix die Leinen ausbringen.*

*Zur Not könnte man auch außen vor dem Hafen **ankern**, und zwar nördlich und südlich der Einfahrt (Grund Sand, Lehm): Man liegt jedoch*

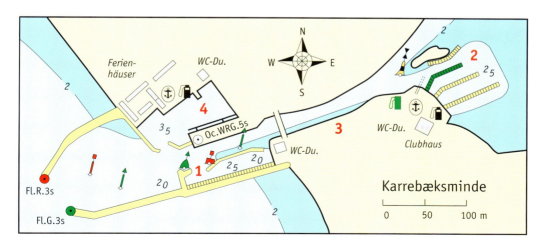

vor den Badestränden, die mit gelben Spieren markiert sind, nicht ruhig, sollte hier auch nicht zur Nacht bleiben. Wasser und Strom an den Stegen, Treibstoff, WCs und Duschen s. Plan; Mastenkran bei Liegeplatz 2.

> **Wasserstand**
> Tidenhub 0,5 m. Winde aus NW können den Wasserstand um 1,2 m erhöhen, Winde aus SE können ihn um 0,6 m senken.

Ob man weiter nach **Næstved** soll, ist so eine Frage: Eine 4,5 sm lange Rinne führt durch ein zwar breites, doch auch sehr flaches Gewässer. Zumal ein Segelboot sowieso nicht ganz bis nach Næstved kommt. Die »Svingbro« wird für Sportboote nicht eigens geöffnet (Durchfahrtshöhe in geschlossenem Zustand: 8 m).

Das Einzige, was eventuell Sinn machte: bis zum **Kanalhafen** zu fahren. Der liegt am Anfang des schnurgeraden Kanals, der nach Næstved hineinführt. 3 Seemeilen von Karrebæksminde entfernt. Ein schön gelegener, kleiner Hafen (Wassertiefe 2,5 bis 3 m), ein gut geschütztes Becken, mit Clubhaus, WC und Duschen, Wasser und Strom am Steg. Er gehört ebenfalls zum *Næstved Sejlklub*. Zur Stadt hätte man vom Kanalhafen aus eine gute halbe Stunde zu gehen.

Næstved ist mit dem Boot kein »Muss«. Wer gut beraten ist, fährt von Karrebæksminde aus mit dem Bus dorthin. Die Stadt mit ihren heute gut 40 000 Einwohnern ist ein bedeutendes Wirtschaftszentrum im südlichen Seeland. Dessen ungeachtet hat sie sich im Kern ein mittelalterliches Milieu mit vielen alten Bürgerhäusern bewahren können. Über 800 Jahre alt, entstand sie einst um das Benediktinerkloster Skt. Peder herum, das bereits um 1100 gegründet wurde.

Von Karrebæksminde aus westwärts fährt man an einer überaus eindrucksvollen Küste entlang, die von den Dänen »glitzernde Doppelküste« genannt wird. Das Glitzern kommt von den großen, gelben Klintküsten, die in der Sonne tatsächlich wie Gold glänzen, und mit Doppelküste ist die Lagunenlandschaft um das *Holsteinborg Nor* und das *Basnæs Nor* gemeint. Die **Kliffküsten** stehen in einem faszinierenden Kontrast zu den dunklen Wäldern, die sich an der ganzen Küste entlangziehen. Die Lagunenküste der *Insel Glænø* wäre ein schöner Abschluss eines Törns durch das westliche Smålandsfahrwasser, besonders, wenn man noch ein paar Tage übrig hat, die man hier in dieser wundervollen und auch interessanten Landschaft verbringen kann. Immer vorausgesetzt, das Boot geht nicht zu tief.
Da gibt es einmal im *Holsteinborg Nor* den kleinen Bootshafen von

Bisserup, den man durch eine schmale Rinne erreichen kann. Diese Rinne ist nur etwa 20 m breit und hat eine Solltiefe von 2,5 m. Das erreicht sie aber bestenfalls kurz nachdem gebaggert wurde. Das geschieht jedes Jahr, aber ebenso regelmäßig versandet die Zufahrt wieder. 1,6 m wäre ein vernünftiges Maß. Obwohl angeblich Boote mit einem Tiefgang bis zu

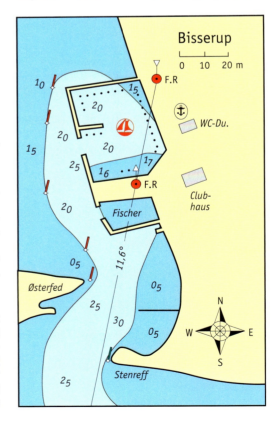

2 m den Hafen erreichen sollen. Zeitweise baut sich außen vor der Einfahrt eine Barre mit nur 0,5 m Wasser auf. Im Hafen liegen Kielboote, die ja rein und raus müssen, also wird man wohl die Untiefe immer wieder wegbaggern. Man muss es einfach mal ausprobieren.

Zur Ansteuerung eine r.w. Kugeltonne, danach rote und grüne Spieren/Stangen. Von der Ansteuerungs»tonne« aus muss man mit Kurs 012° auf die Rinne zuhalten. Vorsicht: Etwa 200 m östlich der Ansteuerung lauert ein Stein einen halben Meter unter der Wasseroberfläche! Die beiden Baken (mit F.R) mit den roten Dreiecken stehen in Peilung 011,6°. Hält man sich auf dieser Linie, kommt man allerdings dem *Stenreff*, vor dem eine grüne Stange steht, bedenklich nahe. Auch wenn die Wassertiefe ausreicht – die Rinne sollte man stets unter Motor befahren! Bei Starkwind läuft in der schmalen Passage zwischen Glænø – Østerfeld und Bisserup Strand ein Strom von bis zu 4 kn! Welche Richtung er nimmt, kann man sehr schön an den Fischerkähnen sehen, die östlich der Rinne an Bojen schwoien. Ungeachtet der Richtfeuer: Nachts kann man als Ortsfremder den Hafen nicht anlaufen!

Der Hafen hat nicht viel Platz. Es empfiehlt sich, vorher den Hafenmeister anzurufen: +45 2579 8820. Dann erfährt man auch. wie es mit den Wassertiefen in der Anfahrt aussieht.

> **Wasserstand**
> Tidenhub 0,5 m. Nördliche Winde können den Wasserstand um 1 bis 1,5 m erhöhen, Winde aus SE bis SW können ihn um 0,75 m senken.

Für das einstige, immer noch malerische Fischerdorf Bisserup spielt der Fischfang keine große Rolle mehr; die Leute leben heutzutage in erster Linie von den Touristen, die in Massen hierher kommen. Guter Kro nahe beim Hafen.

Man liegt eigentlich immer ruhig im Hafen von Bisserup, am besten am Bollwerk außen, weil die Doppelküste ihn und das Nor perfekt schützt. In das schmale, südliche Becken darf man nicht; es gehört den Fischern. Wasser und Strom an den Stegen. WCs und Duschen. Außen ein sehr schöner Badestrand.

So abschreckend die Beschreibung der Anfahrt auch klingen mag: Wer es sich zutraut, findet hier einen kleinen, eigenartigen Hafen.

Ankerplätze

*Wenn man nach Bisserup nicht hineinkommt, so ist das noch lange kein Grund, sich diese schöne Gegend entgehen zu lassen. Man kann auf Sandgrund recht gut ankern, nämlich direkt vor Bisserup auf der **Bisserup Vestre Red** oder der **Bisserup Østre Red**. Ein Platz, der aber nur bei N und bedingt bei W geschützt ist; bei allen anderen Windrichtungen läuft hier die Welle aus der Weite des Smålandsfahrwassers voll auf.*

*Sehr eindrucksvoll, aber auch nur bei den gleichen Bedingungen, liegt man unterhalb der hohen, gelben **Kliffküste von Glænø**. Die 2-m-Linie führt dicht am Ufer entlang, und auch hier hat man Sand als Ankergrund.*

*Den allerbesten Platz, **Basnæs Havn** im Basnæs Nor, darf man nicht mehr ansteuern, weil das Nor zum Wildschutzgebiet erklärt wurde. So muss man außen davor bleiben, vor den beiden Halbinseln. Nicht schlecht, aber kein Vergleich mit dem Basnæs Havn von früher. Auch hier gilt: nur ein Schönwetterplatz. Möglichst nahe an die Osthuk von Feddet heranfahren, siehe Karte!*

Ist man in Bisserup untergekommen, sollte man das Dingi zu Wasser lassen, um diese schöne Lagune voll und ganz erleben zu können, eine Wasserlandschaft, die ihresgleichen sucht. Überall am Ufer findet man noch die uralten, breitkronigen Eichen. Am Nordufer erhebt sich über dem Schilf die **Holsteinborg**, die mit ihrem blauschwarzen Dach, den Zinnen und Türmchen wie ein Märchenschloss wirkt – und als Kontrapunkt dazu im Westen: die gewaltige Raffinerie von *Stigsnæs*.

In den Gewässern von Falster und Møn

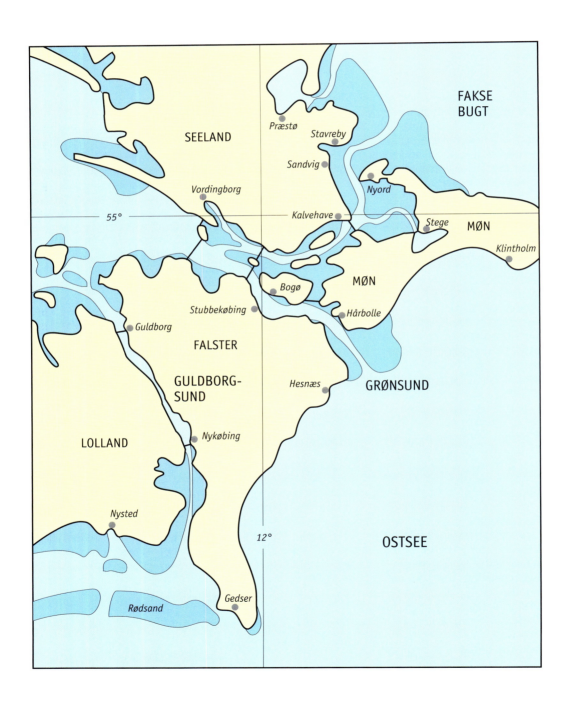

Törnvorschlag 4:

Von Guldborg nach Præstø

Dies ist ein ziemlich langer Törn. Lässt man jedoch den Guldborg Sund und den Grønsund aus, fährt man also allein durchs östliche Smålandsfahrwasser, dann werden es nicht mehr als ein paar Tage werden. Wollte man vom Storstrom aus ohne Aufenthalt weiter zur Fakse Bugt und zum Sund, so könnte man diese Strecke leicht in einem Tag absegeln. Ein Törn also, der zeitlich sehr variabel ist.

Kritisch ist eigentlich nur das Stück zwischen Gedser und dem Grønsund; es ist völlig ungeschützt und, bis auf das kleine Hesnæs, auch ohne Hafen.

Ansonsten fährt man vorwiegend durch ein sehr geschütztes Revier, das freilich nicht ganz unproblematisch ist: einmal wegen der vielen Flachs, die ein exaktes Fahren nach Tonnen erfordern, dann wegen des Stroms, der manchmal so stark setzt, dass man ihn nicht mehr aussegeln kann, und schließlich angesichts des Mangels an Leuchtfeuern, was es verbietet, weite Strecken nachts zurückzulegen.

Man wird viele und manchmal auch idyllische Häfen finden, dazu eine Menge Ankerplätze. Von den drei Inseln Lolland, Falster und Møn lohnt nur Letztere einen längeren Aufenthalt und Landgang; Falster und Lolland sind im Vergleich zum schönen Møn doch nur flache, ziemlich langweilige Zuckerrübeninseln.

Das östliche Smålandsfahrwasser kann auch für den, der eigentlich zum Sund oder nach Bornholm wollte, eine Alternative sein, wenn es auf der freien See zu sehr wehen sollte, indessen nur dann, wenn der Tiefgang des Bootes nicht mehr als 2 m ausmacht.

Dieser Törnvorschlag schließt nahtlos an den Törnvorschlag 3 »Zum Smålandsfahrwasser« an und führt weiter zum Törnvorschlag 5 »Zum Sund und nach Kopenhagen«.

Distanzen: Guldborg – **Nykøbing** (9 sm) – Abstecher nach **Nysted** (21 sm) – **Gedser** (11 sm) – **Hesnæs** (22 sm) – **Hårbølle** (6 sm) – **Stubbekøbing** (3,5 sm) – **Bogø** (1,5 sm) – **Vordingborg** (10 sm) – **Petersværft Bro** (7 sm) – **Kalvehave** (4 sm) – **Stege** (4,5 sm) – **Nyord** (5 sm) – **Sandvig** (4 sm) – **Stavreby** (3 sm) – **Præstø** (20 sm).

Der

Guldborgsund, der Lolland von Falster trennt, ist ein landschaftlich streckenweise ungemein schönes, wenn auch nicht immer leicht zu befahrendes Gewässer. Schmal und einem Fluss gleich windet er sich zwischen zumeist flachen und häufig bewaldeten Ufern vom Smålandsfahrwasser zur Ostsee bei Gedser hin.

Im Gegensatz zum tiefen Grønsund ist er von größeren Schiffen nicht auf den gesamten 16 sm befahrbar; sie gelangen vom Smålandsfahrwasser aus nur bis Nykøbing. Yachten mit weniger als 2 m Tiefgang können ihn aber in seiner vollen Länge passieren, dank einer künstlichen Rinne bei *Nordmands Sand* (Wasser*soll*tiefe 2,1 m), die den nördlichen mit dem südlichen Teil des Guldborg Sunds verbindet.

Allerdings: Diese Rinne ist flacher geworden. Zuletzt wurden dort Wassertiefen zwischen 1,3 und 1,4 m gemessen. Zur Sicherheit sich in Nykøbing erkundigen (und den aktuellen Wasserstand beim DMI abfragen (s. S. 7).

Zwei **Klappbrücken** überspannen das Wasser: die eine bei **Guldborg**, dem Ort, der dem Sund seinen Namen gab, und die zweite bei **Nykøbing**, das nicht nur der größte und

> **Strom:** Starker Wind aus SE über S bis SW verursacht nordsetzenden Strom, der in den engsten Stellen des Sunds 4 bis 5 kn schnell werden kann, wobei er gleichzeitig den Wasserstand um durchschnittlich 0,8 m senkt.
> Starker Wind aus NW über N bis NE bewirkt südsetzenden Strom, der ähnliche Geschwindigkeiten wie der Nordstrom erreicht, aber anders als dieser Hochwasser bringt.

bedeutendste Ort am Sund, sondern auch der Hauptort von Falster ist (mehr zu den beiden Brücken bei den jeweiligen Orten). Bei **Hjelms Nakke** unterquert ein **Autobahntunnel** den Sund, ohne uns aufzuhalten. Wir fahren einfach darüber hinweg.

Das **Fahrwasser ist nicht befeuert**; man kann es also nachts nicht befahren, auch nicht in einer sehr hellen Nacht, weil dann immer noch die Gefahr zu groß wäre, eine der dicht an Untiefen und Steinen ausliegenden Tonnen zu übersehen. Der peinlich genauen Beachtung der Tonnen kommt ohnehin eine besondere Bedeutung zu.

Das **Aufkreuzen** ist nicht ohne Risiko. Dennoch lässt es sich nie ganz vermeiden, einmal über den Tonnenstrich hinauszusegeln. Bei Gegenwind muss wegen der Enge der Fahrrinne sowieso meist der Motor gestartet werden.

Bei ruhigem Wetter kann man, außer bei der Ansteuerung eines Hafens, den **Strom** vernachlässigen. Er setzt mit den Gezeiten einmal nord- und einmal südwärts, fast immer aber in Richtung der Rinne, und ist dabei nicht stärker als 2 kn. Bei Starkwind hingegen kann er mehrere Tage in derselben Richtung laufen und auch beträchtliche Geschwindigkeiten erreichen (s. o.). Mit solchen Verhältnissen muss man immer dann rechnen, wenn zwischen dem Smålandsfahrwasser und der Ostsee spürbare Wasserstandsunterschiede herrschen, und zwar so lange, bis sie wieder ausgeglichen sind.

Ankerplätze im Guldborg Sund (von Nord nach Süd)

- Wer, von Norden kommend, zu spät dran ist, um noch die Guldborg-Brücke passieren zu können (Bedienungszeiten nächste Seite), der kann in der **Hildesvig Bugt** zur Nacht vor Anker liegen. Zwar kommt man dem Ufer nicht näher als bis auf 500 m, bestenfalls 300 m (2-m-Linie), aber der dichte Wald bietet doch einigen Schutz (Grund Sand, Kiesel, auch Tang).
- 1 sm südlich der Guldborg-Brücke kann man ostwärts aus der Rinne fahren und auf dem **Middelgrund** ankern, südlich vor *Grimmers Nakke*. Die 2-m-Linie verläuft ca. 200 m vor dem Ufer (Grund Sand, Tang). Das hohe Waldufer bietet guten Schutz. In der Anfahrt unsichere Wassertiefen. Gelbe Ankerbojen.
- Schon nahe bei Nykøbing findet man, ebenfalls am Ostufer, außen vor der **Pandebjerg Hoved Bro** einen bei Winden aus N bis E guten Platz, wenn man es nicht vorzieht, an die 100 m lange Brücke selbst zu gehen, die an ihrem Kopf eine Wassertiefe von 2 m (unsicher) aufweist. Die Brücke gehört zu dem Gut Pandebjerg. Festmachen für eine Nacht ist erlaubt. Beim Ansteuern und Ankern (Grund Lehm, Tang) achte man auf Pfahlreste einer älteren, inzwischen verfallenen Brücke.
- Dort, wo sich der Sund zur 3,5 sm breiten Bredningen öffnet, gibt es am Ufer von Lolland, westlich des Inselchens **Flatø**, die verfallene *Priorskov Bro*. Man kann westlich von Flatø auf gut 4 m Wassertiefe ankern (Grund Lehm).
- In der zum großen Teil flachen und mit Steinen übersäten **Bredningen** findet man vor dem Westufer die beiden schönsten und – ein Dingi vorausgesetzt – auch interessantesten Ankerplätze im Sund: einmal vor dem *Frejlev Skov*, wo man bis auf 200 m ans Ufer heranfahren kann (2-m-Linie) und bei nicht zu starken Winden aus SE über S bis SW und W ruhig und friedlich liegt (Grund Sand, Steine, Tang), zum anderen, etwas schwieriger anzufahren, südlich des Inselchens *Kejlsø* (Grund Sand, Steine, Tang).

Törnvorschlag 4: Von Guldborg nach Præstø

Den beiden zuletzt genannten Plätzen ist eigen, dass man nicht nur behaglich in einer schönen Landschaft liegt, sondern auch noch zu kleinen archäologischen Entdeckungen aufbrechen kann: Im *Frejlev Skov* (Wald) gibt es an die hundert Grabhügel aus der Bronzezeit, und in seinem östlichsten Teil stößt man auf eine große Grabkammer. Auch die Reste einer Wikingerburg sollen hier zu sehen sein, ohne dass ich allerdings Näheres dazu sagen könnte, denn ich habe sie nicht gefunden.

Dort, wo der *Frejlev Å* (Fluss) in einer wunderschönen, schmalen Bucht in die Bredningen mündet, liegt ein großer Stein mit seltsamen Felszeichnungen. Etwas nördlich von hier, an der Mündung des *Flintinge Å*, wurde sogar ein Bootsgrab entdeckt mit einem 5,5 m langen und 1 m breiten Boot, in dem ein Mann aus der jüngeren Steinzeit beigesetzt war.

Wahrschau: Steine jeder Menge und Größe! Man fahre in der Bucht sehr vorsichtig, besonders an ihrem südlichen Ausgang bei der schwarz-gelb-schwarzen Tonne östlich von *Herringen*. Hier liegt ein großer Findling (WP 4524: 54°41,55'E 011°52,63'N).

Der erste Ort mit Hafen, den man von Norden kommend ansteuert, ist

Guldborg, ursprünglich ein wichtiger Fährplatz zwischen Falster und Lolland, bis im Jah-

Guldborgsund-Brücke
Eine doppelflügelige Klappbrücke, die bei einer freien Durchfahrtshöhe von 4 m eine Durchfahrtsbreite von 30 m hat. Sie wird (April bis Oktober) von 0800 bis eine Stunde nach Sonnenuntergang bedient.

Sportboote müssen unter Motor die Brücke passieren. Man gibt die üblichen Signale, also Signalflagge »N« bzw. ersatzweise die Nationale auf halber Höhe im Vortopp oder im Want und dazu das Schallsignal »lang-kurz« (–•).

Der Brückenwärter ist auf den UKW-Kanälen 12, 13 und 16 zu erreichen (0700 bis 1600 GZ), Ruf »Guldborg Bridge«, oder telefonisch unter 54 77 00 17.

Die Brücke gibt folgende Signale:
1 F.R: Durchfahrt verboten
2 LFl.R: Brücke wird in Kürze für den Süd gehenden Verkehr geöffnet
2 F.R: Nach Süd gehender Verkehr kann jetzt passieren
3 LFl.R: Brücke wird in Kürze für den Nord gehenden Verkehr geöffnet
3 F.R: Nach Nord gehender Verkehr kann jetzt passieren
3 F.R+
2 F.R: Durchfahrt für Sportboote in beiden Richtungen erlaubt

Bis zum Öffnen muss man einen Abstand von 100 m zur Brücke halten.

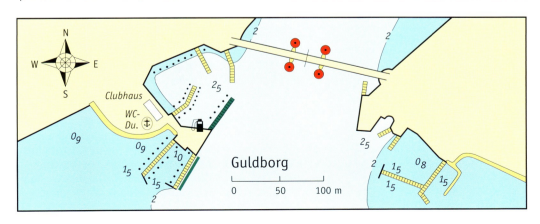

re 1934 die Brücke dem Fährbetrieb ein Ende machte. Trotz des Autotunnels immer noch ein beträchtlicher Verkehr. Die zu beiden Seiten des Sunds gelegene Ortschaft mit ihren 570 Einwohnern hat als einzige Sehenswürdigkeiten eben die Brücke und einen alten Kro auf der Falster-Seite zu bieten.
Um zur Nacht zu liegen, muss man durch die Brücke.

Liegeplatz und Versorgung: Dicht südlich der Brücke, am Ostufer, befindet sich ein etwas derangiertes Bollwerk, das zu einer Zuckerfabrik gehört. Hier darf, aber sollte man nicht festmachen; noch weniger an dem südlich davon gelegenen, winkelförmigen Steg, da dort, wie man aus dem Hafenplan auf der vorigen Seite ersehen kann, die Wassertiefe doch sehr gering ist. Davor liegen außerdem noch mehrere Boote an Murings, sodass man praktisch (man denke auch an den Strom!) gar nicht an den Steg herankommt. Das wird alles nur erwähnt, weil man hier Boote liegen sieht. Der von Yachten üblicherweise angelaufene Platz befindet sich am Westufer, ebenfalls dicht südlich der Brücke, nämlich der Yachthafen. Gastplätze siehe die grünen Markierungen. Man kann außen am Bollwerk längsseits gehen; hier hat man bis zu 3 m Wassertiefe. Besser aber und ruhiger liegt man an den Stegen im Yachthafen, soweit etwas frei. Wer außen am Bollwerk festmacht, muss auf den Strom achten, der mit bis zu 4 kn quer vorbeirauscht. Duschen und WC (s. Plan). Wasser und Strom an den Stegen. Diesel. Lebensmittel im Ort.

Wasserstand
Tidenhub 0,3 m. Starkwind aus NW bis NE kann den Wasserstand um 0,8 m erhöhen, Starkwind aus SW bis SE kann ihn um 0,8 m senken.

Von

Nykøbing, dem größten Ort am Sund, sieht man zuallererst die hohen weißen Silos, wie es bei den meisten Häfen im Agrarland Dänemark der Fall ist. Aber das 16 000 Einwohner zählende Städtchen ist zuvorderst eine Industrie- und Handelsstadt und obendrein noch Hauptort der Insel Falster. Von außen betrachtet wirkt Nykøbing mit seinen Silos, den Lagerhallen und Fabriken nicht sonderlich anziehend; es gewinnt aber beträchtlich, wenn man durch die Stadt spaziert. Sie bietet zwar kein einheitliches, geschweige denn altertümliches Bild, gibt sich in den engen Einkaufsgassen aber doch recht lebendig. Bei einem solchen Spaziergang wird man auch auf ein paar alte Fachwerkhöfe stoßen, die an vergangene Bürgerherrlichkeit erinnern. Der schönste dieser Höfe, **Czarens Hus**, diente Zar Peter dem Großen im Jahre 1716 als Herberge. Er scheint sich hier sehr wohl gefühlt zu haben, denn er ließ mehrmals Gelder überweisen, damit das Haus auch gut in Ordnung gehalten werde. Diese Zahlungen waren allerdings mit der Auflage verbunden, dass der russische Staat das Vorkaufsrecht an dem Haus haben müsse, sollte es einmal veräußert werden. Angeblich gilt diese Option auch heute noch, ohne dass dies allerdings Folgen hätte, denn in dem Haus ist jetzt das Heimatmuseum von Falster untergebracht, und so wird wohl niemand daran denken, es zu verkaufen. Typisch dänisch: Zur Hälfte ist Czarens Hus auch Restaurant.

Vom einstmals wichtigsten und größten Bauwerk der Stadt findet man nur noch kümmerliche Reste: der **Sundeborg**, einem wehrhaften Schloss, das auf einer Halbinsel, nahe dem heutigen Fischerhafen, gestanden hat. Mit einiger Fantasie kann man Ruinenreste davon am Ende der Slotsgade erkennen. Die Sundeborg wurde wie viele dieser Burgen um 1100 zum Schutz gegen die Wenden gebaut, die damals immer wieder plündernd über das südliche Dänemark herfielen. Aber bereits 1253 wurde das Schloss erstmals gestürmt, und zwar von den Lübeckern, die, wie so oft, auch zu der Zeit in Fehde mit den Dänen lagen. Wiederaufgebaut, spielte das Schloss in der dänischen Geschichte dann mehrfach eine wichtige Rolle. So schloss hier die große Königin Margarete I. mit der Hanse einen Pakt gegen die Vitalienbrüder, um deren Unwesen in der Ostsee ein Ende zu bereiten. Im Schwedenkrieg (1658–1660) wurde die Sundeborg erneut erstürmt, von den Schweden aber durchaus pfleglich behandelt. Zeitweise wohnte eine Königswitwe hier, Sophie von Meck-

Törnvorschlag 4: Von Guldborg nach Præstø

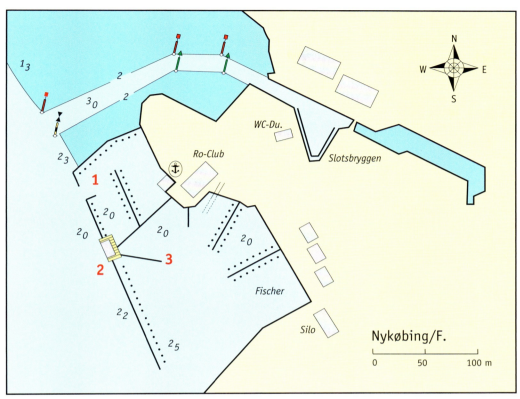

lenburg, aber bereits 1767 wurde das Schloss, das inzwischen auch arg heruntergekommen war, an ein Konsortium einheimischer Kaufleute verhökert, die es abreißen ließen und das Baumaterial weiterverkauften. Im Museum kann man auf alten Stichen sehen, wie mächtig und beherrschend die Sundeborg einst am Guldborg Sund gestanden hat.

Recht ansehnlich sind die Reste des Klosters der Franziskaner, die die Dänen »Gråbrødre«, graue Brüder, nannten. Es stehen noch die **Gråbrødrekirke** und der Westflügel des Klosters. Die Kirche zeigt eine reiche Ausstattung, die sie vornehmlich der Königswitwe Sophie verdankt. Sie schenkte der Kirche den schönen Altar und eine 30 Quadratmeter große Wandtafel, auf der fünf Generationen ihrer mecklenburgischen Vorfahren verewigt sind.

In der Kirche ist der Hofarzt Simon Paulli (1604–1680) begraben, dem Dänemark das grundlegende und kostbar illustrierte Botanikbuch **»Flora Danica«** verdankt, das als Name eines weltbekannten Porzellans heute noch geläufig ist. Im früheren Klostergarten wurde zur Erinnerung an den Autor der »Flora Danica« ein Kräutergärtlein angelegt.

Hinweis: Jeden Freitagnachmittag im Sommer Jazz auf dem Marktplatz. In der ersten Augustwoche finden die Nyköbing-Festtage statt: Musik, Theater, Sport.

Liegeplatz und Versorgung: *Große Boote sollten außen an der Bretterwand festmachen (2). Das ist gar nicht so schlecht, aber unter Umständen sehr unruhig. Dann kann man an die Stege des Yachthafens verholen, also entweder nach 1 oder nach 3; Letzteres ist besser, denn im Becken 1 ist es doch sehr eng. An den Fischersteg darf man nicht. Schließlich gibt es auch noch die Liegeplätze »Slottsbrygge«: Das ist ein Hafen, der zu einem Komplex moderner Wohnhäuser gehört. Der vordere Teil, bis zum Brücklein, wird für Gäste frei gehalten. Am Hafen wird viel gebaut. Die Versorgung ist hinreichend. Wasser und Strom an den Stegen. Im Haus des Ro-Clubs Duschen und WCs.* ▷

Wasserstand
Tidenhub 0,4 m. Sturm aus NW bis NE kann den Wasserstand um 1,5 m erhöhen, Sturm aus SW bis SE kann ihn um 0,6 m senken.

Werft, Slip, Werkstatt. Die Tankstelle am Hafen ist weg; man muss Treibstoff von einer Straßentankstelle holen.
Hinweis: Nykøbing hat drei weitere Häfen für Yachten. Einmal, nördlich der Brücke, am Westufer, die Stege des **Toreby Sejlklubs**, eine propere Anlage mit kleinem Clubhaus usw. Nachteil: Man liegt zu weit weg vom Zentrum der Stadt und muss den langen Weg über die Brücke machen. Am Ostufer des Sunds liegt der **Südbootshafen**: Wassertiefe nur 1,6 m, in der Anfahrt noch weniger. Schließlich gibt es südlich der Brücke, und zwar am Ufer von Falster, die alte Steganlage der **Lergravsbroen**, Wassertiefe um 1,5 m. Alle drei sind nicht zu empfehlen.

Wahrschau! Die Rinne im südlichen Guldborg Sund soll auf 2,1 m Tiefe gehalten werden. Zur Sicherheit sollte man sich über die aktuelle Tiefe informieren: Sowohl an der nördlichen Einfahrt zum Sund wie auch an der Kong Frederiks IX Bro sind Pegel angebracht. Man kann auch über die UKW-Kanäle 12 und 16 beim Brückenwärter anfragen.

Will man weiter südwärts, so muss man durch die zweite Brücke über den Guldborg Sund, die **Kong Frederiks IX's Bro**, eine Klappbrücke. Spätestens querab von *Flintholm Rev*, wo man den Guldborg Sund verlässt, wird man den Unterschied zwischen den geschützten Gewässern des Sunds und den weiten Seeräumen der Ostsee spüren, auch wenn der *Rødsand* als gewaltige Barre das Gröbste noch abhält.

Querab von **Flintholm Rev** angelangt, kann man – so man Zeit hat, lohnend wäre es immer – einen Abstecher westwärts nach *Nysted* und zum schönen Schloss Ålholm machen. Von der gelb-schwarzen Tonne *s. Flinthorne Rev* (WP 4539: 54°37,57'N 011°50,71'E), die am

Kong Frederiks IX's Bro

Öffnungszeiten:
1.4. – 31.5.: 0700 – 1900
1.6. – 31.8.: 0700 – 2000
1.9. – 30.9.: 0700 – 1900

Die nächste Öffnungszeit wird auf einem Digitaldisplay angezeigt.

Die Brücke hat eine Durchfahrtsbreite von 20 m und eine Durchfahrtshöhe in geschlossenem Zustand und bei normalen Wasserstand von 4 m.

Man kann mit dem Brückenwärter auf den UKW-Kanälen 12 und 13 in Verbindung treten: Ruf »Nykøbing Bridge«. Oder telefonisch unter 54 82 31 70.
Man gibt die gleichen Signale wie bei der Guldborg-Brücke (vgl. S. 117). Der Brückenwärter antwortet mit folgenden Signalen:

1 F.R:	Durchfahrt verboten
2 LFl.R:	Brücke wird bald für den nach S gehenden Verkehr geöffnet
2 F.R:	Nach Süd gehender Verkehr darf passieren
3 LFl.R:	Brücke wird bald für den nach Nord gehenden Verkehr geöffnet
3 F.R:	Nach Nord gehender Verkehr darf passieren
3 F.R + 2 F.R:	Sportboote dürfen in beiden Richtungen passieren

Man muss bis zum Öffnen einen Abstand von 250 m zur Brücke halten. Segelboote passieren unter Motor.

südlichen Ausgang des Guldborg Sunds liegt, sind es bis zu dem malerischen Städtchen nicht mehr als gut 5 sm.

Die weitflächigen Gewässer nördlich des **Rødsands**, die es dann zu queren gilt, haben mehrere sehr kritische Untiefen, zumeist Sände mit vielen Steinen darauf. Auf dem hier vorgeschlagenen Weg nach Nysted kommt man zweien davon etwas nahe: dem Flach *Pollen* (0,6 m) und dem *Metgrund* (0,3 m); aber nur

Nysted.

nahe und nicht zu nahe, wenn man sich exakt an die Tonnen hält, die, dicht gesetzt, durch das flache Wasser zum Hafen von

Nysted führen. Das Städtchen liegt malerisch am Ostufer einer sumpfigen Bucht, niedrige Häuser zumeist, die sich um die schöne gotische Backsteinkirche mit ihrem spitzen, grünen Turm scharen. Gegenüber am anderen Ufer der Bucht steht unter jahrhundertealten Bäumen das mächtige **Wasserschloss Ålholm**, die wohl größte Sehenswürdigkeit Lollands. Das Städtchen ist im Schatten dieser Burg entstanden, die man bis auf das 10. Jahrhundert zurückdatiert. In ihrem Schutz konnte man ein wenig Handel und Seefahrt betreiben; die Sandbänke draußen am Rødsand waren zudem ergiebige Jagdgründe auf Seehunde. Aber als Maribo, die zentral gelegene Stadt von Lolland, eine Eisenbahnverbindung bekam und Nykøbing auf Falster seine Brücke über den Sund, da verlor Nysted rasch jede Bedeutung. Das sicher hinter breiten Wassergräben gelegene Schloss lässt noch ahnen, wie wuchtig und wehrhaft diese Burg einst gewesen sein muss. Angelegt zum Schutz Lollands gegen die Wenden, hatte sie eine große strategische Bedeutung. In den letzten 600 Jahren wurde sie immer wieder umgebaut, sodass man jetzt alle Stile dieser Epochen finden kann, aber die Wucht ihrer Erscheinung ist trotz dieser Umbauten nicht verlorengegangen.

Die beiden nördlichen Türme stammen noch von der mittelalterlichen Burg; in einem von ihnen soll der unglückliche Christoffer II. (1319–1326 und 1330–1332) gefangengehalten und ermordet worden sein. Nach harten Auseinandersetzungen mit seinen Rivalen hatte er Ålholm an seinen Halbbruder Johann den Milden von Holstein verpfänden müssen und später an den mächtigen Grafen Gerd von Rendsburg für nur 200 000 Silbermark sogar sein ganzes Land. Wahrscheinlich hatte er mit der Pfändungsurkunde sein eigenes Todesurteil unterschrieben, denn kurz darauf nahmen ihn die Holsteiner gefangen und setzten ihn hier auf Ålholm oder, wie die Reichschronik berichtet, auf Nykøbing fest. Sicher ist jedenfalls, dass er noch im selben Jahr 1332 unter ungeklärten Umständen verstarb.

Nachdem das Schloss aus dem Pfand ausgelöst war, diente es lange Jahre den dänischen Königen als Aufenthaltsort. Häufig war es auch als Alterssitz verschiedener Königswitwen nützlich, bis es 1725 an ein deutschstämmiges Adelsgeschlecht, die Familie Raben-Levetzau, verkauft wurde, in deren Besitz es sich heute noch befindet.

Das Schloss mit seiner wertvollen Inneneinrichtung darf besichtigt werden; auch sonst hat die gräfliche Familie einiges für den Tourismus übrig: Im Schlosspark fährt eine Veteranenbahn zu den Badestränden im Süden, und im nahen Stubberupgård wurde ein **Automuseum** mit wunderschönen Oldtimern eingerichtet. Dort kann man Bugattis, Daimlers,

Wasserstand
Sturm aus NE kann den Wasserstand um 1,2 m erhöhen, Sturm aus NW kann ihn um ebenfalls 1,2 m senken.

Horchs und wie die Nobelkarossen alle heißen bewundern, die in der guten alten Zeit quasi noch von Hand geschneidert wurden.

Liegeplatz und Versorgung: Liegeplätze sind im Sommer recht knapp. Man sucht sich nach Tiefgang des Bootes einen freien Platz oder lässt ihn sich vom Hafenmeister zuweisen. Allerdings: Die Wassertiefen betragen an den Stegen nie mehr als 1,8 m, für große Boote möglicherweise zu wenig. Größere Boote deshalb in das Becken vor dem Hafenkontor (grüne Markierung). Wasser an den Stegen, Treibstoff s. Plan. Die im skandinavischen Stil gebauten, rot und weiß angemalten Hütten passen gut hierher. Duschen und WC und ein Restaurant mit Terrasse. Duschen und WC gibt es auch beim Segelclub und bei der Hafenmeisterei.

Hinweis: Den Pavillon »Vindens Verden« besuchen – Infos über den Windpark Rødsand.

Ankerplatz: Wer im Hafen nicht unterkommt, kann zwischen Harken und Metgrund westwärts aus dem Tonnenstrich fahren und auf 2,5 m Wassertiefe ankern (Grund Sand, Lehm, Tang); geschützt bei Winden aus NW über N bis NE und bedingt noch bei E.

Um den Törn rund Falster fortzusetzen, würde ich vorschlagen, südlich von Nysted über den Rødsand zu fahren und dann ostwärts auf Gedser zuzulaufen. Der

Rødsand ist eine 13 sm lange Barre, die sich vom *Leuchtturm Hillekrog* im Westen bis nach *Gedser Odde* im Osten erstreckt. Der Rødsand

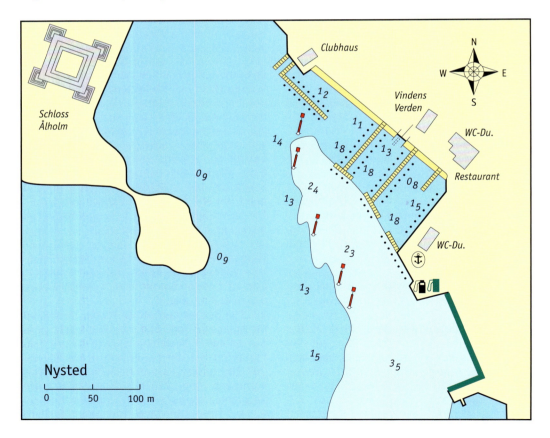

Nysted.
Schloss Ålholm.

besteht, wie sein Name schon sagt, hauptsächlich aus Sand, es kommen aber auch Steine vor. Zum größten Teil ist er gerade noch überflutet; an einigen Stellen liegen auch Sandinseln, die selbst bei HW aus dem Wasser ragen, andere, weite Teile fallen bei NW trocken. Insgesamt eine ziemlich tückische Angelegenheit, zumal der Rødsand höchst unzulänglich betonnt ist; sobald man in seine Nähe kommt, sollte man das Echolot einschalten und tunlichst nicht über die 6-m-Linie fahren. Will man ihn queren, so gibt es nur zwei Möglichkeiten: einmal eine tiefe Passage im Osten bei *Kroghage Pynt* (s. u.), schon im Weichbild von Gedser, und eine zweite, **Østre Mærker** genannt, südlich von Nysted. Das Fahrwasser Østre Mærker, das wir jetzt nehmen wollen, ist betonnt, nicht aber befeuert. Die rot-weiße Mitte-Schifffahrtsweg-Tonne *s. Østre Mærker* (WP 4503: 54°34,13′N 011°46,03′E) liegt südlich des Riffs. Von Nysted kommend, liegt man die gelb-schwarz-gelbe Spiere *n. Østre Mærker* (WP 4504: 54°35,59′N 011°45,81′E) an, die man westlich passiert. Die Rinne über das Riff ist mit zwei roten (östlich des Fahrwassers) und einer grünen Tonne markiert. Bei der rot-weißen Mitte-Schifffahrtsweg-Tonne hat man das freie Wasser erreicht. Die Wassertiefe in der Passage ist unterschiedlich; mit mehr als 2,5 m sollte man nicht rechnen, und auf Versandungen muss man gefasst sein.
Bei ruhiger See und gutem Wetter lässt sich Østre Mærker ohne weiteres befahren; sonst bleibt man besser nördlich des Rødsands und quert ihn erst im tiefen *Kroghage Dyb*.
Die gelben Spieren um die *Sandinsel Fugleholm* markieren ein Wildschutzgebiet.

Nysteds Windkraftpark. Diese riesige Anlage – angeblich die größte der Welt – berührt uns auf diesem Törn nicht. Man sieht sie aber, und wie! Im Osten die Anlage *Rødsand 1*, die 2003 in Betrieb genommen wurde, im Westen die Anlage *Rødsand 2*, die 2010 ans Netz ging. Die Anlage 1 besteht aus 72 Windturbinen, die 165,6 MW liefern, Anlage 2 aus 90, die 207 MW leisten; das entspricht dem Stromverbrauch von 230 000 Haushalten. Die Rotorenblätter haben einen Durchmesser von 92 m. Die Turbinen wurden von Siemens geliefert. Durch *Rødsand 1* führt diagonal hindurch eine **Passage**, markiert mit Grün und Rot an den Pfeilern.

Wenn man nicht den Abstecher nach Nysted machen will, fährt man stattdessen weiter südwärts, nahe am Ufer von Falster entlang, bis man, dicht vor Gedser, auf die

Gedser Marina stößt. Seit es sie gibt – auch schon Jahre her –, sind Segler etwas mit Gedser versöhnt, denn früher blieb einem nichts anderes übrig, als sich zusammen mit den Kuttern in den viel zu engen Fischerhafen zu drängen. Herrschte dann noch auflandiger Wind, so wurde das Liegen dort rasch zur Qual. Die große Marina hat mittlerweile etwas Patina angesetzt und wirkt damit gleich um einiges gemütlicher. Ringsum eine stimmungsvolle Dünen- und Strandlandschaft mit einer kleinen Lagune. Durchaus ein Platz, um länger zu bleiben. Nördlich eine große Ferienhaus-Siedlung (auffallend die silbrig glänzende Kuppel zwischen den weißen und gelben Häusern).

Liegeplatz und Versorgung: Am besten macht man an einem der ersten drei Stege fest, an-

Wasserstand
Tidenhub 0,2 m. Starkwind aus NE kann den Wasserstand um 1,4 m erhöhen, Starkwind aus SW bis W kann ihn um 1,4 m senken.

Wahrschau! Im Kroghage Dyb steigt der Landgrund neben der sehr tiefen Rinne extrem steil an. Deshalb stur nach Tonnen fahren. Es kommen immer wieder Yachten fest. Für Schlepper aus Gedser ein einträgliches Geschäft. Wenn man sie denn braucht ...
Bei starken NW- und N-Winden setzt ein harter **Strom** südwärts durch das Dyb.

sonsten zwischen Pfahl und Steg, wo man einen freien Platz erspäht. Wasser und Strom an den Stegen, Treibstoff s. Plan. Mastenkran und Slip in der Nordecke. Ordentliche Duschen und WC. Werft mit Slip (20 t) im Fischerhafen von Gedser.

Den Fähr- und Fischerhafen von

Gedser wird man wohl nur anlaufen, wenn man aus der Ostsee kommt und einem die eine Seemeile zur Marina zu weit sein sollte, oder bei Nacht, denn da käme man nur schlecht, wenn denn überhaupt zum Yachthafen.
Ob man nun den Fährhafen ansteuert oder den Yachthafen: Man sollte mit allem Respekt den großen Fähren aus dem Wege gehen. »Sollte« ist eigentlich zu wenig: Man muss!

Gedser selbst ist an sich ein ziemlich langweiliger Ort, auf flachem Gelände gelegen und bei Regen vollends trostlos. 200 Menschen wohnen hier. Einerseits, andererseits: Gedser hat eine interessante Geschichte und – auf dem zweiten Blick – auch einiges zu bieten. Dass der südlichste Punkt Dänemarks sich anbot, eine direkte Schiffsverbindung nach Deutschland zu schaffen, liegt auf der Hand. So fuhr schon 1886 ein Raddampfer regelmäßig hinüber nach Warnemünde. Später entwickelte sich daraus die regelmäßige Fährverbindung mit Eisenbahnzügen. Nach dem Zweiten Weltkrieg verlagerte sich das nach

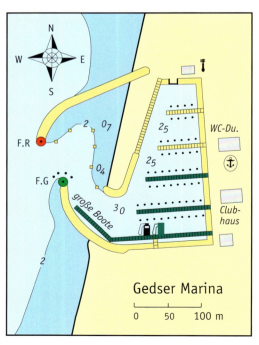

Westen: Es entstand eine Fährverbindung von Großenbrode nach Gedser, die dann aber mit der »Vogelfluglinie« eingestellt wurde, da nunmehr die Fähren von Puttgarden hinüber nach Rødby fuhren. Das war kürzer. Inzwischen, das heißt als Folge der Wiedervereinigung, gibt es wieder die Verbindung nach Rostock. Im Zwei-Stunden-Takt pendeln die Fähren über die Ostsee, transportieren aber keine Eisenbahnzüge mehr, sondern nur noch Kraftfahrzeuge. Zur Erinnerung an die »Eisenbahnzeit« wurde die »Gedser Remise« als Museum eingerichtet, ein alter Lokschuppen, in dem jetzt Lokomotiven, Waggons und sonst alles Mögliche ausgestellt wird (geöffnet von Juni bis August täglich von 1100 bis 1600).
Der Fischerhafen hat eine gewisse und gar nicht schlechte Atmosphäre und dazu ein paar sehr gute Fischgeschäfte direkt am Kai.

Ansteuerung: *Gedser ist erfreulicherweise ein leicht zu findender Hafen. Da sind einmal die großen Fähren, an denen man sich orientieren kann. Dann der weiße, 20 m hohe Leuchtturm, 1,5 sm südöstlich des Hafens. Am Hafen selbst schließlich die Gedser-Tagmarke, ein Gestell mit einem orangefarbenen Ball als Toppzeichen, und dazu der wuchtige Turm des Lotsenausgucks. Zum Hafen, der von zwei zangenförmigen Wellenbrechern geschützt wird, führt das Fahrwasser Rødsand Rende, eine 7,5 m tiefe Baggerrinne, einerseits ganz dicht betonnt, zum anderen mit zwei Leuchtbaken an ihrer Ostseite: massiven, runden Steinsockeln mit Gittermasten als Feuerträger. Wegen der Fähren, die durch diese Rinne müssen und dabei allen Platz brauchen, müssen Yachten dann außerhalb bleiben: Wenn man die Kirche von Gedser in Linie mit der von Gedesby hat, so kommt man auf diesem Kurs außerhalb der Rinne und auf mindestens 2,5 m Wassertiefe direkt zum Hafen.*

Gedser anzulaufen, ist an sich verboten. Bei Nacht oder schlechter Sicht ist es erlaubt, man muss allerdings immer in den Fischerhafen! Zwar hat die Marina eine Molenbefeuerung (F.R und F.G), aber der Weg dorthin, vorbei am steil ansteigenden Rødsand, ist nicht befeuert und birgt deshalb auch ein beträchtliches Risiko!

Das **Gedser Rev** stört Yachten selten und uns auf diesem Törn überhaupt nicht. Wir laufen von der Gedser Marina aus ganz landnah durch das *Kroghage Dyb* auf **Gedser Odde** zu, den südlichsten Punkt Dänemarks. Von hier aus erstreckt sich in südöstlicher Richtung, auf das große Gedser Rev zu, das **Gedser Landrev**, das eine Mindestwassertiefe von 1,8 m hat. Wem das reicht, der kann dicht unter Land Gedser Odde runden, wem nicht, der muss bis zu der roten Tonne *Gedser Landrev* (WP 4532: 54°32,68'N 011°59,76'E), die gut 1 sm südöstlich der Huk ausliegt. Danach nordwärts, immer an der zumeist flachen, mit Deichen geschützten Küste von Falster entlang, vorbei an den feinsandigen Stränden des Ostseebades *Marielyst*, bis ein langer und hoher, gelbbrauner Abhang, der von Buchenwäldern gekrönt ist, die Nähe des Fischerhafens

Hesnæs ankündigt. Die Ansteuerung ist nicht ganz einfach. Zunächst sollte man dem Ufer nicht näher als bis auf 0,5 sm kommen; 1 sm wäre noch besser, denn die Fischer spannen ihre Netze sehr weit hinaus. Danach muss man mit Kurs +/− 020° die sich nach SW öffnende Hafeneinfahrt ansteuern. In der Einfahrt, und zwar mehr zur Außenmole hin, können Versandungen auftreten.
Der kleine Ort am Fuße der großen Buchenwälder, der außerhalb der Saison gottverlassen daliegt, ist in den Urlaubswochen dem Ansturm der Yachten häufig nicht gewachsen. Der Hafen gehört der »Classenske Fideikommission« und wurde Mitte des 19. Jahrhunderts für die Verschiffung von Holz angelegt. Daran erinnert noch der langgestreckte rote Schuppen, in dem früher ein Sägewerk war, unten am Ha-

> **Wahrschau!**
> - Höchstgeschwindigkeit 3 kn
> - Bei Winden aus E einlaufender Strom, bei Winden aus W auslaufender. Bei starkem Oststrom läuft quer zur Hafeneinfahrt ein Neerstrom.
>
> **Wasserstand**
> Bei stürmischen SE-Winden erhöht sich der Wasserstand um 1,8 m, bei stürmischen WSW-Winden sinkt er um 1,5 m.

In den Gewässern von Falster und Møn

Hesnæs.
Ein alter, unverfälschter Fischerhafen.

fen. Pittoresk die strohgedeckten Fischerhäuser, deren Wände gegen Wind und Kälte mit Stroh gepolstert sind. Westlich vom Hafen ein sehr guter, viel besuchter Badestrand.
Sicher kein komfortabler und auf Yachten eingerichteter Platz, aber nicht ohne Charakter.

Liegeplatz und Versorgung: Yachten machen entweder längsseits an der SE-Mole fest oder zwischen Pfahl und Kai in der NE-Ecke, wenn der Hafenmeister nicht einen anderen Platz zuweist. Winde aus Süd ab 4 Bft verursachen im Hafen einige Unruhe. In dem roten Häuschen saubere Duschen und WC.

Wahrschau! Wegen immer wieder auftretender Versandung unsichere Tiefen.

Wasserstand
Tidenhub 0,5 m. Winde aus NE können den Wasserstand um 0,75 m erhöhen, Winde aus SW können ihn um ebenfalls 0,75 m senken.

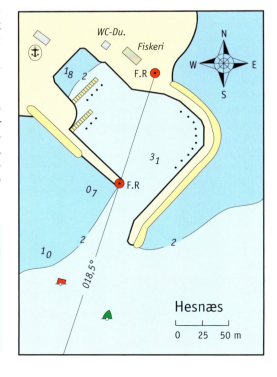

Hesnæs.
Mit Strohmatten verkleidete Häuser. Traditonelle Art der Wärmedämmung.

Wer die Küste von Falster hochschippert, der wird keine Mühe haben, in den

Grønsund hineinzufinden: Bei *Hestehoved* geht es einfach um die Ecke, dann über die Barre, und schon ist man im tiefen Wasser des Sunds angelangt. Aber: Wer zu nahe am Ufer entlangschippert, läuft Gefahr, auf einen Stein (1,2 m) vor der Huk *Stubbehage* zu geraten. Besser, man liegt deshalb von Hesnæs aus erst die rote Tonne *Hestehoved Dyb* (Fl(3)R.10s) an (WP 4521: 54°49,79'N 012°11,36'E): Bei ihr beginnt der Tonnenstrich hinein in den Grønsund.
Anders, wer von weiter her aus der Ostsee kommt: Er sollte zunächst nach dem mächtigen *Østerskov* (Wald) Ausschau halten, denn das ist die auffallendste Landmarke an der Mündung des Grønsunds. Hat man diesen dunklen Fleck von weitem ausgemacht, dann zunächst darauf zuhalten. Je näher man kommt, desto mehr Einzelheiten wird man erkennen können: das weiße Hestehoved-Leuchthaus, die rote Tonne *Hestehoved Dyb* (s. o.) und endlich die Baggerrinne über die Barre.

Bevor man sich über all diese Landmarken und Schifffahrtszeichen nicht im Klaren ist, sollte man nicht in den Grønsund einlaufen; denn vor seiner Mündung erstreckt sich ein gewaltiges Flach, die **Tolk-Gründe**, über die zwar mehrere natürliche Passagen führen, aber nur eine, die betonnt ist und die man deshalb gefahrlos fahren kann: die Baggerrinne mit einer Wassertiefe von mindestens 5 m.

Jeder andere Kurs über die Sände birgt erhebliche Risiken. Auch wenn man noch so viele dänische Yachten oder Kutter quer über die Tolk-Gründe laufen sieht, so sollte man es ihnen keinesfalls nachtun, sondern in der Rinne bleiben, denn die vielen Untiefen und Sandbänke sind alle nicht markiert. Die Karte hilft einem wenig, denn die Lage dieser Flachs ändert sich oft schneller, als die Karten berichtigt werden können. Ursache für diese Veränderungen sind die Materialwanderungen, die wiederum vom **Strom** beeinflusst werden, über den noch zu reden sein wird (s. u.). Von den Stellnetzen der Fischer, die schon mancher Yacht zum Verhängnis wurden, ganz zu schweigen.

Strom im Grønsund. Erhebliche Probleme kann einem unter bestimmten Umständen der Strom bereiten. Damit ist nicht der Gezeitenstrom gemeint, der im Sechs-Stunden-Rhythmus seine Richtung wechselt und dabei keine nennenswerten Geschwindigkeiten erreicht: Die Flut läuft zur Ostsee hin, der Ebbstrom nach Nordwesten zum Smålandsfahrwasser. Vielmehr geht es um den Strom, der durch den Wind verursacht wird und der ab Bft 6 seine kritische Größe erreicht; denn dann setzt er nicht selten mit 6 kn Geschwindigkeit. Das ist schon eine ganze Menge, und manche Fahrtenyacht wird weder unter Segel noch unter Motor dagegen ankommen. Besonders unangenehm ist ein Strom von dieser Stärke dann, wenn man einen Hafen anlaufen will, denn die Einfahrten liegen alle so, dass er quer daran vorbeirauscht.
Merke: Bei Winden aus N oder W läuft der Strom zur Ostsee, bei Winden aus E und S aus der Ostsee zum Smålandsfahrwasser.

Der Grønsund, der sich breit und behäbig zwischen den Inseln Falster und Møn dahinwälzt, gehört nicht gerade zu den Höhepunkten der dänischen Landschaft – kein sonderlich aufregendes Gewässer, das sich aber, anders als etwa der Guldborg Sund, gut aussegeln lässt, denn es ist ziemlich tief und der Landgrund zumeist schmal, sodass man auf weiten Strecken auch gut kreuzen kann, wenn man es gegen den Strom schafft. Die Ufer sind eher flach, und wenn sie einmal zu Hügeln ansteigen, dann tun sie das ganz bescheiden. Der »grüne Sund«, dessen Ufer Grün in allen Schattierungen zeigen, ist in jeder Hinsicht Mittelmaß, aber vielleicht rühren gerade daher die Harmonie und Ruhe, die er ausstrahlt.

Navigatorisch wird man von dieser Passage zwischen Ostsee und Smålandsfahrwasser nicht sonderlich gefordert, bei Tageslicht eigentlich überhaupt nicht. Und hat man erst einmal die Barre überwunden, so kann man die 9 sm bis hinauf zum Storstrøm ganz gemütlich in einem durchschippern.

Die drei **Häfen im Sund** sind von sehr unterschiedlicher Qualität: Der einzige unproblematische ist der von *Stubbekøbing* (s. S. 129); er ist auch der größte. *Hårbølle* (s. rechts) ist in mehrfacher Hinsicht interessanter, bei starkem Strom aber überhaupt nicht anzusteuern; außerdem kann es schwer sein, einen Liegeplatz zu finden. Der Inselhafen *Bogø* (siehe S. 131) schließlich ist an sich nicht schlecht, aber was zeichnete ihn aus gegen das am anderen Ufer gelegene Städtchen Stubbekøbing? Will man sich in schöner und zudem noch interessanter Umgebung ein, zwei Tage erholen, dann sollte man versuchen, in Hårbølle unterzukommen. Sucht man einen Nothafen oder will man Crew und Schiff gut versorgen, dann ist Stubbekøbing das Rechte. Will man die schöne Insel Bogø besuchen, dann sollte man von Stubbekøbing aus mit der Fähre hinüberfahren, nicht aber mit dem eigenen Boot.

Ankerplätze im Grønsund. Auch mit Ankerplätzen ist der Grønsund nicht sonderlich gesegnet. Es gibt zwar welche, aber was man gemeinhin als idyllisch bezeichnet, wird man hier vergebens suchen:

- In der Sundmündung ankert man außerhalb des Tonnenstrichs in der **Abildvig** vor dem schönen Walddufer, das bei Winden aus S bis W einen gewissen Schutz bietet. Die 2-m-Linie verläuft 100 bis 150 m vor dem Ufer (Grund Sand).
- 1 sm weiter nordwestlich findet man bei ähnlichen Bedingungen Schutz unter der Kliffküste **Meelse Klint**, wo die 2-m-Linie etwa 100 m vor dem Ufer verläuft (Grund Sand).
- Auf dem **Gåsesand**, südlich von Skansepynt, ankert man etwa 100 m vor dem Strand auf Sandgrund; Schutz findet man hier bei Winden aus SW bis W.
- Nahe Stubbekøbing bietet sich die weit geschwungene Bucht nördlich von **Porrehuse** als Ankerplatz an, wo man auf 2,5 m Wassertiefe ankert (Grund Sand, Lehm, auch Tang). Die 2-m-Linie führt etwa 150 m vor dem Ufer entlang.

Etwas nördlich davon liegt, ebenfalls am Ufer von Møn, am Rande eines Fichtenwäldchens der Hafen von

Hårbølle, der von den drei Häfen im Sund ganz ohne Frage die beste Atmosphäre hat. 1948 als Fischerhafen gebaut, wird er heute fast nur von Sportbooten genutzt. Fischer gibt es zwar auch noch, aber die führen hier nur noch eine Existenz am Rande. Der Hafen dient vornehmlich einer Charterfirma als Stützpunkt; dazu gehören denn auch ein Kro, eine kleine, finnisch wirkende Ferienhaussiedlung und sonst noch allerlei Urlaubsannehmlichkeiten, wie ein kleiner Swimmingpool im Garten des Kros.

Hårbølle ist trotzdem ein rauer, urtümlicher Platz geblieben, bis auf die Wochenenden, wenn die Crewwechsel auf den Charterbooten stattfinden. Da die Crews dann natürlich so schnell wie möglich aufbrechen wollen, hat man in der Woche durchaus eine Chance, einen freien Platz im Hafen zu ergattern.

Sehr schön und auch besonders interessant ist die Umgebung von Hårbølle: Keine halbe Stunde muss man gehen, um zu der am Ufer des gleichnamigen Fjords gelegenen **Fanefjord-Kirche** zu gelangen, die sich weiß aus dem Grün der Felder und Wiesen erhebt. Ihre Archi-

Törnvorschlag 4: Von Guldborg nach Præstø

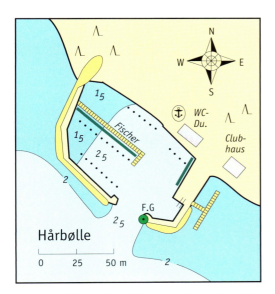

tektur zeichnet sie nicht vor anderen Dorfkirchen aus, wohl aber ihr Innenraum, der von dem berühmten Elmelunde-Meister ausgemalt ist. Der Maler, dessen richtigen Namen man nicht kennt, schmückte in der zweiten Hälfte des 16. Jahrhunderts mehrere Kirchen auf Møn und auch in der weiteren Umgebung mit Kalkmalereien aus; nach seinen Werken in der Kirche von Elmelunde auf Møn (s. S. 138) ist er benannt. Die Fanefjord-Kirche steht der aber in keiner Weise nach.

Um zu verstehen, welche Bedeutung diese Kirchenmalerei einmal gehabt hat, muss man sich vergegenwärtigen, dass die Menschen jener Zeit ja nicht lesen und schreiben konnten. Die Bibel wurde ihnen von den Pastoren nahegebracht, meist mehr schlecht als recht. Die Kirchenmalereien waren deshalb wichtige Illustrationen der Heiligen Schrift. So auch hier in der Fanefjord-Kirche. Dem Elmelunde-Meister gelangen dabei recht plastische und eindrucksvolle »Übersetzungen« der Bibel, wie etwa im westlichsten Joch der Nordseite, wo er drei klatschende Bäuerinnen malte, deren Getuschel von einem Teufel protokolliert wird – eine Illustration des Gebots »Du sollst nicht falsch Zeugnis reden wider deinen Nächsten«.

Auf Møn wimmelt es nur so von Denkmälern aus der Vorzeit: Südlich der Fanefjord-Kirche findet man den schönsten und am besten er-

haltenen **Langdolmen** der Insel: »Grønsalen«, des »Grünen Jägers Hügel«, ein Grab von über 100 m Länge, das zwischen 4000 und 5000 Jahre alt sein dürfte, umgeben von 134 fast mannshohen Randsteinen. Im Hügel befinden sich drei Grabkammern, von denen aber nur noch eine in gutem Zustand ist. Mit diesem Grab verbinden die Einheimischen die Sage vom Jägerkönig Grøn und seinem nächtlichen Jagen, wahrscheinlich ihre Version von Odins wilden nächtlichen Ritten über Felder und Wälder.

Liegeplatz und Versorgung: *Viel Platz hat der Hafen nicht, aber im Allgemeinen kommt man schon unter (siehe grüne Markierungen). Wenn nicht, fährt man die paar Meilen weiter nach Stubbekøbing, wo man immer einen Platz bekommt. Findet man keinen Platz am Steg, so geht man längsseits an die Ostmole; größere Yachten müssen das immer tun. Ordentliche Toiletten und Duschen. Kleinere Reparaturen können ausgeführt werden. Etwa 100 m vom Hafen ein kleiner Lebensmittelladen mit allerdings sehr beschränkter Auswahl.*

Wahrschau: *Höchstgeschwindigkeit im Hafen 2 kn.*

> **Wasserstand**
> Tidenhub 0,2 m. Winde aus NE können den Wasserstand um 1,0 m erhöhen, Winde aus S können ihn um 1,0 m senken.

Scheint Hårbølle voll, sollte man – wie schon gesagt – die 3 sm Wegs nicht scheuen und gleich weiter zu dem großen Hafen von

Stubbekøbing laufen. Dieser größte Ort am Grønsund macht ein bisschen den Eindruck, als bestünde er in erster Linie aus ein paar gewaltigen Silos, zu denen eher beiläufig einige Häuser gehörten. Nur die rote Backsteinkirche stemmt sich gegen diesen ziemlich tristen Ein-

> **Wahrschau!**
> • Höchstgeschwindigkeit im Handels- und Fischerhafen nur 1,5 kn.
> • Quer zur Einfahrt kann ein Strom von 4 kn setzen.

Stubbekøbing.
So sehen die meisten dänischen Provinzstädte aus: ein riesiges Silo, davor ein Hafen, dazu ein Kirchlein, das sich so eben noch aus dem Gewirr der Dächer erhebt.

druck. Ein dänisches Provinzstädtchen, das bei näherer Bekanntschaft enorm gewinnt.

Zum Hafen führt ein Tonnenstrich, der sich etwa 100 m vor der Mole teilt: Nach rechts geht es zu den Silos, geradeaus hinein in den Handelshafen, an den sich ostwärts der Yachthafen anschließt. Yachten mit einem Tiefgang bis zu 2 m sollten in den Yachthafen, was einem auch recht drastisch vor Augen geführt wird: Auf der Nordmole am Fischerhafen hängt ein Schild mit der gebieterischen Aufschrift »Lystbåde«, dazu ein Pfeil nach links. Man läuft also auf die Einfahrt des Fischerhafens zu, dann dicht entlang der Nordmole ostwärts (von ihr aber mindestens 10 m Abstand halten) und dreht danach rechts in den Yachthafen ein, der ziemlich verwinkelt und unübersichtlich ist und wo die Heckpfähle auch recht eng stehen; die früher engen Boxen sind jedoch inzwischen auf bis zu 6 m verbreitert worden, sodass auch größere Schiffe Platz finden. Es ist nicht viel los in Stubbekøbing und deshalb ist man um segelnde Gäste sehr bemüht. Das Städtchen lockt nicht nur mit Freundlichkeit, es bietet auch recht gute Versorgungsmöglichkeiten, bis hin zum guten Essen im Hotel in der Vestergade – und dazu auch noch mit einem Motorrad- und einem Radiomuseum (für einen Regentag).

Stubbekøbing rühmt sich, die **älteste Stadt auf Falster** zu sein. Zu merken ist davon jedoch nichts mehr, sieht man einmal von der alten Backsteinkirche ab. Dabei gehörte der Ort mit seinen heute 2000 Einwohnern im Mittelalter zu den wichtigsten Handelsstädten im südlichen Dänemark. Königliche Privilegien ermöglichten ihm einen lukrativen Handel mit den norddeutschen Küstenstädten; und die selten erteilte Erlaubnis, auf den reichen Fischgründen vor Schonen auf Heringsfang zu gehen, machte das Städtchen reich. Dass es damit über Nacht bergab ging, gehört zu den Ungerechtigkeiten der Geschichte. In der Auseinandersetzung zwischen Christian II. und dem Schleswiger Herzog hielten die Bürger von Stubbekøbing treu zum alten Christian, was schließlich üble Folgen für sie hatte, als der Krone und Reich verlor; denn der Schleswiger, nun als Christian III. König von Dänemark, nahm Stubbekøbing zur Strafe alle Privilegien und erhob Nykøbing zur neuen Hauptstadt von Falster.

Was sich anzusehen lohnt, ohne dass man deshalb eigens nach Stubbekøbing fahren müsste, das ist die alte, romanische Backsteinkirche, die einen schönen geschnitzten Altar hat und von deren Turm aus man einen weiten Blick über den Grønsund und das umliegende Land hat.

Was Stubbekøbing aber weit mehr für Bootsleute interessant macht, das ist einmal seine zentrale Lage im Sund und zum anderen sein guter Hafen mit den vortrefflichen Versorgungsmöglichkeiten.

Liegeplatz und Versorgung: *Yachten sollten nach Möglichkeit in den Yachthafen, der ein wenig vergammelt, jedenfalls nicht so gelek wie eine neue Marina wirkt und gerade deshalb eine gemütliche Atmosphäre hat. Die Boxen entlang der Nordmole werden für Gäste freigehalten, ebenso der Steg linker Hand nach der Einfahrt. Ansonsten darf man auch in den gemütlichen, etwas staubigen Handelshafen, und zwar überall, nur den Platz (mit Tafeln angezeigt) des Sandschiffs muss man frei lassen.*

Der Grønsund Sejlklub hat unter Bäumen ein kleines, behagliches Clubhaus mit Duschen und WC. Gäste sind ausdrücklich willkommen, auch

Wasserstand
Tidenhub 0,4 m. Sturm aus N oder NE kann den Wasserstand um 1,1 m erhöhen, Sturm aus S und W kann ihn um ebenfalls 1,1 m senken (nur für den Yachthafen relevant).

diejenigen, die im Handelshafen liegen. Wasser an den Stegen des Yachthafens, Treibstoff s. Plan. Werft mit Slip ebenso. Guter Zubehörladen mit Werkstatt. Zum Einkaufen in die Stadt nur ein paar Minuten. Die Tankstelle muss man (sehr unhandlich) selbst bedienen. Den Schlüssel dazu bekommt man im Zubehörgeschäft, die Straße zum Markt hoch, linker Hand.

Zum gegenüber liegenden Inselhafen

Bogø möchte ich raten, mit der Fähre hinzufahren, obwohl der kleine Hafen ausgebaut worden ist. Er hat zwei Becken. Wassertiefe im westlichen 2,5 m, im östlichen 2 m. Im westlichen (nur 30 m breit) legt die Fähre an.

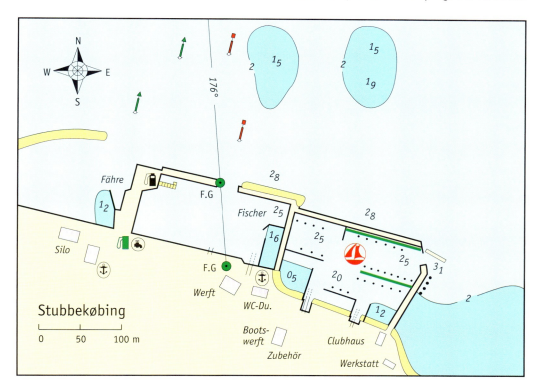

> **Wasserstand**
> Winde aus NNE erhöhen den Wasserstand um 1 m, Winde aus SSW senken ihn um ebenfalls 1 m.

Angesichts des großen, gut eingerichteten Hafens von Stubbekøbing spricht aber wenig für Bogø. Erstaunlicherweise ist die Versorgung recht gut: in der Hafenmeisterei Waschmaschine, Trockner und eine Gemeinschaftsküche. Man kann den Hafen nur über eine schmale, allerdings gut betonnte (und befeuerte) Rinne anlaufen. Setzt, was nicht selten vorkommt, ein stärkerer Strom quer zur Rinne und zur Hafeneinfahrt, so brauchte man schon eine ähnlich
starke Maschine wie die Fähre, um sicher durch diese Rinne zu gelangen – man sollte es also gerade unter solchen Umständen besser lassen.

Eben vor der großen Farø-Brücke liegt am Westufer des Sunds der kleine **Bootshafen Sortsø**: sehr einfach, ländlich, nicht ungemütlich, schöne Lage, aber eher etwas für kleine Boote. Wassertiefe im Hafen 2 m.

Im *Sortsø Gab* passiert man die **Farø-Brücke** (Durchfahrtshöhe 26 m), ein elegantes, kühnes Bauwerk. Voraus nun die alte, 3,2 km lange **Storstrøm-Brücke**, heutzutage ein Baudenkmal, das dem Verkehr auf der Vogelfluglinie nicht mehr gewachsen war und zu dessen Entlastung die Farø-Brücke gebaut werden musste.
Hier am **Storstrøm** verlassen Yachten, die ostwärts zum Ulvsund und weiter in die Fakse Bugt wollen, das tiefe Wasser. Zwar hat man, bis Kalvehave etwa, noch ein paar Seemeilen tiefes Wasser vor sich; wem aber die – theoretischen – 2,3 m Wassertiefe des Bøgestroms nicht reichen, der muss spätestens dort wieder umkehren. Theoretisch deshalb, weil man diese Tiefe nicht überall antrifft.
Um aus dem Storstrøm in den *Ulvsund* zu gelangen, muss man über das große Flach, das sich zwischen ihm und dem **Færgestrøm** erstreckt, wenn man es nicht durch den Masnedsund umgehen will oder muss. Die Wassertiefen auf diesem Flach betragen zwischen 2 und 3 m, manchmal aber auch weniger. Die Tiefenangaben auf der Seekarte sind nicht verlässlich; mit flacheren, nicht auf der Karte verzeichneten Stellen muss gerechnet werden. Bei südlichen Winden, vor allem wenn sie länger anhalten, senkt sich zudem der Wasserspiegel um 1 m.

Um aus dem Storstrøm nordwärts in den Færgestrøm und zum *Ulvsund* zu gelangen, gibt es zwei Möglichkeiten:
- Mit einer tiefgehenden Yacht (an die 2 m oder mehr) bzw. wenn der Wasserstand zu sehr abgesunken ist, sollte man den Umweg über den **Masnedsund** machen, wobei man zuerst durch die Storstrømbrücke läuft, also westwärts, und danach wieder ostwärts in den kleinen Sund hinein. Die Klappbrücke über den Masnedsund wird auf die üblichen Signale hin geöffnet, und zwar ganzjährig von 0600 bis 2200. Man kann den Brückenwärter auf UKW rufen: Kanal 16, Ruf »Masnedsund Bridge«, oder über Telefon: 55 37 76 28. Weil sehr viel befahren, auch von der Eisenbahn, kommt es vor, dass man längere Zeit warten muss. Da im Masnedsund fast immer ein beträchtlicher Strom setzt, muss man bei der Ansteuerung der Brücke einige Vorsicht walten und unbedingt die Maschine mitlaufen lassen.
- Die andere – und übliche – Route geht **quer über das Flach**. Am sichersten von der s.r.s. Tonne (mit 2 s. Bällen) ø.Størstrøm Bro (WP 4572: 54°57,73'N 011°53,90'E) mit Kurs 40° über das Flach. Auf dem Masnedø-Flach eine grüne und eine rote Spiere. Bei der s.g. Spiere hat man nach gut 1,5 sm den Færgestrøm erreicht. Wassertiefe gut 2 m.

Der breite und tiefe

Storstrøm ist der Hauptwasserweg aus dem Großen Belt durchs westliche Smålandsfahrwasser und den Grønsund zur Ostsee. Er ist so breit, dass man ihn schön aussegeln kann. Zwischen

> **Strom:** Winde aus W und NW verursachen einen ostlaufenden, Winde aus E und S einen westlaufenden Strom.

Falster und der Insel Masnedø überspannt ihn die gleichnamige, gut 3 km lange Auto- und Eisenbahnbrücke. Die Durchfahrtshöhen betragen im mittleren Bogenfach 26 m, im nördlichen sowie südlichen je 25 m, die Durchfahrtsbreiten im mittleren Bogenfach 111 m, im nördlichen und südlichen 77 m. Das nördliche Bogenfach darf nur von westwärts fahrenden Schiffen, das mittlere nur von ostwärts fahrenden benutzt werden. Im Abstand von 500 m zu beiden Seiten der Brücke ist das Kreuzen des Fahrwassers verboten.

Unter der Brücke setzt stets Strom, aber erfreulicherweise in der Richtung des Fahrwassers und von nicht allzu großer Stärke. Sowohl der Ebbstrom, der westwärts setzt, als auch der Flutstrom erreichen eine Geschwindigkeit von nur 1 bis 2 kn. Wenn freilich Wind die Strömung vom Wind beeinflusst, dann treten nicht selten Stromgeschwindigkeiten bis zu 5 kn auf.

Am Storstrøm, und zwar an der Küste von Falster, findet man zwei Häfen, die zwar leicht anzufahren, für Yachten aber aus verschiedenen Gründen wenig geeignet sind. Sie werden deshalb nur in aller Kürze beschrieben. Östlich der Brücke befindet sich ziemlich exponiert die Bootsbrücke von

Gåbense, vor Errichtung der Storstrøm-Brücke Ausgangsort für die Überfahrt nach Seeland. Ein kleiner Bootshafen, der, wie eine Insel, durch einen Damm mit dem Festland verbunden ist. An den Stegen 2 m Wassertiefe, sonst 1,6 m. Man liegt bei Wind etwas unruhig. Zum Hafen führt eine betonnte Rinne, hart an Untiefen vorbei.

Der knapp westlich der Brücke gelegene Hafen von

Orehoved (auch Bork Havn genannt) sollte von Yachten nur im Notfall angelaufen werden. In diesem Privathafen von holzverarbeitenden Betrieben löschen Schiffe ihre Ladung, vor allem Hölzer. Die Anlage kann – mit einem Tiefgang bis zu 3 m – auch nachts relativ leicht angesteuert werden. Geschützt liegt man hier nur bei westlichen Winden. Der Hafen ist in keiner Weise auf Yachten eingerichtet.

Vordingborg.
Von der großen Valdemar-Burg, die hoch über dem Wasser liegt, sind nur noch Ruinen vorhanden. In der – sehr flachen – Bucht mehrere Bootsstege.

An dem geschichtsträchtigen und schön gelegenen

Vordingborg wird wohl niemand vorbeisegeln wollen, auch wenn seine Ansteuerung umständlich ist und die Liegeplatzverhältnisse im Nordhafen, dem für Yachten einzig empfehlenswerten, nur als äußerst beschränkt zu bezeichnen sind – und: maximaler Tiefgang 1,8 m, besser nur 1,6 m (Wasserstand S. 135)! Die alte Stadt, heute mit ihrer Industrie ein wichtiger Wirtschaftsfaktor im südlichen Seeland, hat zwei Häfen: den schon erwähnten **Nordhafen** und im Süden den **Masnedsund-Hafen**. Letzterer ist ein reiner Industriehafen und für Yachten wenig geeignet, jedenfalls nicht für einen längeren Aufenthalt. Am östlichen Ausgang des Masnedsunds findet man an der Nordseite ein kleines Becken, in dem einige einheimische Boote und kleinere Fischkutter ihren Platz haben: ein ganz und gar unbrauchbarer Ort! Der einzig richtige Platz für Yachten ist der Nordhafen, der auch recht schön in der flachen Bucht zwischen der parkartigen *Halbinsel Oringe* und der alten *Valdemars-Burg* liegt.

Heute mit seinen 12 000 Einwohnern eine Industriestadt von einiger Bedeutung, hat Vordingborg in der dänischen Geschichte eine wichtige Rolle gespielt – allerdings für einen relativ kurzen Zeitraum. Am Anfang der Stadtchronik steht die **große Burg**, die Valdemar der Große (1157–1182) zum Schutz Seelands vor den Wenden erbauen ließ, jenen aggressiven norddeutschen Küstenbewohnern, die zu der Zeit immer wieder zu Raubzügen nach Dänemark aufbrachen und über viele Jahre eine wahre Gottesgeißel waren. Valdemar dem Großen brachte seine Vordingborg wenig Glück: 1182 starb er hier, angeblich vergiftet von einem kräuterkundigen Abt, der zu dieser Untat vom mächtigen Bischof Absalon, dem Gründer Kopenhagens, angestiftet worden sein soll. Auch ein anderer großer König des Mittelalters, Valdemar der Sieger (1202–1241), starb auf der Vordingborg, im selben Jahr, als er das »Jyske Lov«, das erste für ganz Dänemark geltende Gesetzbuch, hier erlassen hatte. Dieses »Jütische Recht« hatte über Jahrhunderte Bestand, war für seine Zeit erstaunlich human und galt im Herzogtum Schleswig sogar bis zum Jahre 1900.

Mit Valdemar dem Sieger ging der Großmachttraum Dänemarks zu Ende. Als der König, der Estland erobert hatte, starb, schrieb ein deutscher Chronist: »Mit ihm fiel die Krone vom Haupte der Dänen.«

Die Vordingborg blieb auch unter den Nachfolgern der beiden frühen Valdemars ein Sym-

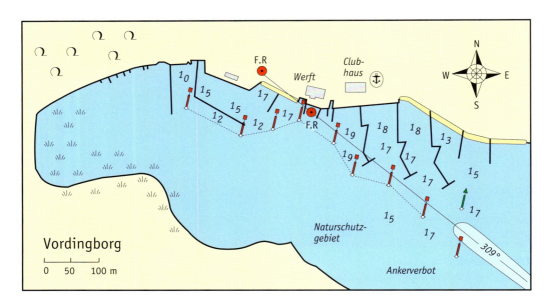

bol der Auseinandersetzung Dänemarks mit den norddeutschen Küstenländern. Valdemar IV. Atterdag (1340–1375) baute die Burg ganz massiv aus, woran er auch guttat, denn er lag mit der zu der Zeit übermächtigen Hanse in dauernder Fehde. Hinter den dicken Mauern seiner Vordingborg aber fühlte er sich so sicher, dass er jeden der 70 Fehdebriefe, die ihm die Pfeffersäcke ins Haus schickten, nur mit Hohn bedachte. Und um seinen Spott aller Welt deutlich zu machen, ließ er auf den höchsten Turm der Burg eine goldene Gans setzen, als Zeichen seiner Verachtung für die Hanseaten, die er als fette Gänse zu verspotten pflegte. Dies war wohl etwas voreilig, denn als die vom Fehdebriefschreiben zum Kämpfen übergingen, bekam Valdemar mit seinen Dänen gewaltig eins aufs Haupt. Die Vordingborg allerdings, die 1351 von der Hanse belagert wurde, hielt jedem Ansturm statt.

Die von einer 700 m langen Ringmauer umgebene Burg verfiel später. Die Könige kamen nicht mehr hierher, sondern residierten in Roskilde oder Kopenhagen. Damit ging es auch mit dem Ort bergab, der rings um die Burg entstanden war.

Diese auf einem Hügel ganz nahe am Nordhafen gelegene **Ruine** ist immer noch sehenswert; zum Teil stehen noch die Mauern und der **Gänseturm** des Valdemar Atterdag sogar in voller Größe: Es ist die touristische Attraktion dieser an sich wenig attraktiven Stadt. Und wenn man schon hier ist, sollte man sich auch die Mühe machen, die vielen Treppen hochzusteigen, bis hinauf zur Bastion, von der aus man einen weiten Blick über das Smålandsfahrwasser und den Grønsund hat. Man bekommt dann eine Vorstellung davon, welche Bedeutung solche Burgen in unserer Vorzeit gehabt haben. Das moderne Vordingborg ist lediglich eine gute Einkaufsstadt, genauer: eine lange Einkaufsstraße, die sich von der Burg bis zum Bahnhof hinzieht.

Im Nordhafen, unterhalb der alten Burg, liegt man jedoch recht idyllisch, und das mag wohl der Grund sein, weshalb man immer wieder gerne nach Vordingborg zurückkehrt.

Liegeplatz und Versorgung (im Nordhafen): *Nicht über die roten Spieren hinausfahren, die den Hafen nach Süden zu begrenzen! Man kann*

Wasserstand
Tidenhub 0,4 m. Sturm aus W bis NE kann den Wasserstand um 1,5 m erhöhen, Sturm aus E bis SW kann ihn um 1 m senken.

keine Liegeplatzempfehlung geben. Die ganze Anlage ist ziemlich verwinkelt: Nach grünem Schild Ausschau halten! Man liegt immer zwischen Pfahl und Steg. Die Pfähle sind im Plan der Übersichtlichkeit halber weggelassen. Man muss sich (0800–1200 und 1700–2100) anmelden und sein Hafengeld bezahlen, sonst gibt es Ärger, wie auf mehreren Schildern im Hafen angezeigt: »... *Unterlassen davon wird Anreden verursachen unter Bezugnahme der geltenden Gesetze!*« *Aber keine Sorge:* »*Velkommen til Vordingborg!*« *Wasser und Strom an den Stegen. Im Clubhaus ein Restaurant, davor ein Kinderspielplatz. Werft mit Slip s. Plan. Weitere Reparaturmöglichkeiten und Kran im Masnedsund-Hafen beim* »*Marine-Center*«. *Zubehör nahe dem Hafen. WC und Duschen. Treibstoff von einer nahen Straßentankstelle, oder (besser) beim Marine-Center im Masnedsund.*

Von Vordingborg zur Ulvsund-Brücke hat man nun 10 sm lang ein überaus schönes Gewässer vor sich. Die Durchfahrtshöhe der **Farø-Brücke** beträgt hier 20 m, die Durchfahrtsbreite 40 m.

Man schippert entlang einer ziemlich hohen und fast durchweg bewaldeten Küste, vorbei an der Sumpfinsel *Lilleø*, dem waldigen *Tærø* und der flachen, buschbestandenen Insel *Langø*. Das Fahrwasser folgt mit dem **Færgestrøm** und dem **Ulvsund** fortwährend der tiefen, wenn auch etwas schmalen, natürlichen Rinne.

Wahrschau: Nördlich vom *Skippergrund*, das ist eben nordwestlich der Farø-Brücke, ist es flach. Nahezu parallel zum betonnten Fahrwasser zieht sich südlich davon der

Kalvestrøm hin, der aus dem Storstrøm kommt und zwischen Tærø und Møn auf dem *Middelgrund* endet. Dieses Fahrwasser, wenn auch unbetonnt, ist von West her gut zu befahren.

Man müsste erst durch die nördliche Passage der Farø-Brücke, sich dann südwestwärts halten, immer parallel zur Brücke, bis man gut 11 m lotet, dann ist man in der tiefen Rinne des Kalvestrøm. Er führt zu einem urigen kleinen Hafen und zu zwei recht guten, landschaftlich sehr schönen **Ankerplätzen:**

- Zunächst zur **Stillingebæks Bugt** am Nordufer von Bogø, und zwar westlich des Hafenwinzlings *Skaningebro*, wo man auf 2,5 m Wassertiefe geschützt bei Wind aus S und W liegt, teilweise auch noch bei E (Grund Schlamm, Lehm, auch Tang kann vorkommen).
- Den landschaftlich schönsten Ankerplatz findet man außen vor der seichten Bucht am Südufer von **Tærø**, zwischen den Huks *Gåsenakke* und *Skallehoved*, wobei man allerdings nur bei N und bedingt bei E und W geschützt liegt. Letzteres hängt davon ab, wie weit man mit seinem Boot in die flache Bucht hineinfahren kann (Grund Schlamm, Lehm, Tang). Gelbe DS-Ankerboje. Die gelb-schwarze Spiere südlich von Skallehoved beachten! Man erreicht diesen Platz am besten von Osten her, also vom Ulvsund, denn die Einsteuerung ist hier mit Spieren markiert (1.4.–15.11.).

Der schon erwähnte winzige Hafen

Skåningebro liegt an Nordufer der Insel Bogø. Ins Becken sollte man nicht hineinfahren, das ist nur 1 m tief. Also außen ans Bollwerk, wo man immerhin noch bis zu 2 m Wassertiefe vorfindet. Vorsicht: Über den Hafen hinweg verläuft eine Stromleitung, nur 5 m hoch. Keine Versorgung. Zum Dorf Bogø Gammelby eine halbe Stunde zu gehen.

Zwischen den Inseln Tærø und Langø windet sich der **Ulvsund** in einer S-Schleife hindurch. Er ist wie das ganze Fahrwasser gut betonnt, und normalerweise folgt man dieser Schleife auch. Man wird aber immer wieder beobachten können, dass andere Boote eine Abkürzung nehmen, nämlich durch das *Søndre Løb*, was mit einem Tiefgang bis zu 1,9 m durchaus möglich ist, denn so viel misst die flachste Stelle. Wer – besser! – in der Rinne bleibt,

Wasserstand
Winde aus NE können den Wasserstand um 1 m erhöhen, Winde aus SW können ihn um 1 m senken.

passiert die am seeländischen Ufer gelegene

Petersværft Bro, eine Betonbrücke, die an ihrem gut 10 m breiten Kopf 1,5 m Wassertiefe aufweist und mit einem Tiefgang von allenfalls 1,3 m sicher angelaufen werden kann (Tidenhub 0,3 m). Liegt schon ein Boot dort, sollte man ohne Verzug weiterfahren. Kann man anlegen, muss man berücksichtigen, dass der Strom genau längs der Pier setzt. Versorgungsmöglichkeiten gibt es hier keine. Der in idyllischer Umgebung gelegene Platz eignet sich aber vortrefflich für eine Kaffeepause. Die Brücke gehört zu dem Gut Petersgård. Man darf längstens 24 Stunden bleiben, und Gäste sind immer willkommen. Nur in das kleine Becken neben der Brücke darf man nicht. Die Petersværft Bro hat ein Gegenüber, einen am Nordufer der

Insel Tarø gelegenen Hafen. Ein Becken von etwa 100 m Länge und 40 m Meter Breite, obwohl: Becken ist nicht ganz der richtige Ausdruck, denn die Ufer sind nur teilweise befestigt, an der Ostseite gar nicht. Wassertiefe etwa 2 m, in der Anfahrt allerdings nur (und bestenfalls) 1,8 m. Ein Privathafen, über den die Insel versorgt wird. Die Ansteuerung erfolgt am besten vom *Ny Farvand* aus, und zwar von der g.s.g. Spiere aus, die 0,4 sm nördlich der Westhuk von Tarø ausliegt. Von hier mit Kurs ca. 100° etwa 0,8 sm weiter, dann mit 160° auf den Hafen zu. Problem: Auf diesem Kurs liegt ein kleines Flach. Also nach Gefühl, südlich oder nördlich daran vorbei. Mit der Seekarte ist das klar. Mit dem vielen Wald ringsum, ein landschaftlich schöner Hafen. Versorgung allerdings null.

Die **Ulvsund-Brücke** (auch Dronning-Alexandra-Brücke genannt) ist eine Bogenbrücke mit einer 80 m breiten Passage bei einer freien Durchfahrtshöhe von 25 m. Sie verbindet Møn mit Seeland. Zu beachten: Von W kommende Schiffe haben Wegerecht. Jeweils 500 m vor der Brücke darf das Fahrwasser nicht gequert werden.

> **Strom:** Er ist windabhängig und unberechenbar. Bei ruhigem Wetter ändert er regelmäßig alle 6 Stunden seine Richtung. Der Flutstrom setzt ostwärts, der Ebbstrom westwärts. Beide können bis zu 4 kn erreichen.

Eben östlich der Brücke liegt

Kalvehave. Der Hafen hat vor allem den Vorzug, nahe und unkompliziert am Fahrwasser zu sein, sodass man hier ohne jeden Umweg einen guten Liegeplatz findet und sich zudem mit dem Nötigsten versorgen kann. Nur bei Starkwind wird das Ansteuern des Hafens etwas kritisch, weil dann der schon erwähnte Strom von 4 kn quer zur Hafeneinfahrt setzt. Ansonsten lässt sich Kalvehave mit einem Tiefgang bis zu knapp 2 m immer gut anlaufen. Von einem Ort kann man angesichts der paar Häuser gar nicht sprechen; die Umgebung des Hafens, mit den gelben Packhäusern an der Ostmole, mag man aber als recht gemütlich empfinden.

Liegeplatz und Versorgung: *Für einen kürzeren Aufenthalt sollte man in den östlichen, den älteren Teil des Hafens (1) gehen, und zwar*

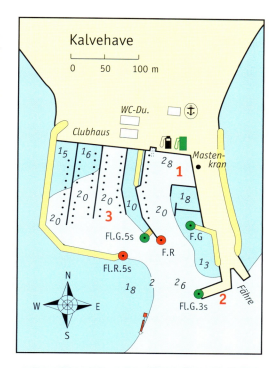

Wasserstand
Tidenhub 0,4 m. Winde aus NE erhöhen den Wasserstand um 0,6 m, Winde aus SW senken ihn um 0,6 m.

am besten längsseits an einen der Kais. Hier werden immer Plätze für Gäste frei gehalten. Hier befinden sich auch die Tankstelle und ein Mastenkran. Man liegt in dieser Ecke außerordentlich geschützt. Ansonsten an die Stege des Yachthafens (3). Wer nur kurze Zeit bleiben will, kann auch gut vor dem Hafen an dem alten Fähranleger festmachen (2). Wasser findet man überall an den Stegen. Duschen und WC. Zubehör und Proviant ca. 100 m vom Hafen.

Es gibt Orte und Häfen, die ihren unter Seglern kursierenden schlechten Ruf einfach nicht loswerden. Dazu gehört

Stege. Was man so hört: Die Stadt sei langweilig, dann die Zuckerfabriken am Hafen (die es nicht mehr gibt), die lange Anfahrt sei so umständlich und so fort. Gelten lassen kann man davon eigentlich nur eines: die in der Tat

138 *In den Gewässern von Falster und Møn*

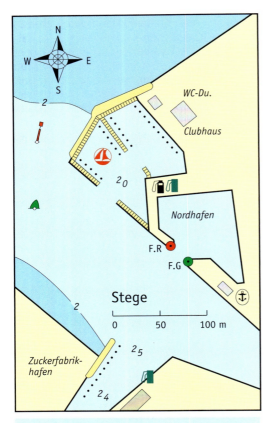

Wasserstand: Tidenhub 0,4 m. Sturm aus NE kann den Wasserstand um 1 m erhöhen, Sturm aus S oder SW kann ihn um ebenfalls 1 m senken.

Strom: Durch den äußeren Hafen, also die Mündung des Stege Nors in die Bucht, setzt im Rhythmus der Gezeiten ein mäßiger Strom von 1/4 bis 1/2 kn. Bei von W über N nach NE drehendem Starkwind kann der Strom mit 2 kn zum Nor hin laufen.

etwas umständliche, gut 4 sm lange Anfahrt durch die *Koster Rende*, eine Baggerrinne, die über die weitgehend flache *Stege Bugt* mit ihren vielen Stellnetzen führt. Dass Stege ein langweiliges Provinzstädtchen sei, möchte ich schon nicht mehr unterschreiben. Der Hauptort von Møn ist mit seinen knapp 4000 Einwohnern nicht schlechter als andere Städtchen in dieser Gegend. Eher sogar etwas besser. Denn das Milieu um Kirche und Storegade ist so übel nicht, und mit der Mølleporten hat Stege neben der Vesterporten von Fåborg eines der beiden einzigen noch bewahrten Stadttore in Dänemark. Die recht gut erhaltenen, baumbestandenen Wallanlagen im Norden der Stadt, Volden genannt, und die Reste der mittelalterlichen Stadtbefestigung könnte man sogar als idyllisch bezeichnen. Steges Vorzüge liegen aber letztlich doch ganz woanders: Da ist einmal der gute Hafen, wo man inzwischen recht gut liegt, in dem man vor allem immer einen Platz findet, auch im Hochsommer. Und dann stellt Stege, als Hauptort der Insel, den besten Ausgangspunkt dar, wenn man diese schöne und hochinteressante Insel erkunden will.

Møn hat ja daneben nur noch zwei Häfen: jenen von *Hårbølle* (s. S. 128), der bekanntlich etwas problematisch ist, und dann noch den von *Klintholm* (s. S. 229), der aber im Sommer trotz des großen Yachthafens häufig ziemlich voll ist.

Liegeplatz und Versorgung: *Wenn man nicht in den Yachthafen will, geht man am besten in den Nordhafen, denn hier gibt es massenhaft Platz, und das kleine Becken bietet viel Schutz. Liegeplätze gibt es auch im ehemaligen Zuckerfabrikhafen. Dort auch ein »Marine Service«, mit Mastenkran. WC und Dusche im Clubhaus. Diesel siehe Plan. Reparaturen bei einer kleinen Werft hinter der Brücke.*

Hinweis: *Das Touristbüro in der Storegade, im alten Zollhaus, hält gutes Informationsmaterial bereit. Das Personal spricht Deutsch. Nahe beim Touristbüro ein Fahrradverleih.*

Nicht nur der berühmten Kreidefelsen wegen sollte man

Møn nicht einfach im Vorbeifahren abhaken. Die Insel muss man erwandern oder, da man, mit dem Boot unterwegs, nie so viel Zeit haben wird, sie wenigstens erfahren – und dies in des Wortes doppelter Bedeutung. Man braucht ein Fahrrad, das auf Møn schon ein Königreich wert ist, auch wenn man beim Fahrradhändler in Steges Storegade dafür nur ein paar Kronen auf den Ladentisch legen muss. Zusätzlich besorgt man sich im Touristbüro eine Radwanderkarte und macht sich auf. Ein Tag reicht zur Not, zwei, drei wären besser. Die Insel steigt nach Osten zu beständig an, bis sie dann steil und dramatisch wieder zum Wasser hin abfällt – dort liegen die großen Klippen.

Es geht zunächst also immer bergauf, über die grünen Hügel, hin zu den dunklen Buchenwäldern im Osten. Im Westen sieht man winzig klein die weißen Segel in der Stege Bugt und im Bøgestrøm dahinziehen.

Møn ist voller Kirchen. Eine, die von Fanefjord, haben wir schon gesehen. Auf diesem Weg finden wir drei andere, nicht minder schöne: zuerst die rote Kirche von *Keldby*, dann die große, weiße von **Elmelunde**, die von dem berühmten Elmelunde-Meister ausgeschmückt wurde, und schließlich die für ein Dorf überdimensioniert wirkende von *Borre*, die noch aus jener Zeit stammt, da dieser Ort am Meer lag, einen eigenen Hafen hatte, Stege harte Konkurrenz machte und mit dem Seehandel so reich wurde, dass er sich diese große Kirche bauen konnte.

Møns Klint.

Liselund, das reetgedeckte Rokokoschlösschen des königlichen Kammerherrn de la Calmette, ist (fast) so berühmt wie die Klippen, jedenfalls unter Møn-Liebhabern, die schon einmal in dem Park am Meer spazierengingen. Und dann die Klippen! Am besten schiebt man sein Rad durch die steil ansteigenden Buchenwälder bis hinauf zum Hotel »Store Klint« (Essen in der Cafeteria nebenan), Endstation der Busse, mit denen die Touristen hierher kommen. Hinter den Buchen schimmert blau die Ostsee. Nun muss man die steilen Treppen hinunter klettern zum Strand, 80 m tief. Von dort hat man dann einen nicht nur überwältigenden, sondern unter den überhängenden **Kreidefelsen** auch bedrückenden Eindruck von der Größe dieses Naturereignisses. Selbst von See her wirkt Møn nicht so mächtig, wie man es hier unten, am Fuß der Klippen, empfindet.

Møn ist voll von Denkmälern aus der Frühgeschichte der Menschheit. Selten wird man anderswo so viele Dolmen, Grabhügel und Gangggräber finden wie hier. Sie sind über die ganze Insel verstreut, sodass man gar keine großen Umwege machen muss, um etwas davon zu sehen: *Sømarkdyssen* liegt nahe bei Liselund, ein schöner Dolmen. Auf dem Weg von Klintholm zurück nach Stege kommt man an *Stendysse* und *Langdysse* vorbei. Etwas weiter und ein kleiner Umweg wäre es zur *Kong Asgers Høj* nahe dem Ort Røddige auf der Halbinsel Kosterland, ein Ganggrab, das als das größte in Dänemark gilt.

Bøgestrøm heißt das breite und gleichzeitig flache Gewässer, das sich zwischen der seeländischen Küste und den Ufern von Nyord und Møn erstreckt. Würde sich nicht eine schmale, teils natürliche, teils gebaggerte Rinne hindurchschlängeln, wäre es nicht zu befahren, aber auch so geht es nur mit Booten, die bis zu 2 m Tiefgang haben – und auch dann nicht immer. Nachts generell nicht, weil es die Feuer *Stenhage* und *Sandhage* nicht mehr gibt, tagsüber zuzeiten auch nicht, wenn nämlich unter bestimmten Bedingungen der Wasserstand unter die 2,3-m-Marke fällt.

Wer den Bøgestrøm von der Stege Bugt aus ansteuert, hat keine Mühe, dessen Rinne zu fassen zu bekommen, denn ab der Ulvsund-Brücke führen einen die Tonnen automatisch

darauf zu. Anders, wenn man aus der **Fakse Bugt**, also von Norden kommt: Die rot-weiße Mitte-Schifffahrtsweg-Tonne *Anst.* Bøgestrøm (WP 4603: 55°07,83'N 012°16,12'E, LFl.10s) ist so leicht nicht auszumachen, sodass man doch unversehens daran vorbei und im schlimmsten Fall auf die Sände laufen kann.
Ganz wichtig im Bøgestrøm: sauber nach den Tonnen steuern, keine Tonne auslassen und sich auf den Ausguck konzentrieren.
Die Seekarte nützt, einmal unterwegs, nicht allzu viel, weil durch Materialversetzungen die Rinne sich immer wieder in ihrem Verlauf verändert, und zwar extrem!
Wenn der weißgelbe Sand durchs Wasser schimmert, so nahe, als wäre er mit den Händen zu greifen, dann kann es einem schon ein wenig mulmig werden, aber keine Sorge: Man kommt durch!
Von Stege auslaufend, muss man nicht wieder die 4 sm durch die **Koster Rende** zurückfahren. Es geht auch so: An der gelb-schwarz-gelben Tonne nahe dem Ufer, auf der Höhe von *Rødstensnakke*, darf man die Rinne verlassen und auf gut 2 m Wassertiefe östlich an dem Waldinselchen **Lindholm** vorbeisegeln, auf dem sich das große weiße Haus der Tiermedizinischen Versuchsanstalt für Maul- und Klauenseuche befindet, was auch der Grund ist, weshalb man keinen Fuß auf die Insel setzen darf. Man hält mit Kurs NW auf eine rot-weiße Spiere zu, danach auf die schwarz-gelbe Tonne am Eingang des *Nordre Løbs*. Wahrschau vor dem sich nach N bis NE erstreckenden steinigen Flach vor Lindholm! Dann geht es weiter bis zu der gelb-schwarzen Tonne vor dem Flach *Strømjord* und schließlich zu der schwarz-gelben Tonne dicht neben der 0,2-m-Untiefe (plus Stein 0,3 m) *Bredø*: die Tonne weiträumig östlich – klar! – umfahren! Bei der schwarz-rot-schwarzen Tonne *Stengrund* mit den zwei Bällen im Topp hat man den Bøge-

> **Wasserstand Bøgestrøm**
> Die Umstände, die zu Wasserstandsveränderungen führen, sind so kompliziert, dass man mit einer Faustregel nicht weiterkommt. Weht der Wind beispielsweise drei Tage aus Ost, dann wäre das gut, denn dann steigt das Wasser im Bøgestrøm; hält ein solcher Ostwind aber über den dritten Tag hinaus an, so beginnt das Wasser plötzlich wieder zu fallen. Genauso wie ein Sturm (!) aus West zunächst ebenfalls Niedrigwasser verursacht, später aber Hochwasser.
>
> **Westansteuerung:** Unter normalen Verhältnissen kann man grob von Folgendem ausgehen: Winde aus E erhöhen den Wasserstand um 1 m, Winde aus SE senken ihn um 1 m.

Am Bøgestrom.

strøm erst richtig erreicht. Nun ist man in einer Landschaft angelangt, die so schön ist, als wäre sie gemalt. Die glitzernde Wasserfläche, die im Wind wogenden Schilffelder, der blaudunkle Wald im Westen und voraus, vor sattgelben Kornfeldern, das weiße Kirchlein von Junghoved und darüber der blassblaue dänische Himmel – eine Landschaft, wie man sie sich in seinen Träumen vorgestellt haben mag. Drei überaus idyllische **Häfen** gibt es hier: *Nyord*, der direkt am Wege liegt und der der größte ist, *Stavreby*, der der kleinste ist und den man kaum findet, und endlich *Sandvig*, der sich hinter dem Schilf versteckt. Alle drei Häfen haben geringe Wassertiefen: Nyord 2,2 m, Stavreby 1,5 m (bestenfalls) und Sandvig 1,7 m (wenn die Einfahrt nicht wieder versandet ist). Dabei sind Wasserstandsveränderungen noch nicht einmal berücksichtigt!

Wenn man die im Bøgestrøm gelegene Insel

Nyord als flach bezeichnet, so ist dies nicht ganz richtig. Gewiss, der allergrößte Teil besteht aus brettebenen, sumpfigen und salzigen Marschwiesen, doch über den Hafen erhebt sich ein 15 m hoher Hügel, und darauf steht das Dorf mit seinem Kirchlein. Wäre das Wort Idylle nicht so abgegriffen, so wäre es hier am Platz – nichts passt besser zu diesem Fischerdorf mit den zu Pyramiden hochgeschichteten Netzpfählen, den strohgedeckten Häusern, die kaum aus den Bäumen lugen, und dem spitzen Turm der Kirche.
Der Hafen ist ohne jeden Komfort, aber ausgesprochen stimmungsvoll. Man liegt sehr gut in dem kleinen Becken.
Nyord, das ist eine jener dänischen Inseln, die sich langsam entvölkern. Die jungen Leute gehen weg, um sich anderswo eine gut bezahlte Arbeit zu suchen. Pensionäre kommen dafür hierher und richten sich in den alten Bauernhäusern ein. Das gibt solchen Orten ihren etwas müden Charme.
Die Marschwiesen von Nyord dienen den ziehenden Watt- und Sumpfvögeln als Rastplatz. Deshalb steht das ganze Gebiet, wie auch Ulvshale, unter Naturschutz. Man darf die Marschwiesen wegen der Bodenbrüter auch nicht betreten. Wenn man die Vögel beobachten will, so gibt es dafür eigens eingerichte-

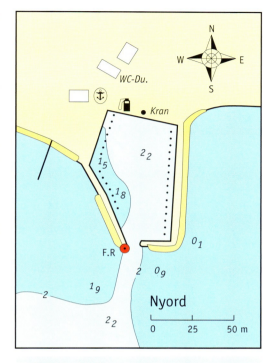

Wasserstand
Tidenhub nicht spürbar. Winde aus NW bis NE können den Wasserstand um 0,6 m heben, Winde aus SE können ihn um 0,5 m senken.

te Beobachtungsstellen. Die dem Hafen von Nyord am nächsten gelegene findet man an der Straße nach Ulvshale, an der Grenze zwischen Hochland und Marsch, dort, wo sich ein kleiner Wald erhebt (vom Hafen 15 Minuten zu gehen).

Liegeplatz und Versorgung: *Weil die meisten glauben, in dem kleinen Hafen keinen Platz zu finden, segeln sie daran vorbei, und das ist der Grund, weshalb man auch an einem schönen Sommernachmittag durchaus noch eine Chance hat, in Nyord unterzukommen. Von den Masten, die man jenseits der Steinmole sieht, darf man sich nicht irritieren lassen: Die gehören zu einheimischen Booten, die hier ihren festen Platz haben. Seitdem der Hafen wieder etwas in Schuss gebracht worden ist, gehen Gastyachten an der Westmole längsseits, wo eine Bretterwand gegen den Wind schützt. WC und Duschen,*

die sich in einem ordentlichen Zustand befinden. Am Toilettengebäude Trinkwasser.
Tipp (für Whisky-Liebhaber): Mitten im Dorf, oberhalb des Hafens, in der Bygade, das Café »Noorbohandelen«, nicht nur ein Café, sondern auch ein Spirituosenladen und – was für einer!

In den am Ufer von Seeland, nördlich des großen *Viemose Skov* (Wald) gelegenen Hafen von

Sandvig gelangt man ohne Schwierigkeiten, vorausgesetzt, seine Wassertiefe reicht überhaupt aus. Am besten lässt sich der Hafen vom Bøgestrøm aus ansteuern; wenn man ihn in West peilt, so bleibt man frei von dem 1,2-m-*Flach Stolpegrund*. Etwa 250 m vor dem Hafen beginnt der Tonnenstrich: Die Rinne ist mit drei roten und drei grünen Spieren markiert.
Ein durchaus idyllischer Platz, auch wenn es Sandvig nicht mit Nyord aufnehmen kann.

Liegeplatz und Versorgung: Wenig Platz. Am besten noch an den im Plan grün markierten Stellen. Das Liegegeld wirft man in einen Kasten am Hafen. Versorgung gleich null.

Ankerplatz: Kommt man in Sandvig nicht unter, so findet man etwas nördlich davon einen recht guten und landschaftlich außerordentlich schönen Ankerplatz auf 3 m Wassertiefe (Grund Schlamm, Lehm, auch Tang); die 2-m-Linie verläuft ganz nahe am Ufer. Man liegt ruhig bei Winden aus SW über W bis NW, bedingt auch noch bei N und S.

Wasserstand
Tidenhub 0,6 m. Wind aus E oder N kann den Wasserstand um 1 m erhöhen, Wind aus W kann ihn um 0,6 m senken. Mit Versandungen muss man rechnen.

Der winzige, zwischen Baum und Strauch gelegene Hafen von

Stavreby ist, obwohl zu ihm eine betonnte Rinne führt, kaum auszumachen, sodass die meisten Yachten achtlos daran vorbeisegeln. Die Fischer von Stavreby, denen der Hafen gehört und die ihn auch unterhalten, sind darüber nicht unglücklich. Man nimmt ein Boot schon gastlich auf, aber Umstände sollte es nicht machen; ein eigenes Boot deswegen zu

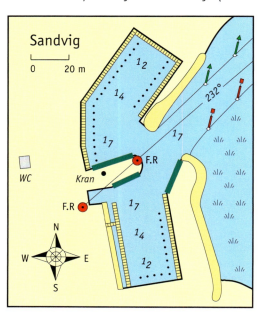

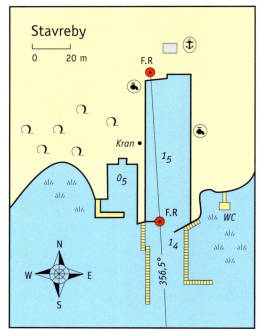

Wasserstand
Die Veränderungen sind minimal: bei N plus 0,2 m, bei W minus 0,2 m.

verlegen, das kommt nicht in Frage. Man will keinen Rummel und möchte, dass alles so bleibt, wie es immer war. Dänen kommen viele hierher, Deutsche ganz, ganz selten. Man liegt sehr gemütlich in dem kleinen, gut geschützten Hafen mit seinen grün und rot bemalten Fischerhütten. An den beiden Stegen haben je drei, bestenfalls vier Boote Platz. Zum Dorf mit seinen wohlerhaltenen Reetdachhäusern sind es nur ein paar Minuten. Dort gibt es einen Købmand. Am Hafen bekommt man Wasser. Und der Hafenmeister hat zwei Fahrräder zu vermieten – eine gute Gelegenheit, zu dem nahen Kirchlein von

Jungshoved zu radeln, neben dem man auf der Halbinsel Slotsbakke die Reste einer Wasserburg entdeckt. Man kommt aber auch – theoretisch – mit dem Boot hin. Die Anfahrt ist anfangs mit Spieren markiert, später mit grünen und roten Pfählen. Alles aus Privatinitiative entstanden. Die Wassertiefe soll 1,6 m betragen. An den Stegen (außen) hätte man aber nur noch 1 m Wasser.

An der rot-weißen Leuchttonne *Anst. Bøgestrøm* (WP 4603: 55°07,83'N 012°16,12'E, LFl.10s) hat man den schönen Bøgestrøm hinter sich und die weite

Fakse Bugt voraus, über die sich recht wenig sagen lässt: ein breites Gewässer, das sich zum Sund hin öffnet, das nach Osten zu durchweg tief ist und nur im Westen und Südwesten weite Flachs aufweist. Bei Ost, vor allem wenn er stärker weht, entsteht auf den Sänden und an ihren Rändern ein unangenehmer Seegang, der sich an den Kanten auch brechen kann. Die Betonnung in der Bucht ist dünn, bis auf Mitte-Schifffahrtsweg-Tonnen praktisch null und man muss, wenn die Sicht nicht ausreicht, nach Kompass fahren.

Will man vom Bøgestrøm aus nach *Præstø*, wo dieser Törn enden soll, vielleicht um dort ein paar stille Tage zu genießen, so muss man zunächst einen Umweg von 8 sm machen. Dabei befindet sich die Mündung des *Præstø Fjords* nur 4,5 sm westlich der Tonne *Bøgestrøm*, aber dazwischen breitet sich das Flach mit dem bezeichnenden Namen *Sandene* aus.

Am einfachsten macht man es sich, wenn man zunächst auf die grauweißen Fabrikanlagen von

Fakse Ladeplads zuhält, eine monströse Hässlichkeit inmitten einer schönen Natur. Mit diesem Kurs bleibt man frei von Sandene, an dessen Rand man allerdings dicht entlangschippert. Fakse Ladeplads ist wegen der Kalk-

Jungshoved.
Abseits vom Bøgestrøm. Eine kleine Idylle. Man kann davor ankern oder sein Boot an den Steg legen, falls einem die sehr geringe Wassertiefe reicht.

sandsteinfabriken ein problematischer Hafen, obwohl es dort durchaus brauchbare Liegeplätze gibt, seitdem westlich vom Werkhafen ein Fähr- und Yachthafen entstanden ist. Recht passabel, auch guter Service, aber: die staubende Fabrik daneben! Beim Queren des Werkhafens Richtung Yachthafen nicht zu nahe an die Südmole kommen, denn dort treten immer wieder Versandungen auf. Was vor allem dafür sprechen könnte, diesen Hafen anzusteuern: Er ist nachts von den beiden einzigen Häfen in der Fakse Bugt sehr viel sicherer zu erreichen als Rødvig (s. S. 148), obwohl es auch hier Stellnetze gibt. Durch die Baggerrinne führt in Linie 345,5° ein Richtfeuer (U-F. und O-F.: F.R).

Man fährt, wenn man nach **Præstø** will, zunächst einfach auf das nicht zu übersehende Fakse zu. Tonnen gibt es keine. Man läuft mit Kurs 325° knapp 4 sm, bis man in West einen gelbe Ankerboje ausmacht. Die rote Spiere *n. Nordmandshage* (WP 4601: 55°10,61′N 012°08,20′E) wurde wegrationalisiert. Den Wegpunkt aber gibt es noch. Jedenfalls: Sobald man westlich von Nordmandshage angekommen ist, hält man mit Kurs SSW auf die 2 sm entfernte rote Tonne ø. *Fedhage* zu (WP 4602; 55°08,28′N 012°07,52′E), die allerdings schwer auszumachen ist.

Eben westlich von dieser Tonne, nördlich des Flachs *Fedhage* und vor dem Wald der **Halbinsel Feddet**, findet man einen recht guten Ankerplatz: Die 2-m-Linie verläuft nahe am Ufer (Grund Sand und Lehm), sodass man auch bei stärkeren Winden zwischen SW und NW hier ruhig liegen kann.

An den flachen, mit Wald und Heide bewachsenen Ufern von Feddet vorbei fährt man in eine der schönsten dänischen Landschaften. Schade nur, dass man hier zwischen Feddet und Jungshoved nirgendwo ankern kann, weil es dicht neben der Rinne (3,5 m Wassertiefe) extrem seicht ist. Die Südspitze der waldigen Halbinsel Feddet läuft aus in ein flaches Stück Land aus Heide und Moor.

Die **Halbinsel Roneklint** gegenüber, auf der auch das kleine weiße, inzwischen stillgelegte Leuchthaus steht, gehört zusammen mit der dichtbewaldeten Halbinsel **Præstø Næb** und dem *Inselchen Maderne* zum Allerschönsten in Dänemark. Der

Præstø Fjord selbst kann da nicht ganz mithalten; er ist mehr eine Suppenschüssel zwischen sanft abfallenden Hügeln mit Wäldern und Wiesen und einzelnen Bauernhöfen. Der Fjord ist nicht sonderlich tief, bietet aber dennoch zahlreiche Ankerplätze. Eigentlich kann man überall ankern, wenn man nur die Wassertiefe auslotet.

Will man in den Fjord hinein, so muss man gleich hinter *Feddet* nach Norden abbiegen und damit die Fahrrinne nach Præstø verlassen. Diese Passage in den Fjord heißt *Vrangstrøm-*

Præstø Fjord.
Vor Roneklint, an der verzwickten Einfahrt.

Præstø.
Der alte Handelshafen. Jetzt liegen hier nur noch Yachten. Bester Platz, wenn man überhaupt hierherkommt.

men: Sie ist anfangs noch sehr tief, dafür aber nicht betonnt, und der Landgrund steigt recht steil an. Später geht die Wassertiefe stark zurück; dafür stehen aber auch grüne und rote Spieren neben der Rinne. Den meiner Meinung nach schönsten Ankerplatz im Fjord findet man vor dem Walddufer von *Feddet*. Der Grund im Fjord ist schlammig. Bleibt man in der Rinne, so schippert man, vorbei an den Grasinseln *Storeholm* und *Lilleholm*, auf denen Unmengen von Schwänen ihre Nistplätze haben, auf

Præstø zu, ohne von dem Städtchen allerdings zunächst mehr zu sehen als den Wald, aus dem sich ein klobiger Kirchturm erhebt. Von dieser baumbestandenen Kuppe, einstmals eine Insel, jetzt aber mit dem Land verbunden, hat der Ort seinen Namen: Præstø, das bedeutet »Priesterinsel«, denn auf der Insel stand einst ein Kloster des Antoniter-Ordens, das 1321 erstmals in einer Chronik erwähnt, aber schon in der Reformation wieder aufgelöst wurde. Neben dem Namen weist auch das Wappen der Stadt auf ihren Ursprung hin: Es zeigt einen schwarzgekleideten Mönch, der einen goldenen Messkelch in den Händen hält. An das Kloster erinnert lediglich ein Straßenname: Klosternakken.

Das Städtchen mit seinen heute 3000 Einwohnern liegt noch genauso wie in alter Zeit abgeschieden und fern der Weltenläufe. Passiert ist hier nie etwas, was es wert gewesen wäre, in die Geschichtsbücher aufgenommen zu werden. Auch die Schanze draußen auf Roneklint hat im Engländerkrieg keine Rolle gespielt. Erst als die Rinne ausgebaggert wurde – das war im Jahre 1828 –, entstand auch der Hafen, heute das innere Becken und immer noch der beste Liegeplatz. Aus dem Hafenbetrieb entwickelte sich ein bescheidener Wohlstand, wie man an den Häusern um den Torvet, am Klosternakken und in der Grønnegade sehen kann.

Ein ziemlich idyllischer Ort, wo man sich vom Alltagsstress gut erholen kann.

Liegeplatz und Versorgung (Plan nächste Seite): Am besten und ganz geschützt liegt man im Becken (gelbe Heckbojen 1.6.–1.9.) des ehemaligen Handelshafens, vor dem kleinen Platz, auf dem, von zwei roten Packhäusern eingerahmt, der gelbe »Skipperkroen« steht.

146 In den Gewässern von Falster und Møn

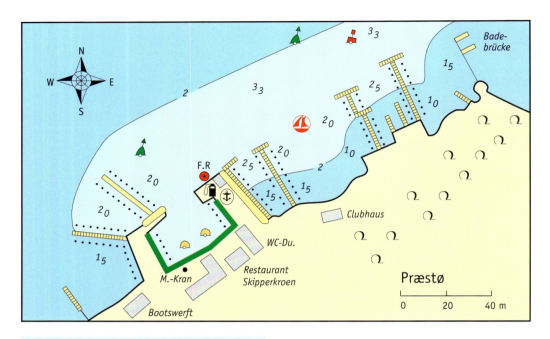

Wasserstand
Winde aus NE können den Wasserstand um 1,4 m erhöhen, Winde aus NW können ihn um 0,75 m senken.

Sehr gemütlich, und würde die Jugend von Præstø nicht allabendlich hier ihre Mofa-Rallye veranstalten, auch sehr ruhig. Sonst kann man überall festmachen, wo etwas frei ist, auch im östlich vom Handelshafen gelegenen Yachthafen, wo man am Kopf der Stege festmachen sollte. 200 m rechter Hand vom Hafen ein großer Supermarkt. Geschäfte, Banken usw. in der Adelgade. WC und Duschen, Tankstelle, Mastenkran. Kran 2,5 t.

Abgesehen davon, dass man sich an der versponnenen Atmosphäre des Städtchens erfreuen kann, lässt sich hier noch zweierlei unternehmen: einmal in den Præstø Fjord zum Ankern und Baden fahren und zum anderen zum **Schlossgut Nysø** wandern, das nur einen Steinwurf weit westlich vom Hafen liegt. Kenner halten das Gut für den schönsten dänischen Barock-Herrenhof. Um 1673 von einem unbekannten Meister im holländischen Stil erbaut, ähnelt es verblüffend der – viel bekannteren – Charlottenborg in Kopenhagen. Nysø hatte in der Mitte des 19. Jahrhunderts, im Goldenen Zeitalter Dänemarks, eine große Bedeutung für das geistige und künstlerische Leben des Landes. Eine kunstsinnige Baronin namens Stampe versammelte hier in der Stille des Fjords die besten Köpfe Dänemarks um sich. H. C. Andersen war zu Gast, genauso wie sein Dichterkollege Adam Oehlenschläger, dann Grundtvig, der Begründer der dänischen Volkshochschulen, der übrigens ganz in der Nähe, auf dem Pfarrhof von Udby, geboren wurde. Schließlich arbeitete Bertel Thorvaldsen hier, der größte Bildhauer seiner Zeit, dem die Baronin im östlichen Flügel des Schlosses eine Wohnung eingerichtet hatte. Im französischen Garten findet man noch den achteckigen Pavillon, wo der Bildhauer in völliger Abgeschiedenheit (von 1838 bis 1844) seiner Arbeit nachgehen konnte. Zur Erinnerung an Thorvaldsen ist im Kavaliersflügel des Wirtschaftsgebäudes ein kleines Museum mit seinen Werken eingerichtet.
Das Schloss wird immer noch von den Nachfahren der Barone Stampe bewohnt und ist deshalb nicht zugänglich. Wohl aber darf man den Park und das Thorvaldsen-Museum besuchen.

Zum Sund und nach Kopenhagen

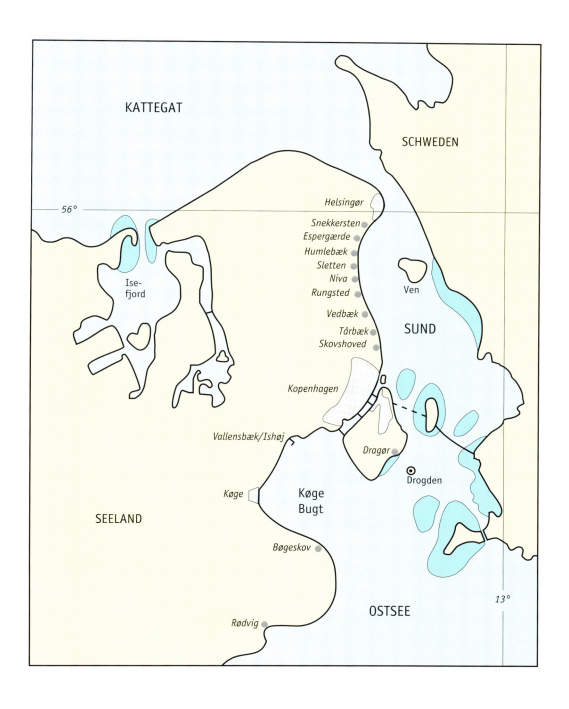

Törnvorschlag 5:

Von Rødvig nach Helsingør

Wer mit seinem Boot bis Rødvig gekommen ist, dem Ausgangspunkt dieses Törns, der wird mit Sicherheit auch weiter bis Kopenhagen und Helsingør kommen. Will sagen: Die Anforderungen, die der Sund stellt, sind von einem seetüchtigen Boot und einer aufmerksamen Crew leicht zu meistern. Zumal es eine Unmenge von Häfen gibt, sodass man bei aufziehendem Schlechtwetter immer rasch unterkommen wird.

Auch die Berufsschifffahrt braucht einem kein Kopfzerbrechen zu bereiten. Der Sund ist zwar ein viel befahrenes Gewässer; da die Schifffahrtswege aber doch zumeist näher am schwedischen Ufer vorbeiführen, bleibt man ihnen mehr oder weniger fern. Lediglich bei der unmittelbaren Ansteuerung von Kopenhagen wird der Verkehr etwas dichter.

Dieser Törn hat zwei absolute Höhepunkte: Kopenhagen und mit einigem Abstand dazu Helsingør. Alles Übrige ist weder schlechter noch besser als andere Reviere und Orte sonstwo in Dänemark.

Strom: Er setzt zumeist nordwärts und wird im Wesentlichen vom Wind beeinflusst. Als Faustregel kann man sich merken:
- Nordwärts setzt der Strom bei Winden aus N (!) über E bis S.
- Südwärts setzt der Strom bei Winden aus SW über W bis NW.

Im Allgemeinen ist der Südstrom der stärkere. Die größten Geschwindigkeiten haben Nord- und Südstrom in der Enge von Helsingør, was nur natürlich ist, denn dort ist der Sund am schmalsten. (Im Übrigen wird auf kritische Passagen an entsprechender Stelle in diesem Kapitel hingewiesen.)

Längs durch den Sund verläuft die Grenze zwischen Dänemark und Schweden. Das braucht einen nicht weiter zu scheren, aber wer Lust verspürt, die schöne, mitten im Sund gelegene *Insel Ven* anzusteuern, der sollte nicht vergessen, dass er damit in schwedisches Territorium gerät.

Distanzen: Rødvig – Bøgeskov (10 sm) – **Køge** (10 sm) – **Vallensbæk/Ishøj** (11 sm) – **Dragør** (16 sm) – **Kopenhagen** (8 sm) – **Skovshoved** (4 sm) – **Tårbæk** (1,5 sm) – **Vedbæk** (3,5 sm) – **Rungsted** (2,5 sm) – **Niva Strandpark** (3 sm) – **Sletten** (1 sm) – **Humlebæk** (1 sm) – **Espergærde** (1 sm) – **Snekkersten** (1 sm) – **Helsingør** (3 sm).

Obwohl weder geschichtlich von Interesse noch sich durch besondere Baulichkeiten auszeichnend, gehört der Hafen von

Rødvig zu den beliebtesten Dänemarks; vor allem wohl deshalb, weil er so günstig auf dem Weg nach (oder von) Kopenhagen liegt (gut 30 sm). Zudem: ein wirklich sehr guter, gepflegter Hafen, hübsch gelegen zwischen schroffen Klippen und prachtvollen Wäldern. Deshalb ist er im Sommer meist überfüllt. Der heutige Yachthafen, der der Stevns-Kommune gehört, stellt den ältesten Teil der Hafenanlage dar; er wurde um die Mitte des 19. Jahrhunderts als Lade- und Stapelplatz für die Halbinsel Stevns gebaut. Das ungleich größere Becken des Fischerhafens kam erst 1940 hinzu. Dank der günstigen Lage hat sich diese Investition schnell rentiert: Rødvig ist zu einem wichtigen Fischerhafen geworden. Zehn große Kutter fahren zum Fischen bis nach Bornholm, und viele kleinere Bundgarnjollen befischen die Fakse und die Køge Bugt, wobei sie uns – nebenbei gesagt – mit ihren Stellnet-

Törnvorschlag 5: Von Rødvig nach Helsingør

Rødvig.
Sehr guter Hafen in der Fakse Bugt. Meistens letzte Station vor Kopenhagen, das man in einem Tagestörn gut erreichen kann.

zen das Leben ziemlich sauer machen. Diese Netze sind ein einziges Problem (s. S. 9). Man umfährt sie am besten so lange, bis man die Schneise erkennen kann, die zur Hafeneinfahrt hin führt. Meistens kann man auch beobachten, wie andere Boote vor einem auf den Hafen zulaufen. Wegen dieser Netze ist es unmöglich, den Hafen nachts anzusteuern.
Man liegt sehr gut und gemütlich in diesem kleinen Hafen mit seiner harmonischen Atmosphäre.

> **Wahrschau!**
> Bei auflandigem Starkwind ist das Anlaufen des Hafens schwierig. Vor der Ostmole baut sich dann ein gefährlicher Seegang auf.

Liegeplatz: Yachten dürfen auch in den Fischerhafen (siehe Hafenplan nächste Seite), wenn der Yachthafen voll ist. Was man aber tunlichst meidet: den Ladeplatz der Fischer zwischen Yacht- und Fischerhafen. Der Yachthafen befindet sich besonders gut in Schuss. Er hat Platz für 133 Boote, zur Not können auch 200 untergebracht werden.
Versorgung: Wasser- und Stromanschlüsse an den Stegen, Treibstoff s. Plan (ziemlich eng die Anfahrt), 60-t-Slip ebenso. Gute Duschen und WC. An der Tankstelle der »Havneshoppen«, ein Geschäft, das Zubehör und Proviant führt und im Sommer erfreulicherweise bis 2200 geöffnet hat, zudem jeden Morgen frisches Brot verkauft. Andere Geschäfte aller Art im nicht sonderlich anziehenden Dorf. Neben dem gelben Packhaus, das inzwischen zu Ferienwohnungen umgebaut ist, findet man unter hohen, mächtigen Buchen den königlich privilegierten Kro von 1844, in dem man nicht nur gemütlich sitzen, sondern auch recht ordentlich essen kann. Ein Stückchen weiter das Restaurant »Harmonien«. Am Hafen eine gute Fischhandlung. Motorenwerkstatt und Werft s. Plan. Die Werft verfügt über ein Trockendock.

Im Sommer ist der Hafen am späten Nachmittag zumeist rammelvoll, man wird aber schon irgendwie unterkommen. Wenn nicht, dann am

150 *Zum Sund und nach Kopenhagen*

Wasserstand
Tidenhub 0,6 m. Sturm zwischen NE und E kann den Wasserstand um 1,3 m erhöhen, Sturm zwischen W und NW kann ihn um ebenfalls 1,3 m senken.

besten ab nach Westen, in den großen Yachthafen von Fakse Ladeplads (9 sm, s. S. 143).

Ansteuerung: *Der Hafen von Rødvig ist nicht leicht auszumachen. Er liegt etwa dort, wo die weißen Felsen im Süden von Stevns Klint enden. Auffälligste Landmarken sind das gelbe Packhaus am Hafen und, schon näher dran, ein graues, turmartiges Gebäude direkt davor: der »Flintoven« (Kalkofen). Die rot-weiße Tonne Anst. Rødvig (LFl.10s, WP 4610: 55°14,09'N 012°23,62'E) liegt 1,2 sm südsüdöstlich vom Hafen. Sie hilft wenig, außer dass man hier noch von den Netzen weg ist. Man darf aber nicht von der Tonne aus direkt auf den Hafen zulaufen, denn die offene Schneise zwischen den Netzen verläuft vom Hafen her nach SW. Also: sich mit Kurs NW vorsichtig herantasten.*

Lohnend, am Ufer entlang auf einem neu angelegen Weg zu den weißen Kalksteinklippen

Verkehrstrennungsgebiet
Rund 5 sm östlich von Stevns Klint liegt das Verkehrstrennungsgebiet *Øresund Süd* (um Falsterborev).
Man kommt ihm auf diesem Kurs nicht nahe, muss also auch keine Rücksicht darauf nehmen. Wer etwa beim Kreuzen hineinläuft, ist zur Hörbereitschaft verpflichtet: Verkehrszentrale SOUND VTS. Zwei Sektoren: Sector 1 = südlich, Sector 2 = nördlich vom Leuchtturm Falsterborev.
Sector 1 benutzt als Arbeitskanal UKW-Kanal 73, Sector 2 UKW-Kanal 71. Ruf jeweils »Sound Traffic«. Arbeitskanäle abhören!
Sicherheitsinformationen werden auf den Kanälen 68 und 79 gesendet, nach Ankündigung auf den Kanälen 16, 71 und 73.
Bei Befahren des Verkehrstrennungsgebiets Regel 10 der KVR beachten!

von **Stevns Klint** zu wandern, bis hin zu der schon fast ins Meer gestürzten *Kirche von Højerup* und dem weißen Leuchtturm – und wenn man will: noch weiter bis zu dem kleinen Ha-

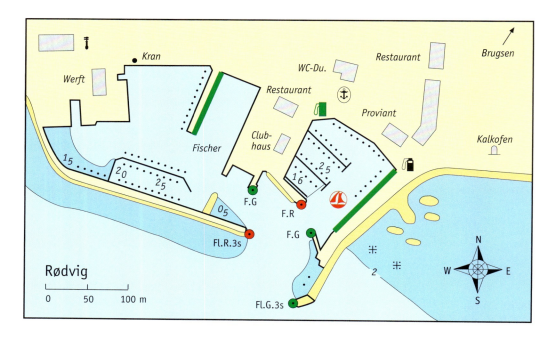

Törnvorschlag 5: Von Rødvig nach Helsingør

Stevns Klint. Von Rødvig aus gesehen.

fen Bøgeskov. Die Klippen, dänisch *Limster*, sind gewiss sehr eindrucksvoll, vor allem von unten, vom Strand her, aber mit denen von Møn können sie doch nicht mithalten. Man kann aber auch mit dem Fahrrad nach Højerup fahren – der »Havneshoppen« vermietet welche.

Stevns Klint.
Die Kirche von Højerup.

Auf dem weiteren Weg, ob direkt mit Kurs auf Kopenhagen zu oder zur Køge Bugt, wird man Stevns Klint nie allzu nahe kommen, weil gerade hier Unmengen von Fischstöcken stehen. Es tauchen immer wieder welche auf, selbst wenn man meint, die am weitesten seewärts befindlichen endlich hinter sich zu haben. Manche sind auch abgebrochen und lauern dicht unter der Wasseroberfläche.

Viele, die nach Norden wollen, zum Sund und nach Kopenhagen, lassen die

Køge Bugt links liegen, und man muss sagen: nicht ganz zu Unrecht. Gewiss, diese 8 sm nach Westen breit ausschwingende Bucht ist – da außer Stellnetzen ohne Schifffahrtshindernisse – ein recht gutes Segelrevier. Indes: Vom Sund her schiebt sich Kopenhagen mit seiner Industrie und seinen Trabantenstädten immer weiter west- und südwärts, sodass das alte Køge schon zu einem Vorort von Kopenhagen geworden ist.
Gut 5 sm nördlich von Stevns Klint, an der Einsteuerung in die Køge Bugt, liegt auf einer Halbinsel der winzige Fischerhafen

Bøgeskov mit einsamen Buchenwäldern und Steilufern im Hintergrund. Für Yachten hat er 30 Plätze, aber die Versorgungsmöglichkeiten sind mäßig. An einem schönen Sommerabend mag man es hier sehr beschaulich finden; wenn es aber regnet, sicher ganz und gar nicht. Bei der Ansteuerung – wie üblich in diesem Revier – auf Netze achten. Man tut gut daran, während man rund Stevns Klint segelt, einen Abstand von einer Seemeile zu halten und dann erst auf den Hafen zuzuhalten, wenn man ihn

152 Zum Sund und nach Kopenhagen

Leuchtturm Stevns.
Wichtiges Feuer am Südostausgang der Køge Bugt. Der Touristenkutter macht das, was wir ihm keinesfalls nachmachen sollten: Er fährt zwischen den Netzen, dicht unter Land, wohl um seinen zahlenden Gästen etwas zu bieten.

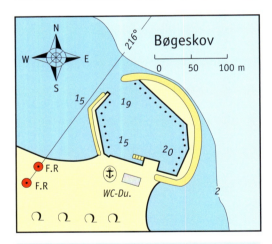

Wasserstand
Tidenhub 0,5 m. Wind aus NE bis SE erhöht den Wasserstand um 0,8 m, Winde aus NW bis W senken ihn um 1,5 m.

Das am Scheitel der Bucht gelegene

Køge wird als Hafen und Stadt viel gerühmt, ich meine aber, dass es damit bei näherer Betrachtung nicht so weit her ist. Die Stadt mit ihrem viereckigen Marktplatz und den alten Kaufmannshöfen hat sicher ein interessantes Milieu, aber andererseits kann man doch nicht übersehen, dass sich ringsherum eine beträchtliche Industrie etabliert hat, aus deren Schornsteinen dicker Qualm in den Himmel steigt. Der Handelshafen hat trotz der Kohlehalden und der Industrie Charakter, denn

Wahrschau 1: Wer unbedingt in den Handelshafen will, muss die Erlaubnis des Hafenamtes einholen: UKW-Kanal 12 (16) oder Tel. 56 64 62 60. Anmelden mindestens 30 min vor Ankunft.
Wahrschau 2: Eben nördlich vom Handelshafen der Fährhafen mit den schnellen Bornholmfähren.
Wahrschau 3: Im Gegensatz zu allen anderen Häfen in der Kögebucht kann man Køge auch nachts gut anlaufen: Sektorenfeuer Oc.WRG.5s

in 216° peilt. In der Rinne zum Hafen sich mehr nach Stb halten! Boote mit einem größeren Tiefgang als 1,7 m fahren besser nicht diesen Hafen an. Etwas westlich vom Hafen ein Stein auf geringer Tiefe.

außer den vielen blauen Kuttern liegen hier auch immer ziemlich große Schiffe. Yachten sollen ihn aber nicht mehr anlaufen, weil 1 sm nördlich davon eine moderne Marina gebaut worden ist. Dort hat man zwar allen Komfort, dafür aber statt des alten Køge dessen Industrieanlagen vor Augen und zur Stadt einen Fußmarsch von 3 km vor sich.

Der alte Stadtkern, der sich um die rote Backsteinkirche Skt. Nikolaj gruppiert, weckt Erinnerungen an jene Jahrhunderte, da die günstig am Sund gelegene Stadt Kauffahrteischiffe aus ganz Europa anzog, vor allem aus den Niederlanden. Aber diese gute Entwicklung brach in den Schwedenkriegen völlig zusammen, als die Stadt erobert und verwüstet wurde.

Am alten Hafen steht ein ziemlich monumentaler Obelisk, der an den größten Seesieg der dänischen Geschichte, die **Schlacht in der Køge Bugt** im Jahre 1677, erinnert. Diese Schlacht hat ebenso wie das von den Dänen siegreich bestandene Gefecht vor Rügen und auch die Erstürmung der Festung Marstrand durch den norwegischen Seehelden Tordenskjøld den Lauf der Geschichte nicht ändern können. Trotz dieser Siege bekamen die Dänen ihre 17 Jahre zuvor verlorenen südschwedischen Provinzen nicht mehr zurück.

Dennoch war die Schlacht in der Køge Bugt ein Meisterstück des dänischen Admirals Niels Juel, der vor den Augen seines Königs, Christian V., der den Kampf vom Turm der Nikolaj-Kirche aus beobachtete, den Schweden eine schlimme Schlappe beibrachte.

Niels Juel lag mit seiner Flotte hier in der Køge Bugt, um auf ein holländisches Geschwader zu warten, das sich mit den Dänen vereinen sollte. Aber noch ehe die Verbündeten in der Bucht waren, kam ein starker schwedischer Verband von Stevns Klint her in die Bucht gesegelt. Unter dem Kommando des schwedischen Admirals Henrik Horn liefen mit einer frischen Brise aus SW 18 Linienschiffe und zwölf Fregatten auf die überraschten Dänen zu, die ihrerseits 16 Linienschiffe und neun Fregatten dagegen setzen konnten. Die Schweden hatten die Luvseite und dadurch einen nicht gering zu schätzenden Vorteil. Die Kanonade, die die Schweden trotz leichter Überlegenheit etwas härter traf, dauerte bis in die Mittagsstunde, ohne

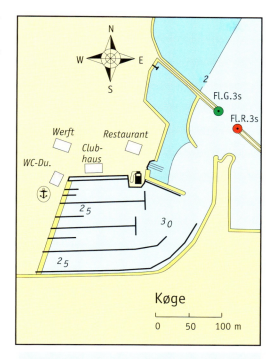

Wasserstand

Tidenhub 0,4 m. Winde aus NE bis SE erhöhen den Wasserstand um 1,6 m, westliche senken ihn um 0,9 m.

dass eine der beiden Seiten einen entscheidenden Vorteil hätte herausschießen können. Da öffnete sich unversehens die schwedische Linie. Niels Juel erkannte blitzschnell seinen Vorteil, und in einem kühnen Manöver schob er seine Flotte durch diese Lücke und gewann nun seinerseits die Luvseite. Damit wendete sich auch das Schlachtenglück. Die Kanonade dauerte zwar noch drei Stunden, aber dann ergriffen die Schweden entnervt die Flucht. Niels Juel hatte kein einziges seiner Schiffe verloren. Von den Prisengeldern konnte er sich später das schöne Valdemars-Schloss auf der Insel Troense (s.S. 51) am Svendborg Sund bauen.

Liegeplatz und Versorgung: Beides ist im Yachthafen optimal, ohne dass ich deswegen gerne dort bleiben möchte. Eine durch und durch perfekte Anlage. Alle Einrichtungen s. Hafenplan. Bootswerft. Travellift (12 t), Mastenkran (2 t) neben der Tankstelle. Zubehörhandel. Was-

154 *Zum Sund und nach Kopenhagen*

ser- und Stromanschlüsse an den Stegen. Überall liegt man zwischen Pfahl und Steg. Die Pfosten sind der Übersichtlichkeit wegen im Hafenplan nicht eingezeichnet.

Am Nordufer der Køge Bugt, östlich des schon älteren Fischerhafens **Mosede**, ist vor einigen Jahren eine Freizeitlandschaft entstanden, die allerdings nicht so phantastisch wurde, wie es wohl geplant war, nämlich der

Køge Bugt Strandpark. Man muss sich vorstellen, dass Køge inzwischen zu einem Vorort von Kopenhagen geworden ist. Von hier zieht sich bis Kopenhagen hin eine ununterbrochene Bebauung, teilweise mit Hochhäusern. Doch vor der breiten, nach Kopenhagen hineinführenden Autostraße liegt eben der neu geschaffene Køge Bugt Strandpark, ein etwa 1 km breiter Uferstreifen mit einem feinsandigen Strand: ein Erholungsgebiet für die Großstädter.
Und hier wurden drei sehr, sehr große Marinas gebaut. Von West nach Ost: **Hundige**, **Vallensbæk/Ishøj** und **Brøndby**. Sie alle sind sich im Grunde sehr ähnlich. Innerhalb einer Art Lagune liegen mehr oder minder große Hafeninseln.
Welche der Marinas man ansteuert, bleibt sich gleich; meist wird es davon abhängen, woher man kommt. Ich beschreibe jetzt ausführlicher die mittlere,

Vallensbæk/Ishøj, weil sie die größte ist und mir auch von den dreien immer am besten noch gefallen hat. Kommt man von Süden, aus der Tiefe der Køge Bugt, so orientiere man sich zunächst an vier auffälligen Hochhausgruppen, jede Gruppe aus drei Häusern bestehend. Läuft man nun mit Kurs N auf diesen Komplex zu, so findet man die Einfahrt eben unterhalb des westlichsten Hochhauses. Die Einfahrt öffnet sich – wie der Plan zeigt – nach Osten.
Aufpassen muss man auf die weitverzweigten Systeme von Stellnetzen, die sehr weit – bis zu 3 sm – vor dem Land und im tiefen Wasser der Køge Bugt stehen. Die Grundstellnetze lassen breite Schneisen zu den Häfen frei: Diese Passagen sind betonnt. Obwohl Sektorenfeuer bzw. Richtfeuer durch die Schneisen hindurch geleiten, rate ich von einer nächtlichen Ansteuerung ab. Man sehe sich dies in der Karte an.
In der teilweise sehr flachen Lagune liegen die zwei Hafeninseln. Man sollte zunächst in Vallensbæk das innere Becken (s. Symbol Hafenkontor) oder in Ishøj den Steg am Kopf der östlichen Hafeninsel ansteuern und sich danach in aller Ruhe einen passenden Platz suchen. Vallensbæk ist meiner Meinung nach gemütli-

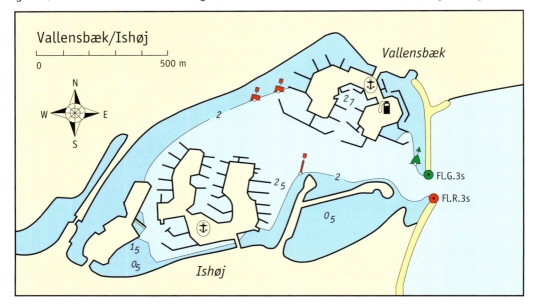

Dragør. Im Gamle By, dem alten Viertel.

cher, Ishøj hat dafür die bessere Versorgung. In Ishøj findet man einen Zubehör- und Proviantladen sowie eine Bootswerft; auf der Hafeninsel auch eine Motorenwerkstatt und eine Spezialwerkstatt für Yachtelektronik.
Von Vallensbæk aus fährt alle 10 Minuten eine S-Bahn nach Kopenhagen.

Hundige und **Brøndby** ähneln im Grunde Vallensbæk/Ishøj.

In den Sund: Vor der Einsteuerung in *Drogden*, das östlich von Amager auf den Kopenhagener Hafen zuführende Fahrwasser, sollte man auf alle Fälle den auf Position 55°32,2'N 012°42,8'E gelegenen Leuchtturm **Drogden** (Oc(3)WRG.15s) ansteuern, einen weißen, viereckigen Turm mit zwei roten Bändern auf einem wuchtigen grauen Granitsockel.
Von da dann im Tonnenstrich des *Fahrwassers Drogden* weiter nordwärts, vorbei am *Leuchtturm Nordre Røse* (Oc(2) WRG.6s), der in seiner Form seinem südlichen Bruder sehr ähnlich ist, bis sich 1 sm nördlich davon das Fahrwasser gabelt: Geradeaus geht es durch das **Hollænderdyb** weiter in den Sund, links zweigt das **Kongedyb** ab, das geradewegs zum Hafen von Kopenhagen führt und wo – nebenbei bemerkt – 1801 Nelson die berühmte »Schlacht auf der Reede« schlug.
Rechts vom Kurs sieht man die elegante *Sund-Brücke* mit ihren beiden Pylonen. Sie braucht uns jetzt nicht zu interessieren. Im westlichen Teil verschwindet die Verbindung zwischen Schweden und Dänemark in einem Tunnel. Im Fahrwasser Drogden fährt man darüber hinweg. Hier schippert man während der ganzen Zeit an weiß schimmernden Öltanks, Fabriken, Raffinerien und dem Flugplatz Kastrup entlang; das alles liegt auf der brettebenen Insel *Amager*. Vom »wonderful Copenhagen« sieht man gar nichts, jedenfalls noch nicht hier.
Vom *Leuchtturm Drogden* aus hat man bis zur Einfahrt in den Kopenhagener Hafen 11 sm vor sich; bis man im Hafen selbst festgemacht hat, werden noch ein paar hinzugekommen sein. Zusammengerechnet kann man also noch mit drei bis vier Stunden Fahrt rechnen. Wenn man spätabends hier ankommt oder wenn die Crew müde und kaputt ist, dann sollte man sich überlegen, den Hafen von

Dragør anzulaufen, der nur 3,5 sm nördlich von Drogden sehr praktisch am Weg liegt. Man verlässt das Fahrwasser, wenn man den spitzen Kirchturm des Städtchens in NW peilt; dann

156 *Zum Sund und nach Kopenhagen*

läuft man genau auf die Baggerrinne zu, die zum Hafen führt. Fähren, die früher viel Unruhe brachten, gibt es nicht mehr. Über die Brücke geht es heutzutage schneller. Der Weg führt rechter Hand in den Alten Hafen. Der südlich vom Fährhafen, im Schatten des Dragør Forts, gelegene neue Yachthafen hat weniger Wasser.

Dragør sollte man nicht am Freitag oder Samstag anlaufen. Dann ist der Hafen voll mit Schweden; erst am Sonntag gegen Abend fahren sie wieder ab. Wenn man es einrichten kann, ist dies der beste Tag, um nach Dragør zu kommen.

Dragør mit seinen gelben Häusern vor dem dunklen Wald wirkt schon im Vorbeifahren sehr malerisch, und es verliert auch nicht, wenn man erst einmal dort ist. Ganz im Gegenteil. Das Städtchen hat sich um den Alten Hafen ein sehr schönes Milieu bewahrt mit den engen Gassen und den niedrigen, gelb gekalkten Häuschen mit ihren liebevoll gepflegten Vorgärten – und ein paar sehr guten Restaurants. *Den Gamle By*, die alte Stadt, heißt es auf Dänisch.

Der Ort hatte seine große Zeit im Mittelalter, als hier mit Heringfang und -handel viel Geld verdient wurde. Hanseatische Kaufleute hatten am Strand neben den königlichen Salzereien 700 Heringsbuden stehen. Vom Fang und

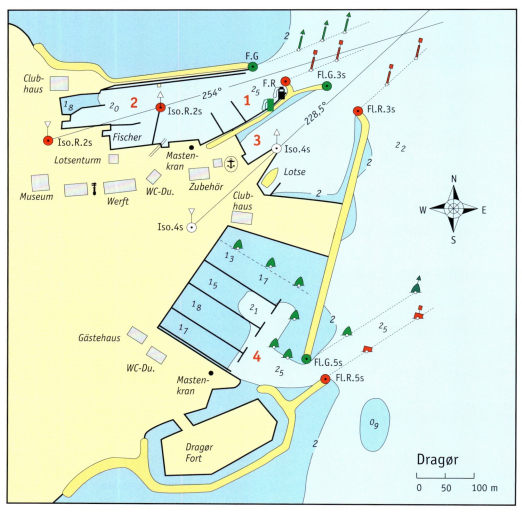

Umschlag des Herings lebte die Stadt 200 Jahre lang sehr gut, bis eines Tages dann die Heringsschwärme ausblieben und es in der Folge auch mit Dragør bergab ging. Um den Ort wieder etwas hochzubringen, erteilte ihm der König 1654 das Lotsenprivileg. Die Lotsenstation gibt es immer noch, und auch das hölzerne Gerüst des Lotsenausgucks steht hoch am Alten Hafen. Einen kleinen Eindruck aus dieser Zeit vermittelt das bescheidene Museum am Hafen.

Wenn man an der Nordmole des Hafens längsseits geht, so liegt man dort zwar etwas abgeschieden, hat aber immer etwas zu sehen: das Treiben im Alten Hafen, die draußen vorbeiziehenden großen Schiffe und alle paar Minuten, wie ein Jet vom nahen Flughafen steil in den Himmel steigt.

Etwas anrührend das kleine Seefahrtsmuseum am Hafen, mit dem Kutter ELISABETH K 571 davor.

Liegeplatz und Versorgung: *Der beste Platz ist im Alten Hafen, und zwar längsseits oder zwischen Pfahl und Steg an der Nordmole (2), wo man bis auf Winde aus E immer ruhig und schön liegt. Alternativ kann man an die Stege (1) gehen (grünes Schild zeigt freie Box an). Zur Not kann man auch in das erste Becken (3) des früheren Fährhafens, muss allerdings die Erlaubnis des Hafenmeisters einholen (hier die Lotsenstation mit den Lotsenbooten). Schlecht, rostige Spundwände. Jedenfalls, wenn man dort festmachen muss, dann vorher unbedingt den Hafenmeister auf UKW anrufen. Wenn der Tiefgang dies zulässt, bietet sich noch der südlich an den Fährhafen anschließende Yachthafen (4) an, der aber mit seinem riesigen, kieseligen Parkplatz einen etwas trostlosen Eindruck macht. Treibstoff am Alten Hafen. Wasser und Strom in beiden Häfen an den Stegen. WC und Duschen sowohl im Yacht- als auch im Alten Hafen; hier muss man sich den Schlüssel beim Hafenmeister besorgen. Im Hafenkontor sollte man sich nach Ankunft sofort anmelden (Öffnungszeiten: 0800–0900, 1100–1200, 1700–1800). Hafenbüro erreicbar über die UKW-Kanäle 12, 13 und 16. Im Alten Hafen Slip, Bootswerft, Takel- und Motorenwerkstatt. Zubehör. Am Yachthafen Mastenkran und Autokran (8 t).*

Wasserstand
Tidenhub 0,6 m. Sturm aus NE kann den Wasserstand um 1,4 m erhöhen, Sturm aus SE kann ihn um 1 m senken.

Wahrschau: Die Hafeneinfahrt neigt zur Versandung.

Dragør.
Der Alte Hafen mit dem Lotsenturm.

Auch von Dragør fährt im 10-Minuten-Takt eine S-Bahn ins Zentrum von Kopenhagen.

Wenn man aus dem Kongedyb kommt, darf man nicht die Haupteinfahrt nach Kopenhagen nehmen, das Kronløb, sondern muss durch das etwa 1 sm südlicher abzweigende **Lynetteløb**.

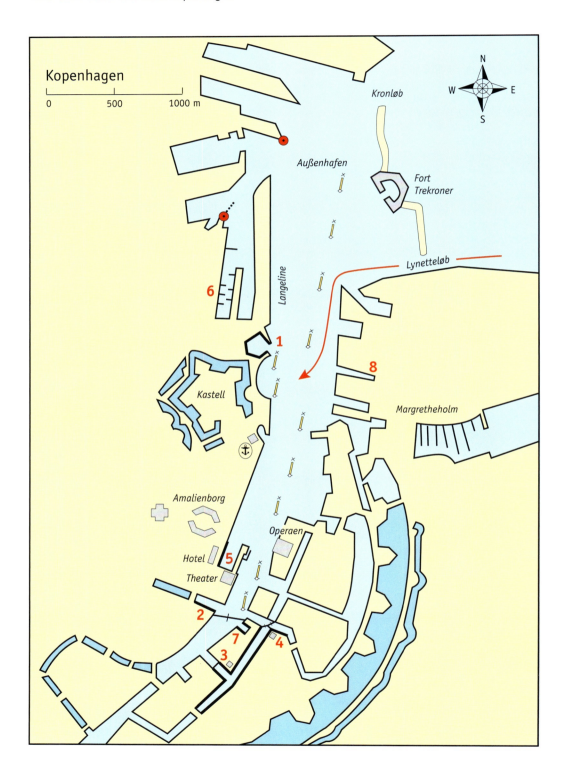

Wahrschau!
1. Nachdem man das Lynetteløb passiert hat, wendet man sich nach Süden. Dabei muss man immer östlich der gelben Tonnen bleiben, die vor der Langelinie ausliegen.
2. Spätestens wenn man querab des Langeliniehafens (1 im Hafenplan) ist, darf man nur noch unter Motor laufen.
3. Höchstgeschwindigkeit 6 kn, in den Kanälen 4 kn.
4. Auf die »Havnebussen« (Wasserbusse) achten, die von Ufer zu Ufer und quer durch den Hafen fahren.

Kopenhagen. Man braucht sich vor diesem Welthafen nicht zu fürchten; die großen Schiffe manövrieren sehr vorsichtig, wenn sie nicht überhaupt die Hafenanlagen auf *Amager* anlaufen, mit Ausnahme der riesigen Kreuzfahrtschiffe, die gern an der *Langelinie* liegen, oder der nicht minder großen Norwegen-Fähren, die auch in den Hafen fahren, und zwar zum *Amaliehaven*, dem Liegeplatz **5**.

Spätestens querab des neuen, tollen Opernhauses (Operaen) auf Holmen sollte man sich überlegen, wo man in Kopenhagen liegen will:

*Liegeplatz: Am südlichen Ende der Langelinie öffnet sich eine schmale Einfahrt in das Becken des **Langelinie-Yachthafens** (1), der sich mitten im Park und noch dazu nahe bei der kleinen Seejungfrau befindet. Der schon 1890 angelegte Hafen hat nur ungefähr 100 Plätze und ist meistens überfüllt. Die Gästeplätze: grünes Schild. In den Kasematten sitzt der Hafenmeister (0900–1200 und 1500–1900), und dort gibt es auch Duschen und WC. Ein sehr guter kleiner Hafen, obwohl er ansonsten wenig Versorgungsmöglichkeiten zu bieten hat. Als Nachteil könnte man vielleicht vermerken, dass*

Kopenhagen.
In Christianshavn. Im gelben Gebäude das dänische Marinemuseum. Über den Dächern der gewundene Turm der Vor-Frelser-Kirche, einer der märchenhaften Kirchen von Kopenhagen.

Kopenhagen. Im Christianshavn Kanal.

er einem kaum das Gefühl vermittelt, in einer großen Stadt zu liegen, dennoch: Langelinie ist immer noch der traditionelle Gästehafen in Kopenhagen. Wer sichergehen will, einen Platz zu bekommen sollte vorher den Hafenmeister anrufen: +45 35 26 2338.

Zu viel Stadttrubel hat man im **Nyhavn** (*2*), wegen des dort herrschenden Rummels (was manchem aber auch gefallen mag). An diesem Kanal liegen jenseits der Brücke alte Schoner und Galeassen, was sehr stimmungsvoll ist. Was sonst Nachteiliges über Nyhavn gesagt wird, nämlich, dass es das schräge Viertel von Kopenhagen sei, stimmt längst nicht mehr. Man macht vor der Klappbrücke an der Südkaje fest. Wenig Platz, keine Versorgung, bis auf Toiletten im Sømandshjem (bei *2* im Plan). Nochmals: sehr unruhig, auch wegen der vielen Touristen. Kneipe neben Kneipe. Bei schönem Wetter sitzt alles draußen, und es wird toll gejazzt.

Wer im Nyhavn liegen will, benötigt die Erlaubnis des Hafenmeisters: Tel. + 45 2546 3903.

Genau gegenüber von Nyhavn zweigt ein anderer Kanal ab, der um die Ecke in den **Christianshavn Kanal** (*3*) führt, und den ich für den besten Liegeplatz in Kopenhagen halte. Immer noch. Lange ein »Geheimtipp«, aber das ist längst vorbei. Wer sicher sein will, hier einen Platz zu finden, fragt vorher bei der **Wilders Plads Marina** an (+ 45 40 96 37 72, oder E-Mail: marina@wildersplads.dk). Einfach der beste Platz in Kopenhagen: Zum einen, weil man ruhig liegt, trotz der Sightseeingboote, die hier ständig vorbeituckern. Zum anderen, weil man über die Knippelsbro in wenigen Minuten zum Stadtzentrum gelangt, was allerdings im Nyhavn genauso ist. Und schließlich, weil der Christianshavn Kanal eine Atmosphäre hat, wie man sie sonst in Europa nur noch in einer Amsterdamer Gracht finden dürfte. Seit sich in einer alten Fabrik eine kleine Marina, »Wilders Plads Marina«, gleichzeitig Hafenkontor, einquartiert hat, gibt es hier tadellose Duschen und WC. Strom und Wasser am Kai. City-Biker-Station (Fahrräder, s. S. 164) 150 m entfernt. Man liegt hier in einem schönen alten Viertel mit vielen jungen Leuten und noch mehr Pensionären; in den letzten Jahren ist es offensichtlich schick geworden, in den restaurierten Packhäusern zu wohnen. Wichtig: Man sollte sein

---

Die Brücke!
Wenn man zum Christianshavn will (oder zum Tranhaven) muss man seit einiger Zeit durch eine Brücke. Obwohl die Kopenhagener Segler Sturm gelaufen sind gegen diese Fußgänger- und Radfahrerbrücken, hat man sie gebaut. Also, vor Christianshavn und Tranhaven liegt jetzt eine dreiflügelige Brücke. Sie ist von 0600 bis 2400 besetzt (+45 22 37 72 93, UKW-Kanal 12) und wird jederzeit für etwa 30 Minuten geöffnet.
Die Gebühren sind exorbitant!

Brückensignale (Pfeil):
Y.   Brücke geschlossen
LFl.R.   Brücke wird in Kürze geöffnet
F.R.   Entgegenkommer passieren
LFl.G.   Brücke in Kürze geöffnet
F.G.   Durchfahrt frei

Boot immer gut verschlossen halten, wenn man es verlässt. Im Christianshavn Kanal dürfte der beste Platz der vor dem Seemannsheim »Prinses Maries Hjem for gamel Sømænd og Sømanendenker« von 1856 sein. Hier sitzen tagsüber pensionierte Kapitäne auf den Bänken, schmauchen ihr Pfeifchen, und da sie als weitgereiste Leute alle Deutsch sprechen, lässt sich mit ihnen gut klönen. Gegenüber, in dem gelben Barockgebäude, das »Orlogs-Museum« der dänischen Marine. Liegeplätze gibt es auch an der linken Seite des nach NW abzweigenden Stichkanals, gegenüber von dem hübschen Terrassenrestaurant »Kanalen«.

Der Christianshavn Kanal ist dicht bepackt mit Festliegern. Sollte man also hier keinen Platz finden, so kann man an dem Steg im **Tranhaven** (4) festmachen. Das ist gar nicht so schlecht, kommt aber mit dem Christianshavn Kanal nicht ganz mit. An den Stegen Finger. Grüne Schilder. Hafenbüro eingangs des Christianshavn Kanals (1730–1830, Tel. + 45 4096 3772). In dem Gebäude auch WCs und Duschen.

Sehr große Boote (über 15 m Länge) können sich in das Hafenbecken **Amaliehaven** (5) vor dem riesigen, alten Packhaus legen, in dem das ungemein schicke Hotel »Admiralen« eingerichtet ist. Nur nach Genehmigung durch den Hafenmeister: Tel. + 45 2546 3903! Nachteil: viel Schwell und zeitweise auch Unruhe von den großen Fähren, die manchmal im gleichen Becken liegen.

Seit Kurzem gibt es auch noch Yachtliegeplätze im **Søndre Frihavn** (6), und zwar Stege im Westbecken. Auch hier benötigt man die Erlaubnis des Hafenmeisters: Tel. + 45 2074 9877. Wenn die roten Lichter brennen (s. Plan) darf man den Hafen weder verlassen, noch anlaufen. Ringsum hochmoderne Bebauung. Zum Yachthafen Langelinie nur ein Katzensprung.

Der Nyhavn.
Einst das schräge Viertel. Heute mit seinen alten Seglern und den vielen Kneipen überaus malerisch und eine große Touristenattraktion.

Direkt neben der Zufahrt zum Christianshavn gibt es neuerdings den Hafen **Nordatlantensbrygge (7)**. Allerdings muss man hier durch eine der neuen Fußgängerbrücken (Durchfahrtshöhe 5,40 m. Sie kann geöffnet werden und zwar zu den gleichen Zeiten, wie die große Knippelsbro. Man muss die Öffnung rechtzeitig bestellen: + 45 40 42 33 77 und UKW-Kanal 12. Zu den Verkehrsstoßzeiten wird sie nicht geöffnet. Dafür kostet es nichts.
Direkt am Hafen, in einem Packhaus von 1767, dem »North Atlantic House«, ein Kulturzentrum, und dazu das »Noma«, eines der 50 besten Restaurants der Welt.

Hinweis: Kopenhagen-Kenner mögen Beschreibungen der »echten« Yachthäfen von Kopenhagen vermissen, wie des Tuborg Havn, des Svanemølle Havn, des Kalkbrænderi Havn oder der riesigen Marina Kastrup Strandpark. Natürlich

Grabrødretorv.
Sonntagmorgen. Die Nachtschwärmer sind weg. Der Platz hat Ruh.

kann man da überall hin, aber ohne Ausnahme liegen alle in einer wenig erfreulichen Umgebung, wie etwa der **Margretheholms Havn**. Man sollte Letzterem aber nicht Unrecht tun: Die Umgebung wächst langsam ein, und vor allem ist die Versorgung sehr gut. Wegen der Versorgung und auch wegen der guten Verbindungen in die Stadt wäre dieser Hafen durchaus eine Alternative zu den Liegeplätzen 1, 2, 3, 4, 5, 6 und 7, vor allem, wenn man länger in Kopenhagen bleiben will; dann liegt man in diesem Hafen ruhig und sicher. Es gibt auch Pläne, etwas südlich von Margretheholms Havn eine neue Marina zu bauen, vor dem Ortsteil Sundby.

Versorgung (nur im Hinblick auf die Vorschläge 1, 2, 3, 4, 5 und 6): Für die dringendsten Bedürfnisse ausreichend, mehr nicht. Sind Reparaturen am Schiff fällig, wäre es am günstigsten, von Christianshavn aus zum nahen, hervorragend ausgestatteten Margretheholms Havn zu gehen. Dort gibt es eine Bootswerft. Zu empfehlen »Københavns Yacht Service«, am Refshalevej 163 b, Tel. + 45 536 11 753 (s. rote 8 im Hafenplan) Wie auch immer: Der Hafenmeister wird einem mit Rat und Tat weiterhelfen können.

Weitere Hinweise: Das Hafenamt für alle Stadt-Bootshäfen findet man zwischen dem Yachthafen Langelinie und der Amalienborg (s. Plan S. 158) an der Nordre Toldbodgade Nr. 7,

Schloss Amalienborg.
Der treue Wachsoldat.

Kongens Nytorv. *Der königliche Platz.*

Tel. +45 2546 3903 (rund um die Uhr besetzt). Das »große« Hafenamt (Copenhagen Malmø Port AB) hat seinen Sitz ganz im Norden, an der Zufahrt zum Kalkbrenneri Havn. Es beschäftigt sich mit richtigen Schiffen und nicht mit uns. An der Toldbodgade auch das »Dansk Farvandsdirektoratet«, das dänische Hydrographische Institut. Ebenfalls in der Toldbodgade (Nr. 35) die Buch- und Seekartenhandlung Weibach mit sehr gutem Sortiment.

Ansteuerung bei Nacht: Kommt man von Süden, würde ich raten, nicht nach Kopenhagen zu laufen, sondern in Dragør (s. S. 155) zu übernachten. Kommt man von Norden aus dem Sund, so würde ich ebenfalls nicht mehr nach Kopenhagen fahren, sondern in den stadtnahen, großen und leicht anzusteuernden Yachthafen Skovshoved gehen (s. S. 168). Natürlich ist ein Welthafen wie Kopenhagen perfekt befeuert, aber das ist alles doch ziemlich kompliziert; dazu noch die Unsicherheit, die mit der nächtlichen Suche nach einem Liegeplatz einhergeht.

Eine Stadt wird besichtigt

Je öfter man nach Kopenhagen kommt, desto mehr wird man diese Stadt lieb gewinnen. Eine sehr menschliche, fröhliche, heitere Stadt – ich kenne nur eine zweite in Europa, die ihr gleicht: Amsterdam. Kommt man zum ersten Mal nach København (sprich: Köbenhaun), wie die Dänen ihre Hauptstadt nennen, so sollte man seinen ersten Spaziergang am **Kongens Nytorv** beginnen, dem Schnittpunkt zwischen dem königlichen und dem bürgerlichen Kopenhagen, einem Platz, der mit seinen gestutzten Platanen sehr pariserisch wirkt, umgeben vom Königlichen Theater, dem schneeweißen »Hotel d'Angleterre« und dem Kaufhaus »Magasin du Nord«.

Strøget, die Bummelmeile

Hier fängt auch Strøget an, auf deutsch der »Strich«, die weltbekannte Fußgängerzone; aber man wäre schwer auf dem Holzweg, würde man dem deutschen Wort bestimmte Hinweise entnehmen wollen: Hier gibt es zwar – fast – alles zu kaufen, das eine aber nun gerade nicht. Es wird schwer werden, die weiblichen Mitglieder der Crew zum Weitergehen zu bewegen, zu toll ist hier das Angebot, sei es im Kaufhaus »Illum«, das sich (stark übertrieben) das schönste der Welt nennt, sei es im Laden der Königlichen Porzellan-Manufaktur oder sonstwo. Geschäft reiht sich an Geschäft, eines attraktiver als das andere. Und seitdem die Stadtverwaltung die Pornoshops aus Strøget hinausgeworfen hat, ist dieses 2 km lange Einkaufsparadies wirklich zum Allerfeinsten geworden, wenn auch leider Hamburgerlokale auf dem Vormarsch sind. Von morgens bis abends flanieren hier die Menschen durch die Straße, und von morgens bis abends wird hier das Stück »Wonderful Copenhagen« aufgeführt, von allen, die gerade hier entlangspazieren.

Nahe beim Schloss.
Erste Adresse für Banken und Konzerne.

Rathaus und Tivoli
Strøget mündet am Rathausplatz, wo sich in Eintracht mit der Stadtverwaltung das Tivoli, der Zirkus Benneweis und Louis Tussauds Wachsfigurenkabinett etabliert haben. Das Rathaus ist von einer merkwürdig schweren nordischen Architektur, genau wie das gegenüberliegende Hotel »Kong Frederik«. Hier endete übrigens Kopenhagen noch gegen Ende des 19. Jahrhunderts; das Tivoli lag schon im Grünen.

Neben dem Hauptbahnhof (Vesterbrogade 7) die **Touristinformation**. Hier erhält man kostenlos (und in deutscher Sprache) vorzügliches Informationsmaterial, einmal den Führer »Sei froh in Dänemark – Nordseeland und Kopenhagen«, mit Stadtplan, und dann noch »Copenhagen this week«, einen Veranstaltungskalender. Beides braucht man unbedingt, wenn man sich in Kopenhagen zurechtfinden und in der Kürze der Zeit das Wichtigste sehen will. In der Touristinformation kann man auch die »Copenhagen Card« erwerben. Sie kostete zuletzt 40 Euro, gilt für 24 Stunden und berechtigt zum Benutzen aller Verkehrsmittel, zum freien Eintritt in alle Museen und führt auch Restaurants und Geschäfte auf, die gegen Vorlage dieser Karte einen Nachlass gewähren.

Tipp: Am schönsten ist es natürlich, die Stadt zu Fuß zu erkunden; so groß ist das Zentrum ja nicht. Wer wenig Zeit mitbringt, der kann eine Tour mit dem Fahrrad machen. In der Stadt gibt es 150 Stationen mit City-Bikes. Man wirft ein Pfand ein und kann sich ein Fahrrad nehmen. Stellt man das Fahrrad wieder ab, bekommt man seine Kronen zurück. 2000 dieser frei zu benutzenden Fahrräder soll es hier geben. Kopenhagen ist eine überaus fahrradfahrerfreundliche Stadt. Überall Radwege und eigene Ampeln für Radfahrer. Wer über noch weniger Zeit verfügt, der kann sich eine Netzkarte für die gelben »Stadtbussen« kaufen; es gibt auch einen Bus (die Linie 6), mit dem man eine Rundfahrt durch die Stadt machen kann. Dieser Bus fährt ab vom Rathausplatz und von Kongens Nytorv.

Strøget.
Oder anderswo (siehe »Halberstadt«, Foto nächste Seite): die ganz feine Art des Shoppings.

Schloss Amalienborg.
Hier wohnt die Königin.

Im Lateinerviertel

Nördlich von Strøget liegt das Universitätsviertel, auch Lateinerviertel genannt. Hier trifft man auf den wahrscheinlich schönsten, sicher aber dänischsten aller Plätze in Kopenhagen, den *Grabrødretorv*, den die Einheimischen als den »Platz in ihren Herzen« preisen. Ringsum massenhaft Kneipen und Restaurants – eines sei hervorgehoben, das Studentenlokal »Lille Apotek« in der Store Kannikestræde Nr. 15, wo das Bier meterweise ausgeschenkt wird. Was man natürlich hier im Universitätsviertel en masse findet, das sind große und kleine und auch obskure Buchhandlungen, die besten, wo sich's stundenlang stöbern lässt, in der Fiolstræde. Aber auch Antiquariate, biodynamische Lebensmittelläden und jede Menge Boutiquen. Wenn man einen Überblick über dieses Gewimmel haben will, sollte man den runden Turm der *Trinitatiskirche* hochwandern, von deren Bastion aus man einen fantastischen Blick auf das Lateinerviertel und die Kopenhagener Altstadt hat.

Tattoo Jack und Königsschloss

Die feineren Viertel Kopenhagens findet man merkwürdigerweise jenseits von Nyhavn, dem einstigen Matrosenquartier und früher so etwas wie dem St. Pauli von Kopenhagen. Aber das ist längst vorbei; heute residieren hier diskret hinter den weißen weißen Fassaden Banken und Konzernleitungen, und hier wohnen Leute, die – so scheint's – viel, viel Geld haben. Zwar gibt es am Nyhavn noch »Tattoo Jack«, aber ich habe ihn in Verdacht, dass er in Wahrheit vom Fremdenverkehrsbüro bezahlt wird, als bescheidene Erinnerung an jene Tage, als Matrosen noch tatsächlich zu ihm ins Souterrain hinabgestiegen kamen.

Nahe an Nyhavn liegt das königliche Schloss **Amalienborg** an einem achteckigen Platz mit der Marmorkirche dahinter. Die Königin, Margrethe II., benutzt es immer noch als Win-

terresidenz; aber auch im Sommer, wenn wir Bootsleute nach Kopenhagen kommen, hält die bärenfellbemützte Garde eisern Wache vor dem Schloss ihrer Königin. Immer, das heißt, wenn die Königin in Kopenhagen weilt, findet Punkt 12 Uhr die Wachablösung statt, nachdem die Abteilung von Schloss Rosenborg mit klingendem Spiel durch die Stadt gezogen ist.

Christians Kastell
Etwas weiter stößt man auf das Kastell Christians IV., der wie kein anderer der Stadt seinen Bauwillen aufgezwungen hat: eine gar nicht mehr kriegerisch wirkende Anlage mit den baumbestandenen Wällen und den stillen Wassergräben, obwohl in den ockerfarbenen Mannschaftsquartieren aus der Zeit Christians nach wie vor dänisches Militär liegt.

Tivoli, der Zauberpark
Dass man abends ins Tivoli muss, bedarf eigentlich keiner Erwähnung. Diese Weltberühmtheit ist ja etwas ganz anderes als unsere Rummelplätze: ein nur noch in Dänemark mögliches Märchen. Wenn abends die Lichter im Park angehen, wenn der Pfauenvorhang sich hebt und Harlekin und Colombine auf die Bühne getanzt kommen, dann entsteht nur einen Steinwurf weit vom Rattern der Achterbahn eine Zauberwelt. Und wenn man Glück hat, gastiert gerade das New York City Ballett oder die Wiener Philharmoniker geben ein Konzert. Das ist alles möglich – während es sich Tausende von Menschen, wobei die Kopenhagener keinesfalls in der Minderheit sind, in den mehr als zwei Dutzend Restaurants des Tivoli wohlsein lassen.

Museen, Museen
Ein großes Kapitel für sich sind die Museen der Stadt: Es gibt derer 29, und dabei liegt das wichtigste des Landes, Det Nationalhistorisk Museum, gar nicht hier, sondern in Frederiksborg, und auch das Marinemuseum findet man nicht in Kopenhagen, sondern in Helsingør.
Mir gefallen am besten
- das *Nationalmuseum*, weil es eine ganz hervorragende Abteilung über die dänische Frühgeschichte und die Zeit der Wikinger hat;
- das *Stadtmuseum*, weil es sehr anschaulich zeigt, wie sich diese Stadt entwickelt hat;
- das *Schloss Rosenborg*, weil es allein schon ein Märchenschloss ist und außerdem in der Schatzkammer die Kronjuwelen ausgestellt sind;
- das *Bertel-Thorvaldsen-Museum*, weil es alle Werke (in natura oder als Gipsabguss) dieses bedeutendsten klassizistischen Bildhauers birgt;
- die *Ny Carlsborg Glyptothek*, weil sie eindrucksvoll zeigt, wieviel Geld man mit Bierbrauen verdienen und wie Bürgersinn dieses Geld wieder in Kunst umsetzen kann, nämlich in Funde aus Ägypten, Rom und dem Reich der Etrusker.

Blick in die Geschichte
Noch ein Blick auf die Geschichte der Stadt. Am Platz vor dem Schloss Christiansborg, in dem jetzt der Reichstag, das Staatsministerium und das höchste Gericht untergebracht sind, steht das Denkmal des Gründers der Stadt, des Bischofs Absalon, den der Künstler so dargestellt hat, wie er wirklich war: nicht in erster Linie ein Kirchenmann, sondern ein Kämpfer, mit der Streitaxt der Wikinger in der Faust. Dieser Absalon, der Bischof von Roskilde und Lund war, bekam von Valdemar dem Großen (1157–1182) ein, wie es schien, unwichtiges Fischerdorf geschenkt, das nur »Havn«, Hafen also, hieß und versteckt hinter dem sumpfigen Amager lag. Aber Absalon, ein großer Stratege, erkannte die Möglichkeiten dieses Ortes und baute ihn zielstrebig aus. Dort, wo sich heute die Börse und das Schloss Christiansborg befinden – der Bezirk heißt immer noch Slotsholmen –, baute er 1167 auf einer Insel eine Burg und ließ eine für die damaligen Verhältnisse enorm große Ringmauer anlegen, die etwa bis zum späteren Schloss Rosenborg reichte.
Innerhalb dieser großzügigen Mauer konnte die Stadt sich in den nächsten Jahrhunderten entwickeln und ausbreiten. Sie wurde dann erst wieder von dem bauwütigen Christian IV. (1588–1648) umfassend verändert. Mehr noch, man kann sagen, dass er es war, der Kopenhagen bis zum heutigen Tage wesentlich geprägt hat: Er hat den Hafen ausgebaut, auf der Insel Amager die Festung Christianshavn angelegt und dann auf der Seeland-Seite das Kastell, er ließ sich die Rosenborg als Resi-

denz bauen, schuf den Trinitatisturm und baute die Börse – alles sehr beeinflusst von der niederländischen Renaissance. Und er steuerte mit dieser Bauwut in seiner langen sechzigjährigen Regierungszeit den Staat fast in den Bankrott. In der Schatzkammer in Schloss Rosenborg ist die Reichskrone aufbewahrt, die er für 15 000 Reichstaler an einen Hamburger Kaufmann verpfänden musste, um kreditwürdig zu bleiben.

Zehn Jahre nach Christians Tod wurde Kopenhagen von den Schweden belagert, hielt aber stand. Den schlimmsten Schaden fügten die Engländer der Stadt zu, als sie sie 1807 drei Tage lang von ihren Schiffen aus bombardierten und weite Teile in Brand setzten oder in Trümmer legten.

Essen und Trinken
Kopenhagen ist auch eine Stadt der Sinnenfreude, zuvorderst des guten Essens und Trinkens. Es gibt aber so unendlich viele Restaurants und Kneipen, urdänische, aber auch andere aus aller Herren Länder, dass man schon mit ein paar Hinweisen überfordert wäre. Wer nur von Strøget seitwärts abbiegt, ins Lateinerviertel oder auch zur anderen Seite hin, der wird mehr finden, als er bei einem Kopenhagen-Aufenthalt aufsuchen könnte.

Das moderne Kopenhagen
Natürlich ist Kopenhagen voller alter Bauwerke, die sich anzusehen immer lohnt. Man darf aber nicht übersehen, dass die Stadt in den letzten Jahren einen enormen Aufschwung genommen hat, und das zeigt sich in phantastischen Bauwerken. Zwar leben in Kopenhagen selbst nur 559 000 Menschen, in der »Region Hovedstaden« aber 1,6 Millionen. Wenn man sich an einem Sommersamstagabend wundert, woher nur die vielen Menschen kommen, dann sind es nicht nur Touristen, sondern auch Bewohner von »Storkøbenhavn« (Großkopenhagen), die ihren Abend in *wonderful Copenhagen* verbringen.

Zur modernen Architektur: Bei der Einfahrt in den Hafen haben wir schon das neue Opernhaus passiert, ein Geschenk des steinreichen Reeders Møller. Gegenüber dann der wuchtige, etwas düstere Bau des neuen Schauspielhauses. Am tollsten aber das völlig umgestaltete Viertel »Islandsbrygge«. Von der Knippelsbro braucht man nur südwärts zu schlendern und wird dann seinen Augen nicht trauen: Es ist unglaublich, was die ruhigen, gemütlichen Dänen da auf die Beine gestellt haben.

Segelroute nördlich von Kopenhagen-Nordhaven
Das Gelände des Nordhavns wird zum Øresund hin erweitert. Um Segler von dieser Baustelle fernzuhalten, wurde eine Passage eingerichtet, die in sicherem Abstand die Baustelle umfährt. Man kann sich am besten an den gelben Leuchttonnen orientieren, die die Eckpunkte der Route markieren (1.4. bis 15. Nov.):

55°43,452´N 012°38,631´E: Fl.Y.3s
55°43,276´N 012°39,142´E: Fl(4)Y.10s
55°42,011´N 012°38,416´E: Fl(4)Y.10s
55°41,957´N 012°37,725´E: Fl.Y.3s

Durch den

Sund, genauer den Øresund, obwohl jedermann nur vom Sund spricht, wenn er den Øresund meint, sind es von Kopenhagen bis Helsingør nicht mehr als 20 sm. Selbst mit meinem fürwahr nicht schnellen Motorsegler habe ich für diese Distanz nie mehr als einen halben Tag gebraucht, zumal man auch mit großer Wahrscheinlichkeit einen nordwärts setzenden Strom haben wird, der einen flotte Fahrt machen lässt.

Am dänischen Ufer des Sunds gibt es zwischen Kopenhagen und Helsingør neun Häfen; hätte ich wenig Zeit zur Verfügung, würde ich keinen davon anlaufen, sondern lieber einen Tag länger in Helsingør bleiben. Der Vollständigkeit halber sollen diese Häfen aber, wenn auch in aller Kürze, weiter unten beschrieben werden.

Man stelle sich vor: Am Ufer des Sunds, von Kopenhagen bis hinauf nach Helsingør, zieht sich eine endlose Bebauung hin, sehr schön zum allergrößten Teil.

Die feinen Leute, mit gut Geld, haben sich hier an den Gestaden des Sunds niedergelassen, in großen Parks mit Schlössern und Villen. Wer die nördliche Uferstraße am Genfer See kennt, der hat eine Vorstellung von der Pracht und Schönheit dieser Parklandschaft am Sund.

Navigatorisch verlangt einem der Sund in diesem Teil wenig ab; man fährt praktisch immer in Landsicht. Auf der einen Seite hat man die dänische Parklandschaft und auf der schwedischen eine mehr städtische Bebauung; dazwischen liegt die grün und gelb leuchtende **Insel Ven**, die jedoch schon zu Schweden gehört. Hält man sich ans dänische Ufer, dann bleibt man auch den großen Schiffen fern, deren Kurs näher am schwedischen Ufer verläuft.

Der erste Hafen nach Kopenhagen, den man ansteuern könnte, wäre der von

Skovshoved, das gut 3 sm nördlich von Kopenhagen liegt: ein schon älterer, inzwischen modernisierter Yachthafen, an einem kleinen Park gelegen, allerdings auch nahe der Autostraße. Was für uns wichtig sein kann: Kommt man von Norden und will des Nachts nicht mehr bis Kopenhagen weiterlaufen, so lässt sich Skovshoved gut ansteuern. Zumal man auch schnell in Kopenhagen wäre, mit dem Bus oder der S-Bahn in etwa 15 Minuten.

Die Wellenbrecher hinter der Einfahrt schützen den Hafen zum Sund hin. Der Hafen ist mit einem Tiefgang bis zu 2,5 m problemlos anzulaufen. Bis auf Winde aus NE und SE liegt man hier sehr ruhig. Für Gäste werden an den mitteren Brücken, wo man längsseits geht, Plätze freigehalten. Man hat rundum gute Versorgungsmöglichkeiten. Restaurant im Clubhaus (auch weitere WCs und Duschen), Repa-

> **Wahrschau:** Mit Kurs W auf den Hafen zulaufen, da man in N und S mit Grundstellnetzen rechnen muss. Vorsicht: Bei Starkwind setzt ein Strom mit 2 bis 3 kn zwischen Molen und Wellenbrecher, also quer zur Einfahrt! Nicht zu nahe an die Molenköpfe kommen und unter Motor und mit Tempo hinein in den Hafen! Die gelben Tonnen nördlich des Hafens markieren eine Abwasserleitung.

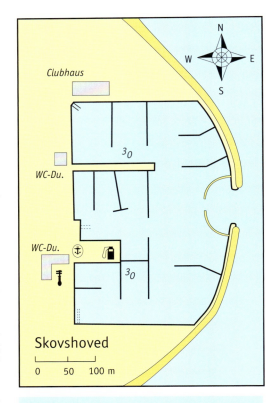

> **Wasserstand**
> Tidenhub 0,2 m. Wind aus W kann den Wasserstand um 0,9 m erhöhen, Wind aus E kann ihn um 0,5 m senken.

raturen, 2,5-t-Kran, 20-t-Travellift, Mastenkran.

Im Gegensatz zu Skovshoved gibt es in dem engen, kleinen, nur 1,5 sm nördlich davon gelegenen Hafen von

Tårbæk keine für Gäste reservierten Plätze. Man muss sich einen freien Platz suchen (Heckbojen). Sehr eng alles. Tårbæk ist leicht auszumachen an dem hohen, dreigiebeligen Gebäude dicht südlich vom Hafen, einer Schule. Der nordlaufende Strom setzt dicht unter Land mit 2 bis 3 kn und macht es schwer, in die enge Einfahrt hineinzukommen. Nördlich und südlich des Hafens liegen Grundstellnetze aus. In der Einfahrt mehr auf den südlichen Molenkopf zuhalten, da vor dem anderen geringe Wassertiefen (1,2 bis 1,5 m). In der Nähe befindet sich der Wildpark »Jægersborg Dyrehave« mit dem auffallend auf einem Hügel über dem Sund gelegenen *Schloss Eremitage*. Direkt am Hafen gibt es ein exquisites Restaurant. Der Hafen lässt sich unter normalen Umständen mit einem Tiefgang bis zu 1,8 m anlaufen. Ein nur bedingt empfehlenswerter, da sehr enger Hafen.

Wasserstand
Tidenhub 0,4 m. Sturm aus NW kann den Wasserstand um 1,2 m heben, Sturm aus SE kann ihn um 0,8 m senken.

Skovshoved ziemlich ähnlich, aber weniger elegant, ist der 3,5 sm nördlich von Tårbæk gelegene Yacht- und Fischerhafen

Vedbæk, den Boote mit einem Tiefgang bis gut 2 m anlaufen können; dabei achte man jedoch auf Grundstellnetze nördlich und südlich vom Hafen. Die Hafeneinfahrt öffnet sich nach Norden. Gäste machen an den Enden der

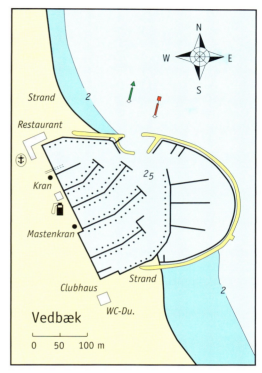

Rungsted.
Hervorragender Yachthafen zwischen Kopenhagen und Helsingør. Sitz des Kongelik Dansk Yacht Clubs (Königlicher-Dänischer Yachtclub). Eine hochelegante Anlage, mit bestem Service.

Stege fest. Bei Winden aus NW über N bis NE wird es hier etwas unruhig. Bei hartem Wetter, vor allem Starkwind aus NW, entstehen Grundseen vor dem Hafen. Seit der Modernisierung gibt es hier ein besonders schönes Hafengebäude, mit dem Restaurant »Nautilus«. Der Hafen ist erweitert worden. Sanitäre Einrichtungen tipptopp. Ein guter Hafen.

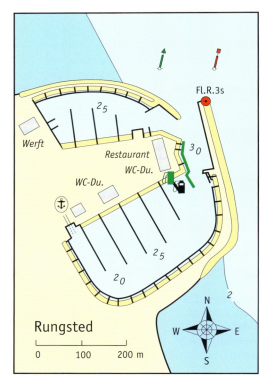

Wasserstand
Tidenhub 0,5 m. Wind aus NW hebt den Wasserstand um 1 m, Wind aus SE kann ihn um 0,7 m senken.

Der nächste Hafen,

Rungsted, gehört zu den besten Marinas in Dänemark, ein Superding, hochelegant und geschmackvoll gebaut, Sitz des Kongelik Dansk Yacht Clubs. 800 Plätze. Die Ansteuerung ist einfach: Das große Club- und Restaurantgebäude auf der Mittelmole lässt sich nicht übersehen. Bei Sturm aus NW muss man mit Grundseen vor dem Hafen rechnen, der ansonsten mit

Am Sund.
Oberhalb des Yachthafens Rungsted: Karen Blixens Hus.

Wasserstand

Tidenhub 0,3 m. Wind aus NW hebt den Wasserstand um 1,3 m, Winde aus S bis SW senken ihn um 1,1 m.

einem Tiefgang bis zu 2 m jederzeit angelaufen werden kann. Man macht an der Gästebrücke vor der Terrasse des Restaurants »Nokken« fest, wo der Hafenmeister per Sprechanlage Kontakt mit einem aufnimmt und eine freie Box zuweist, meist schon an der Gästebrücke, direkt vorm Restaurant. Bei Winden aus NW über N bis NE entsteht einige Unruhe im Hafen. Ansonsten: durchweg super und jeder nur denkbare Service.

An der Straße der berühmte »Rungsted Kro«, eine seit 1513 königlich privilegierte Wirtschaft, wo früher die Reisenden auf halbem Wege zwischen Kopenhagen und Helsingør Station machten.

Oberhalb des Yachthafens *Karen Blixens Hus*, wo die berühmte dänische Schriftstellerin ihre Jugend und ihren Lebensabend verbrachte. Rungsted – es soll nicht verschwiegen werden – ist etwas elitär, jedenfalls im schnieken Restaurant »Nokken«. Wer's gerne zünftig hat, wird sich hier nicht unbedingt wohlfühlen.

Dass aus der gut 3 sm nördlich von Rungsted gelegenen *Bucht Niverød* eines Tages mehr werden würde als nur ein Ankerplatz für kleine Kutter, war klar. Doch dass mittlerweile ein so großer Yachthafen daraus geworden ist, erstaunt schon sehr. Die Umgebung des

Niva Strandparks ist ganz untypisch für die Landschaft am Sund: eine flache Halbinsel, weite Schilffelder mit kleinen Seen dazwischen, von denen einer so treffend *Svanesøen* (Schwanensee) heißt.
Von See her orientiert man sich zunächst an dem braunen Schornstein einer Ziegelei. In der Hafeneinfahrt halte man sich gut mittig. Angeblich muss man hier mit Versandungen rechnen. Nachts sieht man besser von einem Anlaufen ab: nur das F.R. am Kopf der Südmole. Gästeplätze gleich nach der Einfahrt linker Hand. Gute Versorgung. Fahrräder kann

Wasserstand

Tidenhub 0,3 m. Wind aus WNW hebt den Wasserstand um 1 m, Winde aus SSW können ihn um 0,5 m senken.

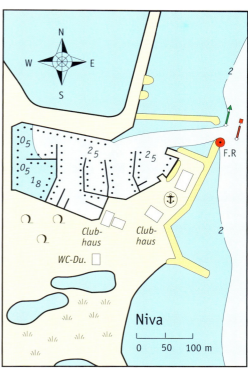

man kostenlos ausleihen. Ein idyllischer Naturhafen mit einem feinsandigen Strand. Der Schornstein, der als gute Landmarke dient, gehörte zu einem einst großen Ziegelwerk. Der jetzige Hafen ist aus einer Grube entstanden, aus der Ton gewonnen wurde. Die Ziegelei wurde 1701 gegründet, um das *Schloss Hirsholm* um- und auszubauen. In der Ziegelei (Nivågård Teglværk) wurden noch bis 1981 Ziegel gebrannt. Der Ringofen war der erste seiner Art auf der Welt. Er steht inzwischen unter Schutz als Denkmal früher Industriearchitektur. In ihm und im alten Trockenschuppen ist ein Ziegeleimuseum eingerichtet worden.

Nur 1 sm weiter erreicht man mit

Sletten wieder einen Winzling. Um den Hafen gruppiert sich ein Fischerdorf mit reetgedeck-

172 *Zum Sund und nach Kopenhagen*

ten Häusern. Sehr gut der nahe gelegene »Sletten Kro«. Im Hafen wenig Platz. Bei Winden aus NW über N bis NE liegt man auch unruhig. Es macht, so nahe an Helsingør, wenig Sinn, ihn anzulaufen.

Das wiederum nur 1 sm nördlicher gelegene

Humlebæk darf man getrost als idyllisch bezeichnen. Man liegt in einem Park, und direkt am Hafen stehen unter mächtigen Buchen klobige Tische und Bänke, wo man gemütlich picknicken kann, wenn man es nicht vorzieht, zu dem Restaurant »Bakkehuse« zu gehen. Bei der Ansteuerung beachte man den nordsetzenden Strom, der noch bis 1 sm vor dem Ufer spürbar ist und sich danach als Neerstrom in der umgekehrten Richtung bewegt. Es muss mit Versandungen in der Einfahrt gerechnet werden. Humlebæk lässt sich mit einem Tiefgang bis zu 2 m gut anfahren. Keine besonderen Gästeplätze; man macht fest, wo man einen freien Platz findet. Am Strandweg gibt es noch viele schöne, alte reetgedeckte Fischerhäuser. Im Übrigen ist Humlebæk ein Villenort. Kopenhagen ist eben sehr nahe (mit dem Zug 35 Minuten).

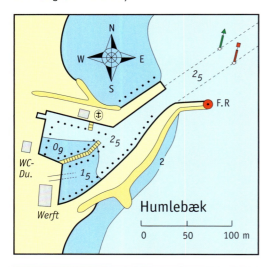

Wasserstand
Tidenhub 0,4 m. Sturm aus NW kann den Wasserstand um 1 m erhöhen, Sturm aus S bis SE kann ihn um 0,5 m senken.

Verkehrstrennungsgebiet Sund
In der Enge zwischen Helsingør und Helsingborg ist ein Verkehrstrennungsgebiet eingerichtet. Wer etwa beim Kreuzen in dieses Gebiet hineinläuft, ist zur Hörbereitschaft verpflichtet: Verkehrszentrale SOUND VTS. Arbeitskanal UKW-Kanal 73, Ruf »Sound Traffic«. Abhören!
Sicherheitsinformationen werden auf den Kanälen 68 und 79 gesendet, nach Ankündigung auf den Kanälen 16, 71 und 73.
In der Enge vor Helsingør herrscht ein beachtlicher Schiffsverkehr, nicht nur wegen der durchlaufenden Schifffahrt, besonders wegen der Fähren, die über den Sund pendeln.
Für Sportboote ist die Situation nicht ganz so dramatisch, wenn sie sich nur dicht am Westufer halten: Das Verkehrstrennungsgebiet endet 0,3 sm vor dem Ufer. Man hat also Raum.

Bei Befahren des Verkehrstrennungsgebiets Regel 10 der KVR beachten!

Das südlich, nahe dem Hafen gelegene **Museum »Louisiana«**, das von einem reichen Kopenhagener Kaufmann eingerichtet wurde, lohnt unbedingt einen Besuch: im Park Plastiken von Henry Moore, Calder und Max Ernst, im ehemaligen Herrenhaus Malerei des 20. Jahrhunderts. Der Einklang von moderner Kunst mit der schönen Parklandschaft des Sunds ist eindrucksvoll (geöffnet Dienstag bis Freitag 1100-2200, Samstag und Sonntag 1100-1800). Im Museums-Café nicht nur gute Häppchen, sondern auch ein wunderbarer Blick auf den Sund.

Wahrschau: Wir nähern uns jetzt der Enge zwisichen Helsingør und Helsingborg. Hier gilt es die Vorschriften über das Verkehrstrennungsgebiet zu beachten. Siehe blauen Kasten oben.

Espergærde, gut 1 sm nördlich von Humlebæk, hat einen ähnlich kleinen Hafen, aber eine bei Weitem nicht so angenehme Atmosphäre. Er liegt etwas kahl und exponiert am

Wasser. Bei einem Tiefgang bis zu 2 m lässt sich der Hafen gut anlaufen, in der Zufahrtsrinne kann einem der nordsetzende Strom zu schaffen machen. Gästeplätze (vor Heckanker), am besten vor dem Kran der kleinen Werft. Kein sonderlich empfehlenswerter Hafen.
Letzteres gilt noch mehr für

Snekkersten 1 sm weiter nördlich und schon im Weichbild von Helsingør. Wegen der dicht am Hafen vorbeiführenden Straße ist es hier sehr unruhig. Der nordsetzende Strom prallt auf die Hafenmauer und läuft dann quer zur Einfahrt. Deshalb sollte man sich mehr an den südlichen Molenkopf halten. Mit einem Tiefgang bis zu 2 m kommt man unter normalen Umständen in den Hafen hinein. Gästeplätze gibt es nicht – man macht dort fest, wo etwas frei ist.

Anders als Kopenhagen, das sich hinter Raffinerien, Öltanks und Industriebetrieben verbirgt, zeigt sich

Helsingør dem, der sich der Stadt von See her nähert, von seiner schönsten Seite. Wuchtig und gleichzeitig graziös steht die **Kronborg**, die Burg der Krone, am Sund – ein alles ringsum beherrschendes königliches Bauwerk. War die Kronborg doch immer ebenso Festung wie prächtiges Schloss des Königs. Sie stellt einen der schönsten europäischen Renaissancebauten dar, von Frederik II. (1559–1588) in Auftrag gegeben, von niederländischen Baumeistern entworfen und in den Jahren 1574 bis 1584 errichtet.
Wo heute das Schloss mit seinen grauen Mauern, den grün schimmernden Kupferdächern und den vier Türmen steht, da baute Erik von Pommern (1397–1438) um 1430 erstmals eine kleine zwar feste, aber doch bescheidene Burg. Sie erhielt ihren Namen von der Halbinsel, auf der sie stand: *Krogen*. Der Sund war schon zu der Zeit, noch mehr als Kleiner und Großer Belt, ein wichtiger internationaler Schifffahrtsweg, aber, anders als heute, auch ein rein innerdänisches Gewässer, denn sein Ostufer gehörte wie die ganze Provinz Schonen zum Königreich Dänemark.

Der Sundzoll
Um diese wichtige Wasserstraße kontrollieren zu können, baute Erik von Pommern an beiden Ufern Burgen: auf Krogen an der seeländischen Seite und bei Malmø und Landskrona am Ostufer. Nachdem er so den Sund fest in der Hand hatte, lag nichts näher, als auch Einnahmen daraus zu ziehen. Er führte 1429 den Sundzoll ein, der bis zum Jahre 1857 – sehr zum Missvergnügen der anderen seefahrenden Nationen – zu einer üppig sprudelnden Finanzquelle wurde. Jedes Schiff, das in den Sund einlief, musste Flagge und Segel streichen, an die Brücke von Helsingør gehen und einklarieren. Die Beamten des Königs führten darüber penibel Buch, und da diese Unterla-

Schloss Kronborg.
Vom Nordhavn (Nordhafen) aus.

Die Kulturværftet am Søndrehavn.

gen gut aufbewahrt wurden, kann man heute noch nachlesen, wann welches Schiff unter welcher Flagge mit welcher Ladung den Sund passierte.
1857 endlich musste der Sundzoll auf massiven Druck der anderen Europäer hin aufgehoben werden, aber gerade kurz davor, im Jahre 1854, erreichten die Einnahmen von 24 648 (!) einklarierten Schiffen einen Rekord. Schloss Kronborg übrigens hatte den Staatssäckel nicht weiter belastet, denn Frederik II. finanzierte den Bau allein aus Mitteln des Sundzolls. Die Einzigen, die schon früher den Sundzoll nicht mehr entrichten mussten, waren die Schweden, die 1658 die Kronborg von Land her erstürmten, nachdem sie schon vorher, bis auf Kopenhagen, ganz Dänemark überrannt hatten. Sie trotzten den Dänen nicht nur die Befreiung vom Sundzoll ab, sondern entrissen ihnen auch noch, und zwar endgültig, die Provinz Schonen. Helsingør – bis dahin mitten im dänischen Königreich gelegen – war zur Grenzstadt geworden. Wenn man sich heute bei einem Rundgang durch die Säle des Schlosses wundert, warum sie so kärglich möbliert sind, so geht das letztlich auf diese plündernde schwedische Soldateska zurück.

Schifffahrtsmuseum

Das Schloss in seiner heutigen Form ist nicht mehr ganz das Original. Nachdem der Bau Frederiks II. 1629 durch einen Brand zerstört wurde, ließ ihn dessen Sohn, Christian IV. (1588–1648), wiederaufbauen, aber so stilgetreu, dass er von dem alten Schloss nicht zu unterscheiden war. Für die Kronborg mit ihrer herrlichen Architektur sollte man sich viel Zeit lassen, zumal man sich im Schloss unbedingt das hervorragende Handels- und Seefahrtsmuseum ansehen muss.

Hamlet war nie hier

Steht man auf den Bastionen über den Wassern des Sunds, die Shakespeare in dichterischer Freiheit zu Terrassen machte, dann lässt sich mit etwas Fantasie vorstellen, wie hier in der Nacht dem braven Wachmann Marcellus der Geist von Hamlets Vater erschienen sein mag, obwohl, wie man weiß, in Wirklichkeit nie ein Prinz Hamlet auf Helsingør gelebt hat.
Wenn man unten durch die feuchten, düsteren Kasematten wandert, so wird einen ein anderer Geist erschrecken: die mächtige dunkle Gestalt des Holger Danske, eines Helden, der mit Karl dem Großen gegen die Araber gekämpft haben soll und nun hier unten im Schloss Kronborg auf den Tag wartet, da Dänemark (wirklich) in Not ist. Dann wird er – eine Sagengestalt wie Shakespeares Hamlet – zum Schwerte greifen und das Land erretten.

Schönes Stadtmilieu

Kronborg allein, so sehr das Schloss auch alles beherrscht, ist noch nicht Helsingør. Die Stadt mit ihren heute 62000 Einwohnern wäre auch ohne das Schloss durchaus sehenswert.

Da steht noch, zwischen Markt und stillgelegter Schiffswerft eingezwängt, das ehemalige *Karmeliterkloster*, von Erik von Pommern 1430 gegründet und einst das Haupthaus des Ordens in Dänemark. Das in strenger Backsteingotik ausgeführte Bauwerk ist noch gut erhalten, genauso wie die dazugehörige *Marienkirche*. Das Kloster dient heute profanen Zwecken; zum Teil wird es als Damenstift genutzt, zum Teil ist es Stadtmuseum. Architektonisch nicht ganz so reinrassig wie das Kloster ist der *Dom Skt. Olai*, dafür aber auch älter; man schätzt, dass er in seinen Ursprüngen bis auf das Jahr 1200 zurückgeht. Sein Bild hat sich jedoch durch ständige Veränderungen und Anbauten im Laufe der Jahrhunderte ziemlich stark gewandelt; sehenswert ist seine reiche Innenausstattung.

Sehr städtisch wirkt der große, viereckige Marktplatz mitten in der Stadt; er funktioniert noch so, wie Marktplätze das früher taten. Die Leute treffen sich hier an schönen Sommerabenden, sitzen unter den wohlgestutzten Bäumen und reden miteinander. Von den nahen Kneipen werden Bierfässer auf den Gehsteig gerollt. Meist am Freitagnachmittag jazzen Amateurbands auf dem Platz – die Dänen sind ja bekanntlich große Jazzfans.

Touristische Hinweise

- Die Altstadt ist eine einzige Fußgängerzone. Neben dem Markt am attraktivsten die Stengade, mit vielen Straßencafés und Restaurants. Am Ende der Straße das Bycenter: ein Einkaufscenter mit riesigem Supermarkt.
- Auffallend die vielen Delikatessenläden und Weinhandlungen in der Stadt. Die Dänen, die man ja nie ohne Bierflasche in der Hand sieht, scheinen immer mehr Geschmack am Weintrinken zu finden – jedenfalls eine Riesenauswahl.

Die mit ihren 62 000 Einwohnern größte Stadt Nordseelands pflegt ein reges Kulturleben, dessen Zentrum die **Kulturværftet** am Søndrehavn ist. Früher stand hier die 1882 gegründete »Jernskibs og Maskinebyggeri«. Jetzt also das

Helsingør.
Schloss Kronborg, vom Fährhafen aus.

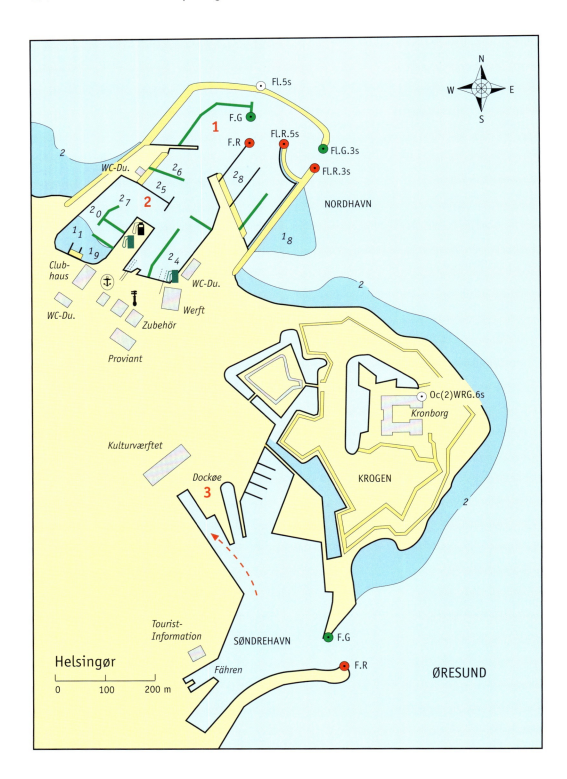

futuristische Kulturzentrum. Im Sommer ist in Helsingør immer etwas los: Infos von der Touristinformation, Havenpladsen 3 (siehe Hafenplan links).

Liegeplatz und Versorgung : Es geht zunächst um den riesigen (900 Plätze!) **Nordhafen (Nordhavn)**; zum Südhafen später eine Bemerkung. Nach meiner Erfahrung kommt man trotz großen Andrangs im Sommer immer irgendwo noch unter. Bester Platz ist der lange Steg nach der Einfahrt rechter Hand, *1* im Hafenplan, mit der Einschränkung, dass es bei E ziemlich unruhig wird. Boote über 12 m Länge sollten an den Platz *2*. Gegenüber, neben der Tankstelle, darf man auch festmachen. Wer hier oder bei 1 nicht unterkommt, muss sich eine freie Box suchen (grünes Schild); man muss allerdings beachten, dass bei vielen Boxen die Pfosten nicht mehr als 2,5 m auseinanderstehen.
Anmelden ist ganz wichtig. Außen am Hafenkontor hängen Anmeldezettel: Da trägt man sich ein. Das Hafenbüro ist zu folgenden Zeiten geöffnet (1.4.–31.8.): montags bis freitags von 0800 bis 1500, donnerstags von 0800 bis 1700. Wenn der Hafenmeister nicht da ist, kann man eine Vertretung anrufen: Tel. 25 31 10 80, Dienstzeiten: 1.4. bis 31.5.: 0600 bis 1800, 1.6. bis 31.8.: 0600 bis 2100. Treibstoff s. Plan, Duschen und WC ebenso. Es gibt eine Werft, einen Segelmacher, ein großes Zubehörgeschäft, ferner 35-t-Slip, 5-t-Kran und einen Mastenkran. Wasser und Strom an den Stegen. Proviant. Im Clubhaus ein gemütliches Restaurant. Guter Badestrand jenseits der NW-Mole. Hervorragend das Hotel »Marielyst«. Man liegt wirklich sehr schön und sehr gut im Schatten von Schloss Kronborg.
Zum **Südhafen (Søndrehavn oder Statshavn)**: Ihn anzulaufen, war früher ein absolutes Tabu. Das ist jetzt anders: Boote über 15 m Länge dürfen in dem schmalen Becken neben der Dockøe (*3*) liegen. Man muss vor dem Einlaufen (und dann wieder beim Auslaufen) das Hafenamt Helsingør Statshavn auf UKW-Kanal 12

Wasserstand (nur relevant für Nordhavn)
Tidenhub 0,2 m. Wind aus NW erhöht den Wasserstand um 1 m, Wind aus SE senkt ihn um 0,6 m.

Seemännische Hinweise
Kommt man von Süden auf Helsingør zu, so muss man Krogen mit der Kronborg runden, weil der Yachthafen (Nordhavn) NW-lich davon liegt. Der Søndrehavn im Süden ist, wie man auf einem großen Schild außen an der Mole lesen kann, für Yachten (mit Ausnahme der ganz großen Boote, siehe unter »Liegeplatz«) gesperrt. Problematisch ist die Tatsache, dass der zumeist nordwärts setzende Strom auf Krogen prallt. Zum Teil behält er seine Richtung bei und läuft dann weiter nordwärts, zum Teil aber wird er nach Westen abgelenkt, um sich anschließend als Neerstrom südwärts zu wenden. Kommt man dem Ufer zu nahe, so kann es passieren, dass man von dem Neerstrom nach Süden versetzt wird. Das ist deshalb nicht ganz ungefährlich, weil man dabei an der Einfahrt des Søndre Havn vorbeigetrieben wird, den ununterbrochen die Fähren anlaufen.

Der Strom setzt mit bis zu 3 kn quer zur Einfahrt in den Nordhavn; deshalb ist dieser bei Starkwind aus NW bis N schwer anzulaufen, denn eine grobe See baut sich vor der Einfahrt auf.

oder 16 bzw. über Telefon + 45 25 31 10 80 informieren und zwar mindestens 15 Minuten vor Ankunft bzw. Abfahrt. Höchstgeschwindigkeit im Hafen 3 kn, in der Einfahrt 6 kn.
Das Hafenamt ist auch dann zu informieren, wenn das Boot unbemannt liegt.
Inzwischen gibt es Überlegungen, auch kleinerer Boote in den Søndrehavn zu lassen. Mal sehen!

Nördlich von Fünen und Seeland

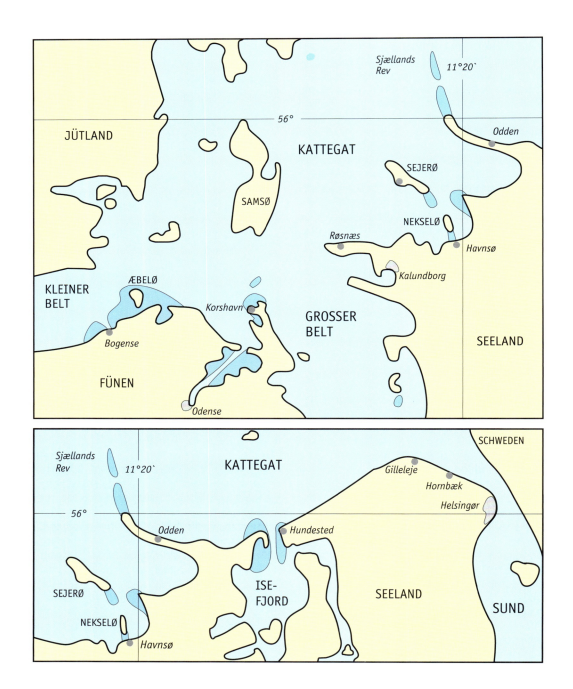

Törnvorschlag 6:

Von Bogense nach Helsingør

Dieser Törn allein wird keinen Urlaub ausfüllen; er bringt uns nur irgendwohin, zu den Gewässern des Kattegats (s. Band 1) oder zu den friedlichen Segelrevieren des Isefjords und Roskilde Fjords (s. Törnvorschlag 7), oder man macht daraus einen Törn »Seeland rund« (s. Törnvorschlag 5).

Immer aber ist es ein Törn der großen Schläge, jedenfalls sobald man die Küste von Fünen achteraus hat und den rauen Gewässern des Kattegats ausgesetzt ist; und auch nur etwas für ein seetüchtiges Boot mit einer erfahrenen Crew. Es sei denn, man hätte die Ruhe und Zeit, in einem Hafen auch einmal ein paar Tage auf besseres Wetter zu warten.

Folgt man dem hier beschriebenen Kurs, also bis Helsingør, dann wird man wohl durch den Sund nach Hause fahren (s. Törnvorschlag 5). Das dürfte aber schon ein Törn von mehreren Wochen werden. Kein übler Törn, aber auch keiner zum Bummeln oder gar einer, den man als idyllisch bezeichnen könnte – dafür fordert er von Boot und Crew zu viel –, gleichwohl etwas für Könner und Kenner.

Distanzen: Bogense –**Æbelø** (5,5 sm) – **Korshavn** (17 sm) – **Odense Fjord** (6 sm) – **Odense** (12 sm) – **Røsnæs** (ab Fyns Hoved: 15 sm) – **Sejerø** (10,5 sm) – **Nekselø** (10 sm) – **Havnsø** (2 sm) – **Sjællands Rev** (Snekkeløb) (18 sm) – **Odden** (6 sm) – **Hundested** (17 sm) – **Gilleleje** (21 sm) – **Hornbæk** (12 sm) – **Helsingør** (13 sm).

Das alte Handelsstädtchen

Bogense ist von See her leicht auszumachen: einmal an dem spitzen, schindelgedeckten Kirchturm, der sich weiß aus den Bäumen hebt, und dann auch an den zwei graubraunen Werfthallen am Hafen.

Zum Hafen (Hafenplan nächste Seite), der aus dem alten Handels- und Fischerhafen und der Marina besteht, führen zwei Passagen: Ein-

Bogense.

heimische Segler nehmen Weg südlich an der Untiefe *Holmen* (1,5 m) vorbei, einem Flach knapp 0,5 sm westlich des Hafens. Das Fahrwasser wird von einer grünen und einer roten Tonne markiert. Man kann es nur mit einem Tiefgang von maximal 1,8 m befahren. Nachts und bei schlechter Sicht überhaupt nicht. Kommt man zum ersten Mal nach Bogense, sollte man besser die 3,5 m tiefe Baggerrinne benutzen, die an ihrer Westseite mit zwei grünen Tonnen markiert ist. Man steuert mit einem Kurs zwischen 160° und 180° zunächst auf den Kirchturm zu, bis man die grüne Leuchttonne *Anst. Bogense* (WP 1441: 55°34,85'N 010°04,60'E, Fl.G(3)10s) erreicht hat. Danach geht es mit Kurs 165° weiter zur zweiten grünen, dann mit Kurs 200° auf die rote Leuchttonne *Bb 1* (Fl.R.3s) und von da

Strom: Kann man vernachlässigen; er setzt zumeist mit dem Wind und erreicht erst ab Bft 6 eine Geschwindigkeit von 1,5 kn.

auf die Hafeneinfahrt zu. Hält man sich an diese Segelanweisung, so kann man mit einem Tiefgang bis zu 2 m Bogense gut und sicher anlaufen.

Vor der inzwischen aufgelassenen Werft gabelt sich der Hafen. Geradeaus geht es in den schmalen Alten Hafen, der als Handelshafen überhaupt nicht, als Fischerhafen kaum noch, dafür aber jetzt als Seglerhafen dient. Hält man sich nach rechts, dann fährt man direkt in die Marina. Wem die Wassertiefen in der Marina reichen, dem würde ich empfehlen, da festzumachen. Die Marina ist in der Einfahrt, zur Westmole hin, ziemlich flach, sodass man sich gut mittig halten sollte.

Bogense, ein etwas verschlafen wirkendes Städtchen mit knapp 4000 Einwohnern und auch **Fünens nördlichster Hafen**, erstreckt sich auf flachem Land, das mit Deichen geschützt ist; nur sein ältester Teil, um Kirche und Marktplatz, liegt auf einem sanft ansteigenden Hügel. Das alte Handelsstädtchen – seit 1288 – trieb zwar immer schon Seehandel und verdiente auch an der Fährfahrt nach Jütland, bekam seinen Hafen aber erst um die Mitte des 19. Jahrhunderts. Seine Form ist durch den flachen Grund bedingt. Der heute als Bootshafen dienende innere Teil des Alten Hafens war das Drehbecken; anders hätten die großen Schiffe in dem nur 20 m breiten, kanalförmigen Hafen gar nicht wenden können. Bogense war im 16. Jahrhundert nach Odense die größte Stadt auf Fünen, noch vor Nyborg und Svendborg, eine Stellung, die es aber nicht halten konnte, und so liegt es jetzt etwas abseits zwischen Kleinem Belt und Kattegat. Um den langgestreckten, von uralten Linden umkränzten Marktplatz hat sich die Stadt ein schönes, altes Milieu bewahren können. Dieser gilt als der schönste Marktplatz des Landes (was zu bezweifeln ist). Am Donnerstag findet hier immer noch Markt statt. In der Østergade befindet sich in einem alten Fachwerkhaus der älteste Gasthof von Fünen.

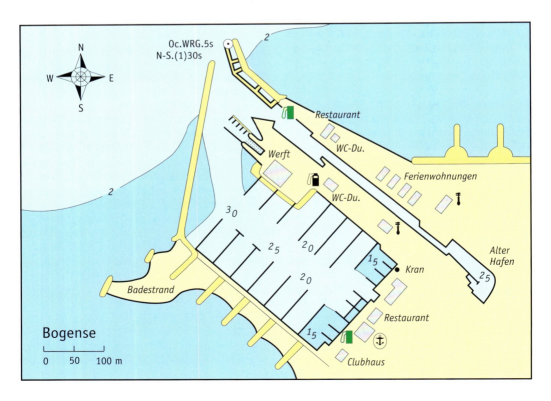

Die unmittelbare Umgebung des Hafens mit den weiten Parkflächen und dem Campingplatz wirkt dagegen ziemlich öde; trotzdem liegt man gut und gemütlich hier. Schöner Badestrand. Allerlei Abwechslung für Kinder.

Wer Odense, der Hauptstadt von Fünen, einen Besuch abstatten will, der kann es von hier aus mit dem Bus (30 km).

*Liegeplatz und Versorgung: Im schmalen Alten Hafen findet man überall Liegeplätze, am Ende, im Drehbecken, auf 2,5 m Wassertiefe. Raum für Manöver unter Segeln hat man jedoch nicht. Der Alte Hafen ist inzwischen umgeben von modernen Bauten: Ferienwohnungen, Boutiquen, Restaurants. Von Hafenromantik keine Spur.
In der Marina muss man sich in erster Linie nach den Wassertiefen richten. Die für Gäste reservierten Plätze befinden sich an den Brücken mit den Querstegen; dort macht man am Kopf zwischen Steg und Pfahl fest. Man kann sich aber auch wie üblich eine freie Box (grünes Schild) suchen. Genauso gut kann man an die »Proviantbro« (direkt vor der Hafenmeisterei) fahren und sich vom Hafenmeister einen Platz zuweisen lassen; ansonsten ist das Liegen an dieser Brücke nur zum Zweck der Verproviantierung erlaubt. Treibstoff an der »Proviantbro«, daneben ein Mastenkran und ein 20-t-Travellift; Wasser und Strom an den Stegen. In dem zweistöckigen Klinkergebäude befinden sich das Hafenkontor, die sehr guten sanitären Einrichtungen wie Waschmaschine, Trockner, ferner TV, Küche. Im oberen Stock ein Restaurant. Proviant und Zubehör in dem kleineren Gebäude daneben. Fahrräder. Ein gutes Zubehörgeschäft mit Motorenservice gibt es am Handelshafen, aber auch bei der Marina; Segelmacher.*

Wasserstand
Tidenhub 0,5 m. Sturm aus NNE kann den Wasserstand um 1,6 m erhöhen, Sturm aus SSW kann ihn um ebenfalls 1,6 m senken.

Die gut 5 sm nordöstlich von Bogense liegende Insel

Æbelø mit ihren steilen und hohen gelben Abbrüchen und den dichten Wäldern ist von weit her gut auszumachen; sie erstreckt sich auf einem breiten Landgrund knapp 3 sm vor Fünens flacher, sumpfiger Küste. Man muss sie wegen der Steine, die überall vor ihrem Ufer liegen, mit einiger Vorsicht ansteuern, kann aber dennoch gut davor ankern. Der kleine Bootshafen an der Westseite ist versandet, sodass ihn nicht einmal mehr die Inselbewohner richtig nutzen können. Sie warten auf Nordwestwind, der den Landgrund zwischen Æbelholm, der schmalen Südspitze der Insel, und Fünen trockenfallen lässt, und fahren dann über einen Ebbweg hinüber zum Festland.

*Ankerplätze: Bei östlichen Winden kann man an der Westseite etwa 100 m vor dem Bootshafen auf 3,5 m Wassertiefe ankern (Grund Sand); kein sehr ruhiger Platz und nur zu empfehlen bei stabiler Wetterlage. Hier auch gelbe DS-Ankerbojen. Ein Spaziergang über die einsame Insel, die nur noch von ein paar Menschen bewohnt wird, empfiehlt sich sehr, aber man braucht ein Dingi, um an Land zu kommen. Ein Crewmitglied sollte an Bord zurückbleiben, denn auch mit einem verlässlichen Ankergeschirr sollte man sein Boot hier nicht allein liegen lassen.
Der andere, etwas bessere Ankerplatz befindet sich auf der östlichen Seite der Insel, unterhalb der hohen, bewaldeten, nach E weisenden Küste. Dort kommt man dem Ufer recht nahe und kann auf 3 bis 5 m Wassertiefe (Grund Sand, Tang, auch Steine) bei Winden aus W bis NW ruhig liegen. Auch hier gelbe DS-Ankerbojen.*

Der 18 m hohe, aus Bornholm-Granit gebaute *Leuchtturm Æbelø* (Fl(2)15s) steht auf der äußersten NW-Huk; dank seiner wuchtigen Form und exponierten Lage ist er bei der Ansteuerung des Kleinen Belts von Norden her auch tagsüber eine gute Landmarke.
Rundet man Æbelø, so sollte man, um von dem Æbelø NW-Rev frei zu bleiben, der Insel nicht näher kommen als bis zu der roten Leuchttonne *n. Æbelø NW Rev* (WP 1440: 55°39,56′N 010°09,35′E, Fl.R.3s).

Von Æbelø aus führt uns unser Törn weiter ostwärts an einer etwas eintönigen Küste entlang, die von der bewaldeten *Halbinsel Agernæs* an immer mehr nach Süden zurückweicht und auf *Gabet*, die Einsteuerung in den Oden-

182 Nördlich von Fünen und Seeland

Fyns Hoved.
Eine Urlandschaft. Das Leuchttürmchen steht auf der Landzunge vor Korshavn, einer guten, viel geliebten Ankerbucht an der Nordspitze von Fünen.

se Fjord, zuführt. Hält man aber seinen E-Kurs bei, so läuft man auf den wuchtigen Grasberg **Fyns Hoved** zu, die nördlichste Spitze von Fünen, hinter der sich eine ganz eigenartige Lagunenlandschaft mit Steinfeldern, trockenfallenden Buchten und windzerzausten Büschen verbirgt. Fyns Hoved läuft nach Süden in einer schmalen, kieseligen Landzunge aus, *Korsøre*, hinter der der Naturhafen

Korshavn liegt, eine runde Bucht, die von Seglern sehr gern angelaufen wird, wofür auch vieles spricht, die aber, betrachtet man sie einmal ganz nüchtern, nicht besser ist als hundert andere Buchten in Dänemark auch. Sie ist nicht einmal sonderlich ruhig, denn bei Westwind schützt das flache Korsøre nur wenig. Was diese Bucht von den anderen unterscheidet, ist eben die Urlandschaft um Fyns Hoved.
Das Einlaufen ist nicht ganz leicht, und steuert man nicht sorgfältig, so muss man damit rechnen, auf einen Stein zu brummen, denn die liegen hier zuhauf unter Wasser. Man muss die Bucht von der grünen Spiere *Anst. Kors-*

havn (WP 1420: 55°35,74'N 010°35,61'E) ansteuern und die beiden Dreiecksbaken in Deckpeilung halten: Die vordere Bake steht auf Korsøre neben dem Leuchttürmchen, die hintere, etwas schwer auszumachen, am Ostufer der Bucht vor dem Wald.
Den durch die beiden Baken gebildeten Kurs von rund 050° halte man unbeirrt bei, bis man etwa 70 m vor dem flachen Korsøre steht. Dann verlässt man die Bakenlinie, rundet mit gleichem Abstand die Landzunge und dreht in die Bucht ein.
So einsam, wie es scheint, ist Korshavn gar nicht: Einmal ist da das weiße »Jægerhotellet«, das an den Wochenenden viele Besucher anzieht, die mit dem Auto hierherkommen, und dann stehen an der Ostseite der Bucht auch viele Sommerhäuschen.

Liegeplatz und Versorgung: *Wer ein Dingi hat, sollte ankern (Grund Sand, Lehm, Seegras); es liegen aber schon viele Boote hier an festen Ankerbojen. Am Ufer von Korsøre gibt es zwei Brükken, eine nur für Fischerboote, während die an-*

Törnvorschlag 6: Von Bogense nach Helsingør

Wasserstand
Tidenhub etwa 0,3 m. Wind aus NW hebt den Wasserstand um 0,5 m, Wind aus SE senkt ihn um ebenso viel.

dere dem Odense Sejlklub gehört. Man macht am Kopf der Clubbrücke fest, so Platz. An der Clubbrücke Wasserhahn, im Hotel Toiletten.

Sehr viel einsamer und einer Mondlandschaft ähnlich ist die Bucht südlich von Korshavn. Wer sich traut, kann zwischen *Mejlø* und *Langø* hineinfahren (s. Plan unten) und dort ankern. Sehr, sehr schön, aber Steine, Steine, Steine.

Es lässt sich trefflich darüber streiten, ob man *Odense*, die Hauptstadt von Fünen, auf eigenem Kiel anlaufen soll oder besser den Bus nimmt. Dank seiner Lage lässt sich der Ort von allen größeren Häfen auf Fünen aus rasch mit dem Bus oder der Bahn erreichen (Middelfart 45 km, Assens 38 km, Svendborg 43 km, Kerteminde 21 km, Bogense 30 km).

Von *Gabet*, der schmalen Mündung des Odense Fjords in das Kattegat, hat man bis Odense rund 12 sm vor sich. Segeln kann man bestenfalls im Odense Fjord, aber auch nur, wenn man sich in der Rinne hält, denn zum größten Teil ist das Wasser nicht mehr als knietief. Die letzten 5 sm durch den Kanal wird man dann motoren müssen.

Der

Odense Fjord mit seinen zumeist flachen Ufern, nur im Osten steigt das Land etwas an, wird vollkommen von den Anlagen der ehemaligen *Lindø-Werft* beherrscht, vor allem den gigantischen Kränen, die man sogar vom Großen Belt her sehen kann. Diese Traditionswerft, die einst die größten Containerschiffe baute, musste 2012 dicht machen. Der Konkurrenz aus den Billiglohnländern war sie nicht mehr gewachsen. Für die Dänen ein schwerer Schlag. Jetzt entsteht auf dem Gelände der Werft der »Lindø Industrie Park«.
Schön ist es in der näheren Umgebung von *Klintebjerg*, mit hügeligen, bewaldeten Ufern, dem Ort, der Kerteminde einst als Hafen von

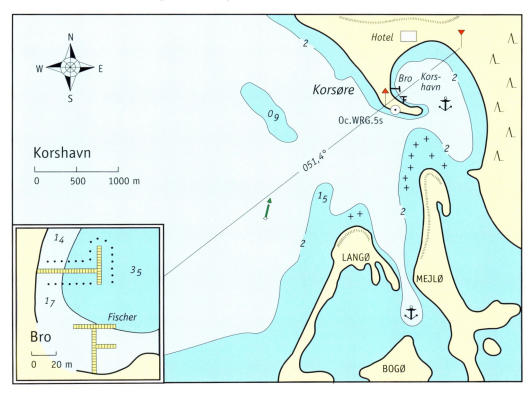

Odense diente, bis durch den Bau des Kanals in den Jahren 1796 bis 1804 Odense selbst zur Hafenstadt wurde. Bei Klintebjerg fängt dieser Kanal an – eine schnurgerade Strecke, eingefasst von hohen Steinschüttungen, sodass man die Landschaft dahinter nur erahnen kann. Kurz vor *Stige*, dem nächsten Hafen, beginnt eine 2 km lange Mülldeponie, die allerdings inzwischen begrünt ist, und dann fährt man an den Kohlehalden des Kraftwerks vorbei, hinein in den endlos langen Hafen von Odense, der ein Industriehafen ist und sonst gar nichts. Lässt man *Otterup* und *Bregnør* einmal außer Acht, zwei kleinere Häfen im äußeren Teil des Odense Fjords, Yachthafen der eine, Fischerhafen der andere, so kann man alle »Häfen« bis hin nach Odense vergessen. *Klintebjerg* hat für ein Kielboot nur außen an der Mole Platz, aber da macht einen der Schwell der Frachter, vor allem der Kohleschiffe, richtig krank. *Stige* ist ein Vorstadthafen, der schon im Schatten des Kraftwerks liegt – und dennoch, der Hafen hat etwas. Eigentlich sind es zwei: ein kleiner am Westufer und ein richtiger Bootshafen (Wassertiefe 2 m) am Ostufer – schön gelegen, wenn man vom Kraftwerk absieht. Aber wenn man schon, Odenses wegen, die lange Fahrt gemacht hat, wird man wohl in der Stadt selbst liegen wollen und nicht ein Stück davor. Wer sich doch entschließt, mit dem Boot nach Odense zu fahren, sollte Folgendes besonders beachten:

Nach Odense

Die Enge *Gabet* muss man sehr vorsichtig durchsteuern, einmal wegen der großen Schiffe, neben denen man zwischen *Hals* und *Skoven* keinen Platz mehr hätte, und dann vor allem wegen des **Stroms**, der hier ganz gewaltig rauschen kann, auch dann, wenn gar kein Wind mehr weht. Der Wasserstandsausgleich zwischen Fjord und offener See ist dann noch nicht abgeschlossen. Kaum vorstellbar, dass durch diese Enge früher die größten Containerschiffe der Welt bugsiert wurden: Kolosse bis zu 350 m Länge, die auf der Lindø-Werft gebaut und dann von zehn Schleppern durch das Gabet gezogen und geschoben wurden.
Während der weiteren Fahrt halte man sich exakt in der Fahrrinne, auch wenn dicht hinter Gabet das Wasser neben der Rinne nach

Hinweis: In der Karte sind in der Fahrrinne mehrmals runde Kreise mit der Zahl »12« abgedruckt. Eine Note am Rand weist darauf hin, dass Schiffe an diesen Meldepunkten auf UKW-Kanal 12 ihre Position und ihren Kurs an den Verkehrssicherungsdienst (in Englisch) durchgeben müssen. Dies gilt aber nicht für Sportboote, sondern nur für große Schiffe. Dennoch ist es nicht falsch, Kanal 12 eingeschaltet zu haben, denn man ist so ständig darüber informiert, ob sich ein Großer nähert – nicht unwichtig an den schmalen Stellen des Fahrwassers, wo man großen Schiffen ausweichen muss, aber nicht immer kann.

der Karte noch genügend tief ist. Man kann als Fremder einfach nicht wissen, wo es flach wird, zumal einige Untiefen wie *Nørreholm* (0,3 m) und *Sønderholm* (0,6 m) dicht neben der tiefen Rinne liegen. Dass das Fahrwasser häufig dicht an Stein- oder Sandriffen vorbeiführt, gilt übrigens für den ganzen Fjord. Streckenweise ist die Rinne auch nicht breiter als 10 m, sodass man schon sehr genau Acht geben muss, ob man sich einer solchen Stelle nicht gleichzeitig mit einem Frachtschiff nähert.
Nachts wäre die Strecke nach Odense relativ einfach zu befahren, weil die Fahrrinne mit Leuchttonnen und Richtfeuern perfekt befeuert ist.

Odense, Dänemarks drittgrößte Provinzstadt (knapp 200 000 Einwohner) und seit 1966 auch Sitz einer Universität, ist schon einen Besuch wert. Neben der Verwaltung gibt es hier viel Gewerbe und Industrie. Weltweit bekannt aber ist Odense als der Geburtsort Hans Christian Andersens.
Odenses Name weist auf einen frühen Ursprung hin: »Othensve«, was so viel wie »Odins Heiligtum« bedeutet. Hier lag *Nonnebakken*, neben der Aggersborg, Fyrkat und der Trelleborg eine der vier großen Wikingerburgen in Dänemark. Im Gegensatz zu den drei anderen findet man von Nonnebakken nichts mehr, denn ihre Reste ruhen unter den Häusern des modernen Odense.
Die – sicherlich unumgänglichen – Moderni-

*Odense.
Das kleine, gelbe Haus im Hintergrund ist H. Chr. Andersens Geburtshaus. Angeblich.*

sierungen haben der alten Stadt zugesetzt. Man findet aber überall noch Spuren aus ihrer großen Vergangenheit, doch nirgendwo fügt sich das zu einem geschlossenen Bild zusammen. Die schönsten Ecken gibt es in der Gegend um **H. Chr. Andersens Haus** in der Hans Jensens Stræde. Dort ist das biedermeierliche Odense so gut erhalten und so liebevoll restauriert, dass die bunten Häuser wie ein Bühnenbild wirken.

Man begegnet der Erinnerung an Dänemarks größten Dichter – dank eines rührigen Fremdenverkehrsvereins – auf Schritt und Tritt, sei es seinem Geburtshaus oder dem Haus, in dem er aufwuchs, sei es einem Denkmal, seien es Plastiken mit Figuren aus seiner Märchenwelt oder sei es auch nur einer schlichten Gedenktafel etwa mit der Aufschrift: »Hier verlor H. Chr. Andersen seine Holzpantoffeln.« Die Stadt weiß, was sie an ihrem größten Sohn hat, der hier am 2. April 1805 als einziges Kind einer Waschfrau und eines Flickschusters geboren wurde. An das alte Andersen-Haus wurde ein Museum angebaut, in dem viele Erinnerungsstücke zusammengetragen sind. Unbedingt ansehen! Im Park dahinter wird täglich eine »H. Chr. Andersen-Parade« aufgeführt: Szenen aus seinen Märchen (täglich um 1100, 1300 und 1500).

Die drei beherrschenden Bauten der Stadt sind der **Dom**, die **Kirche Skt. Albani** und das klobige, aus Klinkersteinen gemauerte **Rathaus** – alle liegen dicht beieinander. Die hohe Kirche Skt. Albani wirkt am aufregendsten, bis man merkt, dass sie der Gotik nur nachempfunden wurde. Dagegen steht der Dom schlicht und einfach da, obwohl er als das bedeutendste Werk der dänischen Gotik gilt. Er ist Skt. Knud geweiht, einem König (1080–1086), der an diesem Ort von aufständischen jütländischen Bauern erschlagen wurde. Im Innern des Doms findet man eines der größten Kunstwerke Dänemarks: einen vergoldeten Flügelaltar, den der Lübecker Meister Claus Berg um 1520 geschnitzt hat.

Sehr lebendig geht es auf der **Vestergade** zu, der 4 km langen Geschäftsstraße, die vom Rathaus aus westwärts führt. Entdeckungen kann man in den davon ausgehenden Seitengassen machen, wo man außer Trödel- und Kunstgewerbeläden auch einige ganz hervorragende Restaurants findet. Auf dem Sortre Bröde Torv (Platz) jeden Mittwoch und Samstag Markttag. Immer etwas los ist im **Kulturzentrum »Brands Klæderfabrik«**. Beeindruckend das **Konzerthaus**, in der Nähe von Andersens Hus. Jeden Samstag im Sommer **Jazz** auf einem Schiff, das durch die *Odense* Au treibt. Wer sich dafür interessiert: Odense hat das größte **Eisenbahnmuseum** Nordeuropas.

Einfach mal ins Touristbüro gehen (im Rathaus) und nachfragen, wo was los ist.

Liegeplatz und Versorgung (Plan nächste Seite): *Man fährt einfach auf dem Kanal immer weiter, bis man in dem großen Hafen mit seinen riesigen Silos ankommt. Die Schifffahrt spielt keine große Rolle mehr, auch wenn immer noch Handelsschiffe hierherkommen. Der Hafen wird zu einem attraktiven Stadtquartier umgebaut, mit Wohnhäusern und Bürotürmen. Viel Glas. Man kennt das inzwischen von anderen Städten, wo es genau solche Veränderungen gibt, etwa in Nyborg. Der erste Liegeplatz*

186 Nördlich von Fünen und Seeland

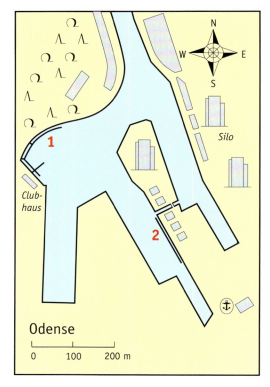

Odense

wäre der Hafen des Motorbootclubs, auf der Westseite (nicht mehr auf dem Plan). Wassertiefe 2,5 m, aber man muss durch ein Brücklein (4 m Durchfahrtshöhe). Am besten ist der Steg des Segler- und Motorbootvereins »Frem« (*1*). Wassertiefe 2 m. Clubhaus mit guten sanitären Einrichtungen. Diesel. Wasser und Strom am Steg. Ein wirklich guter, kleiner Hafen. Zum Stadtzentrum etwa eine halbe Stunde zu gehen. Neue Liegeplätze (*2*) gibt es vor den supermodernen Wohnhäusern, im Odense Byhavn: Steg mit Heckpfählen. Aber noch etwas unfertig, wie der ganze Hafenumbau.

Wasserstand
Tidenhub 0,4 m. Sturm aus W bis NE hebt den Wasserstand um 1,8 m, Sturm aus E bis SW kann ihn um 1,5 m senken.

Über den Großen Belt
Von Fyns Hoved auf Røsnæs zu läuft man mit Kurs 050° etwa auf der Trennlinie zwischen Großem Belt und **Samsø Belt**, den man schon zum Kattegat zählt. Das sind 10 sm, die ei-

Wahrschau: Hier sind viele Schnellfähren unterwegs. Sie kommem mit einem unglaublichen Tempo an und produzieren dabei einen gewaltigen Schwell.

nem, ruhiges Wetter vorausgesetzt, vor keine großen Probleme stellen. Nur zweimal ist besondere Vorsicht geboten: am *Lillegrund*, den man am einfachsten südlich passiert, und zwar durch das grün/rote Tonnenpaar (rote Tonne s. *Lillegrund*, WP 1410: 55°38,44'N 010°37,57'E), und später bei der Überquerung der **Route T** (s. S. 63).

Nördlich von »unserem« Tonnenpaar sieht man von NE nach SW verlaufend einen Tonnenstrich: Es ist eine Rende mit 15,7 m Wassertiefe für die Großschifffahrt.

Im Norden hat man *Samsøs* grüne Südküste mit dem weißen Silo von *Ballen* im Hintergrund – alles ist so nah. Voraus taucht auf der hohen, dunkelgrünen Steilküste der weiße, 15 m hohe *Leuchtturm Røsnæs* auf, dessen Feuer inzwischen gelöscht wurde. Nördlich vom Kurs sieht man östlich vom *Paludans Flak* einen riesigen Windpark mitten im Wasser die Umwelt ungemein verschandeln.
Der stillgelegte *Leuchtturm Røsnæs* steht auf der äußersten Huk der sich schmal nach WNW erstreckenden *Halbinsel Røsnæs*, die sich in dem gleichnamigen Rev 800 m weit fortsetzt. An der Kante dieses Revs steht mitten im Wasser auf einem Granitsockel der rote *Leuchtturm Røsnæs Puller* (Fl(2)5s). Was immer man hier vorhat, man sollte nie zwischen *Røsnæs Puller* und *Røsnæs* hindurchfahren.
Hält man den 050°-Kurs von Fyns Hoved aus bei, so kommt man ziemlich genau zum Hafen von *Sejerø*, allerdings sind es von Røsnæs bis dahin noch 13 sm. Wem das zu viel sein sollte, der kann den 3,5 sm östlich von *Røsnæs Pynt* gelegenen Fischerhafen

Røsnæs ansteuern, was sich ansonsten jedoch wenig lohnt. Der über einen langen Damm mit dem Festland verbundene Hafen ist sehr klein. Die Fischer, für die er gebaut wurde, lassen Yachten wenig Platz. Ein an sich nicht schlechter Hafen, denn man liegt hinter der hohen Steinmole ruhig und geschützt. Freilich, anfangen kann man hier wenig. Nahe am Hafen

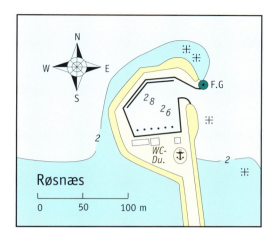

stehen ein paar Häuser, zu beiden Seiten erstreckt sich eine einsame, hügelige grüne Küste, die trotz der vielen Steine im Wasser recht gute Bademöglichkeiten bietet.
Bei der Ansteuerung achte man auf Versandungen – und Steine! – vor der Nordmole. Bei auflandigem Wind ab Bft 5 sollte man vom Anlaufen des Hafens absehen.

Wasserstand
Tidenhub 0,4 m. Winde zwischen N und E können den Wasserstand um 0,7 m erhöhen, Winde zwischen S und SE können ihn um ebenfalls 0,7 m senken.

Liegeplatz und Versorgung: *Sehr wenig Platz für Yachten, man legt sich am besten an der Nordmole längsseits. Wasser an der Fischhalle. WCs und Duschen. Lebensmittel in dem 2 km entfernten Dorf Ulstrup.*

Statt nach Røsnæs segelt man besser gleich nach *Sejerø*, der Insel, von der die

Sejerø Bugt ihren Namen hat, ein Gewässer, das sich vom Samsø Belt aus nordostwärts bis nach *Sjællands Odde* und dem *Sjællands Rev* erstreckt. Es gibt wenig darüber zu sagen. Bei ruhigem Wetter setzt schwacher Strom, der ebenso wie bei Starkwind zumeist dem Wind folgt; da er aber auch von den Gewässern ringsum beeinflusst wird, lässt sich seine Richtung nicht immer ganz einfach bestimmen. In der Bucht trifft man nicht auf überraschende Seefahrtshindernisse; dank des dichten Systems von Leuchtfeuern ist sie auch nachts gut zu befahren.

Schießgebiete
Man kommt jetzt in den Bereich mehrerer Schießgebiete (s. S. 8):
- EK R 15/16 »Sejerøbugt«, UKW-Kanal 16, 06, Ruf »Stold«
- EK R 11–14 und EK D 350/351 »Sjællands Odde«, UKW-Kanal 16, 06, Ruf »Gniben Radio«

Sejerø.
Spätsommer, Spätnachmittag.

Die langgestreckte Insel

Sejerø hat etwa in der Mitte an ihrer Westseite einen kleinen, guten Hafen. Will man ihn ansteuern, so orientiert man sich zunächst an dem weißen Kirchlein von Sejerby etwas oberhalb des Hafens. Sejerø lässt sich mit einem Tiefgang bis zu 2,5 m gut anlaufen; der Landgrund vor dem Hafen – nicht immer unmittelbar vor der Insel – ist ziemlich rein. Neben der Einfahrt hat man auf Grundstellnetze zu achten.

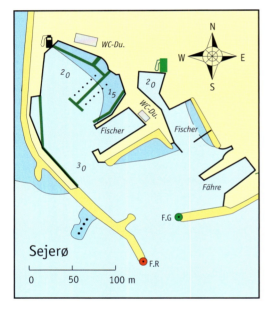

Liegeplatz und Versorgung: *Nahezu im gesamten Hafen dürfen Yachten anlegen (siehe die grünen Markierungen im Plan). Trotzdem wird es in der Hochsaison schwer, einen Platz zu finden. Am besten liegt man längsseits hinter der Westmole. Keinen Platz findet man in dem flachen Bootshafen hinter dem Fischerbecken. Diesel s. Plan, Duschen und WC. Wasser und Strom am Steg. Im etwa 1 km nahen Ort kleine Geschäfte, auch Sparkasse und Post.*

Wasserstand
Tidenhub 0,4 m. Winde aus N und NW können den Wasserstand um 1 m erhöhen, Winde aus S und SE können ihn um 0,7 m senken.

Sejerø ist eine sehr schöne, stille Insel, die anders als etwa Samsø noch keine Touristenströme angezogen hat. Der lebendige Fischer- und Fährhafen mit seinen roten und gelben Häusern schmiegt sich eng an einen grünen Steilhang. Man liegt sehr ruhig und geschützt hier. Es empfiehlt sich ein Spaziergang zu dem gelben Leuchtturm auf Gniben. Am Ostufer, dicht südlich davon, findet man den schönsten Badeplatz der Insel – eine geschwungene Bucht mit feinem weißem Sand und seichtem, türkisfarbenem Wasser, geschützt von einem steilen, grünen Hügel.

Die 11 km lange und nur bis zu 2 km breite Insel bestand einst aus mehreren Moränenhügeln, die sich zusammenfügten, als sich in der Steinzeit das Land hob. Dies erklärt die merkwürdige Gestalt der Insel: einzelne Hügel und flache Stellen dazwischen. 350 Menschen leben heute hier, die meisten von der Landwirtschaft.

Sejerby, der nahe dem Hafen gelegene Hauptort, gruppiert sich um einen baumbestandenen Ententeich, darüber die weiße Inselkirche – alles etwas verträumt und still.

Bei wem die Zeit drängt, der wird von Sejerø aus wohl gleich nordostwärts auf Sjællands Rev und Sjællands Odde zulaufen. Wer nicht so rasch weiter muss, der kann einen kleinen Umweg zur *Nekselø Bugt* machen, einer sehr guten Ankerbucht mit einer Anlegebrücke und einem Hafen. Am Ostufer der schmalen Insel

Nekselø befindet sich eine hakenförmige Brücke, die über einen 200 m langen Damm mit der Insel verbunden ist. Am Kopf der Brücke macht die kleine Fähre fest, die von Havnsø herübertuckert. Im »Haken« dahinter etwa 1,5 m Wassertiefe. Keine Versorgungsmöglichkeiten, kein Hafengeld. Man kann auch außen vor dem Steg (Heckbojen) liegen. allerdings damit wenig geschützt. Unruhig bei Winden aus S und teilweise E, unerträglich, wenn solche Winde Starkwindstärke erreichen. Dennoch ein zauberhafter Platz an einem stillen Sommerabend.

Die am Ostufer bewaldete Insel hat beiderseits der Brücke feinsandige Badestrände. Hier könnte man auch ankern. Im Norden vom Fähranleger gelbe DS-Ankerbojen. Die Insel ist Privatbesitz. Man darf sie dennoch betreten. Es gibt Wanderpfade, die sich durch Wald und Heide schlängeln. In der Zeit vom 1.4. bis 15.7. darf man von diesen Wegen nicht abweichen (Vogelbrutzeit).

Über das – ehemalige – Fischerdorf

Havnsø am südlichen Scheitel der Bucht lässt sich nicht mehr sagen, als dass es einen recht guten Hafen hat. Im Becken liegt man bei allen Winden gut geschützt. Der Ort selbst ist nicht von großem Interesse. In der schönen Umgebung gibt es zahlreiche Ferienhäuser, was wohl für die Landschaft um die Nekselø Bugt spricht.

Der Hafen ist bei normalen Verhältnissen nicht schwer anzulaufen, wobei man freilich beachten muss, dass das Wasser zwischen dem Ort und der Insel Nekselø untief ist, wenn das auch auf den ersten Blick nicht so aussieht. Man fährt also von Nord her östlich an Nekselø vorbei. Mit einem Tiefgang bis zu 2 m kommt man gut in den Hafen. Bei Starkwind aus W bis NW steht freilich ostsetzender Strom vor der Hafeneinfahrt.

Havnsø entwickelte sich als Fischerort um den 1906 angelegten Hafen.

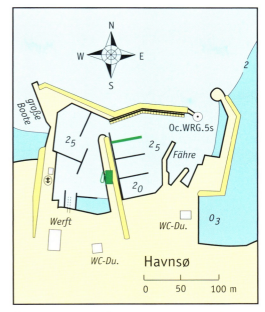

Liegeplatz und Versorgung: Der erste Steg im Vorhafen ist für Gäste reserviert. Boote über 50 Fuß Länge sollen außen an der Kaje im Westen des Hafens festmachen. Im Übrigen weist der Hafenmeister freie Plätze zu. Der

Sejerø.

Hafen hat insgesamt an die 250 Liegeplätze. Wasser an den Stegen, Treibstoff. WC und Duschen. Kutterwerft mit 50-t-Slip. Zubehör (»Sejler Shop«) in der Nähe des Fähranlegers. Neben der Tankstelle ein Mastenkran.

Ankerplatz: Wer einen ruhigen und wirklich schönen (und auch geschützten) Ankerplatz zum Baden sucht, der findet ihn in der Bucht südlich von Ordrup Næs, wo die 2-m-Linie dicht am Ufer entlangführt (Grund Sand); nicht zuletzt wegen des nahen und hohen Knarbos Klint ist es hier so schön.

> **Wasserstand**
> Tidenhub 0,3 m. Winde zwischen N und NE können den Wasserstand um 1 m erhöhen, südliche Winde können ihn um 0,8 m senken.

Einen Ausflug lohnt das weiß aus den Bäumen lugende *Schloss Dragsholm*, das zu den ältesten weltlichen Bauten des Landes zählt und das um 1200 vom Bischof von Roskilde als Trutzburg gebaut wurde. Sie sah damals etwas anders aus als das heutige Schloss und war so massiv gebaut, dass sie in der Grafenfehde 1534 einer neunmonatigen Belagerung standhalten konnte, obwohl der Graf von Hoya sie mit zehn Kanonen unter Beschuss nahm. Später diente die Burg als Staatsgefängnis. Der dritte Ehemann von Maria Stuart, der Earl of Bothwell, war hier bis zu seinem Tod im Jahre 1576 eingekerkert. Heute ist Dragsholm ein edles Schlosshotel.
Hier mündet auch der Dragsholm Kanal, der um die Mitte des 19. Jahrhunderts im Zuge der Trockenlegung des Lammefjords (s. S. 204) angelegt wurde, womit große, fruchtbare Landflächen gewonnen wurden, die ein wenig an die Polderlandschaft des IJsselmeers erinnern.

Eine andere Attraktion findet man südlch des Hafens, das Naturschutzgebiet *Vesterlyng*. Es ist **Dänemarks größte Küstenheide**. Im Sommer weiden auf dem 326 Hektar umfassenden Areal frei Pferde und Kühe. Es gibt zwei markierte Wanderrouten, jeweils 3,5 km lang. Vesterlyng hat auch einen der besten Badestrände Dänemarks.

> **Wahrschau!** Wer von Sejerø aus direkt nordwärts segelt, muss guten Abstand zum Ufer halten: viele, viele Steine. Manche lugen bei Niedrigwasser hervor, viele aber liegen knapp unter der Wasseroberfläche.

Weiter ostwärts: *Odden*, den nächsten Hafen, der schon jenseits von Sjællands Rev liegt, erreicht man erst nach einem weiten Schlag: Von Sejerø aus sind es 21 sm, von Havnsø gar 25. Kann man nicht durch das *Snekkeløb* fahren, so muss man bis zur äußersten Kante des Riffs, und das bedeutet zusätzliche 8 sm. Dann wird's ein langer Tagestörn.
Das Seehandbuch bezeichnet Sjællands Rev als ein für die Schifffahrt sehr gefährliches Riff, was es unter Umständen durchaus, aber nicht immer ist.

Sjællands Rev zieht sich als schmaler Steinrücken von der *Halbinsel Sjællands Odde* aus rund 5 sm in NNW-liche Richtung. Man unterscheidet das *Inderrev*, das *Mellemrev* und das *Yderrev*, auch *Rønnen* genannt; bei letzterem ragen die Steine sogar aus dem Wasser. Entsprechend dieser Einteilung führen zwei Passagen über das Riff und eine dritte im Norden daran vorbei.
Die südliche Passage heißt **Bådeløb**: Sie quert das Riff etwa 900 m nördlich von *Gniben* und hat eine Wassertiefe von bestenfalls 1,8 m; die einzige Tonne, eine rote, die ehemals an der Südseite lag, ist eingezogen worden. Das Bådeløb kann man als Ortsfremder also nicht mehr befahren.
Das **Snekkeløb**, zwischen Inderrev und Mellemrev, ist die Passage, die von Yachten im Allgemeinen benutzt wird. Es liegt knapp 2 sm nördlich von Gniben, ist fast 500 m breit, 3,4 m tief und vor allem: betonnt. Wie man aus der Seekarte ersehen kann, liegt die die Nordseite des Fahrwassers bezeichnende

> **Wahrschau!** Die beiden Tonnen des Snekkeløb in einer Linie halten, dann aber bei jeder an der richtigen Seite vorbeifahren!

Hinweis 1: Die Stromverhältnisse auf Sjællands Rev sind bei Starkwind extrem unerfreulich. Es kommt zu Wirbel- und Sogbildungen: Man muss schon sehr genau die Windversetzung abschätzen, um sich von den Untiefen (alles Steine!) freihalten zu können.

Hinweis 2: Wer den Törn in umgekehrter Richtung macht, der muss aufpassen, wenn er die Nordspitze von Sejerø rundet. Auf alle Fälle um die gelb-schwarz-gelbe Tonne *n.w. Sejerø* (WP 5792: 55°56,28'N 011°02,92'E) herum. Viele Steine! Kurs auf Sejerø-Hafen zu immer so, dass man die Kirche sieht. Wenn nicht: sofort nach West abfallen!

grüne Leuchttonne *Snekkeløb* (WP 5763: 56°02,37'N 011°15,60'E, Fl.G.3s) an der westlichen Einfahrt in das Snekkeløb, die die Südseite des Fahrwassers bezeichnende rote Leuchttonne, die ebenfalls *Snekkeløb* heißt (WP 5762: 56°02,39'N 011°16,54'E, Fl.R.3s), aber an der Ostseite. Problem: Die Rote liegt nahe an einem Steinfeld und hat lediglich 3,4 m Wasser. Bei ruhigem Wetter reicht das dicke. Aber was tun bei schwerer See? Einheimische haben einen Heidenrespekt vor dieser Passage, wo eine fürchterliche See stehen kann, treffen hier doch Kattegat und Großer Belt aufeinander.
Ob man bei hartem Wetter besser den Umweg um die Nordkante macht, ist schwer zu entscheiden. Gefahrlos ist das Snekkeløb bei Seegang oder schlechter Sicht gewiss nicht. Aber gefahrlos ist es auch nicht, zweimal 4 sm lang parallel zu dem unheimlichen Steinriff zu segeln.
Die Nordkante von Sjællands Rev wird von zwei Leuchttürmen markiert: Noch halb auf dem Rev steht die *Leuchtbake Sjællands Rev* (Fl.5s); sie ist 6 m hoch, rot und mit »314 m« beschriftet, was bedeutet, dass in diesem Umkreis kein Material vom Grund geholt werden darf, was unsereinem sicher egal sein kann.

1,2 sm nördlich von dieser Bake steht mitten im Wasser der weiße, runde Leuchtturm mit rotem Band *Sjællands Rev N*; er ist 25 m hoch und trägt ein Sektorenfeuer (Iso.WRG.2s) und einen Nebelschallsender (N-S.(2)30s). Etwa 1200 m südlich der Leuchtbake *Sjællands Rev* steht auf einem Stein ein kleiner, weißer Turm: das **Rettungshäuschen**, das entgegen anders lautenden Behauptungen nach wie vor »in Betrieb« ist – jedenfalls nach Auskunft des zuständigen Beamten von »Farvandsdirektoratet« in Kopenhagen.

Gniben, die äußerste Huk von Sjællands Odde, erhebt sich wuchtig und steil über dem Rev; darauf befinden sich militärische Anlagen. Von Zeit zu Zeit rollt schwerer Donner über das Wasser. Dann wird hier geschossen – doch wo ist der Feind? (Mehrere Schießgebiete um Sjællands Rev, siehe blauen Kasten Seite 187: Hörwache auf Kanal 16 halten!)

Hält man sich längs dem Ufer, so tauchen als erste Zeichen von

Odden die flügellose Windmühle hoch oben auf dem Steilufer auf und dazu ein Sendemast eben westlich vom Hafen. Wer sich von Norden her, aus der Weite des Kattegats, dem Hafen nähert, kann sich an den weißen Schornsteinen der Fischräucherei orientieren, die vor dem dunklen Wald unverwechselbar sind.

Dieser wichtige Schutzhafen – er ist der Einzige auf der 20 sm langen Strecke zwischen Sjællands Rev und der Mündung des Isefjords – kann von Booten mit einem Tiefgang bis zu 3 m angelaufen werden. Man sollte beizeiten die Segel bergen, denn in dem engen Hafenbecken gibt es nur wenig Platz für Manöver. Bei Starkwind muss man vor dem Hafen mit einer ausgesprochen groben See rechnen.
Der 1907 gebaute Hafen ist vor allem ein Fischerhafen; eine ansehnliche Flotte mit zum Teil sehr großen Kuttern ist hier beheimatet – das macht seine gute Atmosphäre aus. Die paar Häuser um den Hafen schmiegen sich eng an den Steilhang; der eigentliche Ort, mit seiner großen roten Kirche, liegt 3 km landeinwärts. Im ehemaligen Seemannsheim hat sich ein sehr gutes Fischrestaurant etabliert: »Den Gyldne Hane«, »Der goldne Hahn«. Auch wenn's die Bordkasse hart trifft, sollte man sich in der gemütlichen Gaststube mit Blick auf den Hafen zu einem üppigen Essen niederlassen. Sonst: zwei Fischhallen mit tollem Angebot.

192 Nördlich von Fünen und Seeland

Odden.
Fischerhafen am Kattegat. Typisch die hellblauen dänischen Kutter. Ein ganz wichtiger Hafen an der Nordküste von Seeland. Gute Liegeplätze, aber wenig Komfort.

Liegeplatz und Versorgung: *Im Vorhafen liegen drei Schwimmstege aus. Die beiden hinteren sind für Gäste reserviert. Einfacher aber ist es an der Nordmole (sehr hoch) längsseits. Yachten können den ganzen Platz bis nach hinten benutzen. Den Fischerhafen sollte man nur dann ansteuern, wenn man Diesel bunkern muss oder zur Werft will. Treibstoff s. Plan. Wasser und Strom an allen Liegeplätzen. Werft und Maschinenwerkstatt mit 30-t-Slip (der Slip kann nur von Langkielern benutzt werden; Mindestlänge des Kiels 3,5 m). Autokran kann bestellt werden. Mäßiger Zubehörhandel im Supermarkt am Hafen. Zubehör auch bei der Werft. Münzwasch: Oddenvej 30. Duschen und WC.*
Unruhig ist es im Hafen nur bei Winden aus NE bis E, aber dies hat sich etwas gebessert, seit die Nordmole nach Osten zu verlängert wurde. Bei Starkwind aus N, wenn die mächtigen Wellen aus dem Kattegat anrollen und Gischt über die Mole treiben, liegt man in Odden besonders gemütlich.

Wasserstand
Tidenhub 0,6 m. Starkwind aus N bis NW und N kann den Wasserstand um 1,2 m erhöhen, Starkwind aus S und E kann ihn um 1 m senken.

Am Hafen liegt zur Erinnerung an Dänemarks letztes Linienschiff, die PRINS CHRISTIAN FREDERIK, dessen Anker; das Schiff wurde hier vor Odden auf dem später nach ihm benannten Flach von einer britischen Übermacht, bestehend aus zwei Linienschiffen und drei Fregatten, am 22. März 1808 auf Grund geschickt. Das Gefecht hatte östlich von Sjællands Rev begonnen, wo das dänische Schiff nach Westen durchbrechen wollte, und sich bis auf Odden zu hingezogen. Hier musste der Kapitän dann gegen die Übermacht die Flagge streichen. Bei diesem Gefecht kam der junge Leutnant Peter Willemoes ums Leben, der als Siebzehnjähriger im Jahre 1801 in der Schlacht auf der Reede vor Kopenhagen dank seiner Tapferkeit zum Seehelden wurde. Auf dem Friedhof von Odden By liegt er begraben.

Ostwärts zu den Fjorden. Bis zur Einsteuerung in den Isefjord hat man nun 17 sm lang eine völlig ungeschützte Küste vor sich und nirgendwo eine Möglichkeit, unterzukommen. Bei ruhigem Wetter kann man dicht unter Land segeln, da der Landgrund ziemlich schmal ist und man auch sonst – bis auf Bundgarnnetze – nicht mit Hindernissen rechnen muss.
Peilt man den bizarren, wie ein Kap vorstoßenden grünen *Klintebjerg* querab, so hat man auch schon die halbe Strecke hinter sich gebracht. Wegen der weit ins Wasser hinausragenden Netze kommt man dem Klintebjerg nicht zu nahe, kann aber dennoch am Ostufer einen kleinen Hafen ausmachen, der allerdings mehr einem Sandloch gleicht und wahrscheinlich zu der Fabrik gehört, die dort steht. Es gibt keinerlei Angaben über diesen »Hafen«; mit dem Fernglas kann man erkennen, dass dort nur sehr kleine Boote und einige Fischerkähne liegen.

Die **Nyrup Bugt** zeichnet sich vor allem durch einen feinsandigen weißen Strand aus, mit zum Teil hohen Dünen, die sich weiß gegen den die ganze Bucht umgebenden Kiefernwald abheben. In der Saison ist der kilometerlange Strand voller Badegäste. An einem ruhigen Sommertag kann man guten Gewissens darauf zulaufen und Anker werfen, wenn man nur auf die – allerdings unmarkierten – Steine *Skærebæk Rev* (0,9 und 1,2 m) achtet, die ziemlich zentral in der Bucht liegen. Die Kirche jenseits des Waldes gehört zu *Nykøbing* am Isefjord. Bei dem merkwürdigen, einer Pyramide ähnlichen Gebilde, das weiter östlich über die Baumwipfel ragt, handelt es sich um den Wasserturm von *Rørvig*, einem Städtchen an der Mündung des Isefjords.

Ob man über das große **Sandflach Grønnerevle** laufen kann, hängt von den Seeverhältnissen ab. Bei ruhigem Wasser steuert man einfach Kurs ESE und damit auf den weißen *Leuchtturm Spodsbjerg* hoch oben auf der gelben Steilküste zu, passiert die gelb-schwarze Tonne *s.Grønerevle* (WP 5741: 55°58,94'N 011°46,45'E) an der richtigen Seite, also südlich. Weiß jeder, kennt jeder, aber: Ich sah im Fährhafen von Hundested eine verlassene 42-Fuß-Yacht, die auf Grønnerevle gestrandet war: Mast runter, Steuerrad verbogen, Teakdeck aufgerissen. Ein jämmerlicher Anblick. Die Einsteuerung in den **Isefjord** wird im Törnvorschlag 7 ab S. 200 beschrieben, ebenso der sehr wichtige und gute Hafen von **Hundested**.

Nach *Gilleleje* sind es von der Mündung des Isefjords aus noch knapp 20 sm, wieder längs einer ungeschützten Küste und, ebenso wie bisher, ohne Hafen, sodass es wahrscheinlich das Beste ist, vorher nach Süden auf *Hundested* abzudrehen und dort zur Nacht zu liegen, wenn man nicht überhaupt einen Abstecher in den Isefjord oder Roskilde Fjord machen will.

Weiter zum Sund. Bevor man in Hundested ablegt, sollte man am Hafenamtaushang den Wetterbericht studieren: Wir haben jetzt 20 sm vor uns, ohne dass wir irgendwo unterkommen könnten! Kurz nach Hundested, um *Melby*, ist die Küste noch eher flach, auch bereits zum größten Teil bewaldet, wie bis hin nach Gilleleje; aber von dem schon den Hang hochgebauten Ort *Tisvildeleje* an, der eine kleine Brücke (nicht für Yachten!) hat, wird das Land immer höher. An der *Salgårdshøj* steigt das Ufer sogar sehr steil an, nicht aber in Form der üblichen gelben Lehmabbrüche, sondern als grüner Hügel. Überall stehen Ferienhäuser, von denen häufig Treppen mit mehr als hundert Stufen hinab zum Strand führen. Genausowenig wie in Tisvildeleje kann man in *Rågeleje* an die sich dort befindliche kleine Brücke gehen. Bei gutem Wetter lässt sich von hier aus das mächtige, dunkle Bergmassiv **Kullen** in NE ausmachen: Das ist schon Schweden.

Versteckt hinter dem steilen, grünen *Gilbjerg Hoved*, auf dem ein klotziger weißer Wasserturm steht, liegt

Gilleleje.
Fischerhafen wie Odden, aber größer. Voller Kutter, auch schwedischer. Segler kommen in dem Yachthafen sehr gut unter. Wenn dunkle Wolken über den Hafen hinwegjagen, fühlt man sich in Gilleleje besonders geborgen.

Törnvorschlag 6: Von Bogense nach Helsingør **195**

man wiederum mit ein- oder auslaufendem Strom zu rechnen hat. Trotzdem kann man Gilleleje ruhigen Gewissens auch unter Segeln anlaufen, da der breite Außenhafen genügend Raum für Manöver lässt.

Der Ort mit der erstaunlich hohen Einwohnerzahl von 6000 Menschen ist Badeort und Fischerdorf zugleich, eine Mischung, die einem gefallen kann, denn wenn es um den Fischerhafen recht rau und laut zugeht, so begegnet man in dem hübschen Ort mit seinen reetgedeckten Häusern vielen guten, ja manchmal eleganten Geschäften und wohlgelaunten, gut gekleideten Sommergästen.

Liegeplatz und Versorgung: *Man fährt gleich zu den Stegen des Yachthafens und macht am besten am Kopf fest. Wasser und Strom. In den Fischerhafen muss man nicht, da der Yachthafen genug Platz bietet. Dennoch darf man in das Südbassin, und zwar in die südliche Ecke. Kein besonders guter Platz. An Kai-Anlagen, die orange markiert sind, darf man nicht liegen. Viel Rummel bei den Fischbuden. Die Versorgung ist hervorragend: Treibstoff, Motorenwerkstatt, Bootsbauer, Werft mit Slip. 19-t-Kran. WC und Duschen.*

Wasserstand
Tidenhub 0,5 m. Sturm aus NW kann den Wasserstand um 2 m erhöhen, Sturm aus SE kann ihn um 1,5 m senken.

Gilleleje, Seelands nördlichster Hafen. Vor dem Hafen, den Yachten mit einem Tiefgang bis zu 3 m gut anlaufen können, muss man auf mehrere Flachs achten, auf denen sich unter Umständen Grundseen bilden können. Dasjenige mit der geringsten Wassertiefe (2,5 m), *Vesterlandsgrunde*, befindet sich etwa 500 m NW-lich vom Hafen. An seiner Südkante liegt eine gelb-schwarze Tonne aus, die man im Süden passieren muss. Die grüne und die rote Spiere liegen nicht immer dort, wo es der Plan rechts zeigt: Da immer wieder Sandwanderungen auftreten, werden sie von Zeit zu Zeit verlegt.

Bei Starkwind setzt ein kräftiger Strom nach E oder W, also immer quer zur Einfahrt, in der

Der gut 5 sm östlich von Gilleleje gelegene Hafen von

Hornbæk kann von Booten bis zu 2 m Tiefgang angelaufen werden. Zu beiden Seiten der Einfahrt, einer betonnten, schmalen Rinne, liegen Sandriffe. Es lässt sich leicht vorstellen, was los ist, wenn hier bei auflandigem Starkwind die Wellen aus dem Kattegat auflaufen. Dann schafft man es selbst mit einer starken Maschine nicht, aus dem Hafen herauszukommen. Unter solchen Umständen kann die Rinne auch so sehr versanden, dass sie unpassierbar wird. Der Strom setzt entweder nach E oder NW, also stets quer zur Einfahrt, und mit bis zu 2 kn Geschwindigkeit (Stromversetzung

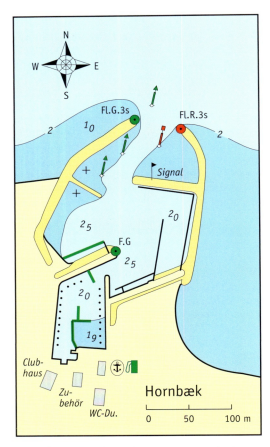

in der Rinne!). Von solchen extremen, im Sommer eher seltenen Umständen abgesehen, ein recht guter, wenn auch kleiner Hafen.
Das weiße, wie ein Bahnhof wirkende Sanatorium, ehemals ein Badehotel, stellt eine denkbar gute und schon von weit her auszumachende Landmarke dar, die auch dann brauchbar ist, wenn man gar nicht nach Hornbæk will.
Der Ort mit seinen 3400 Einwohnern (in der Ferienzeit gut doppelt so viel) liegt schön zwischen den weißen Dünen und dem dunklen Wald. Im Fischerdorf ist es gemütlich, am – exzellenten – Strand geht es mondän zu. Hornbæk hat eine schöne Umgebung. Zum gemütlichen Dahinwandern die Hornbæk Klitplantage. Nach Helsingør und nach Gilleleje fährt ein Bummelzug mit Waggons von 1885.

Liegeplatz und Versorgung: Am besten an den im Plan grün markierten Stegen (Gästeplätze). Andere Plätze weist der Hafenmeister zu, insgesamt gibt es 200. Wasser und Strom an den Liegeplätzen. Treibstoff nur von der Straßentankstelle. Duschen und WC an der Rückseite vom Kiosk. Kleiner Slip. Fahrradverleih. Direkt am Hafen Knudsens Fiskehuset (Hummer!).

Wasserstand
Tidenhub 0,2 m. Winde aus NW können den Wasserstand um 1,2 m erhöhen, Winde aus E können ihn um 1 m senken.

Hat man Hornbæk erst einmal ein paar Meilen achteraus und steuert in den Sund ein, so wird man bald voraus Schloss Kronborg liegen sehen, das von nirgendwoher beeindruckender wirkt, als wenn man von Norden darauf zuläuft. Helsingør, Hafen und Schloss sind beschrieben im Törnvorschlag 5, Seite 172 ff.

Wahrschau! Im Sund, in der Enge vor Helsingør, ist ein Verkehrstrennungsgebiet eingerichtet. Alles darüber nachzulesen ab Seite 173!

Wahrschau! Auf der Quermole steht ein Signalmast. Wenn man den Hafen besser nicht anlaufen (oder verlassen) soll, wird das tagsüber mit einem schwarzen Ball, nachts mit 3 F.R.vert angezeigt.
Wird überhaupt kein Signal gezeigt, bedeutet dies, dass die Wassertiefen im Hafenplan gegeben sind.

Im Isefjord und Roskilde Fjord

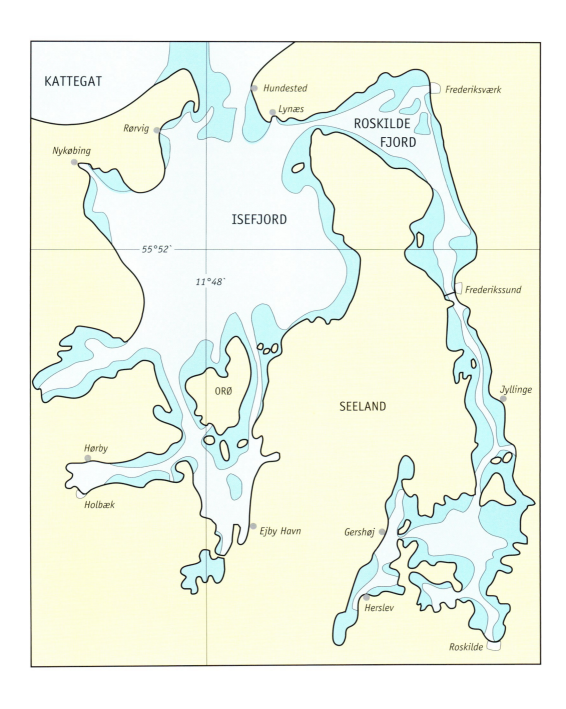

Törnvorschlag 7:

Von Hundested nach Hundested

Der Isefjord und der Roskilde Fjord reichen von der freien See her als Binnengewässer von beträchtlichen Ausmaßen weit nach Seeland hinein. Die meisten der dänischen Segler, denen man hier begegnet, zumal an den Wochenenden, kommen aus Kopenhagen, von wo sie nicht viel länger als eine halbe Autostunde zu ihrem Liegeplatz zu fahren haben.
Dass dieses Revier zur Heimat all der Tausenden von Booten wurde, »verdankt« es dem Zweiten Weltkrieg. Bis dahin hatten die meisten Kopenhagener ihre Boote im Sund liegen, sozusagen direkt vor ihrer Haustür. Jedes Wochenende ging es dann zwischen dem besetzten Dänemark und dem neutralen Schweden hin und her, und die deutsche Besatzungsmacht vermutete – wohl zu Recht – einen kleinen, illegalen Grenzverkehr, der ihr natürlich gefährlich erschien, weil er in keiner Weise zu kontrollieren war. So geschah das, was in solchen Fällen immer zu geschehen pflegt: Es wurde ein Verbot erlassen, in diesem Fall das Segeln im Sund untersagt. Dieses wollte das segelvernarrte Volk der Dänen natürlich nicht hinnehmen, und so suchte man nach einem Ausweg, sprich einem anderen Revier, das man dann auch bald in dem nahen

Am Isefjord.

und bis dahin weniger beachteten Ise- und dem Roskilde Fjord fand. Und gleich stellte sich auch ein neuer Name für dieses neue Revier ein: »Kravlegården«, der »Laufstall«. Hier durfte man sich mitten in Kriegszeiten so frei bewegen, wie man wollte, wenn man nur innerhalb der von den Besatzern gezogenen Grenzen blieb.

Nach dem Krieg blieben die Segler hier. Marinas schossen aus dem Boden wie Pilze nach einem warmen Augustregen, sodass man heute als Fremder zwar mancherlei Probleme hat, aber nicht das, zur Nacht einen Hafen mit freien Plätzen zu finden.

Da Binnengewässer, braucht man sich vor Wind und Seegang nicht zu fürchten, auch wenn sich bei Starkwind rasch eine ziemlich steile Welle aufbaut, was aber nicht weiter tragisch ist.

Der **Strom** folgt die meiste Zeit im Sechs-Stunden-Rhythmus den Gezeiten; nur bei Starkwind aus Süd oder Nord kommt er auf Touren und erreicht in den engen Passagen dann nicht selten 3 kn.

Unheil droht dem revierfremden Segler von anderer Seite: von den vielen flachen Stellen und den in Massen vorkommenden Steinen, die immer dann nur eine Handbreit unter der Wasseroberfläche liegen, wenn man es nicht erwartet. Für die Einheimischen hat das alles längst seine Schrecken verloren; sie wissen genau, wo man zwischen einem Stein und einer Sandbank hindurchsegeln kann, ohne Schiff und Kragen zu riskieren. Dafür haben sie aber auch ihre speziellen Peilmarken, die in keinem Seehandbuch verzeichnet sind und deren Lage sich von Saison zu Saison auch noch verändern kann.

So bleibt uns, den Revierfremden, nichts weiter übrig, als exakt nach Tonnen zu steuern und der Versuchung zu widerstehen, hinter einem Dänen herzusegeln, der unerklärlicherweise dort noch fröhlich dahinschippert, wo es der Karte nach doch unmöglich ist.

Die **Befeuerung** reicht im Isefjord bis Holbæk, im Roskilde Fjord bis Frederikssund. Trotzdem sollte man nicht des Nachts unterwegs sein, auch dort nicht, wo das Revier befeuert ist.

Boote mit einem Tiefgang bis zu 3 m können fast den gesamten Isefjord und den Roskilde Fjord bis Frederikssund befahren; dann kommen nur noch solche weiter, die nicht mehr als 2 m tiefgehen.

Häfen gibt es massenhaft, angefangen von alten und großen Fähr- und Handelshäfen über winzige Fischerhäfen bis hin zu supermodernen Marinas. Sie liegen zumeist dicht beieinander; wenn man es nicht darauf anlegt, wird man in einem kurzen Sommerurlaub wohl nicht alle anfahren.

Die **Versorgungsmöglichkeiten** für Boot und Crew sind insgesamt gesehen optimal; man muss allerdings schon ein bisschen »vorauslesen«, wenn man mal eine Motorenwerkstatt braucht oder auch nur Diesel bunkern will.

Was den Urlaub billig machen kann, wenn man es zu nutzen versteht und Spaß daran hat, das sind die unendlich vielen und zumeist auch einsamen **Ankerplätze**. Letzteres ist etwas überraschend, denn aufs Ganze gesehen ist das Gebiet hier doch ziemlich dicht besiedelt und auch noch hochgradig industrialisiert.

So ist denn auch der häufige Wechsel zwischen ganz stillen Ufern und wildzersiedelten Landstrichen ziemlich typisch für diese Gewässer, für den Roskilde Fjord allerdings noch mehr als für den stilleren Isefjord. Seeland ist eben nicht nur die am dichtesten besiedelte Region des Landes, die Hauptstadt mit ihren flächigen Ausläufern liegt halt auch noch sehr nahe.

Wenn auch nicht mehr in dem Maße wie früher, so sind die beiden **Schießgebiete** doch unter Umständen immer noch problematisch für den Segler (s. S. 204).

Sieht man von den Untiefen ab, die ein manchmal ärgerliches, immer aber auch spannendes Charakteristikum dieses Reviers sind, so liegt für die meisten Skipper das Problem darin, überhaupt zu den beiden Fjorden zu kommen, denn die Anmarschwege sind doch beträchtlich. Und wenn man einmal hier ist, kann man genauso gut »Seeland rund« machen. Wem es also zu weit ist oder wem es an Zeit fehlt, der sollte einmal den Gedanken erwägen, hier ein Boot zu chartern; gerade in diesem Gebiet gibt es viele Angebote.

Distanzen: Hundested – **Rørvig** (4 sm) – **Nykøbing** (7 sm) – **Lammefjord** (9 sm) – **Orø Havn** (7 sm) – **Holbæk** (4 sm) – **Ejby Havn** (6 sm) – **Kulhus Rende** (15 sm) – **Frederiksværk** (5 sm) – **Frederikssund** (8 sm) – **Roskilde** (13 sm) – **Veddelev** (2 sm) – **Kattinge Vig** (1,5 sm) – **Gershøj** (5 sm) – **Lynæs** (25 sm).

Die wichtigste Landmarke bei der Ansteuerung des Isefjords von Westen her ist der weithin sichtbare Steilhang des **Spodsbjergs** am Ostufer, auf dessen höchstem Punkt das gleichnamige Leuchtfeuer steht: ein weißer, viereckiger Turm (Oc.WRG.5s).
Was die Einfahrt in den Isefjord so unverwechselbar macht, das ist der Kontrast zwischen dem leuchtend gelben Spodsbjerg im Osten und der flachen, dunklen, waldbestandenen Küste von *Oddsherred* im Westen.
Hält man, von wo auch immer man den Isefjord ansteuert, zunächst auf den *Leuchtturm Spodsbjerg* zu, so kann eigentlich nichts passieren. Je mehr man sich der Mündung des

Isefjords nähert, desto mehr navigatorische Einzelheiten, sprich Tonnen, wird man erkennen können. Die rot-weiße Mitte-Schiffahrtsweg-Tonne *Anst. Hundested* (WP 5740: 55°59,65'N 011°51,01'E, LFl.10s) liegt etwa 1,5 sm nördlich vom *Leuchtturm Spodsbjerg*. Man muss sie nicht anliegen, denn kommt man von Westen, so kann man über das weite Flach *Grønnerevle* mit etwas über 090° auf den Leuchtturm zuhalten. Das funktioniert auch des Nachts, denn ein – allerdings sehr schmaler – weißer Sektor des Leuchtfeuers (095°–098°) führt einen auf gut 3 m Wassertiefe sicher über das Sandriff. Tagsüber beachte man die gelb-schwarze Tonne *s. Grønnerevle* (WP 5741: 55°58,94'N 011°46,45'E), die südlich einer 1,9-m-Untiefe ausliegt. Nähert man sich von Osten der Fjordmündung, so wird man ohnehin dicht unter Land, also am *Leuchtturm Spodsbjerg* vorbei, in den Fjord einlaufen.

Bis auf das »offizielle« Fahrwasser, *Sætte Riet* (auch *Østerløb* genannt), das, ausgebaggert und gut betonnt, nahe dem Ostufer in den Fjord hineinführt, und dem flacheren *Vesterløb* ist die Einfahrt auf ihrer gesamten Breite verspannt mit Fischernetzen. Als Ortsunkundiger sollte man nur diese beiden gut betonnten Rinnen benutzen. Die Fischernetze liegen dicht an dicht in West-Ost-Richtung aus und versperren wie weiland die Schiffssperren der alten Wikinger die Einfahrt. Wer sich erst einmal in diesem Labyrinth verirrt hat, der wird nur schwer wieder herausfinden, wenn überhaupt.

> **Strom:** Er wechselt bei ruhigem Wetter regelmäßig seine Richtung. Bei stürmischem Wetter aber läuft er 18 Stunden und länger in die gleiche Richtung, auch dann noch, wenn der Wind schon weg ist. In den Engen erreicht er beträchtliche Geschwindigkeiten (3 kn und mehr).

Die eigentliche Barre der Fjordmündung befindet sich etwas südlicher, der *Lynæs Sand*, durch den eine schmale, jedoch gut betonnte Rinne (Wassertiefe 6 m) gegraben ist: das *Østerløb*, und die sollte man auch nehmen, ob man in den Ise- oder in den Roskilde Fjord will.
Etwas kritisch kann der Strom sein, wenn man den Hafen von

Hundested anlaufen will, denn er setzt dann quer zur Einfahrt. Vorsicht! Etwa 65 m vor der Westmole baut sich immer wieder eine Sandbank auf; sie ist nach meinem Geschmack mit der gelb-schwarzen Spierentonne nicht ausreichend markiert. Deshalb: immer etwa 80 bis 100 m Abstand von der Mole halten!
Das Fähr- und Fischerstädtchen mit seinen knapp 9000 Einwohnern (dazu zählt allerdings auch das große Frederiksværk) liegt sehr hübsch am Ostufer an den sanft vom Spodsbjerg abfallenden grünen Hängen. Aber so freundlich die gelben Häuser mit ihren roten Ziegeldächern auch aus den Bäumen hervorlugen: Kennt man das Städtchen erst einmal näher, so macht es doch eher einen einfachen Eindruck – eine schnurgerade, zum Gähnen langweilige Ladenstraße, die hinunter bis fast nach Lynæs führt, das ist so ziemlich alles. Auf den ersten Blick.
Nicht großartige Sehenswürdigkeiten sind es hier: Hundested kommt vielmehr eine gewisse Bedeutung als Fischerhafen zu – 26 Kutter landen hier ihren Fang an, der in der Auktionshalle zum Verkauf gelangt. Und die Stadt hat eine Eisenbahnverbindung nach Kopenhagen (die Fährverbindung nach Grenå auf Jütland wurde eingestellt). Vor allem aber: Für Bootsleute ist dies ein wichtiger, sehr geschützter Hafen, mit guten Versorgungsmöglichkeiten.

Der alte Hafen von Hundested selbst wirkt etwas derangiert. Die großen Werfthallen werden wohl irgendwann – vom Rost angenagt – zusammenbrechen. Die einstmals bedeutende Werft ist zum Handwerksbetrieb geschrumpft.

Lohnend, schon wegen des Ausblicks, ist ein Spaziergang hoch zum Leuchtturm. Daneben steht das Haus des Polarforschers Knud Rasmussen, der die Zeit zwischen seinen Expeditionen hier verbracht hat. Die Steine, aus denen das Haus gebaut ist, wurden aus Grönland hergeschafft. Das Haus kann besichtigt werden (Dienstag bis Sonntag von 1100 bis 1600). Lohnt!

Auf zwei »Events« – wie das in Neudeutsch heißt – sei hingewiesen: Da findet zweimal im Juli ein Hafenfest statt, traditionell in der 27. Kalenderwoche das »Filetfest«. Was das in einem Fischerhafen sein wird, bedarf wohl keiner Erläuterung. Der Ort hat inzwischen touristisch mächtig aufgerüstet. Besonders um den Hafen, wo immer etwas los ist. Es gibt mehrere Fischrestaurants, auch etwas Rummel, und – eben – im Sommer massenhaft Touristen, wohl nicht jedermanns Geschmack.

Hundested hat für Yachten vor allem Bedeutung als Übernachtungshafen. Wenn man nach langer Fahrt den Isefjord ansteuert, so findet man hier, direkt am Kattegat, einen zuverlässigen, ruhigen Hafen. Genauso wie man umgekehrt in Hundested auf besseres Wetter warten kann, wenn man aus dem Fjord kommt und hinaus aufs raue Kattegat muss. Und das ist für einen Hafen sicher nicht wenig.

Liegeplatz und Versorgung: Die Gästeplätze sind im Plan grün markiert. Es gibt mehr als genug! Im Alten Hafen liegt man am besten an dem langen Steg vor dem kleinen Fischerbecken (s. Foto nächste Seite). Im Bootshafen dahinter ist es etwas eng. Im Fischerhafen – große Boote immer! – kann man an der gesamten Nordseite festmachen. Dann noch der »neue« Yachthafen. Auch dort massenhaft Platz. Der Alte Hafen ist so verwinkelt, dass man sich einen geschützteren schlecht denken kann. Wasser und Strom an den Liegeplätzen. Treibstoff siehe Plan. Mastenkran daneben. WC und Du-

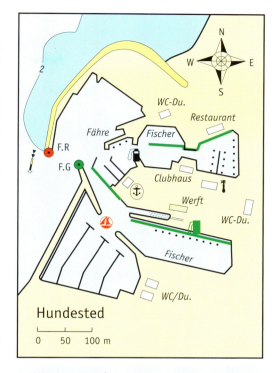

Wasserstand
Tidenhub 0,6 m. Wind aus N und NW hebt den Wasserstand um 1,4 m, Wind aus E und SE senkt ihn um 0,8 m.

schen; im gleichen Gebäude Waschmaschinen. Werft mit Slip. Motorenwerkstatt. Beim Innenhafen mehrere Fischhandlungen. Zur schon erwähnten Einkaufsstraße sind es nur ein paar Minuten zu gehen. Dort ein alter Kro mit neuem Hotel und, etwas versteckt, ein großer Supermarkt.

Hinweis: Nach Hundested kommen – man mag es kaum glauben – große Kreuzfahrschiffe. Sie liegen am Handelshafen südlich vom Yachthafen. Braucht uns nicht zu interessieren, außer in der doch recht engen Einfahrt zum Fjord.

Will man von Hundested aus schnell weiter zu den inneren Fjorden, so wird man wohl die direkte Verbindung wählen, das nach Süden führende Østerløb. Dieser Törn soll aber einen anderen Verlauf nehmen: Wir gehen von

Im Isefjord und Roskilde Fjord

Hundested.
Die Boote liegen am Gästesteg im Alten Hafen. Dahinter die Fähre, die nach Rørvig fährt.

Hundested aus auf Kurs West und laufen damit auf das betonnte Vesterløb zu, das zur Halbinsel *Oddsherred*, vor allem zu zwei ganz unterschiedlichen Häfen führt: dem kleinen von *Rørvig* und zu der großen Marina von *Nykøbing*. Während man an dem dunkel bewaldeten Ufer von *Oddsherred* entlangsegeln, hat man voraus die *Yderbredning*, eine riesige Wasserfläche, die beherrscht wird von den gewaltigen Fabrikanlagen von *Kyndbyværket*. Rørvig ist ein recht kleiner Hafen; ob man hier im Sommer einen Platz findet, ist fraglich. Es wäre aber weiter nicht tragisch, denn in Nykøbing wird man immer unterkommen und mit dem Rad wird man dann doch noch nach

Rørvig gelangen: einem an sich idyllischen Hafen vor einem idyllischen Ort, der wie in einem Park liegt. Viele Reetdachhäuser unter hohen, uralten Bäumen. Von Rørvig aus erstreckt sich zum Kattegat hin eine Wald- und Heidelandschaft, die im Sommer voller quirligen Lebens ist. In Rørvig gibt es Geschäfte aller Art, mehrere Kros und Diskos – eben ein Ferienort.

> **Wasserstand**
> Tidenhub 0,3 m. Sturm aus W bis NW kann den Wasserstand um 1,5 m erhöhen, Sturm aus SE bis S kann ihn um 0,6 m bis 1 m senken.

Liegeplatz und Versorgung: *Große Boote machen im Nordbecken (**1**) fest, müssen aber beim Einlaufen sehr auf die Fähre achten. Andere können sich im südlichen Becken (**2**) einen Platz* suchen. Wasser und Strom am Steg. Duschen und WC. 2-t-Kran. Wetterstation. Treibstoff. Supermarkt nahe beim Hafen. Fischräucherei.

Wenn man schon hier ist, sollte man einen Abstecher zur

Skansebugt machen, die sich ganz hervorragend zum Ankern eignet. Von Rørvig aus ist es nicht einmal 1 sm. In dieser kleinen, bis auf Winde aus S gut geschützten Bucht befindet man sich auf historischem Grund. In dem versteckten Naturhafen lagen einst die Wikinger mit ihren Langschiffen, wenn sie auf Feinde lauerten oder schweres Wetter sie am Auslaufen hinderte. Auf der Halbinsel *Skansehage* hatten sie um die erste Jahrtausendwende einen Thingplatz; zu der Zeit sollen hier sogar Wikingerkönige gewählt worden sein. Angeblich war es der bedeutendste Thingplatz im frühen Mittelalter. Später, in den Engländerkriegen, spielte die Bucht, noch mehr aber die Halbinsel, eine Rolle, und von der Zeit hat sie auch ihren Namen: Skansehage, denn hier befand sich eine Schanze, von der aus die Einfahrt in den Isefjord gesichert werden sollte. In Rørvig selbst lag eine Flottille von Kanonenbooten, die gegen die Engländer operierte; besaßen die Dänen doch keine größeren Kriegsschiffe mehr, seit ihnen die Engländer 1809 ihre ganze Flotte weggenommen hatten.

Die schöne Skansebugt hat ganz klares Wasser und einen sauberen Sandstrand. Der Ankergrund besteht aus Sand und Schlamm, Tang kommt aber auch vor. Gelbe DS-Ankerbojen sind ausgelegt.

Mit dem Dingi gelangt man bequem zum sommerlichen Highlife in den Wäldern um Rørvig. Sehr empfehlenswert!

Ob man überhaupt noch nach

Nykøbing soll, wenn man in Rørvig untergekommen ist, ist so eine Frage. Die Stadt Nykøbing – eine von dreien gleichen Namens, die beiden anderen befinden sich auf Falster und auf der Insel Mors im Limfjord – lohnt nicht unbedingt einen Besuch, der Hafen schon eher. Das Zentrum besteht aus einer endlos langen Einkaufsstraße, der Algade, die im Sommer voller Urlauber ist, die zum Einkaufen hierher kommen.

Die auffallendste Landmarke, an der man Nykøbing früher schon von weitem erkannte, das riesige, gelbe Silo, ist abgebaut worden. Da stehen mittlerweile rot-weiße Ferienhäuser im skandinavischen Stil.

Durch die *Nykøbing Bugt* läuft man mit Kurs NW auf den Hafen zu. Zum Schluss in einer

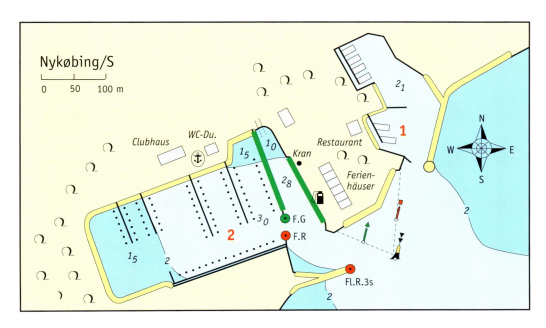

> **Wasserstand**
> Tidenhub 0,3 m. Sturm aus N und NW kann den Wasserstand um 1,5 m erhöhen, Sturm aus S und SE kann ihn um 1 m senken.

mit Spieren markierten Rinne. Dann gabelt sich der Weg: Rechts geht es in den Osthafen (1), auch Gamle Havn genannt, links in die Marina (2). Gästeplätze siehe grüne Markierung. »Alter« Hafen passt gar nicht mehr, denn auch hier ist alles renoviert und modernisiert. Auffallend die schwimmenden Ferienhäuser auf der Westseite.

Was kann man hier unternehmen? Am besten, man leiht sich ein Fahrrad und macht eine längere Tour nach *Oddsherred* und zum Ufer des Kattegats. Badesachen einpacken, denn der Strand in der *Nyrup Bugt* sucht seinesgleichen. Das große Waldgebiet auf Oddsherrred ist voller kleiner, aber auch großer, luxuriöser Ferienhäuser, die locker in den Kiefernwald hineingebaut sind. In der Luft hängt der Duft von Salzwasser und harzigen Kiefern. Eine tolle Urlaubsatmosphäre!

Man kann auch zu dem nur 2 km entfernten *Gut Anneberg* wandern: Dort ist in einem modernen Gebäude eine Ausstellung mit antikem Glas aus der Zeit der Römer und Griechen zu sehen, aber auch Stücke aus Deutschland zwischen 1500 und 1600 und welche aus Böhmen, Dänemark und Norwegen.

Versorgung: *Wasser und Strom an den Stegen. Duschen und WC. Treibstoff (nur Diesel). Mastenkran. Slip nur für Kleinboote. 8-t-Kran.*

Yderbredning. Ungestörter Segelgenuss erwartet einen in der weiten und tiefen Yderbredning, sieht man einmal von den militärischen Übungsgebieten ab, die zeitweise immer noch »genutzt« werden.

In den westwärts abzweigenden

Lammefjord und sein nördliches Anhängsel, den *Sidinge Fjord*, wird man wohl nur hineinfahren wollen, wenn man einen ruhigen Ankerplatz sucht – und das auch nur bei Tage, denn diese entlegenen Gewässer sind natürlich nicht betonnt, geschweige denn befeuert. Fischernetze beiderseits der Einfahrt erfordern zudem einige Aufmerksamkeit. Am besten hält man sich mehr an das waldreiche Nordufer, wo auf der *Halbinsel Kongsøre Næbbe* ein weißes Fischerhaus steht. Hier steigt der Landgrund – anders als im übrigen Teil des Lammefjords – steil an, sodass man gefahrlos ziemlich nahe am Ufer entlangschippern kann.

Die beiden Fjorde waren einst um vieles größer. In einer Landgewinnungsaktion – nach dem Zuiderzee-Projekt in Holland das größte seiner Art in Europa – hat man die westlichen Teile der Fjorde eingedeicht und trockengelegt. Man sieht das auch schon auf der Seekarte, wo die Fjorde im Westen ganz unnatürlich gerade enden; das sind die Dämme. Jedenfalls entstand so eine 5500 Hektar große, überaus fruchtbare Landfläche, auf der man Gemüse anbaut, aber auch Tulpen züchtet, sodass auch in dieser Hinsicht eine gewisse Ähnlichkeit mit den Poldern des IJsselmeeres besteht.

Ankerplätze im Lammefjord

- Bei nördlichen Winden in der **Einfahrt zum Sidinge Fjord**, und zwar etwa 400 m vor dem Ufer auf gut 4 m Wassertiefe (Grund Sand).
- Bei südlichen Winden etwa 300 m vor dem gegenüberliegenden steilen Ufer zwischen dem **Svolsbjerg** und **Kisserup Hage** auf knapp 3 m Wassertiefe (Grund Sand). Vorsicht: Steine auf Kisserup Hage und dem Svolsbjerg Rev!
- Bei Winden aus NW liegt man nicht übel vor **Bøgehoved** auf gut 4 m Wassertiefe und etwa 300 m vor dem Ufer (Grund Sand).

> **Schießgebiete:** Im Isefjord sind die Schießgebiete »Jægerspris« zu beachten: EK R 17 und EK R 18. Kontakt auf den UKW-Kanälen 16, 06, 08, 67, Ruf »Jægerspris«.
> Warnfeuer Fl.WR.4s u. Q(occas) am Ostufer auf 55°54'N 011°55,2'E.

- Bei westlichen Winden ankert man – zwar gut geschützt, aber auch etwas langweilig – vor dem **Abschlussdamm** des Lammefjords. Hier gibt es sogar zwei Schleusen. Holland lässt grüßen!

Um von der **Yderbredning** in die kleinere, aber landschaftlich um vieles schönere **Inderbredning** zu kommen, muss man an der Insel Orø vorbei, entweder durch das *Orø Vestre Løb* oder das *Orø Østre Løb*.
Die übliche Passage ist die westliche: Sie ist tief, relativ gut betonnt und auch befeuert. Es ist der Weg, den die Berufsschifffahrt nimmt, wenn sie zur Stadt Holbæk will. Das Orø Østre Løb ist zwar auch befahrbar, für einen Ortsfremden jedoch nur von Süden her. Doch von dieser Passage später, wir nehmen sie auf dem Rückweg.

Das **Orø Vestre Løb** mit dem waldigen Ufer im Westen und der steinigen Insel Orø im Osten ist landschaftlich recht ansprechend, aber gleichzeitig auch voller Tücken, vor allem, wenn man den Wind gegenan hat. Dann setzt Strom mit 3 kn nordwärts, und angesichts der Enge des Fahrwassers wird ein Aufkreuzen praktisch unmöglich. Das Problem besteht nämlich darin, dass der Landgrund extrem steil ansteigt, sodass man dicht neben dem stellenweise gut 15 m tiefen Fahrwasser auf Steine gefasst sein muss, die nur 0,5 m unter der Wasseroberfläche liegen. Die breiten, flachen Küstenstreifen des Orø Vestre Løbs sind voller Flachs, die teilweise trockenfallen und mit Steinen übersät sind. Man muss sehr auf die Tonnen achten, die zudem noch ziemlich weit auseinander liegen. Bei hartem Wind oder schlechter Sicht ist das Orø Vestre Løb kein einfaches Gewässer. Von einer Nachtfahrt muss dringend abgeraten werden, trotz der Sektorenfeuer *Løserup* (Oc.WRG.5s) und *Hønsehalsen* (Iso.WRG.3s), einer Bake, die auf einem Flach ganz nahe am Fahrwasser steht.
Der an der Südwestspitze der Insel

Orø gelegene kleine Hafen ließe sich des Nachts wegen seines Sektorenfeuers (Oc.WRG.5s) leichter ansteuern als am Tage, da die »Fahrrinne« nicht betonnt ist. Man sollte bei Tage bis knapp vor die rote Spiere laufen, die

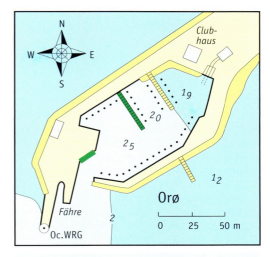

Wasserstand
Tidenhub 0,5 m. Winde aus NW können den Wasserstand um 1,2 m heben, Winde aus SE können ihn um 1 m senken.

0,5 sm südwestlich des Hafens ausliegt, und dann mit Kurs +/– 070° auf den Hafen zu. Unbedingt die schwarz-gelbe Spiere nördlich passieren, die an der Kante des großen Flachs liegt, das sich um das Inselchen Langø erstreckt. Wenn die schwarz-weiße Fähre aus Holbæk im Anmarsch oder im Ablegen begriffen ist, warte man deren Hafenmanöver draußen im Orø Vestre Løb ab.
Bei widrigen Stromverhältnissen, die hier bei Starkwind aus S und N auftreten können, und dem dadurch verursachten, hart und quer zur Einfahrt setzenden Strom sollte man den Hafen im wahrsten Sinne des Wortes links liegenlassen; bei südlichen Winden kann der Wasserstand zudem noch um 1 m sinken. Ansonsten aber dürfte das Anlaufen von Orø Booten mit einem Tiefgang bis zu 2 m keine Schwierigkeiten bereiten.

Allerdings: Ob man unterkommt, ist eine andere Frage. Orø ist Heimathafen von fünf großen Muschelfischern. Wenig Platz, man muss es einfach probieren. Für Gastyachten wird der vordere Steg freigehalten; große Boote können auch in der Einfahrt längsseits liegen, hinter dem Fähranleger. Also: notfalls weiter nach Holbæk. Was freilich schade wäre, denn Orø ist eine schöne Insel, von eigenartigem Charakter, der vor allem von den sie umgebenden Flachs mit den vielen Steinen und den vorgelagerten kahlen Steininselchen geprägt wird. Die Insel wirkt im Norden eher flach; nach Süden steigt sie zu einem Kieshügel an, mit fruchtbaren Äckern, die mit Hecken und kleinen Wäldern vor dem Wind geschützt werden. Zum Hauptort der Insel, nach *Bybjerg*, hat man vom Hafen aus eine Viertelstunde zu gehen. Hier, ganz in der Nähe der *Orø Kirke*, soll sich früher eine Burg der großen Königin des Mittelalters, Margarete I., befunden haben. Doch Genaueres weiß man nicht, und zu sehen gibt es auch nichts. Als sicher aber gilt – das beweisen die zahlreichen vorgeschichtlichen Funde –, dass die Insel schon sehr früh bewohnt war.

Im ehemaligen Armenhaus des Dorfes ist ein Museum eingerichtet, das die Geschichte der Insel darstellt. Orø ist ein uriger Platz und ein idyllisches Fleckchen Erde, freilich mehr außerhalb der Hauptsaison. Schön zum Wandern, immer am Ufer entlang. Die kleine Insel hat immerhin 900 Bewohner und 1400 (!) Ferienhäuser, was zeigt, wie beliebt sie ist.

Wenn man um die Ecke der bewaldeten Halbinsel *Tornehage* kommt, hat man vor sich die Silhouette der Stadt Holbæk, von der man zunächst hauptsächlich Silos und Öltanks sieht.

Tornehage. Genau an der Spitze der Huk Tornehage befindet sich ein langer hölzerner Steg mit 1,8 m Wassertiefe am Kopf, die jedoch zum Ufer hin sehr schnell abnimmt. Ein idyllischer, am Waldufer gelegener Platz. Die kleine Anlage gehört dem Holbæk Sejlklub. Man darf hier (kostenlos) liegen, hat aber »nur« Natur um sich. Übernachten ist nicht gestattet.

Spätestens bei Tornehage sollte man sich entscheiden, ob man in den Stadthafen von Holbæk will oder in die große Holbæk Marina, die am Südufer des Fjords etwas verborgen hinter der grünen *Halbinsel Kirsebærholm* liegt. Die Marina ist in vieler Hinsicht super: der größte Bootshafen am Isefjord, umgeben von einer schönen Landschaft; der Stadthafen hat, wie meistens, mehr Atmosphäre, aber auch eine unruhige Umgebung.

Die riesige

Holbæk Marina findet man in der flachen, zum Teil steinigen *Dragerup Vig*; bei der Ansteuerung muss man deshalb sehr auf die Betonnung achtgeben. Am besten geht es so: Man läuft in der Fahrrinne nach Holbæk bis zur vierten roten Tonne und nimmt dann Kurs auf die gelb-schwarz-gelbe Spiere, die man an Bb lässt, und hält auf den Kopf der Steinmole zu. Man sucht sich an den Stegen einen freien Platz (grünes Schild). In dem eleganten Clubhaus gibt es ein Restaurant und die üblichen sanitären Einrichtungen. Daneben auch noch ein zweites Restaurant. Tankstelle am Kai, Wasser und Strom überall an den Stegen. Slip und 12-t-Travellift. Mastenkran. Motorenwerkstatt. Bootswerft. Zubehör. Fahrradverleih. Insgesamt eine hervorragende Versorgung. Über die flachen Fjordwiesen wandert man eine halbe Stunde in die Stadt (man kann aber auch den Bus nehmen).

> **Wasserstand**
> Tidenhub 0,2 m. Wind aus W und NW kann den Wasserstand um 0,7 m erhöhen, Wind aus E und SE bis SW kann ihn um 0,7 m senken.

Der Tonnenstrich, den wir bei der Holbæk Marina verlassen haben, verläuft in Linie 241,5° (U-F. und O-F.: Iso.R.2s) auf die riesigen Hafenanlagen von

Holbæk zu. Allerdings: Als richtiger Hafen spielt das alles keine Rolle mehr. Wo früher Lagerhallen und Silos standen, jetzt moderne Wohnblocks, wie so oft bei den großen dänischen Häfen. Also, wohin? Zuerst passiert man den traditionellen »Lystbådehavn«: mäßige Umgebung, viel Gewerbe, Parkplätze und auch noch eine Kläranlage. Im früheren Handelshafen, dem *Nye Havn*, an der Westseite ein Steg – ebenfalls nichts. Am besten weiter zum

Gamle Havn (Westhafen), der ganz im Westen der Hafenanlagen liegt. Gastyachten können in allen Becken festmachen, nur den Fischern sollten sie den Platz freilassen. Man liegt hier sehr geschützt, wegen der Straße und des

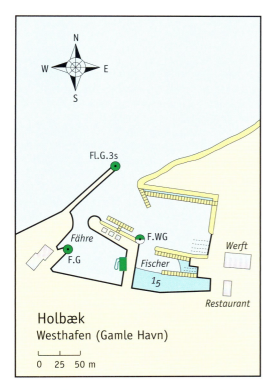

Holbæk
Westhafen (Gamle Havn)

großen Parkplatzes davor allerdings nicht ungestört. Dafür hat man nur ein paar Minuten Fußweg bis zur Stadt.

Versorgung: Kleine Werft mit Slip. Motorreparatur. WC und Duschen auf dem mittleren Kai. Lebensmittel usw. in der Stadt. Treibstoff bunkert man in der Holbæk Marina.

> **Wasserstand**
> Tidenhub 0,5 m. Sturm, der von W auf N bis NE dreht, kann den Wasserstand um 2 m erhöhen, Sturm aus E, der auf S bis SW dreht, kann ihn um 1,5 m senken.

Obwohl das 700-jährige Holbæk durchaus noch ein paar alte Bauwerke hat, kann man nicht von einem altertümlichen Stadtbild sprechen. Diese mittelgroße Stadt ist modern und lebendig, was auch ihre Atmosphäre bestimmt. Sie hat sich so ausgedehnt, dass sie nahezu das gesamte Südufer des Fjords belegt.

Es gibt hier viele gute Kneipen und Restaurants, vor allem in der Fußgängerzone, die von der breiten Geschäftsstraße, der Algade, abzweigt. Das *Holbæk-Museum* ist in dem schönsten noch erhaltenen Kaufmannshof der Stadt untergebracht, eine Art heimatkundliches Museum, mit einer Sonderausstellung über die Besetzung Dänemarks zwischen 1940 und 1945 durch die Deutschen (lohnenswert an einem Regentag).
Was Holbæk zu der so angenehmen Stadt macht, ist nicht leicht zu sagen. Irgendwie stimmt hier alles, Altes und Neues nebeneinander, das geschäftige Treiben in den Straßen, die vielen jungen Leute. Die Stadt zeigt auf eine unaufdringliche Art einen behäbigen Wohlstand.

Gegenüber von Holbæk liegt am Ufer von *Tuse Næs* ein kleiner, gut geschützter Hafen; ursprünglich, als noch eine Fähre den Fjord querte, war das der Anleger

Hørby. Einheimische Segler haben sich den Hafen für ihre Zwecke hergerichtet. Bei Tage lässt er sich leicht anlaufen: Man steuert von Holbæk aus Kurs N genau auf Hørby zu. Auf diesem Kurs bleibt man auch gut frei von dem großen Steinriff mit dem Inselchen *Rønnen*. Der Hafen und auch die unmittelbare Umgebung (etwa 20 m von den Brücken entfernt) sind ausgebaggert worden, Wassertiefe ca. 2 m. Man darf aber nicht über die grünen Spieren hinauslaufen, die quer durch den Hafen gesetzt sind. Empfehlenswert das Restaurant »Færgegård«. Schöner Blick hinüber nach Holbæk. Dessen ungeachtet muss man nicht nach Hørby fahren.

Der vom Holbæk Fjord aus südlich abzweigende Teil des Isefjords, die

Inderbredning, ist eine Wasserlandschaft von großem Zauber; im schönen Dänemark wird man nur noch wenige ähnlich hübsche Flecken finden. Allerdings ist es nicht unbedingt ein Segelrevier von Bedeutung, dafür ist es einfach zu klein und hat auch – südlich der Insel Orø – zu viele (betonnte und unbetonnte) Untiefen. Die kritischste ist *Dronningedyssen*, eine von tiefem Wasser umgebene 0,6-m-Stelle, aber immerhin markiert mit einer gelb-schwarzen Spiere. Das Schießgebiet ist mit gelben Tonnen gekennzeichnet. In Holbæk sollte man sich informieren, ob geschossen wird (wahrscheinlich nicht).

Ankerplätze in der Inderbredning

- Am Westufer vor dem **Dragerup Skov**, wo die 2-m-Linie ganz dicht ans Ufer heranführt (Grund Sand, Lehm, Steine). Bei der Ansteuerung achte man auf zwei Betonsockel, die aus dem Wasser ragen – Reste einer früheren Seeminenstation.
- Westlich der schönen, recht hohen **Waldinsel Bramsnæs** in der gleichnamigen Bucht (Grund Sand, Lehm). Die Bogenbrücke (Durchfahrtshöhe nur 3 m) versperrt Segelbooten den Weg in den wunderschönen *Tempelkrog* mit seinen vielen kleinen Inseln.
- Östlich von Bramsnæs in der schmalen **Bramsnæs Vig** (s. Foto unten). Wahrschau vor dem sich nach NNW erstreckenden Steinriff und den Aalreusen der Fischer von Ejby! Hier in der schmalen Bucht schwojen etwa 40 Boote an Murings, deshalb ist es für andere etwas eng (Grund Sand, Lehm, auch Tang).
- Wer nicht in den Hafen von **Ejby** hineinpasst, was wahrscheinlich ist, kann nördlich oder südlich davor ankern (Grund Sand, Lehm).

Ejby ist an sich ein guter Hafen, jedoch nur von außen gesehen. Boote ab 8 m Länge über alles sollten gar nicht erst versuchen, dort unterzukommen: Fischerkahn drängt sich an Fischerkahn. Auch die Wassertiefe ist doch recht gering: vorne 2 m, weiter innen 1,5 m. Am besten liegt man gleich nach der Einfahrt, lin-

Bramsnæs Vig.

Isefjord.
Die Segler suchen Schutz in der Bramsnæs Vig, einer hervorragenden Ankerbucht.

ker Hand. Außer Wasser keine Versorgung. Das WC ist zumeist abgeschlossen. Zum gleichnamigen Dorf sind es 2 km.

Auf dem Weg nordwärts, zurück aus der Inderbredning und vielleicht auch schon heimwärts, kann man noch ein kleines Stück spannender Seefahrt praktizieren und durch das unbetonnte *Orø Østre Løb* laufen, aber tunlichst nur bei Tage! Auf dem Weg dorthin passiert man am Ostufer noch eine Buch, die *Vellerup Vig*, die schlechthin zum Ankern ideal wäre, doch inzwischen steht sie unter Naturschutz. Das

Orø Østre Løb lässt sich durchaus befahren, aber mit einem vertretbaren Risiko nur mit einem Tiefgang von höchstens 2 m. Das Fahrwasser ist nicht betonnt und schon gar nicht befeuert, und so muss man sich mithilfe von Peilungen durch dieses von vielen Flachs eingeengte Gewässer tasten.
Man läuft zunächst nordwärts, am Ostufer der Inderbredning entlang. Sobald man die NE-Huk der Geröllinsel *Ronø* in Peilung hat mit dem nördlichsten Ende der Steininsel *Lindholm* (WP 5757: 55°44,87' N 011°50,88' E,

keine Tonne!), ändert man seinen Kurs auf NNW und läuft auf die Mitte der Fährpassage zwischen *Hammeren* und *Orø* zu. Man darf sich aber nicht täuschen lassen: Vor dem großen Wald auf Hammeren erstreckt sich ein Damm noch ziemlich weit nach Westen. Ist die flache gelbe Seilfähre unterwegs, so warte man, bis sie anlegt, um nicht mit den Seilen zu kollidieren.

Hat man die Mitte zwischen den beiden Anlegern erreicht, so läuft man auf den großen, dunklen Komplex der Fabrikanlagen von *Kyndbyværket* zu, und zwar so lange, bis man die Kabelbaken von *Skallehage* querab hat. Dabei passiert man die mit 2,5 m Wassertiefe flachste Stelle. Vorsicht bei Skallehage: 0,6-m-Flach dicht neben der 6-m-Linie! Nun weiter mit Kurs N, etwa 1,3 sm lang, bis man die größte der vielen, kaum aus dem Wasser ragenden Steininseln auf dem üblen *Kyndby Rev* in Peilung mit den Schornsteinen von Kyndbyværket hat. Nun muss man wieder den Kurs ändern, und zwar auf die rote Tonne *Orø Østre Løb* (WP 5758: 55°48,08'N 011°50,98'E) zu. Kurs 340° bis 345°, ganz vorsichtig und langsam fahren. Nach 1 kbl müsste man im tiefen Wasser sein, aber dicht an den Seiten liegen große Flachs, die Untiefen von *Kyndby Rev* im Osten und *Næsby Rev* im Westen. An der Nordkante des steinigen Næsby Rev eine schwarzgelbe Tonne (*n. Næsby Rev*, WP 5750: 55°49,17′N 011°49,92′E). Wenn man seinem Gefühl doch nicht so ganz traut, etwas mehr zum Ufer von Orø hin halten! Echolot mitlaufen lassen! Noch besser: einen Mann in den Bugkorb stellen, der sieht am besten, wenn das Wasser flach wird.

Nach 1,5 sm jedenfalls müsste man das Orø Østre Løb hinter sich haben und sich wieder im tiefen, breiten, schönen Segelrevier der Yderbredning befinden. Übrigens: Das die ganze Yderbredning beherrschende **Elektrizitätswerk Kyndbyværket** hat einen großen Hafen. Wer den verwegenen Gedanken haben sollte, diesen anzulaufen, sollte es besser lassen, denn das ist verboten.

> **Wahrschau:** In der engen Kulhus Rende läuft nach Perioden von N- oder S-Winden ein sehr starker Strom.

Sieht man von den östlich von Lynæs gelegenen hohen, auffallenden gelben Kliffküsten von *Halsnæs* einmal ab, so ist das Land um die Mündung des

Roskilde Fjords, die *Kulhus Rende*, eher flach und – ganz charakteristisch – dicht mit dunklen Wäldern bewachsen. *Kulhus Rende* kann einen etwas täuschen, denn so breit die Wasserfläche auch wirkt, so eng ist in Wirklichkeit die befahrbare Rinne, neben der sich große, zum Teil mit Steinen übersäte und unter bestimmten Umständen auch trockenfallende Flachs erstrecken. Die an die 10 m tiefe Fahrrinne führt ganz dicht an diesen Flachs vorbei, über denen nicht selten nur eine Handbreit Wasser steht.

Den an der äußersten NW-Spitze der waldreichen Halbinsel *Horns Herred* gelegenen Hafen von

Kulhuse sollte man ohne Zögern passieren. In erster Linie ist es ein Fähranleger. Damit die Fähre, die hinüber nach *Sølager* fährt, überhaupt an Horns Herred herankommt, musste man einen langen Damm in die Kulhus Rende hinausbauen; dieser und ein zweiter östlich davon schützen den ca. 200 m langen, engen Hafenschlauch. Viele Boote liegen an Heckpfählen und machen das Manövrieren im Hafen schwer. Außen legt die Fähre an. Auf der Westmole fahren die Autos zur Fähre.
Gastboote gehen längsseits an die Westmole. Wassertiefe in der äußeren Hälfte 2,5 m, dann bis auf 2 m abnehmend. Bei Starkwind aus W schwierig in den Hafen hineinzukommen.
Ein nur bedingt zu empfehlender Hafen. Wenn man einen Platz zum Übernachten sucht, dann geht man besser in den am anderen Ufer gelegenen großen Hafen *Lynæs* (s. S. 223).

Als Ort sehr interessant das am Ostufer gelegene

Frederiksværk, dessen gewaltiger Stahlwerkskomplex den ganzen äußeren Roskilde Fjord beherrscht. Läuft man an dieser monströsen Anlage vorbei, so käme man gewiss nicht auf die Idee, dass sich dahinter eine Stadtidylle verbirgt, eben das alte Frederiksværk. Werk und Stadt verdanken ihre Entstehung – eher zufällig – einem Kanalprojekt: Zu Beginn des 18. Jahrhunderts ließ der damals regierende Frederik IV. den östlich des Fjords gelegenen großen Arresø entwässern, weil der nach starken Regenfällen immer wieder über seine Ufer getreten war und das Land ringsum verwüstet hatte. Da der Wasserspiegel des Sees um einiges höher lag als der des Roskilde Fjords, steckte in dem durch den Kanal abfließenden Wasser eine Menge Energie, die man auch damals schon zu nutzen verstand. So wurde eine für die Zeit des Merkantilismus typische Manufaktur gegründet, eine Achatschleiferei. Ein halbes Jahrhundert später baute man eine Kanonengießerei, dann kam eine Pulverfabrik hinzu, und schließlich folgten ein Eisenwerk und ein Kupferwalzwerk. Sehenswert: das **Pulvermuseum.**
So entwickelte sich um den Kanal langsam die erste Industriestadt Dänemarks, die man nach dem Erbauer des Kanals Frederiksværk nannte (der König selbst, der Deutsch sprach, nannte sie Frederikswerk). Lange waren die Werke

die Waffenfabrikanten des Königreiches; hier wurden die Kanonen für die Flotte und das Heer gegossen, hier wurde auch das zugehörige Pulver fabriziert.

1942 wurde das moderne Stahlwerk gebaut, in dem heutzutage der gesamte Eisenschrott des Landes verarbeitet wird (vor allem zu Schiffbauplatten). Dicht neben dem Stahlwerkskomplex, der »Dan Steel«, hat sich die Stadt im Kern ihre Kanalidylle aus dem 18. Jahrhundert bewahrt, aber davor steht eben auch das große Werk.

Wer zur rechten Zeit kommt: Im Juli findet im »Gjethuset« ein Musikfestival statt.

Liegeplatz und Versorgung: *Der Werkshafen darf selbstredend nicht angefahren werden. Die Rinne, die zu ihm und zum nördlich gelegenen Stadthafen führt, ist ziemlich eng, sodass die großen Berufsschiffe keinen Platz hätten, um auszuweichen. Nördlich des Stahlwerkshafens erstreckt sich ziemlich auffallend ein langer Steindamm in südwestlicher Richtung, die Slagemole. Dahinter liegt der sehr große Bootshafen, der mit den roten Hafenhäusern, die an Skagen erinnern, und seinen 390 Liegeplätzen recht ansehnlich ist. Der Service ist insgesamt sehr gut. Es fehlt an gar nichts. Zur Stadt hat man ein paar Minuten zu gehen.*

> **Wasserstand**
> Tidenhub 0,5 m. Winde aus N bis NW können den Wasserstand um 0,8 m heben, Sturm aus S bis SE kann ihn um 0,8 m senken.

Das **Revier vor Frederiksværk** ist voller Flachs, von denen wiederum der *Store Tørvegrund* das größte ist. Um den Grund führen zwei verschieden tiefe und betonnte Passagen: Die östliche ist die wichtigere, sie ist betonnt und auch befeuert. Wichtig: den Bogen um den Store Tørvegrund sauber ausfahren! Die westliche Rinne ist erstens mit nur einer einzigen Spiere unzulänglich betonnt und zweitens als Fahrrinne nicht zu erkennen. Allenfalls etwas für kleinere Boote; denn wie man diese Passage auch fährt, man kommt immer über Flachs mit bestenfalls 1,8 m Wassertiefe. Also dieses »Fahrwasser« nicht benutzen.

Die östliche Rinne ist ziemlich gewunden, und ihr Verlauf ist nicht leicht auszumachen. Die Tonnen liegen dicht neben flachen Stellen aus. Genau genommen ist auch diese Passage unzulänglich betonnt. Am kritischsten ist die Stelle um den *Kirkegrund*. Man muss hier jede Tonne sauber passieren, darf vor allem keine auslassen und nicht sofort auf die übernächste zuhalten. Der Seekarte nach kann man bis auf wenige Ausnahmen mit ausreichend tiefem Wasser neben dem Fahrwasser rechnen, aber darauf sollte man sich nicht verlassen – auch wenn man dänische Yachten außerhalb der Fahrrinne zielbewusst über die Sandbänke segeln sieht. Sie kennen ihr Revier und haben ihre eigenen, nur ihnen bekannten Peilmarken, an denen sie sich orientieren. Ortsunkundige sollten aber besser Tonne um Tonne abhaken.

Ich habe einmal beobachtet, wie ein Fischkutter aus Gilleleje jämmerlich auflief, nur weil er eine Tonne an der falschen Seite passiert hatte.

Dyrnæs Hage. Hier kommt wiederum eine etwas kritische Stelle: Das Fahrwasser wird sehr schmal. Von Westen her, also vom waldigen Ufer von *Horns Herred*, erstreckt sich ein böses Steinfeld bis dicht zur Fahrrinne und zur grünen Tonne. Man muss sich vergegenwärtigen, dass die Fahrtrichtung von Nord nach Süd verläuft, dass man die grüne Tonne also an Stb haben muss. Eigentlich selbstverständlich, aber da die etwas südlicher ausliegende rote Tonne gegenüber der grünen stark versetzt ist, könnte man einen Augenblick im Zweifel sein, wo denn nun beide zu passieren sind, und annehmen, man müsste durch ein Tonnentor hindurch.

Dyrnæs Bro. Von der Halbinsel Dyrnæs aus erstreckt sich ein Steindamm, die Dyrnæs Bro, bis hin zum Fahrwasser. Ein Boot mit weniger als 1,2 m Tiefgang kann am Kopf des Dammes festgemacht werden; man achte aber auf den Strom, der bei Starkwind aus SE mit beträchtlicher Geschwindigkeit durch die schmale Passage schießt. Der Damm ist schon mehrere Jahrhunderte alt und wurde unter Christian IV. (1588–1648), dem Baumeisterkönig, angelegt, um die Ziegel, die auf Horns Herred gebrannt wurden, verschiffen zu können. Mit Damm und Ziegelei, deren Schornstein man hinter dem schilfigen Ufer erkennt, hat man ein Stück dänischer Baugeschichte vor sich. Südlich von Dyrnæs öffnet sich der Fjord wieder zu einer breiten Bucht, *Draby Bredning,* die einen ziemlich gleichmäßig ansteigenden Landgrund hat, sodass man sie aufkreuzen könnte. Folgende

Ankerplätze im nördlichen Roskilde Fjord können empfohlen werden, sie sind aber, verglichen mit dem, was der Fjord weiter im Süden zu bieten hat, bestenfalls zweite Wahl:

- Bei West, sofern er nicht zu stark ist, liegt man recht gut östlich der Schilf- und Grasinsel **Øksneholm** auf knapp 3 m Wassertiefe (Grund Sand), aber nicht vom 1.4. bis 15.7. (Wildreservat).
- Bei Ostwind findet man vor dem Ostufer, unterhalb des Hügels **Myrbjerg**, auf gut 3 m Wassertiefe und ebenfalls sandigem Grund einen recht ordentlichen Platz.
- Etwas besser, aber nicht ganz risikolos anzufahren ist der Ankerplatz östlich der Sandplatte **Enelev Rev**, wo man auf 3,6 m Wassertiefe und sandigem Grund liegt.
- Gut und ruhig liegt man bei West vor dem Ort **Stærgård**, bei der gelben DS-Ankerboje. Der Wald gibt recht guten Schutz.

Ob man in den kleinen Hafen von

Kignæs, auch *Neder Dråby* genannt, fahren kann, hängt von der Größe des Bootes ab. Es funktioniert noch bis 11 m Länge, 3,2 m Breite, 1,6 m Tiefgang. Ein extrem schmales Becken (Wassertiefe 1,7 m, auch in der Anfahrt). Gäste sollten längs der Mole festmachen, gleich nach der Einfahrt. Man käme sogar nachts hin: 2 F.R führen einen in Linie 226° zu diesen freundlichen, kleinen Hafen.

> **Wasserstand**
> Tidenhub 0,5 m. Wind aus NW hebt den Wasserstand um 0,8 m, Winde aus E bis SE senken ihn um 0,5 m.

Kronprins Frederiks Bro
Man gibt die üblichen Signale: Signalflagge »N« oder ersatzweise die Nationale auf halber Höhe im Vortopp oder im Want und dazu das Schallsignal lang-kurz. Der Brückenwärter, der über UKW-Kanal 09 oder 16 (auch über Telefon 47 31 01 47) angerufen werden kann (Ruf »Kronprins Frederiks Bro«), antwortet mit folgenden Signalen:

1 F.R:	Durchfahrt verboten.
2 LFl.R:	Brücke wird gleich für südgehenden Verkehr geöffnet.
2 F.R:	Südgehender Verkehr darf jetzt passieren.
3 LFl.R:	Brücke wird gleich für nordgehenden Verkehr geöffnet.
3 F.R:	Nordgehender Verkehr darf jetzt passieren.
3 LFl.R + 2 LFl.R:	Durchfahrt in beiden Richtungen für Sportboote in Kürze.
2 F.R + 3 F.R:	Sportboote dürfen – in eigener Verantwortung – gleichzeitig in beiden Richtungen passieren.

Unabhängig von diesen Signalen: Bei dem Schallsignal »lang« darf die Brücke nicht passiert werden.
Bis das Durchfahrtssignal gegeben ist, sollte man 100 m Abstand zur Brücke halten. Man muss die Brückendurchfahrt zügig passieren und die Maschine mitlaufen lassen. Der Anker muss klar zum Fallen sein.

Die Brücke wird in der Zeit zwischen 30 Minuten vor Sonnenaufgang (frühestens ab 0630) und 30 Minuten nach Sonnenuntergang wochentags zu jeder vollen und halben Stunde geöffnet.
Ausnahmen bilden die folgenden **Sperrzeiten:**
Montag bis Donnerstag: 0600–0830, 1400, 1500–1700, 1800
Freitag: 0600–0830, 1400–1600, 1700–1800
Samstag, Sonntag: 1030, 1130, 1230, 1330

Bei starkem Verkehr kann die Brücke längere Zeit geschlossen bleiben.

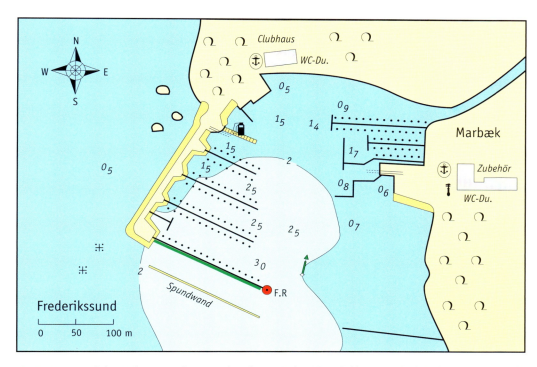

Spätestens auf der Höhe von Kignæs, also da, wo sich der Fjord rasch verengt, sollte man sein Boot klar haben für das Passieren der *Kronprins Frederiks Bro*, einer Klappbrücke mit einer 30 m breiten Durchfahrt bei ungeöffnet 3 m Höhe. Kommt man von Norden, so hat man vor der Brücke, der man sich zunächst auf nur 100 m nähern darf, kaum mehr Raum für Manöver, nicht nur, weil die Rinne hier so eng wird, sondern weil auch noch Dalben etwas hinderlich sind: hier ein Warte-Ponton (Öffnungszeiten der Brücke siehe blauen Kasten Seite 212).

Frederikssund ist eine Stadt, die nicht recht Anlass zum Verweilen geben könnte, wenn nicht ihre vier Häfen wären. Eine Provinzstadt ohne besondere Sehenswürdigkeiten, mit ziemlich viel Industrie, hervorgegangen aus einem Ladeplatz, der dann zum Fährort wurde und später zur Brückenstadt. Die Fähre wurde 1868 durch eine Pontonbrücke ersetzt, die erste Kronprins Frederiks Bro, die 1935 durch die heutige Klappbrücke, die den Namen ihrer Vorgängerin beibehielt, abgelöst wurde.
Ein altes Stadtmilieu hat Frederikssund nicht:

Seine Entwicklung verlief Anfang der sechziger Jahre des vergangenen Jahrhunderts geradezu explosionsartig, als von Kopenhagen mehrere Industriebetriebe, denen es dort zu eng geworden war, hierher verlegt wurden. In der Hauptstraße, die ohne architektonische Höhepunkte ist, reiht sich Geschäft an Geschäft; als *Havnegade* läuft diese Einkaufsstraße direkt am alten Hafen aus.
Frederikssund hat vier Häfen, von denen jeder auf seine Art recht ordentlich ist. Da ist zuerst einmal der frühere Handelshafen (= Alter Hafen) 0,5 sm südlich der Klappbrücke am Ostufer, dann, wiederum 0,5 sm weiter, die Marina oder, wie sie offiziell heißt, Frederikssund Lystbådehavn, und als dritter, in derselben Bucht, der alte Yachthafen von Marbæk.
Der ehemalige *Handelshafen* ist ein ebenso riesiges wie tiefes Becken, das ringsum mit modernen Wohnhäusern bebaut ist. Geradezu elegant. Eigentlich kann man an der Kaje überall liegen, oder an dem Steg an der Nordseite. WCs und Duschen gibt es in der Nordostecke. Das Beste: massenhaft Platz und zur Einkaufsstraße nur wenige Meter.
In den sehr engen, ehemaligen Werfthafen (der

jetzt *Skyllebakke Havn* heißt und privat ist) sollte man nicht fahren.

Wer etwas länger bleiben will und auch gern einen gewissen Komfort hat, der sollte eine halbe Seemeile weiter nach Süden segeln, an der Halbinsel *Kalvø* und dem gleichnamigen Rev entlang bis zu der roten Spiere, die etwa 250 m SSW-lich der Marina-Mole ausliegt. Von dort (Wassertiefe 2,2 m) geht es in die Bucht mit ihren zwei Häfen (s. Plan vorige Seite). Auf *Kalvøen* liegt ein schöner Park, zwischen der Stadt und der Yachthafenbucht. Hier befinden sich Tennisplätze, ein Stadion, eine architektonisch interessante Veranstaltungshalle und eine Art Freilichttheater, in dem von Ende Juni an für zwei Wochen die in Dänemark – und angeblich auch anderswo – berühmten Wikinger-Spiele von Frederikssund stattfinden, ein Spektakel, das nicht nur Kindern großen Spaß macht. Auf Kalvøen gibt es auch ein recht hübsch gelegenes Restaurant und, nahe bei unseren beiden Häfen, ein nachgebautes Wikingerdorf.

Wirkt der Handelshafen ziemlich öde und leer, so ist die Bucht im Süden mit ihren beiden Yachthäfen schon mehr zu loben: am Ostufer der alte, verwinkelte Yachthafen von Marbæk mit verwitterten Holzstegen, sehr eng, so, wie Yachthäfen vor 50 Jahren noch aussahen, und am Westufer die Marina, alles tipptopp, Schwimmpontons.

Steuert man die Bucht an, so sollte man nicht über die grünen Spiere im Osten hinauslaufen, obwohl dahinter noch Yachten vor Anker liegen: Unsichere Wassertiefen!

Liegeplatz und Versorgung: *Im Grunde haben die beiden Häfen alles, was man als Yachtskipper braucht. In beiden Häfen gibt es Slips (in Marbæk dazu noch einen Portalkran), in Marbæk eine recht gute Reparaturwerkstatt. Marbæk hat innen nur 1,7 m Wassertiefe; man legt sich hier am besten an den Kopf der Stege. Die Marina weist etwas größere Wassertiefen auf: Gäste gehen an dem ersten Steg, hinter der Spundwand, längsseits. Tankstelle siehe Plan, hier auch ein Mastenkran. Im Clubhaus WC, Duschen, Seglerküche, TV, Schiffsausrüster. Wasser und Strom.*

Südlich von Frederikssund ist das Fahrwasser immer schwieriger zu befahren. Man darf sich jetzt von der Umgebung nicht mehr ablenken lassen, die im Übrigen recht zersiedelt wirkt; vor allem die kreuz und quer verlaufenden Überlandleitungen stören das Bild dieser ursprünglich so harmonischen Landschaft doch beträchtlich.

Geradezu zu einer Existenzfrage – jedenfalls für das Boot – wird es nun, peinlich genau nach Tonnen zu fahren und sich dabei nicht von dänischen Yachten irritieren zu lassen. Wenn sie hier zu Hause sind, so kennen sie vielleicht jeden Stein und jede Sandbank und können so, im Gegensatz zu uns, auch unkonventionelle Kurse steuern.

Anfangs geht es noch, aber von der Rinne über den *Værvergrund* an muss man schon sehr aufpassen. Danach geht es unter der (21 m hohen) Hochspannungsleitung hindurch in die *Pepperrenden*, wo vor 1000 Jahren die Wikinger den Fjord mit einer Schiffssperre abriegelten. Von der rot-grün-roten Tonne *Horsehage* (Fl(2+1)R.10s) an wird es nahezu kriminell, jedenfalls für den, der zum erstenmal hierher kommt. Mit der Seekarte kann man sich nur unzulänglich auf diese schwierige Passage vorbereiten; die Karte gibt auf den paar Quadratzentimetern, die sie dem Gebiet zwischen *Horsehage* und der Insel *Eskilsø* widmen kann, nur ein undeutliches Bild der Wirklichkeit wieder. Es sind auch beileibe nicht alle Tonnen eingezeichnet, geschweige denn, dass der genaue Verlauf der Fahrrinne aus der Karte ersichtlich wäre.

Man stelle sich vor: eine weite Wasserfläche, ferne, nicht sehr hohe Ufer, kleine Inseln und Inselchen, massenhaft Untiefen, Sandbänke und dann viele Steine, manche nur eine Handbreit unter der Wasseroberfläche. Ein idealer Lebensraum für Fische und natürlich auch besonders lohnend für Fischer – und so ist die weite Bucht, vor allem vor dem Westufer, ein

---

Wasserstand

Tidenhub 0,5 m. Winde aus NW können den Wasserstand um 1,1 m heben, südliche Winde können ihn um 0,5 m senken.

einziger Wald aus Fischstöcken, die zu kunstvollen Systemen zusammengefügt sind, durch die wiederum, einer Schneise gleich, im Zickzack die Fahrrinne führt.

Hinweis: Eben nördlich von der Hochspannungsleitung sieht man am Westufer einen kleinen Bootshafen liegen: **Skuldelev**. Man sollte einfach weiterfahren. Er ist zwar recht gemütlich, weist aber nur sehr geringe Wassertiefen auf, im besten Fall 1,5 m, meistens aber nur 1 m und weniger.

An der roten Tonne *Horsehage* (Fl.(2+1)R.10s) teilen sich die Wege, ohne dass sie anderswo wieder zusammenträfen. Will man am Ostufer entlangsegeln, zu den Yachthäfen *Jyllinge Nord* und *Jyllinge Süd*, dann fährt man in eine Sackgasse und muss wieder zurück, wenn man weiter nach Süden möchte.

Meiner Meinung nach lohnt der Umweg zu diesen Häfen nicht, obwohl Jyllinge Nord sehr schön liegt und Jyllinge Süd eine hervorragende Versorgung (und viel Platz) bietet. Dennoch: Ich würde schon lieber etwas länger in Roskilde bleiben oder ein paar Tage in einer schönen Ankerbucht verweilen. Aber das ist natürlich Geschmackssache. Also, wer dennoch mag, kommt so dorthin: Von *Horsehage* aus mehr am Ostufer entlangsegelnd, sich orientierend an den grünen und roten Spieren, erreicht man den Yachthafen

Jyllinge Nord, der in einer kleinen Bucht am Ostufer des Roskilde Fjords liegt. Rote Ballons markieren das Flach nördlich der schönen, bewaldeten Insel *Lilleø*. Nach Süden zu gibt eine Spundwand dem Hafen einen gewissen Schutz. Die Wassertiefen betragen im westlichen und im mittleren Becken 2 m und im östlichen, vor dem dritten Steg, nur noch 1 m. Kein Service, nur Wasser und Strom. Man wird in diesem entlegenen Hafen nur selten einen Platz finden, die Anlage ist zu klein. Was Plätze angeht, so sieht es in dem 1 sm südlicher gelegenen

Jyllinge Süd schon erheblich besser aus. Dieser perfekte Yachthafen hat Platz für 400 Boote. Die Passage östlich an Lilleø vorbei ist mit grünen und roten Spieren gut markiert. Dicht südlich des alten Hafens von Jyllinge beginnt dann eine Passage, markiert mit fünf roten Stumpf- und drei grünen Spitztonnen, die direkt zur Marina führt. Von der sich nach W öffnenden Einfahrt läuft man geradewegs auf den Servicekai zu. Die Marina, die zu den besten in Dänemark gezählt wird, liegt vor einer großen Siedlung von Parzellenhäusern. Mit einem Tiefgang bis zu 1,8 m sollte man den Hafen immer anlaufen können. Die Wassertiefe beträgt im mittleren und südlichen Teil 2 m, im nördllichen 1,5 bis 1,6 m. Abstand zu den Molen halten! Von hier zum Ort Jyllinge sind es etwa zehn Minuten zu gehen. Sehr gute Versorgungsmöglichkeiten: Treibstoff, Kran, Slip, 10-t-Bootslift, Motorwerkstatt, Zubehör. Restaurant mit Blick über den Fjord. Gut einkaufen kann man im »Jyllinge Centret«, etwa 1 km von der Marina entfernt, Richtung Dorf.

> **Wasserstand**
> Tidenhub 0,2 m. Winde aus NW können den Wasserstand um 1,2 m erhöhen, Winde aus S bis SE können ihn um 0,5 m bis 1 m senken.

Jyllinge selbst hat noch seinen alten Fischerhafen, der schon da war, noch ehe jemand auf den Gedanken kam, für »Lustboote« eigens Häfen zu bauen. Er besteht aus einem etwa 50 m langen und nur halb so breiten Becken. Wassertiefen im Hafen und in der Einfahrt um die 1,5 m. Ein altmodischer, sehr geschützter Hafen, den man bestenfalls mit einem Tiefgang von deutlich weniger als 1 m ansteuern *könnte*; erfahrungsgemäß aber wird man darin keinen Platz bekommen. Gastboote werden nicht aufgenommen und gleich zu den Yachthäfen weitergeschickt.

Zurück zur Tonne Horsehage. Jetzt beginnt ein sehr schwieriges Stück Seefahrt – es sei denn, der Wind ist schwach und man läuft unter Motor. Wenn es aber bläst und man mit an die 5 kn durch dieses Revier donnert, kann es einem schon den Angstschweiß auf die Stirn treiben. Die roten und grünen Tonnen stehen auch nicht annähernd dort, wo sie in der Karte verzeichnet sind. Wegen des zickzackförmigen Verlaufs des Fahrwassers hat man immer wieder den Eindruck, in eine Sackgasse von

Fischstöcken hineinzulaufen, bis man, an der Tonne angelangt, sieht, dass es im scharfen Knick eben doch dahinter vorbeiführt. Übersieht man eine Tonne und peilt schon die übernächste an, dann wird man tatsächlich in einer solchen Sackgasse landen. Einer von der Crew muss deshalb in den Ausguck. Schwer, sehr schwer zu segeln! Wendemanöver sind nicht möglich – und dennoch ist dieses Gewirr bei frischem raumem Wind ein schöner Nervenkitzel. Die Fahrrinne ist zumeist nicht mehr als 10 m breit.

Weil man es bei aller Konzentration auf die Tonnen aus dem Augenwinkel dennoch wahrnimmt, sei auf zwei Anlegeplätze hingewiesen. Da ist zunächst im Norden, gegenüber der Insel *Jyllinge Holme*, der kleine

Østby Havn mit Lagerschuppen und Kai. Der Hafen gehört zu einer Fabrik und darf von Sportbooten nicht angelaufen werden.

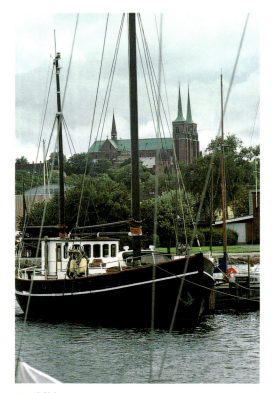

Roskilde.
Dom und Hafen.

Offen für jedermann dagegen ist die

Østskov Bro am Ende dieses verzwickten Fahrwassers – ein Steindamm direkt an der Rinne mit etwa 1,5 m Wassertiefe am Kopf. Die Brücke gehört zu einem holzverarbeitenden Betrieb. Sie liegt sehr schön unter einem hohen Wald, gegenüber der eigenartigen, von Steinfeldern umgebenen Insel *Eskilsø*, die uraltes Siedlungsland ist und auf der im frühen Mittelalter ein allerdings schon bald wieder zerstörtes Augustinerkloster stand. Bei ruhigem Wetter kein schlechter Platz, bei Starkwind aus SE aber muss man wegen des hart setzenden Stroms mit einem schwierigen Anlegemanöver rechnen. Von Zeit zu Zeit legt die kleine Seilfähre ab und wird hinüber nach Eskilsø gezogen.

Ist die schmale, betonnte Rinne **Skovrenden** (Wassertiefe 2,3 m) östlich von *Selsø Hage* passiert, so hat man wieder ein recht breites und tiefes Gewässer vor sich, das bis zu der Enge zwischen den Halbinseln *Bognæs* und *Veddelev* problemlos zu befahren ist. Von der r.w. Leuchttonne (LFl.10s) am südlichen Ausgang von Skovrenden läuft man mit Kurs SSW knapp vier Seemeilen auf eine grüne Leuchttonne (Fl.G.5s) zu. Danach kommt die etwas verwirrende **Passage** zwischen *Bognæs* im Westen sowie *Elleøre* und *Veddelev* im Osten: von der grünen Leuchttonne mit Kurs SSE eine gute Seemeile auf eine rote Leuchttonne (Fl.R. 5 s) zu. Die Passage könnte besser betonnt sein; denn es gibt dort mehrere, nicht ungefährliche (und nicht bezeichnete) Flachs, so um das Inselchen *Elleore* herum ein Steinfeld und dann das *Steinriff Tugholt* mit Wassertiefen von weniger als 1 m.

Wichtig ist, dass man die Tonnen, ob an Stb oder an Bb, immer hart anliegt.

Roskilde sollte man nach Möglichkeit am späten Nachmittag ansteuern, wenn sich der Dom dunkel gegen den Himmel abhebt und seine grünen Kupferdächer in der Sonne leuchten. Von Weitem sieht es so aus, als wachse dieses gewaltige Bauwerk aus einem Wald, direkt über dem blauen Wasser des Fjords. Roskilde gehört ganz zweifellos zu den interessantesten und sehenswertesten Städten Dänemarks, und an-

Roskilde. Am Alten Hafen.

ders als etwa Kopenhagen wirkt es von nirgendwoher schöner als vom Wasser. Ihrer Lage – einerseits weit im Landesinneren, andererseits aber am Wasser mit Zugang zur freien See – verdankt die Stadt wohl ihre Entstehung. Die Wikinger suchten sich mit Vorliebe solche Orte für ihre Siedlungen aus: Am Wasser mussten sie liegen, sie mussten aber auch versteckt sein und nur schwer zu erreichen – und falls notwendig, musste der Wasserweg abzusperren sein, wie es dann auch bei Skudelev geschah, und das Gewässer musste versteckte Buchten haben, wo man dem Feind auflauern konnte. Alle diese Voraussetzungen bot Roskilde wie kaum ein zweiter Platz in Dänemark. So ist es auch kein Wunder, dass diese Stadt niemals vom Wasser, sondern nur einmal von Land aus erobert werden konnte, als – im Schwedenkrieg – ein unerhört harter Winter es dem Schwedenkönig ermöglichte, sein Landheer über den zugefrorenen Kleinen und Großen Belt marschieren zu lassen. Da erst wurde Roskilde bis auf ganz wenige Bauten dem Erdboden gleichgemacht. Der schmähliche Friede von 1660, mit dem Dänemark endgültig und für immer seine Provinz Schonen an Schweden verlor, wurde hier geschlossen und ging als **Friede von Roskilde** in die Geschichtsbücher ein. Die geschichtsträchtige Stadt Roskilde – über Jahrhunderte Zentrum der weltlichen und geistlichen Macht des Reiches – ist so zum Symbol des Abschieds von allen dänischen Träumen einer Großmacht zwischen Ostsee, Kattegat und Skagerrak geworden.

Harald Blauzahn, der erste christliche König Dänemarks, hatte in dem Wikingernest Roskilde eine bescheidene Stabkirche bauen lassen, wahrscheinlich um 970. Der **Dom** in seiner jetzigen Gestalt wurde im 12. Jahrhundert unter dem großen dänischen Bischof Absalon begonnen, wenn auch nie vollendet, denn jeder der dänischen Könige, die seitdem auf dem Thron saßen, ließ am Dom etwas verändern und sich eine mehr oder minder prächtige Grabkapelle anbauen. So entstand ein auf der Welt wohl einmaliges Bauwerk, das in seinem Gesamtbild ganz ohne Zweifel einer gotischen Kathedrale gleicht, das aber alle Baustile von der Romanik bis hin zum Klassizismus des frühen 19. Jahrhunderts in sich vereint. Die zuletzt errichtete Grabkapelle, die der Glücksburger, in der auch der letzte dänische König, Frederik IX., beigesetzt ist, wurde gar erst 1924 fertiggestellt. Fast alle Könige Dänemarks, die in den letzten vier Jahrhunderten regierten, ruhen mit ihren Frauen in den Grabkapellen des Doms – 400 Jahre Geschichte.

Die Domverwaltung hat eine sehr gute Broschüre – auch in deutscher Sprache – herausgebracht, die man sich unbedingt (in der Vorhalle) kaufen sollte; erst damit erschließt sich einem dieses großartige Bauwerk und Zeugnis dänischer Geschichte.

Gleich neben dem Dom befindet sich das ockerfarbene **»Palais«**, noch immer Sitz des Bischofs von Roskilde, aber auch von jeher Residenz des dänischen Königs, wenn er in die Stadt kommt. In diesem königlichen Palais fanden in den Jahren 1835 und 1846 die Ständeversammlungen statt, die das Ende der absolutistischen Monarchie in Dänemark einläuteten und dem Land eine demokratische Verfassung gaben.

Im Isefjord und Roskilde Fjord

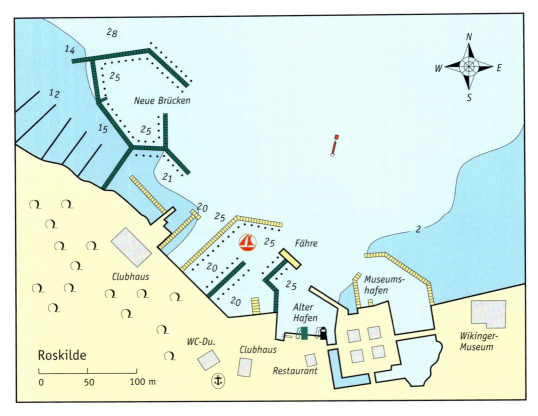

Was sich noch lohnt: die in ihrem Kern romanische **Vor Frue Kirke** (Frauenkirche), die sich hinter einem roten Gemäuer verbirgt – einst Teil eines Nonnenklosters –, die bescheidene, aber sehr eindrucksvolle alte **Skt.-Ibs-Kirche** nahe dem Hafen und, ebenfalls in Hafennähe, die in dem schönen alten **Jørgensbjerg-Viertel** gelegene gleichnamige Kirche, eine der ältesten des Landes.

Das nächst dem Dom auffallendste Bauwerk, das **Wikinger-Museum**, befindet sich gleich neben dem Hafen. Wüsste man nicht, dass es ein Museum ist, könnte man meinen, es handle sich um ein Hallenschwimmbad. Hier kann man nicht nur die ausgegrabenen Wikingerschiffe sehen, sondern bekommt auch interessante Einblicke in Leben und Kultur dieses seefahrenden Volkes.

Roskilde ist natürlich nicht nur eine alte Stadt mit historischem Stadtbild, sondern mit ihren 50 000 Einwohnern auch lebendig und modern.

Die lange und breite Algade mit ihren Geschäften, Restaurants und Cafés passt eher zu einer kleinen Großstadt als zu einer – wenn auch historisch bedeutsamen – Provinzstadt. Roskilde liegt nur 30 km von Kopenhagen entfernt, und so ist es sicher kein Zufall, dass die erste dänische Eisenbahnlinie zwischen der Landeshauptstadt und Roskilde gebaut wurde. Interessant die **Vorzeit-Siedlung bei Lejre**, 6 km südwestlich von Roskilde. Die Dänen haben es ja mit den »lebenden Museen«, und so kann man sich hier ansehen, wie unsere Vorfahren der Eisenzeit gelebt haben. In dieser »Oldtidsbyen«, dem Historisch-Archäologischen Versuchszentrum von Lejre, wird einem schlagartig bewusst, welche Entwicklung die

Wasserstand
Tidenhub 0,3 m. Wind aus NW kann den Wasserstand um 1,4 m heben, Wind aus SE kann ihn um 0,5 m senken.

Menschheit in den letzten 1200 Jahren genommen hat – von der rußgeschwärzten Erdhütte bis zum Mondflug.

Liegeplatz und Versorgung: *Es gibt massenhaft Platz für Gäste (siehe grüne Markierungen im Plan vorige Seite), und dennoch wird man in der Hochsaison unter Umständen Mühe haben, einen zu bekommen. Der Alte Hafen dient jetzt als »Servicebecken«: Hier gibt es einen Mastenkran, einen 10-t-Kran, die Trailerrampe und die Diesel-Tankstelle. In den Museumshafen darf man natürlich nicht! Bei nördlichen Winden ist es an den Stegen außen sehr ungemütlich; wenn möglich, sollte man dann das Boot in den Alten Hafen oder Yachthafen verlegen. Wasser und Strom überall am Steg. Duschen und Toiletten im Hafenkontor und im Clubhaus. Im Gebäude des Hafenkontors eine Seglerstube mit Küche, TV und Internetzugang. Zubehör, Motorwerkstatt, Elektroservice, alles in der Nähe des Hafens. Restaurant des Segelclubs in einem alten Haus nahe dem Hafen. Obwohl nordwestlich des Hafens eine Sportbootreede eingerichtet ist, sollte man dort nicht ankern. Zu unruhig. Es sei denn, man hätte einen stillen Sommertag.*

Noch zwei Tipps zu Roskilde:
- Seit vierzig Jahren findet hier Ende Juni/Anfang Juli das Roskilde-Festival statt. Inzwischen Kult. 100 000 junge Menschen aus aller Welt kommen dann hierher zu diesem Rockfestival. Der reine Wahnsinn!
- In nur 20 Minuten gelangt man mit dem Zug nach Kopenhagen. Hinfahren!

Obwohl einen das interessante Roskilde nur schwer loslassen wird, sollte man seinen Zeitplan doch so einrichten, dass man mindestens noch einen, besser aber drei oder vier Tage übrig hat, um die Gewässer westlich von Roskilde zu erkunden. Vom Roskilde Fjord hat man landschaftlich bisher nicht viel gehabt, weil man sich zumeist auf die Navigation konzentrieren musste. Die Gewässer westlich von Roskilde, die *Kattinge Vig* und die *Lejre Vig*, sowie jene nördlich von *Bognæs* und um *Gershøj* brauchen den Vergleich mit der schönen Inderbredning des Isefjords nicht zu scheuen.
Zuerst in die

Kattinge Vig. Man läuft von Roskilde aus bis in Höhe des Yachthafens Veddelev, dann westwärts in die Bucht hinein. Bei der Ein-

Roskilde Fjord.
Die Kattinge Vig (Bucht), westlich von Roskilde.

steuerung heißt es aufpassen, weil Untiefen ziemlich dicht an die Fahrrinne heranreichen; die Passage ist jedoch mit grünen und roten Spieren gut markiert. Die von prachtvollen Wäldern eingerahmte Kattinge Vig selbst lässt sich leicht befahren; die Seekarte zeigt deutlich, wo es flacher wird. Wenn man das Echolot mitlaufen lässt und ganz gemütlich dahinschippert, kann nichts passieren.
Ich halte die Bucht südlich der Laguneninsel *Ringøen* (Vogelschutzgebiet, vom 1. April bis 15. Juli Betreten verboten) für die schönste aller Ankerbuchten in der Kattinge Vig. Man kann nahe an das hohe Ufer des Boserup Skovs heranfahren. Das ist ein jahrhundertealter Wald, den einst König Frederik III. (1648–1670) den Bürgern von Kopenhagen schenkte als Dank für die tapfere Verteidigung der Hauptstadt gegen den Erbfeind Schweden.
Wandert man am Ufer westwärts, so kommt man zu einem Bach, der die Kattinge Vig mit dem Kattingesee verbindet. Hier befindet sich die alte Papiermühle *Kattingeværket*, die 1754 eigens dazu gebaut wurde, Papier für eine der ersten Tageszeitungen Dänemarks zu produzieren, die »Nationale Tidende«.
Eine rundum sehr geschützte Bucht, die aber im Sommer nach Feierabend und vor allem an den Wochenenden gerammelt voll ist – sind es doch von Roskilde bis hierher nur wenige Minuten.
Verlässt man die Kattinge Vig, so läuft man geradewegs auf den Yachthafen von

Veddelev zu, eine moderne Anlage mit massiven Holzstegen, die gut geschützt hinter der breiten Steinmole liegen. Der Hafen befindet sich unterhalb des Villenvorortes Veddelev. Ganz in der Nähe gibt es einen großen Campingplatz, der aber völlig im Wald verschwindet. Etwas nördlich von der Halbinsel Veddelev steht, gar nicht bedrohlich wirkend, die ehemalige Atomversuchsanlage Risø. Ein guter Hafen, mit einer durchgängigen Wassertiefe von 3 m. Man macht am besten zunächst am Kopf des mittleren Stegs fest und sieht sich dann nach einer freien Box um. Wasser und Strom an den Stegen. Nach Roskilde ist es ziemlich weit, zu Fuß mindestens eine Stunde, es sei denn, man fährt mit dem Bus. Das ist der größte Nachteil dieses zwar nicht gro-

ßen, aber guten Hafens, von dem aus man einen schönen Blick nach Westen auf die Halbinsel Bognæs hat.

Wendet man sich nördlich **von Bognæs westwärts**, so gelangt man in eine wunderbare und trotz der Nähe von Roskilde einsame Wasserlandschaft. Recht gut lässt es sich in der *Ølvig* ankern, einer Bucht am Nordufer von Bognæs, die tief ins Land einschneidet. Ankergrund Sand und Lehm. Bis auf Winde aus N liegt man hier geschützt, darf jedoch nicht zu nahe ans Ufer kommen, weil jenseits der 2-m-Linie massenhaft Steine vorgelagert sind.

Will man noch weiter westwärts, so sollte man sich darauf einstellen, dass auch hier vor den Lohn der Schweiß gesetzt ist: Man muss durch ein ziemlich schwierig zu befahrendes Fahrwasser, das *Færgegap*, die einzige für einen Ortsfremden relativ sichere Passage durch das gefährliche **Nørrerev**, das man sich wie ein binnenländisches Sjællands Rev denken kann. Auch hier verrät das Gekräusel der Wellen, wo die Steine des Riffs liegen. Man sollte zunächst auf die gelb-schwarze Tonne südlich des *Ægholm Flaks* zuhalten. So weit, so gut, doch von hier an beginnt nun wieder der Ärger mit Fischstöcken und einer unzulänglichen Betonnung. Aber nur die Ruhe: Direkt am Færgegap wird es noch dramatischer! Der roten Spiere – genauer gesagt: dem Stock, auf den ein roter Eimer gestülpt ist – NW-lich von *Nørrehoved* sollte man nicht zu nahe kommen. Hält man nun Ausschau nach der grünen Leuchttonne *Nørrerev* (Fl.G.3s), so wird man sich anstrengen müssen. Man sieht voraus nur einen Wald von Fischstöcken mit Netzen dazwischen und von Nord nach Süd Unruhe im Wasser: Dort muss es sein!
Man steuert jetzt unbeirrt Kurs W, bis man der nächsten roten Spiere gewahr wird, die aber schon jenseits des Revs ausliegt. Nun endlich macht man zwischen Steinen und Fischstöcken auch die grüne Leuchttonne aus. Obwohl man glaubt, dass das nicht gutgehen kann, hält man näher an die grüne Tonne als an die rote Spiere heran, auch wenn einem die Passage immer enger vorkommt. Jetzt nur weiter, man hat es gleich hinter sich und ist im tiefen Wasser des 6 sm langen und meist nur 0,5 sm brei-

ten Gewässers angelangt, das sich im Süden *Lejre Vig* und im Norden *Møllekrog* nennt.
Hier kann man nun, wo immer es einem gefällt, ankern. Zwei Häfen gibt es auch, einmal *Gershøj*, das wir schon die ganze Zeit während der Ansteuerung des Færgegaps vor uns liegen sahen, und etwas weiter im Süden, am Ostufer, *Herslev*. Beide sind auf unterschiedliche Art idyllisch, für Kielboote jedoch etwas problematisch. Weiter unten mehr dazu.
Ich weise nur auf drei **Ankerbuchten** hin, die ich für die schönsten halte:

- Etwas südlich des Færgegaps gibt es an der Bognæs-Seite die weit ausschwingende Bucht **Uglekrog**. Von Bognæs sieht man hier nur Wald. Der Strand ist kieselig, und nach Norden kann man über das steinige Færgebrorev bis hin zum Færgegap wandern. Sehr ruhig, sehr schön. Man fährt so nahe ans Ufer, wie es der Tiefgang des Bootes erlaubt. Grund Sand, teilweise Lehm.
- Die Bucht **Møllekrog** im Norden ist Wildschutzgebiet und darf vom 1.4. bis 15.11. nicht befahren werden. Bis zu den gelben Tonnen ist es noch erlaubt, aber was ist das gegen früher?
- Ganz weit im Süden der **Lejre Vig** ankert man gut in dem Sund östlich des Inselchens *Skovholmene (Naturschutzgebiet)*. Die Landschaft mit ihren weitschwingenden grünen Hügeln atmet Ruhe und Frieden. Schön an einem stillen Sommerabend.

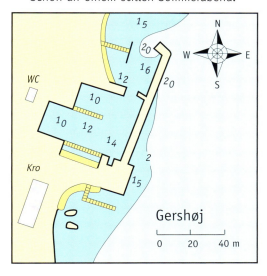

Der mit seinen weißen Häusern und der roten Kirche sehr hübsch am Hang gelegene Ort

Gershøj hat einen Fischerhafen, der, wie der Plan zeigt, nur von flachgehenden Booten angefahren werden kann, wenn überhaupt, denn zumeist ist er rammelvoll. Man sollte sich außen an die Ostmole legen, eventuell längsseits bei einem Fischkutter. Bei Ost heißt das aber auch: nichts wie weg! Ein Schönwetterplatz! Wasser gibt es, auch Toiletten. Nahe beim Hafen ein Kro und ein Lebensmittelladen. Zum Kro ein Wort: Er stammt aus dem Jahr 1871, ist von außen unscheinbar, aber innen ... und was für ein Essen! Die unmittelbare Umgebung des Hafens ist mehr als mäßig, das Dorf selbst aber wirklich malerisch.

Wasserstand
Tidenhub 0,5 m. Starkwind aus NW kann den Wasserstand um 1,5 m heben, Starkwind aus E senkt ihn um 0,7 m.

Lejre Vig. Wer weiter nach Süden in die Lejre Vig will, der sollte sehr genau nach der Seekarte fahren und fleißig das Lot benutzen. Die Lejre Vig mit ihrem schmalen Landgrund hat viele gute und vor allem sehr geschützte Ankerplätze (Grund überall Sand und Lehm). Es heißt, dass sich hier einst ein Wikingerschlupfwinkel befunden habe; viele Sagen aus der Vorzeit spielen in dieser schmalen Bucht.

Will man wieder einmal in einem Hafen liegen, so sollte man den kleinen Yachthafen

Herslev (Plan nächste Seite) ansteuern. Er hat deutlich mehr Komfort als Gershøj und ist auch etwas tiefer: Mit 1,5 m Tiefgang wird man ihn gut anlaufen können. Die Becken sind nach N hin offen, aber trotzdem ruhig. Der Hafen befindet sich nahe dem großen Steinfeld südlich des *Kransekrogs*. Die Einsteuerung ist mit zwei roten Spieren markiert und im Sommer mit einer roten Leuchttonne (Fl(2)R.5s). Wichtig: die westliche Hafenmole anliegen und nur nicht über eine rote Spiere hinausfahren! Vor dem Hafen liegen viele Boote an Ankerbojen. Aber: Ankerverbotszone nordöstlich vom Hafen! Man macht am Kopf von einem der beiden ersten

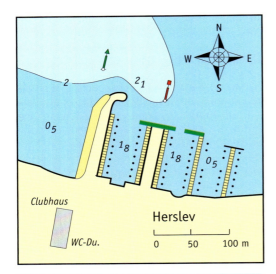

Wasserstand
Tidenhub 0,3 m. Wind aus NW kann den Wasserstand um 1 m heben, Wind aus SE kann ihn um 0,8 m senken.

Stege fest, diese Plätze werden für Gäste freigehalten. Wasser gibt es am Hafen, im schönen Haus des Segelclubs Toiletten und Duschen. Mastenkran. 500 m weiter findet man in dem idyllischen Kirchdorf einen Købmand und eine Tankstelle. Neben dem Hafen eine Badewiese.

Lohnend ist ein kleiner Ausflug zu einem »archäologischen Versuchsprojekt«, das ist eine nachgebaute **vorzeitliche Siedlung**. Mit dem Fahrrad (kostenlos am Hafen auszuleihen) ist es gar nicht weit (siehe auch Seite 218).

Es sei noch nachgetragen, dass man die eben beschriebenen Gewässer nicht des Nachts befahren kann; dies gilt uneingeschränkt, obwohl es, wie mehrfach erwähnt, ein paar Leuchttonnen gibt. Vor allem sei vor einer nächtlichen Durchsteuerung des *Færgegaps* dringend gewarnt.

Rückreise. Da wir das nicht immer ganz leicht zu befahrende Fahrwasser durch den Roskilde Fjord von der Herfahrt schon kennen, sollte es

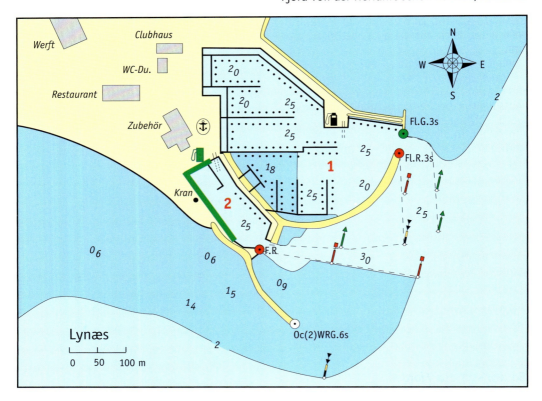

auf der Rückreise nicht schwer sein, den ganzen Fjord in einem Zug zu durchsteuern. Von Roskilde bis Lynæs sind es rund 25 sm, eine ganze Menge. Hat man aber raumen Wind, kann man das schon schaffen, zumal dann der Strom mehr oder minder mitschieben wird, je nach Stärke des Windes. Andernfalls wird man eben motoren müssen.
Nach Lynæs zu laufen und dort zur Nacht zu liegen, hat einen bestimmten Grund, doch davon gleich mehr.
Merke: Den Roskilde Fjord unter keinen Umständen nachts befahren! Auch nicht bei schlechter Sicht.

Wenn man Hundested (s. S. 200) schon vom Herweg her kennt, sollte man auf der Rückreise stattdessen in Lynæs letzte Station vor der Ausfahrt ins Kattegat machen. Die beiden Häfen nehmen sich nicht mehr viel. Lynæs hat eine um eine Spur bessere Versorgung: Der Hafen ist ideal, um sein Boot vor dem Verlassen der geschützten Fjordgewässer gründlich durchzuchecken und auf den langen Schlag durchs Kattegat vorzubereiten, nötigenfalls auch Reparaturen vornehmen zu lassen, Wasser und Treibstoff zu bunkern – und, wenn es sein muss, auch auf besseres Wetter zu warten.
Kommt man aus dem Roskilde Fjord, so ist die Ansteuerung des Hafens nicht schwer, es sei denn, aus SE bis S bläst ein starker Wind. Dann muss man sich auf einen beträchtlichen, westwärts setzenden Strom in der *Kulhus Rende* einstellen. In diesem Fall sollte man nicht zögern, den Motor zu starten und möglichst zügig in einen der beiden Häfen hineinzudampfen: Vorsicht an den Molenköpfen, denn dort treten immer wieder Versandungen auf!

Der einstige Fähr- und heutige Fischerort

Lynæs wird einen als solcher nicht lange halten können, er ist nicht viel mehr als ein Vorort von Hundested. Anders schon die schöne Natur um den Hafen mit ihren hohen Kliffküsten und den weiten Sandstränden.

Liegeplatz und Versorgung: Man hat die Wahl zwischen der Marina (**1**) und dem Alten Hafen (Vesthavn) von 1870 (**2**). Im Alten Hafen werden von vornherein Plätze für Gäste freigehalten (grüne Markierung). Läuft man die Marina an, empfiehlt es sich, zuerst am Servicekai (s. Tankstelle) festzumachen und sich dann vom Hafenmeister eine freie Box zuweisen zu lassen. Man kann sich auch selbst eine suchen (grünes Schild). Bei Wind aus SE steht Schwell in den Alten Hafen, dann liegt man in der Marina ruhiger.
Die Versorgungsmöglichkeiten sind schlechthin optimal: kleine Werft, Motorwerkstatt, Slip, 4-t-Kran, Mastenkran, Schiffsausrüster beim Hafenkontor. In der Marina sehr gute sanitäre Anlagen, auch Münzwaschmaschine. Fischhandlung.

> **Wasserstand**
> Tidenhub 0,5 m. Winde aus N und NW können den Wasserstand um 1 m erhöhen, Winde aus SE können ihn um ebenfalls 1 m senken.

So war's in den Fjorden.

Nach Bornholm

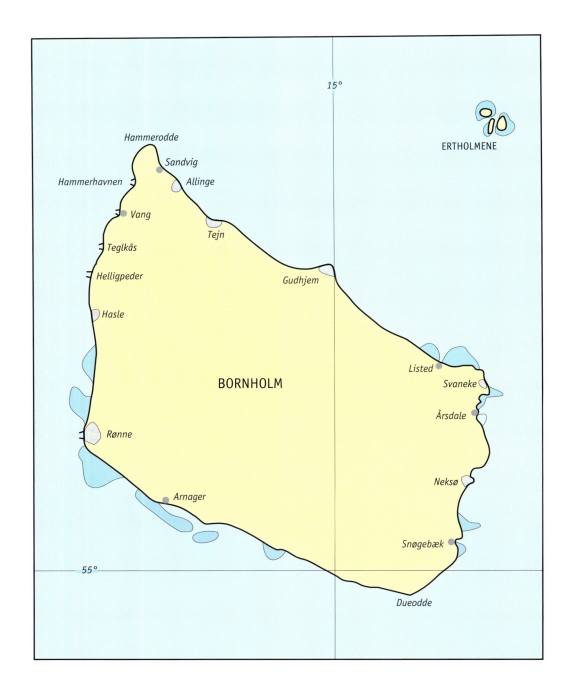

Törnvorschlag 8:

Nach Rønne und Bornholm Rund

Die Dänen haben für Bornholm ein schönes, seemännisches Bild: Die Insel ist die Jolle, die achteraus dem dicken Mutterschiff folgt, womit das eigentliche Dänemark gemeint ist.

Bornholm bietet alles, was das übrige Dänemark auch hat: Wiesen, Felder, Moore, große Wälder und endlose Sandstrände, dazu aber eines, was es sonst nirgendwo im kleinen Königreich gibt: Felsen. Bornholm ist eine **Felseninsel**. Zwei Drittel bestehen aus Granit, der in vielen Varianten vorkommt: angefangen beim wertvollsten, dem pechschwarzen Rønne-Granit, über den hellen von Hammeren bis hin zu dem roten von Svaneke. Dabei ist Granit zwar der am häufigsten vorkommende, nicht aber der einzige Stein der Insel: Im Osten wird er abgelöst von dem roten Neksø-Sandstein, der dort die Küste prägt und der seinerseits weiter südlich von grünem Schiefer verdrängt wird, bis der dann auf der Höhe von Snogebæk unter dem Sand der Südküste verschwindet.

Bornholm hat mit dem übrigen Dänemark auch insgesamt wenig Ähnlichkeit; es ist nicht so lieblich, sondern schroffer, wilder. Bei aller Einzigartigkeit ließe sich die Insel noch am ehesten mit der Steinküste Schonens vergleichen, der es auch am nächsten liegt: Nach Schonen sind es 36 sm, nach Møn, dem nächstgelegenen dänischen Boden, mit 80 sm aber mehr als doppelt so viel.

Von seiner geografischen Lage her passt Bornholm überhaupt nicht zu Dänemark; und es grenzt auch an ein Wunder, dass die Insel von den mächtigen und doch viel näher gelegenen Nachbarn nicht schon längst geschluckt worden ist – sei es von Schweden oder auch von Deutschland, denn nach Rügen ist es ebenfalls beträchtlich näher als zum dänischen Mutterland. Man darf nur nicht übersehen, dass das heutige Südschweden mit der reichen Provinz

Bornholm.
Obwohl es nur noch vier davon gibt, sind die weißen Rundkirchen immer noch das Wahrzeichen der Insel.

Schonen über Jahrhunderte dänisches Land war. Erst nach dem unglücklichen Schwedenkrieg (1658–1660) verlor Dänemark alles Land östlich des Øresunds, auch Bornholm. Doch während alle anderen Provinzen schwedisch blieben, warfen die Bornholmer noch im selben Jahr das schwedische Joch wieder ab und kehrten zur dänischen Krone zurück, wo sie bis heute geblieben sind.

Vielleicht hingen die Bornholmer deshalb so sehr an Dänemark, weil der König so fern war. Kopenhagen war immer zu weit weg, um sich viel in die Angelegenheiten der Insel einmischen zu können, was diesem freiheitsliebenden, ja aufsässigen Menschenschlag sehr zupass kam. Man muss sich nur einmal die einzeln stehenden, burgartigen Bauernhöfe auf Bornholm ansehen, dann wird einem klar, dass darauf Menschen leben, die sich nicht gern etwas sagen lassen: freie Bauern, so wie ihre Vorfahren freie Wikinger gewesen waren.

Nautische Hinweise
- Das Revier um Bornholm weist magnetische Störungen auf, besonders im Norden, vor Hammeren. Also Vorsicht, wenn man nach Kompass steuert, man muss mit Missweisungen rechnen. Dies gilt aber mehr für die Anfahrt. Rund Bornholm ist es doch immer Küstenfahrt, und da segelt man auf Sicht.

- Jahr für Jahr stranden vor Bornholm an die 50 Yachten. Am gefährlichsten sind das Hadderev südlich und das Hvideodde Rev nördlich von Rønne. Man bedenke: Bis auf den Süden und den Südosten der Insel hat man immer eine Felsküste, manchmal mit Schären davor.

- Bei starken Winden aus West bricht an der Westküste manchmal der schiere Horror aus, während es östlich von Hammeren relativ ruhig ist. Selbst große Frachter bleiben dann östlich von Hammerodde, laufen aufs Land zu, werfen den Anker und warten besseres Wetter ab. Dies muss man im Kopf haben, bevor man in einem Hafen der Nordküste die Leinen löst und westwärts will.

- Vor der nächtlichen Ansteuerung eines Hafens wird dringend gewarnt. Ohne Risiko kann man nachts nur drei Häfen anlaufen: zuerst Rønne, dann mit Abstrichen Tejn und Neksø. Die anderen Häfen haben zwar auch alle Feuer, aber häufig sind diese gelöscht.

Obwohl man überall auf der Insel das Meer spürt, ja, es von fast jeder Stelle aus sehen kann, sprechen die Einheimischen, wenn die Rede von Bornholm ist, nicht von der Insel, sondern vom »landet«, vom Land. Wenn sie »Øen« (Insel) sagen, dann meinen sie damit nur Christiansø.

Bornholm wäre allein schon wegen seines **Klimas** unvergleichlich: Die Sommer sind zumeist sonnenreich und trocken, im Winter versinkt die Insel dafür im Schnee. Das Frühjahr kommt sehr spät, dafür bleibt der Sommer besonders lange – dank der Ostsee, die wie ein gigantischer Wärmespeicher wirkt. Freilich: Zuzeiten drückt das bornholmsche Klima ganz gewaltig auf den Kreislauf; dann hat man das Gefühl, als wäre eine Glasglocke über die Insel gestülpt, sodass man erleichtert aufatmet, wenn endlich ein frischer Nordoster den Dunst hinwegbläst.

Dieses ganz untypische Ostseeklima bewirkt auch eine ganz untypische **Vegetation**; hier gedeihen Pflanzen, die sonst nur in südlicheren Breiten vorkommen. Auf Bornholm wächst der wilde Wein, gedeihen Melonen und sogar Feigen; in den besonders geschützten Spaltentälern wuchern wilde Rosen, gedeihen die Eberesche und der Maulbeerbaum, lassen das Geißblatt und der Adlerfarn die Erdkrume unter einem intensiven, grellen Grün verschwinden.

Ein paradiesisches Eiland, das nur einen Nachteil hat: Es ist relativ weit weg. Von Møn aus hat man quer über die Ostsee 80 sm zu schippern, und damit scheint Bornholm als Ziel nur für ein starkes Boot mit einer erfahrenen Crew geeignet zu sein. Indes: Wenn man sich entlang der schwedischen Küste von Hafen zu Hafen hangelt und das richtige Wetter für den großen, 38 sm langen Schlag von Ystad nach Rønne abpasst, dann kann man nach Bornholm auch mit einem kleineren Boot kommen, vorausgesetzt, man hat viel, viel Zeit und lässt sich nicht von Terminen heimwärtshetzen. Dann geht's, und nur dann wäre es auch zu verantworten.

Nun hat sich seit 1989 durch die Wende ja alles geändert. Der klassische Ausgangshafen für einen Törn nach Bornholm ist wieder offen:

Sassnitz auf Rügen. Ein großer, guter Hafen. Man kommt hier immer unter, hat auch eine rundum gute Versorgung zur Verfügung, also der ideale Ausgangspunkt für einen langen Schlag. Von Sassnitz nach Rønne auf Bornholm sind es »nur« noch gut 50 sm – und damit erheblich weniger als die 80 sm von Klintholm aus, und dies müsste doch zu schaffen sein. Bislang kommen noch relativ wenige deutsche Boote nach Bornholm, wohl weil viele glauben, es wäre zu weit weg. Dem ist aber gar nicht so.

Woher auch immer: Ist man nach dem langen Schlag über die Ostsee auf Bornholm angekommen, so ist alles wieder nur Küstenfahrt. Es gibt hier 22 Häfen, von denen 15 für Yachten geeignet sind. Man wird nicht alle ansteuern können, da sie manchmal zu dicht beieinander liegen. Und außerdem wird man während der Ferienzeit in manchen Häfen, Gudhjem etwa, ohnehin gar nicht unterkommen.

Stattdessen sollte man sich etwas Zeit nehmen, um die Insel zu erkunden. Die berühmten Rundkirchen liegen sowieso alle im Inselinneren. Am besten leiht man sich ein Fahrrad, das nach dem Schiff das natürlichste Fortbewegungsmittel auf Bornholm ist. Von der Nord- bis zur Südküste sind es nicht mehr als 20 km – man kann an einem Tag also bequem zweimal über die ganze Insel radeln.

Dafür und bedingt auch für die Seefahrt benötigt man, so unseemännisch das auch scheinen mag, eine Landkarte. Die Seekarten sind unzulänglich. Einzelheiten wie etwa den »nassen Ofen« und viele andere an der Küste gelegene Sehenswürdigkeiten wird man da vergeblich suchen. Es sollte niemand glauben, Bornholm mit einem einzigen Törn abhaken zu können. Wer einmal auf dieser Insel war, der wird immer wieder hierher zurückkommen.

Distanzen: Sassnitz – **Rønne** (50 sm) (alternativ: **Klintholm** – **Rønne** (80 sm)) – **Hasle** (6 sm) – **Helligpeder** (1,5 sm) – **Teglkås** (1 sm) – **Vang** (2 sm) – **Hammerhavnen** (2 sm) – **Sandvig** (3 sm) – **Allinge** (1 sm) – **Tejn** (2,5 sm) – **Gudhjem** (5 sm) – **Listed** (6 sm) – **Svaneke** (2 sm) – **Årsdale** (2,5 sm) – **Neksø** (3,5 sm) – **Snogebæk** (3 sm) – **Arnager** (15 sm) – **Rønne** (7 sm).
Christiansø (von Allinge 14 sm, von Gudhjem 10 sm, von Listed 11 sm, von Svaneke 12 sm).

Das größte Problem für einen Törn nach Bornhom ist die weite Anfahrt, bevor man überhaupt zu dem langen Schlag über die Ostsee aufbricht. Nimmt man den klassischen Ausgangspunkt – Sassnitz auf der Ostseite von Rügen –, so sind es von da nach Rønne/Bornholm rund 50 sm. Nimmt man den anderen klassischen Ausgangspunkt – Klintholm auf der Insel Møn –, so sind es sogar 80 sm. Aber: Man muss erst einmal nach Sassnitz oder Klintholm kommen. Also, wie man es auch dreht und wendet: Wer nach Bornholm segeln will, muss viel Zeit mitbringen.

Fangen wir mit dem Ausgangspunkt

Sassnitz an. Der sehr große und tiefe Hafen liegt an der Ostseite der Insel Rügen. Man kann ihn jederzeit anlaufen. Die Einfahrt öffnet sich nach Süden.

Liegeplatz (Hafenplan nächste Seite): Sassnitz wird im Sommer von sehr vielen Yachten angelaufen, auch von schwedischen und dänischen und zunehmend von polnischen. Für Bornholmfahrer ist es der ideale Ausgangspunkt schlechthin. Es herrscht also immer ziemlich viel Betrieb, und dennoch wird man hier immer einen Liegeplatz finden. Es empfiehlt sich, an einem der Schwimmstege (*1*) festzumachen (Heckpfähle): Hier hat man die besten Versorgungsmöglichkeiten. Viel Platz findet man an der Außenmole (*2/3*). An allen Liegeplätzen Wasser und Strom. WC und Duschen siehe Plan.
Versorgung: Sie ist insgesamt sehr ordentlich, wenn auch etwas umständlich, falls man an der Außenmole festgemacht hat. Eine Fischhandlung mit Imbiss. Schiffsproviant mit Zubehör. Großer Supermarkt. Diesel siehe Plan (Mo. – Fr. 0800 – 1000, außerhalb diesen Zeit anrufen: Tel. 0171–4805990). Viele Geschäfte an der Hauptstraße, die sich oben durch den Ort zieht. Es gibt auch mehrere gute Restaurants, von denen aus man, etwa im Rügen-Hotel, einen schönen Blick über den Hafen hat.

Nach Bornholm

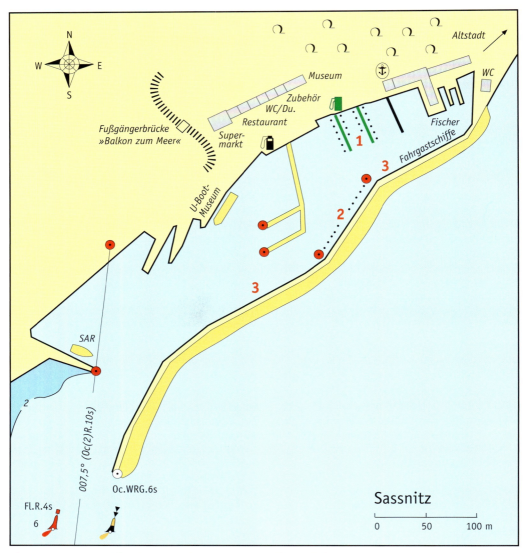

Sassnitz

Ansteuerung nachts: Der wichtige ehemalige Fährhafen ist so perfekt befeuert, dass man ihn jederzeit ansteuern kann. Von **Süden** her: Das ist am einfachsten, weil die Prorer Wiek rein und tief ist. Erfahrungsgemäß wird man (unseemännisch, aber richtig) zunächst einfach auf das Lichtermeer der Stadt zulaufen. Hilfreich bei der Annäherung an den Hafen ist die Leuchttonne Sassnitz Reede 2, die exakt auf unserem Kurs vom Nordperd her liegt. Diese gelbe Nr. 2 (Fl.4s) liegt 1 sm vor der Hafeneinfahrt.

Die drei Leuchttonnen der Hafenansteuerung lässt man weit an Bb: zuerst die rote Nr. 2 (Fl.R.4s), danach die Nr. 4 (Oc(2)R.9s) und schließlich die Nr. 6 (Fl.R.4s). Wir fahren praktisch die ganze Zeit im weißen Sektor des Sektorenfeuers (Oc.WRG.6s), das auf dem Kopf der Ostmole steht und eine Reichweite von 6 sm hat.

Von **Norden** her ist es sehr viel schwieriger: Zuerst Kap Arkona (Fl(3)17s). Danach Kurs SE. Das Leuchtfeuer Kollicker Ort (LFl.WR.6s) ist von Arkona aus nicht auszu-

Sassnitz.
Großer, hervorragender Hafen. 50 sm vor Bornholm. Rechts die Bootsstege. Hinten, hoch über dem Hafen, das Rügen-Hotel. Das Boot vorne hat an der Außenmole festgemacht.

machen. Zu sehen ist es erst, wenn man die Kreidefelsen der Stubbenkammer querab hat. Zwar könnte man die rot-weiße Leuchttonne Sassnitz (Iso.4s, WP 1102: 54°32,73'N 013° 46,08'E) anliegen, bliebe so auch weit weg von Stubbenkammer, hätte aber auch einen weiten Weg. Der Sicherheit wegen dennoch so, wenn's denn sein muss. Sonst nicht. Das auf der Stubnitz stehende Sektorenfeuer Kollicker Ort (LFl.WR.6s) könnte man zur Querpeilung nutzen.

Sassnitz Port   **UKW-Kanal 69**
Mo. bis Fr. 0700 bis 1530
Hafenmeister: Tel. 03892–66 15 70

Von Dänemark aus ist Klintholm auf der Insel Møn der letzte und wichtigste Hafen vor dem großen Schlag nach Bornholm. Manche werden ihn direkt anliegen, die meisten aber vorher noch einen Zwischenstopp einlegen. Die dann üblicherweise angesteuerten Häfen wie Nysted (S. 121), Gedser (S. 124) oder Hesnæs (S. 125) wurden schon beschrieben.

Klintholm, die an der Südküste von Møn gelegene Marina mit dem alten Fischerhafen, gilt – von Sassnitz abgesehen – als der klassische Ausgangspunkt für den großen Sprung nach Bornholm. Die auffallendste Landmarke von Møn, die weißen Kreideklippen, sieht man von Westen kommend nicht. Es gibt nur eine von fern deutlich zu erkennende Landmarke: den Funkmast eben westlich vom Hafen. Der Leuchtturm steht zu weit östlich, ist von Westen her auch schwer auszumachen. Orientieren kann man sich beim Näherkommen gut an der Ansammlung von Häusern vor dem flachen grünen Land, das nach Osten zu immer mehr ansteigt. Später ist dann auch deutlich die ausgebleichte Steinmole zu erkennen, aber dann wird man schon dicht vorm Hafen stehen.
Der Ort Klintholm an sich ist belanglos, der Hafen dagegen hat eine gemütliche Atmo-

Klintholm.
Die Hafeneinfahrt. Typisch und von Weitem gut zu erkennen: die Ferienhäuser. Rechts geht es in den Fischerhafen. Kein Platz. Er ist auch Servicehafen für den nur 12 Seemeilen entfernte Windpark »Kriegers Flak«. Die Versorgungsschiffe liegen an der Westseite des Fischerhafens.

Wahrschau 1: Fischernetze! Sobald man die Einfahrt deutlich ausmacht, mit Kurs NE darauf zu. Links und rechts Fischernetze, die bis zu 1,5 sm weit hinausreichen und nur eine schmale Schneise von ca. 30° frei lassen. Siehe auch Seite 9.
Wahrschau 2: Bei Starkwind aus SW ist es riskant, Klintholm anzulaufen, bei Sturm unmöglich. In diesem Fall besser in den Grønsund und zum tiefen, großen Hafen von Stubbekøbing.

Wasserstand: Tidenhub 0,3 m. Sturm aus ENE kann den Wasserstand um 1 m erhöhen, Sturm aus WSW kann ihn um 1 m senken.
Strom: Er richtet sich nach dem Wind; ostlaufender Strom dreht vor dem Hafen nach S und kann recht hart quer zur Einfahrt setzen.

sphäre. In seiner unmittelbaren Nähe gibt es mehrere gute Restaurants, vor allem Fisch, auch eine Räucherei. Der Fischerhafen hat noch gut zu tun. Man kann Fahrräder mieten, und von hier aus eine schöne Tour zu den Kreidefelsen von Møn machen.

Liegeplatz und Versorgung: Nicht in den Fischerhafen, sondern in den Yachthafen fahren! Bei viel Betrieb zuerst an dem Steg vor dem Hafenkontor festmachen und sich einen Platz zuweisen lassen. Sonst kann man sich auch selbst einen freien Platz suchen. Die Versorgungsmöglichkeiten sind rundum gut. Sanitäre Einrichtungen und Sauna rund um die Uhr geöffnet. Schwimmbecken. Treibstoff s. Plan. Wasser und Strom am Steg. Kinderspielplatz. Mastenkran 1,5 t, Slip 45 t. Supermarkt mit Fahrradverleih. Am östlichen Ortsausgang Fischräucherei.

Der weite Schlag über die Ostsee. Ob von Klintholm (80 sm) oder Sassnitz (50 sm) – nun

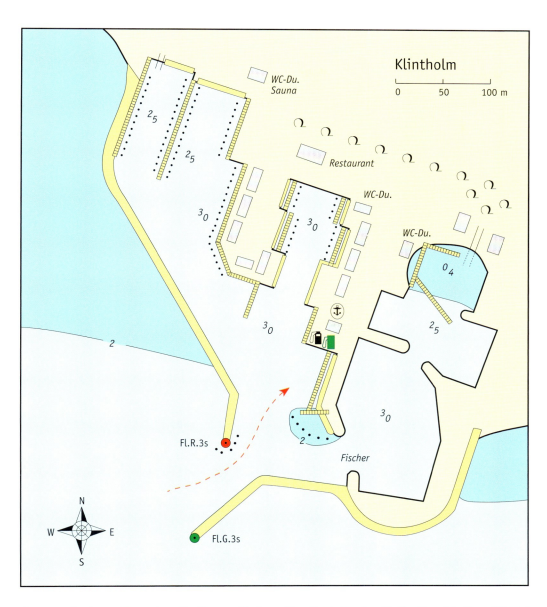

beginnt der lange Törn über die Ostsee, hinüber nach Bornholm. Man sollte seinen Törn so planen, dass man Bornholm noch bei Tageslicht anläuft. Eine auffallende Landmarke ist der 162 m hohe *Rytterknægten*, die höchste Erhebung der Insel, etwa in der Mitte gelegen und umgeben von einem ausgedehnten Waldgebiet. Steuert man Bornholm von Klintholm aus auf einem 085°-Kurs an, so hat man Rønne und den Rytterknægten fast in Deckpeilung.

Von Sassnitz aus läuft man mit Kurs NE auf Bornholm zu und kommt damit fast automatisch nach Rønne, dessen Stadtsilhouette unverkennbar ist – weit und breit gibt es nichts, das damit zu verwechseln wäre.

Rønne erscheint zunächst als ein amorpher Komplex hoch über das Wasser ragender Bauwerke: Es sind Silos und auch Öltanks von gewaltigen Ausmaßen, die alle direkt am Hafen stehen. Die weiße Stadtkirche mit ihrem Fach-

232 Nach Bornholm

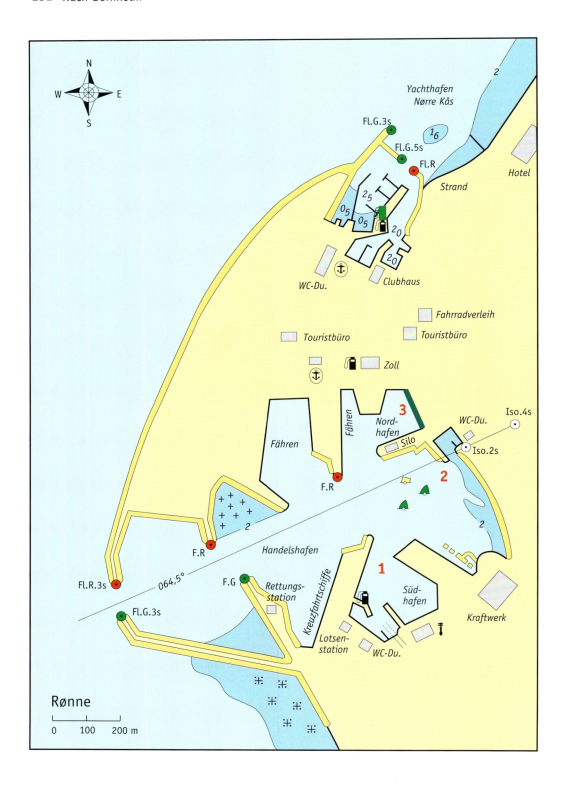

werkturm erkennt man erst dann, wenn man schon dicht vor dem Hafen steht. Das weiße Kastell gar erst, wenn man eingelaufen ist, denn inzwischen wird es von dem monströsen Kraftwerk verdeckt.

Man kann dicht an Rønne heranfahren (überall tiefes Wasser) und auch in den Handelshafen hineinsegeln. Die Einfahrt ist mit gut 100 m zwar enorm breit, aber auch wieder zu eng, wenn sie von einer Fähre passiert wird. Also wegbleiben, wenn eine kommt, besonders wenn es der gigantische Schweden-Katamaran ist!
Die Molenköpfe sind leuchtend rot und grün angemalt. Am Kopf der Nordmole steht »Yachts« mit einem Pfeil nach links. Das soll heißen: Bootsleute, bleibt draußen, fahrt gleich zum Yachthafen *Nørre Kås*! Dass die Hafenverwaltung das am liebsten sieht, ist klar, schon wegen der gewaltigen Fähren. Es muss aber nicht sein: Man darf auch in den Handelshafen, zumal der Bootshafen Nørre Kås in der Saison gar nicht alle unterbringen kann. Hat man zehn, 15 Stunden Fahrt in den Knochen, dann wird man sein Boot sobald wie möglich festmachen wollen. Doch das ist in Nørre Kås nicht sicher, weil – wie schon erwähnt – meist überfüllt (er hat 300 Liegeplätze davon 70 Gästeplätze). Also besser erst einmal in den Nordhafen (**3** im Plan links) und sich die Beine vertreten. Ist in Nørre Kås ein Platz frei, kann man am anderen Tag immer noch verlegen.

Liegeplatz: *Will man in den Handelshafen, dreht man am besten gleich in den* **Nordhafen** *(**3**) ein. Der Ostkai wird für Boote freigehalten. Man kann zur Not auch in den* **Südhafen** *(**1**), zur Versorgung sowieso. Ob Nord- oder Südhafen, beides kein sonderlich attraktiver Platz, auch nicht ruhig, aber dafür hat man hier eben gute Versorgungsmöglichkeiten. In dem kleinen ehemaligen Fischerhafen (**2**) unterhalb der Kirche finden größere Boote selten einen Platz (Wassertiefe bestenfalls 1,8 m), und wenn, dann längsseits an der Außenmole. Wegen der dicht vorbeiführenden Autostraße ist es hier auch nicht sonderlich ruhig. Alles in allem: Am ruhigsten liegt man denn doch in Nørre Kås, vorausgesetzt, man findet dort einen Platz.*

Bornholm.
Rønne, der Hauptort der Insel. Hier der alte Fischerhafen, unterhalb der Kirche.

Versorgung: *Die Versorgungsmöglichkeiten in Rønne, besonders am Südhafen, sind ausgezeichnet, einschließlich aller Reparaturen am Boot. In Nørre Kås sehr gute sanitäre Einrichtungen (mit Münzwasch), auch Diesel. Wasser und Strom an den Stegen.*

Hafenkontor: UKW-Kanäle 12, 13 und 16 (0600 bis 2400), Tel. +45 56 95 06 78.

Zoll: *Neben dem Hafenkontor. Zollvorschriften siehe Seite 13.*

Wichtige Telefonnummern (für ganz Bornholm):
*Unfallstation +45 1813
Polizei +45 114
Falck +45 70 10 20 30
Apotheke +45 56 95 0130*

> **Wasserstand**
> Tidenhub 0,5 m. Winde aus E und N können in seltenen Fällen den Wasserstand um 1,2 m erhöhen, Winde aus W können ihn um 1 m senken.

Ansteuerung bei Nacht: 1,5 sm südwestlich von Rønne liegt die Mitte-Schifffahrtsweg-Tonne »Anst. Rønne«, eine rot-weiße Leucht-Heultonne Anst. Rønne (WP 4291: 55°05,11′N 014°38,68′E, LFl.10s), und zwar auf der 064,5°-Linie des Richtfeuers Rønne: O-F.: Iso.4s, U-F.: Iso.2s. Die Molen in der Hafeneinfahrt sind mit Fl.G.3s und Fl.R.3s befeuert. Nørre Kås – obwohl befeuert – sollte man nachts nicht ansteuern.

Rønnes wegen würde man wohl nicht nach Bornholm segeln; wenn man aber nach Bornholm kommt, sollte man immer zuerst Rønne anlaufen. Praktisch der ganze Verkehr wickelt sich über diese Stadt ab, der meiste, wie seit alten Zeiten, über den Hafen, ein sehr viel geringerer Teil über den Flugplatz. Hunderttausende Touristen kommen Jahr für Jahr auf die Insel.

Der 14000 Einwohner zählende Hauptort von Bornholm hat für die Insel etwa das gleiche Gewicht wie Kopenhagen für ganz Dänemark: In Rønne lebt ein Drittel der Inselbewohner. Dementsprechend betriebsam und lebendig ist die Stadt, besonders am Hafen und um den Marktplatz. Abseits der Hauptstraßen jedoch gibt es noch einige ruhige Fleckchen, im **Søndre Kvarter** etwa, dem »Südlichen Viertel«, das sich von der Kirche aus südwärts erstreckt, mit vielen kleinen alten Häusern und engen Gassen. Früher hatten zahlreiche dieser Häuser »Guckburgen« oben auf dem Dachfirst. Das waren Türmchen, von denen aus man besonders gut sehen konnte, wenn sich ein Schiff dem Hafen näherte. Jetzt gibt es nur noch zwei solcher »Guckburgen«, eine am Nordhavn, *Johnsens Gård*, und die andere auf dem großen Kaufmannshof neben der alten Hauptwache.
Viel schöne alte Bausubstanz ging ganz zum Schluss des Zweiten Weltkrieges noch verloren: Bornholm war Anfang des Jahres 1945 voller Flüchtlinge und deutscher Besatzungstruppen. Zu den 2000 Mann fester Besatzung kamen dann noch 18000 deutsche Soldaten, die über die Ostsee nach Bornholm geflüchtet waren (und das bei damals 40000 einheimischen Bewohnern).
Die Insel, so war vereinbart, sollte an die Engländer übergeben werden, doch statt der Briten erschienen die Russen, die die Insel mehrmals mit Aufklärern überflogen. Ganz offensichtlich wollten sie Bornholm besetzen. Der deutsche Kommandant aber wollte die Insel keinesfalls in die Hände der Russen fallen lassen, und obwohl der Krieg schon zu Ende war, kam es am 7. Mai 1945 noch zu Kampfhandlungen. Um den Widerstand zu brechen, schickten die Russen mehrere Bombengeschwader, die, für die Zivilbevölkerung völlig überraschend, zur Mittagsstunde Nexø und Rønne, die beiden wichtigsten Städte der Insel, bombardierten. Nun kapitulierten die Deutschen und die Russen landeten ihre Truppen im Hafen von Rønne an. Sie blieben zur großen Besorgnis der Bewohner von Bornholm und des übrigen Dänemark bis Anfang 1946; dann teilten sie überraschend mit, dass sie die Insel räumen würden, und zogen am 5. April 1946 ab.

Ist man in Rønne eingeweht, was bei Starkwind aus West ziemlich nervt, dann empfiehlt es sich, vom Boot auf das Fahrrad umzusteigen und eine **Radtour** nach *Jons Kapel* (s. S. 237) zu machen: zuerst durch Wald, dann an der Küste entlang zu den winzigen Häfen *Helligpeder* und *Teglkås*. Zuletzt zu den Felsen von *Jons Kapel*. Das ist leicht an einem Nachmittag zu schaffen.

Eine andere Möglichkeit: raus aus dem Hafen und entgegen dem Uhrzeigersinn um die Insel segeln. Das ist anfangs gegen die hohen Wellen nicht sehr erfreulich, doch schon bei *Hadderev* wird man den Wind raum haben und zu einer rasanten Fahrt übergehen. Ab *Dueodde* gerät man in die geschützteren Gewässer der Ostküste, wo man bei viel Wind und glattem Wasser eine ebenso schnelle wie ruhige Fahrt machen wird. Man kommt, wenn man will, so in einem Tag mühelos von Rønne bis *Svaneke*.

Bornholm rund. Bei wenig Wind aber umsegeln wir Bornholm im Uhrzeigersinn. Also zunächst von Rønne aus nordwärts!
Seit der lange wenig attraktive Hafen von

Hasle umgebaut und erweitert worden ist, ist er zu einem beliebten Ziel für Bootsfahrer geworden. Zwar kommen wegen der »Hasle Klinker- og Chamottestenenfabriek«, dem größten, aber nicht störenden Industriebetrieb von Hasle, immer noch ansehnliche Frachter hierher, auch beherrscht die Kutterflotte nach wie vor den Hafen, doch Yachten sind anders als früher nicht mehr nur geduldet: Für Bootsfahrer wurde einiges getan, und so liegt man auch sehr gut in diesem imposanten Hafen. Die größte Sehenswürdigkeit ist der 2 km südöstlich in Richtung auf Rønne zu stehende *Runenstein Brogårdsstenen*, der mit 3 m Höhe stattlichste von Bornholm, wahrscheinlich um 1100 von einem Wikinger aufgestellt, der ihn mit der nicht sehr aufregenden Inschrift versah: »Svenger ließ diesen Stein errichten für seinen Vater Toste und für seinen Bruder Alvlak und für seine Mutter und für seine Schwestern.« Bemerkenswert ist, dass Bornholmer Wikinger es offensichtlich nicht für nötig gefunden haben, die Namen der weiblichen Familienmitglieder zu erwähnen. Noch leichter als von Rønne kann man von hier aus einen Ausflug nach *Jons Kapel* machen. Man braucht nicht einmal ein Fahrrad, denn es ist nicht weit.

Liegeplatz und Versorgung: Im Yachthafen (*1*) sollten sich nur Boote bis zu 10 m Länge einen Platz suchen. Er ist zur Hälfte untief. Rings um den Hafen die typischen Skagen-Häuser. Alle anderen Boote können im Handels- und Fischerhafen (*2*) an den im Plan grün markierten Stellen einen Liegeplatz finden. Strom und Wasser überall. Sanitäre Anlagen sehr gut, mit Wasch- und Bügelraum. Eine Maschinenwerkstatt kann kleinere Reparaturen durchführen.
Das Hafenkontor ist auf den UKW-Kanälen 12, 13 und 16 zu erreichen.

> **Wasserstand**
> Tidenhub 0,5 m. Sturm aus E und NE kann den Wasserstand um 0,8 m erhöhen, Sturm aus SW und W kann ihn um 0,8 m senken.

Etwa 1 sm nördlich von Hasle beginnt die hohe bornholmsche Granitküste, die sich bis nach Hammeren hinzieht. Der Küstenabschnitt bis *Teglkås* gehört mit zu den schönsten von Bornholm. Da der Strand überall zu schmal ist, als dass man Häuser darauf hätte bauen können, schmiegen sie sich an die zum Teil schon recht steilen Hänge. Zwei winzige, aber überaus malerische Häfen liegen vor uns:

Helligpeder und Teglkås. Beide kann man bei auflandigem Wind und auch nachts nicht ansteuern. Beide sind Schönwetter-Häfen. Hel-

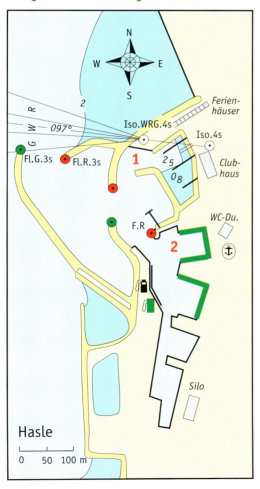

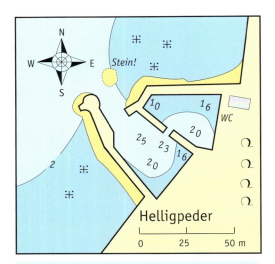
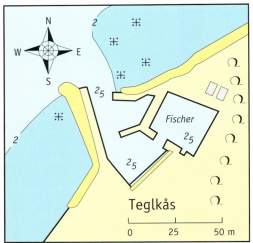

Wasserstand und Strom: Winde aus NE können den Wasserstand um 1 m erhöhen, Winde aus SW können ihn um 0,6 m senken (beides eher selten).

Winde aus S bis W verursachen nord-, Winde aus N südlaufenden Strom. Der Strom setzt quer zu den Hafeneinfahrten.

Wasserstand: Tidenhub 0,5 m. Winde aus NE können den Wasserstand um 0,5 m erhöhen, Winde aus W können ihn um ebenfalls 0,5 m senken.

Strom: ähnlich Helligpeder (siehe links).

Helligpeder.
Winziger, aus dem Fels geschlagener Fischerhafen an der Westküste von Bornholm.

Teglkås.
Ein Winzling wie Helligpeder. Nördlich von hier fängt die steile Felsenküste Bornholms an.

ligpeder hat etwas mehr Platz: Das ganze vordere Becken wird für Yachten freigehalten. Dafür muss man bei diesem Hafen auf einen großen Stein achten, der links neben der Einfahrt liegt; manchmal guckt er auch aus dem Wasser.

Teglkås kann man nur mit einem Tiefgang bis zu 2 m anlaufen. Platz eventuell im Außenhafen. Versorgung in beiden Häfen, außer Wasser, null.

Bei Teglkås fängt die dramatische Granitküste von Bornholm an. Vom Hafen führt ein Wanderpfad nordwärts, zunächst unten am Wasser entlang, dann hoch oben über der Kliffküste, die ungefähr bei dem Gasthof »Gines Minde« beginnt. Gleich darauf erreicht man die 22 m hohe, einsam dastehende **Klippe Jons Kapel**, zu der eine Treppe mit 108 Stufen hinunterführt. Der Überlieferung nach soll von diesem Felsen ein Mönch namens Jon zu den Wikingern gepredigt haben. Wenig weiter nördlich gelangt man zu der 41 m hohen, steil zum Wasser abfallenden *Felswand Hvidkleven*, an der bei grober See die Wellen furchterregend hochsteigen. Der Pfad führt hinüber zu *Ringebakken*, wo man an einem Steinbruch vorbeikommt, der die ganze Gegend verschandelt.

Später, auf dem Wasserweg, werden wir kurz vor dem *Fischerdorf Vang* die Verladebrücke dieses Steinbruchs passieren. Ab hier wandert man nur noch über steinerne Bergrücken – ans Wasser gelangt man nicht mehr. Auf dem Weg von Vang über das Heide- und Waldgebiet *Slotslyngen* öffnen sich immer neue fantastische Ausblicke auf das Meer und die Klippen von Hammeren, bis man endlich **Hammershus**, die gewaltige Burgruine, vor sich liegen hat. Hammershus, nach Visby der größte Ruinenkomplex des Nordens, wurde um die Mitte des 13. Jahrhunderts vom Bischof von Lund erbaut, mehr oder minder als Trutzburg, um sich gegen den König zu behaupten. Lund, heute eine schwedische Stadt, gehörte mit den südschwedischen Provinzen in jener Zeit zum Königreich Dänemark. Hammershus liegt auf einem 74 m hohen Felsen hoch über der Ostsee. Im Mittelalter war die Burg wohl unbezwingbar, höchstens aushungern konnte man sie. Aber woher hätten solche Belagerer kommen sollen? An dem riesigen Burgkomplex, der sich um den viereckigen *Manteltårn* gruppiert, wurde im Laufe der Jahrhunderte immer weitergebaut. Am meisten haben die Lübecker daran gearbeitet, die die Burg wie auch die ganze Insel 1525 auf 50 Jahre als Lehen erhielten: König Frederik I. (1523–1533) musste sie ihnen überlassen, als »Dank« dafür, dass

Hammershus.
Unterhalb der gewaltigen Festung liegt der Hammerhavnen. Wenn es aus West weht, liegt man fest.

ihm die Hanse auf den Thron geholfen hatte. Die lübischen Amtmänner auf Hammershus haben die Insel ihrer Art gemäß mit harter Hand regiert und immer wieder aufflackernde Aufstände mithilfe ihrer Landsknechte niedergeschlagen. Als aber im Nordischen Siebenjährigen Krieg (1563–1570) die Schweden ihre Hand nach Bornholm ausstreckten, da erwies sich gerade der Lübecker Amtmann Schweder Kettig als echter Bornholmer und schlug sich gemeinsam mit den Inselbewohnern tapfer gegen die Schweden.

Danach ging es dann mit der Macht der Hanse rasch bergab; als 1573 die Bürger von Rønne die hanseatischen Kaufleute aus der Stadt warfen, da waren Lübeck und seine Verbündeten schon zu schwach, dies zu verhindern. Nun saß ein dänischer Amtmann auf Hammershus, der aber kein großes Interesse zeigte, die gewaltige Festung in einem guten Zustand zu halten, sodass sie immer mehr verfiel. 1645 war sie dann nicht mehr in der Lage, einen Angriff der Schweden abzuwehren; nach nur 18-stündiger Beschießung fiel sie in die Hände des Erbfeinds. Im Frieden von Roskilde (1660), in dem Dänemark alle seine Provinzen östlich des Øresunds verlor, kam auch Bornholm zu Schweden. Aber da blieb es nicht lange. Einige Bürger aus Hasle und Rønne lockten den schwedischen Statthalter, den Obersten Printzenskjøld, in einen Hinterhalt und töteten ihn, wenn auch mehr aus Versehen. Die 100 Mann starke schwedische Besatzung von Hammershus gab dann bald danach auf, und so war Bornholm noch im selben Jahr wieder dänisch. Die Burg hatte nun gar keine Bedeutung mehr. Wer Baumaterial brauchte, holte sich von dort Steine, und so verfiel Hammershus immer mehr. Erst 1882 wurde die Festung unter Denkmalschutz gestellt und in den Jahren von 1885 bis 1928 einigermaßen restauriert, und auch jetzt arbeitet man wieder daran.

Was man auf der Wanderung von Teglkås nach Hammershus von Land her bewundern konnte, die Steilküste von Jons Kapel und Hvidkleven, bekommt man nun vom Wasser her aus einer ganz anderen Perspektive zu sehen. Ruhiges Wetter vorausgesetzt, kann man gefahrlos ganz dicht an die Felsenküste herangehen, denn der Landgrund ist sehr schmal.

Nach Passieren der Verladebrücke des Granitwerks nähert man sich dem Fischerhafen

Vang, der ungleich bessere Liegemöglichkeiten als Helligpeder und Teglkås bietet. Hinter seinen wuchtigen, aus grauem Granit gebauten Hafenmauern fühlt man sich geborgen und sicher. Der kleine Ort mit seinen langgestreckten Fachwerkhöfen liegt recht malerisch an der steil ansteigenden grünen Küste. Sehr zu empfehlen das Terrassenrestaurant »Le Port« hoch über dem Hafen, elegant und nicht ganz billig. Etwas für Gourmets (Tel. + 45 56 96 92 01). Wer Lust und Zeit hat, kann auf einem Höhenweg (der auf der Seite 237 beschrieben ist) nach Hammershus wandern.

Liegeplatz und Versorgung: Bis auf Winde aus NW bis N liegt man in dem Hafen mit seiner 3 m hohen Außenmole gut geschützt. Yachten können im äußeren und – besser! – im mittleren Becken festmachen, nicht jedoch im hinteren, das den Fischern vorbehalten ist. An der

Wasserstand
Tidenhub 0,5 m. Winde aus NE können den Wasserstand um 1 m erhöhen, Winde aus SW können ihn um 0,6 m senken.

Ostseite des mittleren Beckens sind Vorrichtungen zum Festmachen angebracht. Man greift sich mit dem Bootshaken das am Grund liegende Seil und befestigt daran das Heck – nicht jedermanns Sache. Boote über 13 m Länge sollen nicht ins mittlere Becken, da sie wegen ihrer Größe die Zufahrt zum hinteren Becken behindern. Am Hafen Wasser, Treibstoff, WC und Duschen sowie Waschmaschine. 2-t-Kran.

Wenn es nur irgend geht, so sollte man in der

Sæne Bugt unterhalb von Hammershus ankern. Nicht möglich ist es an einer Felsenküste wie dieser natürlich bei auflandigem Wind. Die 2-m-Linie verläuft zwischen 50 und 80 m vor dem Ufer (Grund Sand, aber auch Steine). Hier sieht man fantastische Steinformationen, die See und Wind in Millionen von Jahren aus dem rötlichen Granit geschaffen haben. Partien wie *Jons Kapel* oder hier in der Sæne Bugt *Løvehovederne* und *Kamelhovederne*, zwei bizarr geformte Felsen, blieben stehen, während an anderer Stelle das Wasser aus weicherem Gestein Löcher herausgespült hat wie die Grotte *Våde Ovn*, den »nassen Ofen«, eine 12 m hohe Schlucht, die 38 m tief in den Felsen von Hammershus hineinführt. Kleine Kutter tuckern in die Grotte, die eine Wassertiefe von 4 m hat, um diese Sehenswürdigkeit den Touristen vorzuführen. Wer ein Dingi hat, kann es genauso halten. Besonders gegen Abend, wenn die untergehende Sonne in die Grotte hineinscheint, funkeln die Wände des »nassen Ofens« in allen Farben des Regenbogens.

Der in der Sæne Bugt gelegene

Hammerhavnen, auch Sæne Havn genannt, gehört zwar nicht zu den schönsten Häfen Bornholms, verdient aber aus mehreren Gründen das Prädikat »ordentlich«. Der Hafen wurde 1891 als Verladeplatz für das Granitwerk Hammeren gebaut, und zwar von Deutschen,

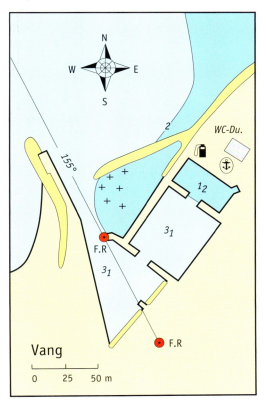

die sich von hier den Granit holten, den sie zum Bau des Nord-Ostsee-Kanals brauchten. Nördlich vom Hafen sieht man, an den Berg geschmiegt, noch Reste der alten Kleinspurbahn. Der wertvolle, sehr helle, an seiner rötlichen Farbe kenntliche Stein wurde in Hammerhavnen Richtung Kiel verschifft. 1920 mussten die Deutschen beides, Granitwerk und Hafen, an die Dänen abtreten, die den Betrieb bis 1975 fortführten.

Jetzt ist der Hafen als Verladeplatz tot. Segler finden hier einen geschützten und leicht anzulaufenden Hafen, der zuweilen von Fischkuttern und Küstenschiffen angesteuert wird, wenn hartes Wetter sie davon abhält, um Hammeren herumzulaufen. Selbst die Fähre aus Christiansø kommt hierher, wenn sie es nicht riskieren will, in ihren Heimathafen, Allinge, heimzukehren.

Hammerhavnen liegt zwischen den hohen, mit Gebüsch bewachsenen Felsenhängen an sich sehr geschützt; zur See hin bieten die beiden Molen einen so guten Schutz, dass man auch dann, wenn Starkwind aus W die Gischt über die Hafenmauer treibt, absolut sicher, wenn auch nicht mehr ruhig liegt.

Der Strom verhält sich in etwa so wie bei Teglkås und Vang.

Tagsüber kann man sich an folgender Peilmarke orientieren: Man bringt das weiße Dreieck oberhalb des Leuchthauses mit dem Leuchthaus in Deckung und fährt auf diesem 075°-Kurs sauber in den Hafen, der sich mit einem Tiefgang bis zu 3 m gut anlaufen lässt.

Liegeplatz und Versorgung: Man wird zumeist im Päckchen längsseits an der Außenmole liegen; man darf auch mit Heckanker hinter der Quermole festmachen. An den Stegen darf man festmachen, falls grünes Schild. Ein Hafenkontor gibt es nicht mehr, das wird von Allinge (s. S. 242) mit erledigt. Der Hafenmeister dort ist unter der Telefonnummer + 45 56 92 23 28 zu erreichen. Die Versorgungsmöglichkeiten sind

Hammerhavnen.
Starkwind aus West. Erschreckend, wie die Wellen gegen den Hafen prallen.

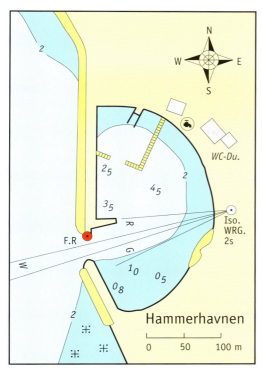

Sehr interessant ist darüber hinaus eine Wanderung über die Halbinsel *Hammerodde*, die in Urzeiten noch eine eigenständige Insel war. Der *Hammersø* zwischen Hammerhavnen und Sandvig blieb als Rest dieses Sunds erhalten.

Je weiter man nach Norden kommt, desto kahler wird das Kap. Nur wenn der Ginster blüht, überzieht ein goldener Schimmer das steinige Land. Überall trifft man auf Reste von Batterien aus der großen Zeit von Hammershus, am Westufer auch auf die Ruine der **Salomonskapelle aus dem Mittelalter.** Dicht neben der Kapelle findet man ein Gräberfeld aus der Eisenzeit sowie einen Wohnplatz aus der älteren Steinzeit.

Hammeren ist ein wildromantischer Flecken, ein zerklüfteter Felsenberg mit einer üppig wuchernden Vegetation. Am alten Steinbruch fallen die Felsen lotrecht zu einem unheimlichen, dunkelgrünen See ab.

mäßig: sanitäre Anlagen in Ordnung, Wasser nur in geringen Mengen. Lebensmittel müsste man sich aus Sandvig oder besser aus Allinge holen: ein etwas weiter, aber schöner Spaziergang am Hammersø entlang.
Beachte: Ankern ist in der Hafenbucht verboten.

Wasserstand
Tidenhub 0,5 m. Sturm aus NE kann den Wasserstand um 1 m erhöhen, Sturm aus W kann ihn um 0,8 m senken.

Wahrschau! Bei starken westlichen Winden kommt man aus dem Hafen nicht mehr heraus.

Landgang: Wer nicht schon von Teglkås aus zur Ruine *Hammershus* gewandert ist (siehe Seite 237), der kann auch (und leichter) von Hammerhavnen zu ihr hochsteigen und, wenn man Lust hat, hoch über der Ostsee durch Wälder und einsame Heide nach *Vang* wandern (und mit dem Bus zurückfahren).

Hammeren.
Der Leuchtturm auf der nördlichen Spitze des Kaps.

> **Wahrschau 1:** Nördlich von Hammerodde treten starke magnetische Störungen auf.
> **Wahrschau 2:** Zwischen Bornholm und Schweden verläuft ein Tiefwasserweg, das Verkehrstrennungsgebiet (VTG) *Bornholmgat*.

Wenn die Stromverhältnisse um Bornholm im Allgemeinen auch nicht gefährlich sind, so sollte man bei Hammerodde doch aufpassen. Angeblich sollen hier Schiffe vom Strom gefährlich versetzt werden; auch Strandungen soll es schon gegeben haben. Präzise Angaben über derartige Ströme, insbesondere, unter welchen Bedingungen sie auftreten, gibt es nicht. Man muss sich also an den Gegebenheiten orientieren, die man antrifft, und sich im Zweifel gut von dem Kap freihalten. Da der Landgrund überall sehr schmal ist, ist es aber nicht gefährlich, bei ruhigem Wetter nahe an dem Kap vorbeizusegeln.

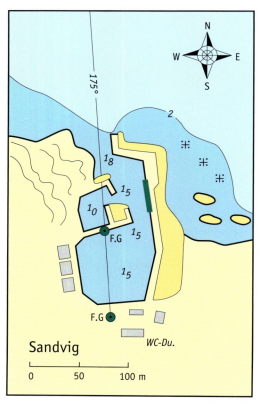

Hammerodde ist nicht nur der nördlichste Punkt der Insel, es bildet auch die Grenze zwischen der steilen Westküste und der nach Osten zu immer flacher werdenden Felsenküste. Auch die Form der Steine wird anders: Waren die Felsen im Westen abgeschliffen und mehr rund, so sind sie hier nun mehr scharfkantig und eckig.

Sandvig, ein winziger, in die Felsen hineingesprengter Hafen, liegt knapp 1 sm südöstlich von Hammerodde. Wenn überhaupt, dann sollte man ihn nur bei ruhigem Wetter ansteuern. Bei auflandigem Wind wäre es ohnehin nicht möglich. Das frühere Fischerdorf wird heute vom Tourismus geprägt und rühmt sich zu Recht eines feinen Badestrands. Die großen weißen Hotels entlang der Küste stammen zumeist aus der Zeit um die vorige Jahrhundertwende. Sandvig gilt zusammen mit Allinge als Wiege des Tourismus auf Bornholm, und die meisten Sommerfrischler kamen damals aus Berlin.

Liegeplatz und Versorgung: Man geht am besten an der Ostmole längsseits, und zwar im Vorhafen, s. grüne Markierung im Plan. Das Hafenkontor befindet sich in Allinge.

> **Wasserstand**
> Winde aus N bis NE können den Wasserstand um 1 m erhöhen, Winde aus W können ihn um 0,8 m senken.

Bei Winden aus S und bedingt aus W ankert man recht gut in der **Åsand Bugt** westlich von Sandvig (Grund Sand); man muss sich aber darauf einrichten, bei einer Winddrehung rasch den Ankerplatz zu verlassen.

Allinge und Sandvig, einst zwei selbstständige Fischerdörfer, sind heute praktisch ein Ort. Sie hatten früher eine gewisse Bedeutung als Heringsmarkt; selbst Schiffe der Hanse kamen hierher, um den Bornholmer Hering aufzukaufen. Heute lebt der Doppelort in erster Linie vom Tourismus. Ein hübsches Hafenstädtchen mit alten Fachwerkhöfen.
Auf der Straße von Allinge nach Sandvig stößt man auf den *Stein Madsebakken* mit den

Törnvorschlag 8: Nach Rønne und Bornholm Rund

Allinge.
Malerisches Handelsstädtchen an der Nordküste Bornholms. Der Hafen ist aus den Felsen herausgesprengt. Bei Sturm kann der Innenhafen mit Toren geschlosssen werden.

schönsten Felszeichnungen (Helleristninger) der Insel: Dargestellt sind zwölf Schiffe und mehrere Radkreuze.

Der Hafen von Allinge ist ebenso wie der von Sandvig in den Felsen gesprengt, nur ungleich größer und deshalb auch sehr viel besser, allerdings meist rammelvoll: viele Schweden, die ja nur einen Katzensprung hierher haben. In der Hochsaison sollte man früh kommen.

Liegeplatz und Versorgung (Hafenplan nächste Seite): Der Innenhafen ist für Yachten reserviert. Stromanschlüsse an der Nordkaje. Der Innenhafen wird bei starkem SE-Wind durch Schleusentore geschlossen (s. blauen Kasten). Yachten dürfen auch im Außenhafen festmachen. Es gibt dort allerdings nur wenige Plätze, wegen der Fähre nach Christiansø und wegen des Lotsenbootes; im Sommer kommt auch noch ein großes Schiff aus Schweden herüber. Treibstoff 500 m. WC und Duschen siehe Plan, hier auch Münzwaschmaschinen.
Gute Einkaufsmöglichkeiten, auch Restaurants, am Hafen.

> **Wasserstand Allinge:** Tidenhub 0,3 m. Winde aus N und NE können den Wasserstand um 1 m erhöhen, Winde aus SW können ihn um 1 m senken.
>
> **Nautischer Hinweis 1:** Wenn der Hafen nicht angelaufen werden darf, werden am Signalmast bei Tag ein schwarzer Ball, bei Nacht 3 F.R übereinander gezeigt.
>
> **Nautischer Hinweis 2:** Die Dreiecksbaken (in Linie 208,9°) tragen keine Feuer!

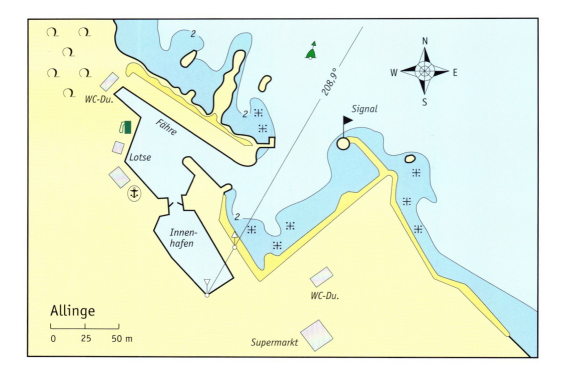

Auf dem Wege von Allinge nach *Tejn* sieht man zwischen den Klippen immer wieder kleine Badebuchten. Die beste ist jene an der flachen Huk **Sandkås**. Wenn das Wetter es zulässt, kann man hier für einen Badenachmittag ankern. Da die Bucht zu ungeschützt ist, sollte man nicht über Nacht hier bleiben.
Das große Fischerdorf

Tejn wäre an sich völlig uninteressant, gäbe es nicht den großen Hafen. Oft ist er an der Nordküste Bornholms der Einzige, wo man noch eine Chance hat, unterzukommen, wenn die – schöneren – Häfen von Gudhjem und Allinge bereits überfüllt sind.
Das aber ist es dann auch schon. Ein nüchterner, eher kahler Hafen. Auffallend die riesigen gelben Hallen (Fischfabrik) eben westlich vom Hafen. Man kann diesen großen Hafen, bei gebotener Sorgfalt, unter allen Wetterbedingungen anlaufen – neben Rønne der Einzige auf Bornholm, für den das gilt.

Liegeplatz und Versorgung: *Gastyachten sollen in das Ostbassin, wo die Boote manchmal wie Sardinen in der Büchse liegen. Wenn man ganz innen liegt und weg will, geht das nur, wenn sich das Ganze auflöst. Dies findet meist morgens nach dem Frühstück statt und geht so reibungslos vor sich, dass man nur staunen kann. In den (kleinen) Yachthafen können nur Boote bis zu 10 m Länge, vorausgesetzt, dass überhaupt ein Platz frei ist. In das kleine Fischerbecken hinter dem Ostbassin darf man nicht. Bliebe noch die Außenmole, wo man längsseits gar nicht so schlecht liegt, außer bei westlichen Winden. In dem aus rotem Backstein gemauerten »Servicehus« findet man alle sanitären Einrichtungen, auch Proviant. Supermarkt. Tankstelle s. Plan. Große Helling, 14-t-Mobilkran, Werft.*

Wasserstand
Winde aus E und N können den Wasserstand um 0,5 m heben, Winde aus W bis SW senken ihn um ebenfalls 0,5 m.

Wenige Seemeilen südöstlich von Tejn beginnen die eigenartigen **Helligdomsklipperne**,

Törnvorschlag 8: Nach Rønne und Bornholm Rund **245**

eine wildzerklüftete Küste mit scharfkantigen Steinen, die sich stellenweise zu schmalen, hohen Säulen auftürmen. Lassen Wetter und Seegang es zu, so sollte man so nahe wie möglich an diese rötlich schimmernden Felsen heranfahren. Man wird dann die schönsten Entdeckungen machen, so den *Sorte Grynde*, den »schwarzen Ofen«, eine enge Höhle, die 55 m weit in die Felsen hineinführt und sich der Sage nach als unterirdischer Gang bis Hammeren fortsetzen und dort als der uns schon bekannte *Våde Ovn* wieder ans Tageslicht treten soll.

Dann die »Öfen« *Tørre Ovn* und *Våde Ovn* – alles Felsspalten, die schluchtartig in die Felsen hineinführen und eine fantastische Welt aus vom Meer geformten Steinen bilden.

Gudhjem, das älteste Handelsstädtchen von Bornholm, streitet mit Svaneke unverdrossen darum, der schönste Ort der Insel zu sein. Die beiden lassen sich jedoch kaum vergleichen. Während Svaneke eher lieblich auf flachem Land liegt, so ist Gudhjem rauer und steigt terrassenförmig und einer Stadt am Mittelmeer ähnlich die Hügel hoch. Klettert man auf den Berg *Bokul*, so sieht man besonders schön die verwinkelten Gassen mit ihren gelb und weiß gekalkten Fachwerkhäuschen, zwischen denen winzige Gärten eingezwängt sind.

Gudhjem war nach Tejn einst der größte Fischerhafen an der Nordküste. Das ist vorbei. Das Geld bringen jetzt die Touristen. Restaurants en masse und in allen Kategorien. Der Hafen ist, wie alle hier an der felsigen Küste, regelrecht aus dem Granit herausgesprengt und ungemein gemütlich, wenn auch wegen der vielen Touristen nicht gerade eine Idylle.

Gudhjem, der Christiansø (s. S. 255) am nächsten gelegene Hafen, diente früher als Versorgungsbasis für die Festung. Daraus entwickelte sich die Heringsräucherei: Die Fischer von

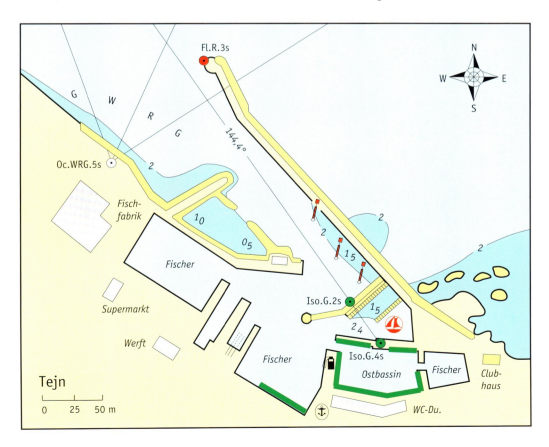

Gudhjem.
Von hier aus fährt das Versorgungsschiff hinüber nach Christiansø. Wenig Platz hinter den hohen Steinmauern, aber wer einen findet, liegt so ruhig wie in Abrahams Schoß.

Gudhjem hatten beobachtet, wie schottische Söldner auf Christiansø den Hering räucherten, und dann daraus im Laufe der Jahre eine richtige Kunst gemacht, die heute nur noch von den Frauen beherrscht wird. Die silbernen Heringe werden, immer zwei zusammen, mit dem Kopf an langen Spießen über die Glut gehängt. Man muss besonders darauf achten, dass kein Feuer entsteht; züngelt eine Flamme hoch, wird sie sofort mit einem nassen Lappen ausgeschlagen. Allein Erlenholz darf zum Räuchern verwendet werden, und auch nur solches, das auf bestem Waldboden gewachsen ist. Wenn sich die Frauen anschicken, die Heringsspieße aus den Öfen zu holen, dann warten schon in Schlangen die Touristen auf diese Köstlichkeit, aber gemach, zuvor muss der Hering noch mit grobem Salz gewürzt werden. Den »*Røgende Bornholmere*« isst man am besten aus der Hand, wenn er noch rauchwarm ist. Feinschmecker entgräten und enthäuten ihn, legen ihn auf ein Butterbrot und garnieren ihn mit Eidotter, Zwiebeln, Kapern und Radieschen – eine Delikatesse, die zum Missvergnügen der Gudhjemer »Sonne über Svaneke« genannt wird. Sie haben aber ihr Spezialgericht dagegenzusetzen: »Gudhjemmadyppa«. Was das ist, wird hier nicht verraten, muss jeder selbst ausprobieren, am besten im feinsten Restaurant von Gudhjem, dem »BokulHus«. Wie dem auch sei: Am gemütlichsten hat man es mit dem »Bornholmere«, wenn man sich auf die Klippe über dem Ostbecken setzt, wo man das Gewimmel des Hafens zwar vor sich hat, von der ganzen Unruhe aber weit weg ist. Kenner trinken dazu den »Malurt Bitter«, eine Art Absinth. Dieser mit Kräutern verfeinerte Schnaps soll ein vorzügliches Mittel insbesondere gegen Seekrankheit sein. Die Bornholmer haben dafür das Sprichwort: »Wer diesen Trank trinkt, bevor er an Bord geht, der speit nicht ins Meer.« Die Idylle von Gudhjem hat – wie könnte es anders sein? – Künstler aller Art angezogen, auch Lebenskünstler.

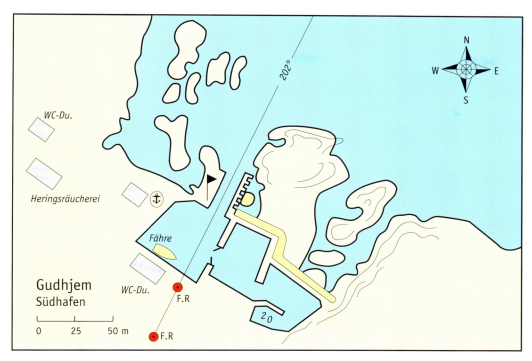

Die **Keramiken von Gudhjem** sind so bekannt wie die der ganzen Insel; werden sie in Rønne aber mehr fabrikmäßig hergestellt, so hier mit individueller, manchmal auch mit künstlerischer Note.

Das Problem dieses einmaligen Hafens: Man muss schon Glück haben oder außerhalb der Saison kommen, wenn man hier einen Platz finden will. Meist ist der Hafen hoffnungslos überfüllt, sodass einen der Hafenmeister gnadenlos wieder wegschickt, auch wenn es draußen ganz gewaltig weht (mir auch schon passiert, aber es gibt ja Tejn).

Gudhjem liegt (fast) genau auf 15°E, also auf dem Meridian, auf den die MEZ bezogen ist; sie heißt deshalb auch Gudhjem-Zeit. Punkt 1200 MEZ steht die Sonne in Gudhjem am höchsten und genau im Süden.

Gudhjem hat eine Tradition als Aufenthaltsort von Künstlern; so lebte hier Bornholms berühmtester Maler, Oluf Høst (1884–1966). Sein ehemaliges Wohnhaus wurde zu einem Museum umgestaltet, das allein ist schon sehenswert (Lökkeweg, das ist nahe beim Nordhafen, in der Saison täglich 1100 bis 1700). Einen Besuch wert auch das **Bornholm Kunstmuseum** (Helligdommen).

Liegeplatz und Versorgung: Gudhjem hat zwei Häfen. Bei auflandigem Wind ab Bft 4 wird es kritisch, sie anzulaufen, besonders den Südhafen, denn dann bilden sich dort zwischen den Schären Stromwirbel. Unter Segel sollte man in keinen der beiden Häfen einlaufen, einmal weil sie meist so dicht belegt sind, dass kein Platz für Manöver bleibt, zum anderen wegen der Fallwinde, die unberechenbar von den Hängen herunterfegen können. Unter normalen Bedingungen lassen sich sowohl der Nord- als auch der Südhafen mit einem Tiefgang bis zu 3 m ansteuern. Im **Südhafen**, dem zweifellos schöneren und auch geschützteren der beiden, dürfen Yachten sich in alle Becken legen, am besten ins mittlere. Bei Wind ab Stärke 6 aus N, NE oder E werden die beiden östlichen Becken durch Tore geschlossen; sie werden erst wieder geöffnet, wenn Wind und Welle es zulassen. Die Molenköpfe an der Einfahrt sind leuchtend grün und rot angemalt. Im **Nordhafen** (Nørresand Havn) (Plan nächste Seite) herrscht nicht so viel Touristenrummel, was beträchtlich für ihn spricht.

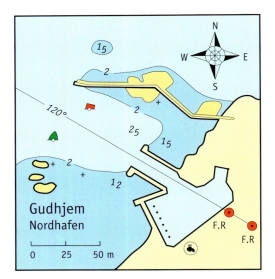

Bei westlichen Winden liegt man aber sehr unruhig. Liegeplätze für Yachten überall dort, wo etwas frei ist. Wasser in beiden Häfen. WC und Duschen im »Servicehus«, neben der Heringsräucherei, auch in der früheren Hafenmeisterei.
Ankerplatz: *In der Salne Bugt, westlich von Gudhjem, könnte man zur Not ankern (Grund Sand). Man kann relativ dicht ans Ufer heran, liegt aber praktisch nur bei ablandigem Wind ruhig, muss auch darauf gefasst sein, bei einer Winddrehung den Anker zu lichten und einen Hafen aufzusuchen.*

Nautische Hinweise

- Der Hafenmeister schließt den Südhafen, wenn er überfüllt ist oder wegen schlechten Wetters nicht angelaufen werden kann. Tagsüber wird am Signalmast ein roter Ball gezeigt, nachts das Richtfeuer gelöscht.

- Beim Auslaufen muss die Fähre ein kompliziertes Manöver fahren, wobei sie mehr oder minder den ganzen Vorhafen braucht. Bei der Rückkehr macht sie in der Hafeneinfahrt fest, die dann praktisch nicht mehr zu passieren ist.

- Der Hafenmeister ist über Telefon +45 56 92 23 36 (von 0800 bis 1600) zu erreichen.

Wasserstand

Winde zwischen N und E können den Wasserstand um 0,5 m erhöhen, Winde zwischen S und W können ihn um ebenfalls 0,5 m senken.

Landausflug: Eine gute Wegstunde südlich von Gudhjem steht die größte der vier Rundkirchen Bornholms, die *Østerlars Kirke*. Wer sich in Gudhjem ein Fahrrad gemietet hat, fährt von Østerlars noch ein Stückchen weiter nach Süden zu dem großen Waldgebiet *Almindingen*, das ziemlich zentral auf der Insel liegt. Von dem Granitturm *Kongemindet* auf dem mit 162 m höchsten Berg Bornholms, **Rytterknægten**, aus kann man die ganze Insel überblicken. Von dort oben sieht man erst richtig, dass Bornholm auch eine Bauerninsel ist, mit den für sie typischen im Viereck angelegten Höfen. Auf Bornholm hat es nie Rittergüter, aber immer freie Bauern gegeben, einen aufsässigen, harten Menschenschlag, der seine Freiheiten zu wahren verstand und durchaus in der Lage war, sich auf seinen burgähnlichen Höfen gegen Eindringlinge zu verteidigen. Der aus dem Jahre 1856 stammende Turm wurde mit einem Eisengerüst aufgestockt, nachdem die hohen Bäume die Aussicht versperrten.

Die für Bornholms Landschaft typischen Spaltentäler findet man nicht nur im Wald *Almindingen*, aber hier sind sie besonders ausgeprägt und schön. Das interessanteste ist wohl das **Ekkodalen**, eine Schlucht mit senkrecht aufsteigenden Granitwänden und einer im Schutz des Tales üppig gedeihenden Flora.

Am Nordabhang des Rytterknægten liegt über einem stillen Waldsee das älteste Bauwerk der Insel, die **Lilleborg**, von der man annimmt, dass sie im frühen Mittelalter die Burg des Königs war. Die Anlage wurde in der Mitte des 13. Jahrhunderts von Wenden erstürmt, die dazu vom Bischof von Lund aufgestachelt worden waren. Nach diesem Überfall konnte er ungestört seine mächtige Festung Hammershus bauen. Die Lilleborg-Ruinen über dem dunklen, unergründlichen *Børresø* gehören zu den idyllischsten Plätzen der Insel, ein verwunschener, ja fast unheimlicher Ort.

Gudhjem gilt als der übliche Ausgangspunkt

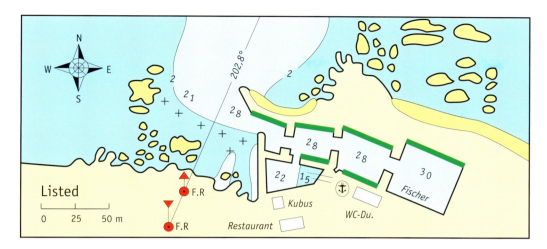

für einen Törn nach Christiansø (s. S. 255); man kann aber genausogut von Listed aus hinübersegeln, zumal die Entfernung (10 sm gegenüber Gudhjem = 11 sm) praktisch gleich ist.

Südostwärts von Gudhjem erstreckt sich mit wenigen Ausnahmen eine flache Schärenküste, sehr schön, sehr idyllisch, mit Schärenhöfen und Salzwiesen dahinter.

Auf dem Weg nach Listed passiert man zwei Häfen – ich rate jedoch davon ab, sie anzulaufen: Dicht hinter Gudhjem findet man den winzigen **Melsted Havn**, der eine Wassertiefe von bestenfalls 1,6 m hat und nur über eine komplizierte Zufahrt zwischen Schären und Untiefen hindurch anzulaufen ist. Noch geringere Wassertiefen (etwa 1 m) weist **Bølshavn** auf, 5 sm südöstlich von Gudhjem. Dagegen bietet der kleine, hinter einem Schärengürtel gelegene Fischerhafen

Listed sehr gute Liegeplätze. Yachten können sich überall (siehe grüne Markierungen im Plan) einen Platz suchen, am besten im mittleren Becken. Bei Wind aus NW kommen alle Boote in das Ostbecken. Insgesamt 25 Plätze. Die Ansteuerung wirkt von außen – zu Recht! – etwas kitzelig wegen der vielen Felsen im Wasser. Am deutlichsten erkennbar – auch von weit draußen – ist ein weißes, kubusförmiges Gebäude, das direkt am Hafen steht. Hilfreich ist, dass die beiden Richtfeuermasten als Toppzeichen jeweils rote Dreiecke tragen. Bringt man sie in Deckung (+/– 202°), so läuft man sicher auf den Hafen zu. Sobald man die Nordmole querab hat, hinein in die Einfahrt und dabei mehr an die Nordmole halten. Bei Winden aus NE sieht man von der Ansteuerung besser ab; bei Starkwind aus N geht es überhaupt nicht. Ein behaglicher, kleiner Hafen an der Schärenküste.

Nach Svaneke führt ein schöner Fußweg (20 Minuten zu gehen).

Versorgung: *WC und Duschen. Münzwasch. Proviant und Restaurant am Hafen. In dem weißen Gebäude unten ein Antiquariat und hinten ein Fischereimuseum.*

> **Wasserstand**
> Winde aus NE können den Wasserstand um 1 m erhöhen, Winde aus SW können ihn um 1 m senken.

Svaneke, Dänemarks östlichste und auch kleinste Provinzstadt (1100 Einwohner), liegt auf einer sanft zum Meer hin abfallenden Granitplatte. Auffallend die pyramidenförmige, graue Bake hoch über dem Städtchen.

Der Ort wirbt mit dem Slogan: »Die Sonne scheint zuerst in Svaneke«, was wohl nicht zu bestreiten ist, denn keine Stadt auf Bornholm liegt der aufgehenden Sonne näher. Svaneke ist aber auch mit einem besonders langen Sommer und vielen Sonnenstunden gesegnet und mit einem für die raue Ostsee ganz unglaublich milden Klima: In den Gärten der Stadt

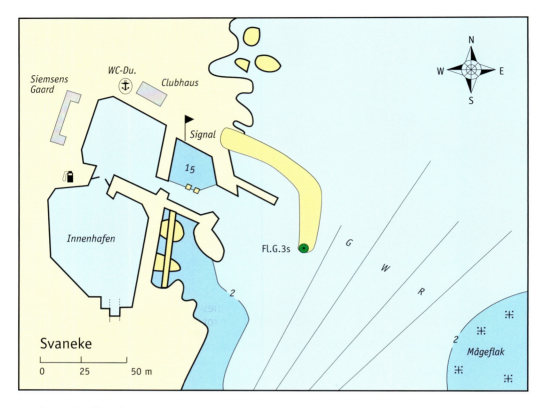

wachsen Maulbeerbäume und Edelkastanien, reifen Feigen, und sogar die Weinstöcke tragen in guten Jahren.

Am schönsten ist das Städtchen unten am Hafen, wo große, im Viereck gebaute, knallgelb gekalkte Fachwerkhöfe stehen und die blauen Fischkutter im sicheren Wasser dümpeln. Svaneke mit seinen rötlichen Granitklippen gilt als die schönste Stadt der Insel; nur eine andere, Gudhjem, könnte ihr wohl diesen Anspruch streitig machen.

Liegeplatz und Versorgung: Wem die Wassertiefe von 1,5 m reicht, der legt sich am besten in das kleine Becken rechter Hand der Einfahrt. Bei auflandigem Wind ist es allerdings hier, wie im ganzen Vorhafen, sehr unruhig. Sonst sucht man sich im Innenhafen einen Platz, am besten längsseits der Außenmole. Allerdings haben ortsansässige Schiffe immer Vorrecht. Die massigen Granitmauern und -molen vermitteln ein Gefühl der Geborgenheit. Bei Sturm werden die Tore des Innenhafens geschlossen. Die Versorgungsmöglichkeiten sind recht ordentlich: WC und Duschen, Waschmaschine, Seglerstube mit Küche und TV. 50-t-Helling, 2-t-Kran. Hafengeld zahlt man am Kiosk.

Mehrere gute Restaurants: besonders attraktiv »Siemsens Gaard«, mit seinem großen Innenhof und der Bierbrauerei. Eine große Fischräucherei findet man etwas außerhalb vom Hafen in Richtung Nordwest. Lebensmittel im Ort. Es gibt sogar ein Kino, einen schönen Marktplatz und einen kleinen Platz mit kunstgewerblichen Werkstätten, unter anderem einer Glasbläserei, wo man bei der Arbeit zugucken darf. Beim Marktplatz ein kurioses Antiquariat, in dem man stundenlang stöbern könnte.

Wasserstand
Lang anhaltende Winde aus NE können den Wasserstand um 1 m erhöhen, Winde aus S bis SW können ihn um 1 m senken.

Törnvorschlag 8: Nach Rønne und Bornholm Rund

Nautische Hinweise

- Bei der Ansteuerung muss man sehr auf das *Mågeflak*, südöstlich vom Hafen, achten. Kommt man von Süden, läuft man den Hafen an, wenn man den Kopf (Fl.G.3s) der Nordmole in West peilt. Von Nord kommend (wie in diesem Törn vorgeschlagen) muss man unbedingt das Sektorenfeuer suchen (Iso.WRG.4s).

- Sperrung des Hafens: Der Hafen kann bei schlechtem Wetter oder wegen Überfüllung geschlossen werden. Nördlich der Einfahrt wird dies am Signalmast angezeigt: tagsüber mit einem schwarzen Ball, nachts mit 3 F.R übereinander.

- In der Ansteuerung ist mit magnetischen Störungen zu rechnen.

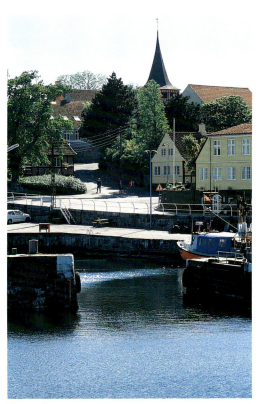

Svaneke.

Hinweis: Der nördlich gelegene **Svaneke Vigehavn** ist privat und darf nicht angelaufen werden.

Der knapp 2 sm südlich von Svaneke gelegene Fischerhafen von

Årsdale ist nicht leicht anzusteuern, weil man doch sehr auf Schären und Untiefen achten muss. Dies mag der Grund sein, weshalb so wenig Yachten hierher kommen. Der Ort mit seiner weißen Holländermühle, die sich sogar noch knarrend dreht, erstreckt sich rings um eine halbkreisförmige Bucht. Hier ist eine ansehnliche Fischkutterflotte beheimatet, darunter angeblich die größten Kutter Bornholms überhaupt, die zum Fang bis nach Grönland und sogar Neufundland fahren. Sind die großen Kutter weg, liegt der Hafen verlassen und schläfrig da, aber man merkt schon: Auf Yachten ist dieser Hafen nicht eingestellt.
Von der rot-weißen Tonne aus läuft man mit Kurs +/- 248° an Schären und Untiefen vorbei in die Bucht. Dabei hält man die zwei weißen Dreiecksbaken in Deckung, die auch das Årsdale-Richtfeuer (beide F.R) tragen, das aber nur dann brennt, wenn ein Fischkutter erwartet wird. Der Hafen lässt sich mit einem Tiefgang bis zu 2 m gut ansteuern.

Liegeplatz und Versorgung (Hafenplan nächste Seite): *Am besten liegt man im Ostbecken längsseits an der Nordmole. Die Einfahrt ist etwas verquer; man fahre vorsichtig an. Bei stärkerem auflandigem Wind sollte man von einer Ansteuerung des Hafens absehen. WC und Hafenmeister an der Fischhalle. Lebensmittel im Ort.*

Wasserstand
Tidenhub 0,6 m. Wind aus NE erhöht den Wasserstand um 1 m, Wind aus SW lässt ihn 0,5 bis 1 m absinken.

Neksø, der mit 3600 Einwohnern zweitgrößte Ort auf Bornholm, wird ganz von seinem Hafen beherrscht. Neksø wurde ebenso wie Rønne zum Schluss des Zweiten Weltkriegs Opfer schwerer Bombenangriffe, deren Folgen man auf Schritt und Tritt immer noch begegnet, denn Neksø ist

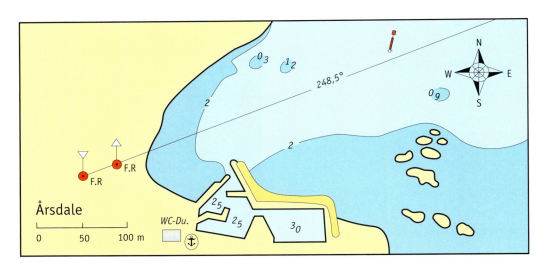

doch mehr eine eher moderne, nüchterne Stadt, mit viel Betrieb, besonders am Hafen.
Ihr Wappen, ein blauer Bootshaken in einem weißen Feld, zeigt, wovon die Stadt schon immer lebte: von der Seefahrt. Neksø rühmt sich des größten Fischerhafens der Insel, der auch viel von deutschen, schwedischen, polnischen und russischen Fischkuttern angelaufen wird. Der sehr lebendige Ort erinnert etwas an Skagen.
Neksø ist der Geburtsort des gleichnamigen Schriftstellers; das Haus seiner Kindheit in der

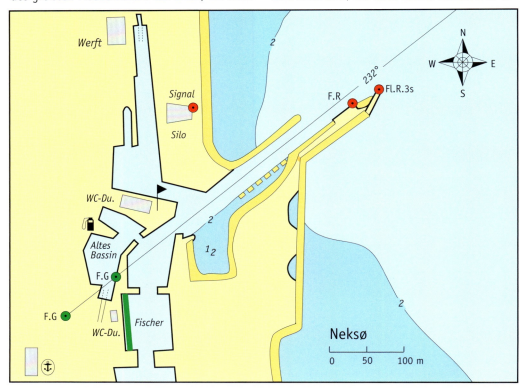

Ferskesøstræde ist als Museum hergerichtet. Im Nordhafen liegt das 1892 buchstäblich aus den Felsen herausgesprengte Trockendock, damals das erste seiner Art in Dänemark.

Der große Hafen mit seinem monströsen Silo ist nicht schwer anzusteuern; man muss nur darauf achten, dass man in der Einfahrt nicht mit Kuttern ins Gedränge kommt. Bringt man die rechte Kante der Ostmole in Deckung mit der linken Kante der Kirche von Neksø, so kommt man sicher in den Hafen. Der Kopf der Südmole ist leuchtend rot angemalt.

Wasserstand und Strom: Die Wasserstandsveränderungen sind wegen der großen Wassertiefen im Hafen unerheblich.

Zu achten hat man bei auflandigem Wind auf den Strom, der dann in nordöstlicher Richtung, also aus dem Hafen heraus, in der Einfahrt läuft und dabei bis zu 1,5 kn erreicht.

Sperrung des Hafens: Darf der Hafen nicht angelaufen werden, zieht der Hafenmeister am Signalmast einen schwarzen Ball hoch; nachts zeigen dies an dem großen Silo 3 F.R übereinander an.

Behinderung: Wenn montags und donnerstags von 0700 bis 1500 und freitags von 0700 bis 1200 ein Nebelsignal (ein Ton alle 20 s, Sender bei Fl.R) gegeben wird, so soll man mit dem Einlaufen warten und den Fischern Vortritt lassen.

Segelanweisung: Sportboote müssen direkt den Liegeplatz ansteuern. Sie dürfen nicht unter Segel ein- oder auslaufen.

Liegeplatz und Versorgung: Yachten sollten es zuerst im Alten Bassin versuchen, und zwar in dessen nördlichen Teil (sehr unruhig, Parkplatz); im südlichen Teil feste Liegeplätze. Kommt man hier nicht unter, darf man auch in das erste Becken der Fischerhäfen, und zwar an die Westseite. Die anderen Becken sind den Fischern vorbehalten. Beim Alten Bassin WC und Duschen sowie Wasser, ebenfalls Treibstoff. Im Fischerhafen Tankboote. Jede nur denkbare Reparatur kann ausgeführt werden; alle Betriebe, auch Segelmacher, am Fischerhafen. Hafenmeister: +45 56 49 22 50.

Landgang: Lohnenswert ist ein Ausflug zu den nahen *Paradisbakkerne*, wilden, kreuz und quer zwischen Granitfelsen verlaufenden Schluchten, mit der **Gamleborg**, Ruinen einer Bauernburg aus der Wikingerzeit. Da man – wie gleich zu lesen – mit dem Boot nur schlecht nach *Snogebæk* kommt, lohnt sich von Neksø aus dorthin eine Radtour. Darüber hinaus auch noch nach *Dueodde*. Man radelt – immer nur auf Radwegen – teils am Wasser entlang, teils durch duftende Kiefernwälder, in die massenhaft Ferienhäuser hineingebaut sind.

Snogebæk, nur 2,5 sm südlich von Neksø gelegen, ist der erste Hafen auf unserem Törn rund Bornholm, der nicht ins Land hineingebaut oder gar aus den Felsen herausgesprengt wurde. Es handelt sich vielmehr um einen Inselhafen, der mittels eines 100 m langen Damms mit dem Land Verbindung hat. Hier beginnt nun die mehr flache, zumeist sandige Küste, die sich bis Rønne hinzieht.

Snogebæk ist der Wendepunkt, wo man beides findet, Sand und Stein. Es gibt hier schon den feinen Sand von Dueodde, aber auch noch Sandsteinklippen, vom Wasser eigenartig geformte Bänke aus Balka-Quarzit, wie dieser Sandstein heißt. Er hatte schon bei Neksø den Bornholmer Granit abgelöst und wird nun seinerseits südlich Snogebæk von grünen Schieferplatten überlagert. Das alles kann man hier sehr schön sehen, erst die Sandsteinbänke, dann die Schieferklippen und schließlich den Sand.

Snogebæk, das zeigen schon die Schornsteine der Heringsräuchereien, ist zwar immer noch ein Fischerhafen, wie von alters her, aber das Geld bringen die Touristen, die in den unzähligen Sommerhäusern am Strand wohnen. Im weitläufigen Dorf mehrere Kunstgewerbeläden aller Art, auch eine Glasbläserei.

Nach *Dueodde*, dem südlichsten Punkt der Insel mit seinen Sanddünen, die man so mächtig nur noch an der Westküste Jütlands findet, sind es etwa 5 km. Dueodde rühmt sich

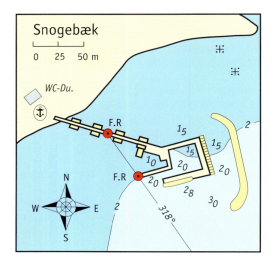

eines so feinen, fast mehlstaubfeinen Sands, dass er früher als Streusand in alle Teile Europas exportiert wurde. Den 48 m hohen, weißen Leuchtturm von Dueodde darf man besteigen. Doch wie schon gesagt: Das Problem von Snogebæk ist der Hafen!

Liegeplatz und Versorgung: Das Becken ist meist voll mit kleinen Booten belegt. Hier kommen Boote im Allgemeinen nicht unter, von 8 m Länge an überhaupt nicht. Sehr eng, kaum Raum für Manöver. Gastyachten finden Plätze an der Außenseite (Holzsteg) des Hafens, zwischen dem Hafenbecken und dem Wellenbrecher, Heckbojen liegen aus; Platz für 10 bis 12 Boote. Wasser am Hafen. Duschen und WCs in der Hafenmeisterei, die aber nicht immer besetzt ist. Fischräuchereien und ein gutes Fischgeschäft nahe beim Hafen. Fahrräder bei der Pension Strandbo, Turistvej 11.

> **Wasserstand**
> Winde aus E können den Wasserstand um 0,5 m erhöhen, Winde aus W können ihn um ebenfalls 0,5 m senken.

Ankerplatz: Von Broens Rev bis nach Dueodde kann man überall nahe dem Ufer ankern, Grund Sand. Gut für einen kurzen Aufenthalt, um zu baden, aber zu unsicher für die Nacht, denn außer bei ablandigem Wind völlig ungeschützt.

Zurück nach Rønne: Die 23 sm von Nexø nach Rønne sind eine ganze Menge, man sollte sie aber – und muss es wahrscheinlich auch – in einem Stück absegeln. Kurs immer NW. Immer entlang einer flachen Küste. Keine brauchbaren Häfen: Der erste, **Bakkerne**, liegt nur

Snogebæk.
Nichts mehr von den Felsen Bornholms. Der winzige Hafen liegt am Sandstrand. Typisch, wenn auch nicht mehr sehr häufig auf Bornholm: Heringsräuchereien.

3 sm westlich von *Dueodde*. Man hätte also kaum Raumgewinn und kann deshalb genauso gut in Nexø – oder schlechter – in Snogebæk bleiben. Der Hafen hat auch eine sehr geringe Wassertiefe von nur 1 m.

Der 3 sm weiter gelegene Hafen von **Boderne** ist ein Privathafen und hat abgesehen davon ebenfalls eine Wassertiefe von nur 1 m.

Bliebe **Arnager**. Von Dueodde 12 sm, von dort nach Rönne nur noch 6 sm. Zuerst: als Fluchthafen taugt er nicht: Schwierige Anfahrt, mit 1,5 m eine relativ geringe Wassertiefe. Wer dennoch hin will: Man steuert ihn am besten vom *Storegap* aus an, mit Kurs 315°. Wichtig, dass man sich vom dem Flach *Arnager Rev* freihält, also östlich davon beibt. Der winzige Fischerhafen besteht aus einem kleinem, doch gut geschützten Becken, dessen Einfahrt sich nach N öffnet. Außer Wasser keine Versorgung. Der Hafen ist durch einen 200 m langen Holzsteg mit dem Land verbunden. Dort ein Dorf und ein schöner Sandstrand.
Also: Notfalls besser die nur noch 6 sm bis Rönne weitersegeln!

> **Schießgebiete:** An der Südküste Bornholms zwei Schießgebiete: EK D 395 »Raghammer« und EK D 396 »Hullebæk«.
> Beide sind über die UKW-Kanäle 16, 06, 08, 77 zu erreichen, Ruf »Raghammer«.
> Sperrsignale siehe in der Karte: »SS(firing)«.

Der Südwestküste von Bornholm, zumeist grüne und bewaldete Steilufer, die zum Landesinneren hin immer mehr ansteigen, sind mehrere Bänke vorgelagert, was man bis auf das *Hvideodde Rev* nördlich von Rönne sonst nirgendwo hat. Nicht alle Untiefen sind hinreichend betonnt. Man bleibt aber stets im tiefen Wasser und läuft keine Gefahr, wenn man sich eine Seemeile von der Küste freihält.

Bei der Ansteuerung von Rönne von Süden her achte man auf das **Hadderev**: eine der tückischsten Ecken von Bornholm. An seiner SW-Kante liegt zwar eine gelb-schwarze Tonne aus, aber wie Segelkameraden aus Bornholm erzählen, verliert sie immer wieder ihr Toppzeichen, sodass sie schwer auszumachen ist, mit den denkbar schlechtesten Folgen. Also nichts wie weg!

Nach **Rönne** (s. S. 231) zu fahren und dort das Boot noch einmal gründlich durchzuchecken, würde ich auf alle Fälle raten. Denn hier kann man notfalls jede Reparatur ausführen lassen, bevor man die Leinen für den großen Schlag heimwärts löst.

Bornholm ist ganz sicher eine Dreisterne-Insel – besonders für Segler –, aber für

Ertholmene, die 10 sm nordöstlich von Gudhjem gelegenen »Erbseninseln«, müsste man noch einen **vierten Stern** hinzufügen. Ertholmene – das sind drei größere Granitinseln und viele kleine Schären mitten in der Ostsee. Zwei der Inseln, **Frederiksø** und **Christiansø**, sind bewohnt, die dritte große, Græsholm, steht unter Naturschutz und darf nicht betreten werden.
Der schmale, tiefe Sund zwischen den rundgeschliffenen Felsen von Frederiksø und Christiansø bildet den natürlichen Hafen, der im Süden von zwei zangenförmigen Molen geschützt wird.
Bei klarem Wetter kann man schon von Gudhjem aus Christiansø, die mit 22 m höchste Insel, als feinen schwarzen Strich am Horizont liegen sehen. Unverwechselbare Landmarken sind die beiden Festungstürme: der wuchtige *Store Tårn* auf Christiansø, der auch den weißen Leuchtturm des gleichnamigen Feuers trägt, und dann der von fern wie eine Rundkirche wirkende *Lille Tårn* auf Frederiksø. Kommt man näher, erkennt man über dem rötlichen Granitfelsen die gelben Kasernen und Offiziershäuser, die grauen Mauern der barocken Festung und das schüttere Grün, das sich auf Christiansø gegen Wind und Wetter behaupten kann.

Das Wasser um die Inseln ist – kommt man von Bornholm und läuft direkt auf den Hafen zu – rein und tief; lediglich vor der Einfahrt in den Südhafen muss man auf die 0,9-m-Schäre *Snarken* achten, die mit einer roten Tonne

256 Nach Bornholm

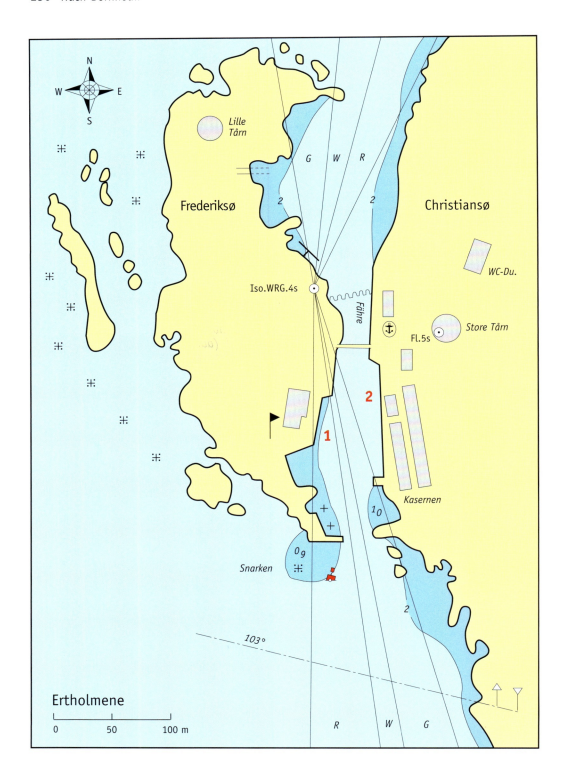

Wasserstand und Strom: Winde aus E und N können den Wasserstand um 0,6 m erhöhen, Winde aus SSW und W können ihn um 0,4 m senken.
Bei frischem und noch mehr bei starkem Wind setzt in der Längsrichtung des Hafens ein Strom von beträchtlicher Stärke (bis zu 5 kn). Bei schlechter Sicht ist dieser Strom so gefährlich, dass man Christiansø dann besser nicht anläuft und sich einen Bornholmhafen sucht. Dies hat aber auch seine Tücken. Am besten wäre in diesem Fall noch Tejn (s. S. 243).

Sperrung des Hafens: Sieht man tagsüber am Signalmast neben den Kanonenbootsschuppen drei schwarze Bälle übereinander, darf man den Hafen nicht anlaufen. Nachts zeigen die Sperrung 3 F.R übereinander an.

Hinweis: Hunde und Katzen dürfen nicht an Land, damit sie nicht die Trinkwasser-Zisternen verunreinigen.

Segelanweisung: Ankern nur nach Genehmigung durch den Hafenmeister. Im Hafen darf nur mit mäßiger Geschwindigkeit (3 kn) gefahren werden, und zwar unter Motor, denn für Segelmanöver ist kein Raum.

markiert ist. Da diese Tonne aber nicht selten vertreibt, sollte man sich an den Dreiecksbaken orientieren, deren 103°-Linie südlich an Snarken vorbeiführt. Bei südlichen oder westlichen Winden ist die Einsteuerung in den Südhafen nicht ganz einfach.

*Liegeplatz und Versorgung: Die filigrane Eisenbrücke teilt den Hafensund in den südlichen und nördlichen Hafen. Boote mit einem Tiefgang bis zu 1,6 m machen an der Pier von Frederiksø fest (1), mit dem Bug zum Land, Heckbojen liegen aus (Grund Sand, Schlamm, Steine). Größere Boote müssten sich einen Platz am Bollwerk vor den langen gelben Kasernengebäuden am Ufer von Christiansø suchen (2); hier meldet man sich beim Hafenmeister auch an. Der Hafenmeister weist ein und kassiert das (hohe) Liegegeld. Wo auch immer, bei Süd liegt man sehr unruhig. Im Jahr besuchen etwa 2000 Yachten Christiansø. Kommt man spät an, wird es schwer werden, einen Platz zu finden; denn in den Nordhafen sollen Yachten nicht, es sei denn, der Hafenmeister erlaubt es. Die Fähre legt im Nordhafen an und hat dabei so wenig Platz, dass sie nicht einmal drehen kann, sondern über den Achtersteven (mit beträchtlichem Speed) auslaufen muss.
Wenn man vor dem Ablegen in Bornholm wissen will, wie es im Hafen aussieht, ruft man den Hafenmeister an: Tel. + 45 40 45 20 14 (1600–1700).*

*Man tut gut daran, sich vorher ausreichend zu verproviantieren. Wasser war über Jahrhunderte auf den Inseln knapp und ist es immer noch. Man darf nicht mehr als eine Tagesration fassen, allerdings ein Wasser von besonderer Qualität, was man merkt, wenn man Kaffee oder Tee damit kocht (Wasser nur abgekocht trinken!). Treibstoff gibt es in Mini-Mengen beim Købmand (auch Lebensmittel), der sein Geschäft im ehemaligen Stall der Kommandörswohnung hat.
Unbedingt sollte man einmal zum Essen gehen, in der Gastgiveri (direkt neben dem Købmand), nicht unbedingt wegen des Essens, aber wegen der Atmosphäre in diesem schönen Haus aus dem Jahre 1703.
Duschen, WCs und Waschmaschine findet man im ehemaligen Großen Magazin.*

Die Granitinseln Christiansø und Frederiksø mit ihren grauen Mauern und den gelben Festungsbauten haben sich in den letzten hundert Jahren so gut wie nicht verändert. 1863 wurde die 1684 gebaute Festung aufgelöst, aber alles blieb so, wie es war. Die Inseln verblieben im Besitz des Verteidigungsministeriums, und das hat keine Veränderungen zugelassen; nicht ein einziges Haus wurde seither gebaut. Wer hier wohnen will, braucht dazu die Genehmigung aus Kopenhagen, was sicher sein Gutes hat, denn sonst wäre wohl aus den Felseninseln ein »Capri des Nordens« oder eine »Künstlerkolonie« geworden. So aber leben hier etwa 120 Menschen, meist Rentner – vor allem ehemalige Angehörige der Marine –, dann viele Fischer, zwei Lehrer, drei Handwerker, ein Arzt, aber kein Pfarrer, denn der kommt nur sonntags von Gudhjem herüber.

Ertholmene.
Die »Erbseninseln«, vorne der wuchtige Verteidigungsturm auf Frederiksø, dahinter, getrennt durch den Hafensund, Christiansø mit dem Store Tårn.

Im Sommer werden die Inseln mittags regelmäßig von Touristen überschwemmt – im Jahr sind es zwischen 60 000 und 70 000 –, die mit Ausflugsschiffen von Gudhjem und Allinge hierher strömen. Am frühen Nachmittag legen die Schiffe wieder ab, und dann kehrt bald Ruhe ein.

Ertholmene ist erst seit Ende des 17. Jahrhunderts fest besiedelt, von dem Zeitpunkt an, wo die Festung gebaut worden war. Vorher lebten hier nur während der Sommermonate Fischer aus Schweden und Bornholm. Wahrscheinlich diente der Sund zwischen Christiansø und Frederiksø auch Seeräubern als Schlupfwinkel und ganz sicher anständigen Seefahrern als Fluchthafen.

Christian V. (1670–1699) ließ die Inseln zur Festung ausbauen, nachdem die jetzigen schwedischen Südprovinzen an den schwedischen Erbfeind verloren gegangen waren, denn nun hatten die verlassenen Felseninseln zwischen Bornholm und Schweden eine große strategische Bedeutung. Die Festung geriet allerdings viel zu groß. Zu Christians Zeiten waren 114 Mann Besatzung hier, Frauen, Kinder und Gesinde nicht mitgezählt. Das war zu wenig – zehnmal so viel hätten es sein müssen. Und so wurde die Festung in Kriegszeiten personell immer wieder notdürftig verstärkt.
Die größte Mannschaftszahl hatte sie im Engländerkrieg, wo dem Feind mit Kanonenbooten und anderen Kaperschiffen empfindliche Schäden zugefügt wurden. Das hatte zur Folge, dass die Engländer ein Geschwader aus vier Fregatten und zwei Linienschiffen schickten, um die Festung zu bombardieren. Nehmen konnten sie sie allerdings nicht.

Von 1725 an diente Frederiksø als Gefangeneninsel, und hundert Jahre später wurde eigens ein Staatsgefängnis für politische Häftlinge errichtet: das große helle Haus oberhalb der Kanonenbootsschuppen. Als sich Mitte des 19. Jahrhunderts die politischen Verhältnisse in Skandinavien zum friedlichen Zusammenleben der drei nordischen Völker gewandelt hatten, da wurde 1863 die Festung aufgelöst. Wer von den restlichen 24 Mann der Besatzung bleiben wollte, der konnte sich als Fischer auf der Insel ansiedeln. Die winzigen Gärtchen überall zwischen den Häusern gehen auf die Festungszeit zurück: Die Marinesoldaten, die wussten, wie wichtig frisches Gemüse zur Vermeidung von Skorbut war, schichteten aus den Steinen der Insel Mauern auf, zum Schutz gegen den ewigen Wind. Guter Boden kam mit dem Schiff aus Bornholm. Gedüngt wurde mit Fischabfällen, und das warme Klima der Insel begünstigte das Wachsen von allerlei ganz unnordischen Pflanzen wie Maulbeerbäumen, Feigen, Tomaten und sogar Weintrauben und Melonen.

Der geringe Niederschlag ist denn auch der Grund für die Wasserknappheit auf den Inseln. Das Wasser wird in zehn sogenannten Wasserlöchern gesammelt, doch hat es schon Jahre gegeben, wo Trinkwasser mit dem Schiff herangeschafft werden musste.

Ein ganz eigenartiges Fleckchen Erde, mit stillen Badebuchten zwischen dem braunen Granit, mit unheimlichen Ruinen, verwunschenen, von Efeu überwucherten Häusern und immer wieder den fruchtbaren Gärten, die sich hinter hohen Steinmauern vor dem ewig über die Insel streichenden Wind ducken.

Der Verwalter der Erbseninseln hat einen sehr schönen Prospekt herausgebracht (auch in deutscher Sprache), mit einem Lageplan aller Gebäude, Batterien usw. samt ihrer Entstehungsgeschichte. Diesen Führer erhält man auch im Touristbüro von Gudhjem.

Im Lille Tårn auf Frederiksø ist ein sehenswertes **Museum** untergebracht, in dem Erinnerungsstücke aus der Vergangenheit der beiden Felseninseln ausgestellt sind.

Christiansø.
Die – wenigen – Liegeplätze im südlichen Sund. Der abgetakelte blaue Segler, der vor den früheren Kasernen festgemacht hat, versorgt die Insel mit allem, was sie braucht.

Register

A
Agersø 67
Albue Havn 89
Allinge 242
Amaliehavn 161
Arnager 255
Askø 103
Avernakø Bro 29

B
Bagenkop 86
Ballen 46
Bandholm 100
Belt-Brücke 72
Birkholm 38
Bisserup 112
Bjørnø 27
Blans 104
Bogense 179
Bogø 131
Bornholm 224 ff.
Brøndby 155
Bøgeskov 151
Bøgestrøm 139
Bøjden Bro 17

C
Christianshavn Kanal 160
Christiansø 255

D
Dageløkke 59
Dragør 155
Drejø 31
Dybsø Havn 109
Dybvig 104
Dyreborg 23

E
Ejby 208
Erbseninseln 255

Ertholmene 255
Espergærde 172

F
Fakse Ladeplads 143
Faldsled 19
Femø 105
Fjellebroen 30
Frederikssund 213
Frederiksværk 210
Fåborg 24

G
Gambøt 54
Gedser 124
Gedser Marina 124
Gershøj 221
Gilleleje 195
Gisseløre 84
Großer Belt 63, 72, 186
Grønsund 127
Gudhjem 245
Guldborg 117
Guldborg Sund 115
Gåbense 133

H
Hammerhavnen 239
Hasle 236
Havnsø 189
Helligpeder 235
Helnæs Bugt 15
Helsingør 173
Herslev 221
Hesnæs 125
Hjortø 44
Holbæk 206
Hornbæk 195
Humlebæk 172
Hundested 200
Hundige 155

Hørby 207
Hårbølle 128

I
Isefjord 200

J
Jungshoved 143
Jyllinge 215

K
Kalundborg 82
Kalvehave 137
Karrebæksminde 110
Kerteminde 77
Kignæs 212
Klintholm 229
Kopenhagen 159
Korshavn (Avernakø) 29
Korshavn (Fünen) 182
Korsør 70
Kragenæs 99
Køge 152
Køge Bugt Strandpark 154

L
Langelinie 159
Langø (Nakskov Fjord) 90
Lindelse Nor 42
Listed 249
Lohals 62
Lundeborg 61
Lynæs 223
Lyø 21

M
Marbæk 213
Margretheholms Havn 162
Marstal 38
Mullerup 80
Musholm 79
Møn 138

N
Nakskov 91
Nekselø 188
Neksø 252
Niva Strandpark 171

Nordatlantensbrygge 162
Nyborg 73
Nyhavn 160
Nykøbing/F 118
Nykøbing/S 203
Nyord 141
Nysted 121
Næstved 112
Nørre Kås 233

O
Odden 191
Odense 184
Omø 65
Onsevig 96
Orehoved 133
Orø 205

P
Præstø 145

R
Rantzausminde 47
Reersø 81
Revkrog (Avernakø) 29
Ristinge 41
Roskilde 216
Roskilde Fjord 210
Rudkøbing 54
Rungsted 170
Rødvig 148
Rønne 231
Rørvig 202
Røsnæs 186

S
Sakskøbing 102
Sandvig (Bøgestrøm) 142
Sandvig (Bornholm) 242
Sassnitz 227
Sejerø 188
Sjællands Rev 190
Skalø 98
Skarø 45
Skovshoved 168
Skælskør 69
Skåningebro 136
Sletten 171

Smålandsfahrwasser 85 ff.
Snekkersten 173
Snogebæk 253
Sortsø 132
Spodsbjerg (Langeland) 94
Sund (Øresund) 148 ff.
Svaneke 249
Svendborg 48
Søby 33
Søndre Frihavn 161

St
Stavreby 142
Stege 137
Strynø 43
Stubbekøbing 129

T
Teglkås 235
Tejn 244
Thurø 54
Tranhaven 161
Troense 50
Tårbæk 168
Tårs 94

V
Vallensbæk/Ishøj 154
Vang 239
Vasebro 69
Vedbæk 169
Veddelev 220
Vejrø 107
Vesterby (Fejø) 99
Vindeby 47
Vordingborg 133

Æ
Ærø 32
Ærøskøbing 35

Ø
Øresund (Sund) 148 ff.

Å
Årsdale 251

SICHER UNTERWEGS & SICHER ANLEGEN

Duncan Wells
Stressfrei Segeln
Perfekte Manöver für Einhandsegler und kleine Crews
ISBN 978-3-667-10390-1

Auf einem Segelboot gibt es jede Menge zu tun. Was auf einer großen Yacht mit viel Personal auf mehrere Hände verteilt werden kann, muss von einer kleinen Besatzung alles selbst erledigt werden. Deshalb ist es wichtig, alle Manöver möglichst effektiv und ohne großen Kraftaufwand durchzuführen. Dieses Buch zeigt Ihnen, wie Sie die wichtigsten Manöver für Fahrtensegler auch mit kleiner Crew oder Einhand bewältigen können.

Klaus Andrews / Lars Bolle
Hafenmanöver Schritt für Schritt
ISBN 978-3-7688-3256-4

Mittels Fotomontagen wird in leicht verständlicher Weise das für Hafenmanöver wichtige Wissen aufbereitet. Neben An- und Ablegen unter Motor und Segeln, Drehen und Verholen im Hafen widmen sich die Autoren ausführlich Themen wie dem Ankern in Buchten und Marinas, dem Schleppen und geschleppt werden sowie den verschiedenen Mensch-über-Bord Manövern.

FÜR DIE FREIWACHE

Merle Ibach
Ostseeprinzessin
Mein ganz unmöglicher Törn
ISBN 978-3-7688-3400-1

Bernd & Daniel Mansholt
Wir hauen ab!
Eine Familie unter Segeln
ISBN 978-3-7688-3770-5

Wilfried Erdmann
Die skandinavische Acht
Segeln mit Kathena X
ISBN 978-3-667-10626-1

Stephan Boden
Ostsee-Roulette
Digger Hamburg und Polly wieder unterwegs
ISBN 978-3-7688-3911-2

Im Handel oder unter www.delius-klasing.de